全国交通土建高职高专规划教材

桥涵施工技术

Qiaohan Shigong Jishu

（第二版）

王常才　主编
李毅谦[中国路桥集团桥梁技术有限公司]　主审

人民交通出版社

内 容 提 要

本书为交通土建高职高专规划教材。全书内容包括涵洞施工技术、桥梁基础施工、桥梁墩台施工、钢筋混凝土简支梁桥施工、预应力混凝土简支梁桥施工、预应力混凝土连续梁桥施工、悬臂施工法、拱桥施工、桥面系及附属工程施工等施工技术，该书系统地阐述了各种体系桥梁上、下部结构的施工架设方法和涵洞施工技术，并介绍了桥涵施工常用的配套机具和其他主要桥型施工技术。

本书可作为交通高等职业技术教育道路桥梁工程技术专业、工程造价专业及工程监理专业教材，亦可供交通中等职业教育土建类专业师生及各类干部培训学习和从事桥梁施工、工程监理工作的工程技术人员参考。

图书在版编目（CIP）数据

桥涵施工技术 / 王常才主编 . — 2 版 . —北京 ：人民交通出版社，2006.7（2007.9 重印）

全国交通土建高职高专规划教材

ISBN 978-7-114-06115-8

Ⅰ. 桥… Ⅱ. 王… Ⅲ. 桥涵工程 − 施工技术 − 高等学校：技术学校 − 教材 Ⅳ. U44

中国版本图书馆 CIP 数据核字（2006）第 090556 号

全国交通土建高职高专规划教材

书　　名：桥涵施工技术（第二版）
著 作 者：王常才
责任编辑：卢仲贤　师　云
出版发行：人民交通出版社
地　　址：（100011）北京市朝阳区安定门外外馆斜街 3 号
网　　址：http://www.ccpress.com.cn
销售电话：（010）59757973
总 经 销：人民交通出版社发行部
经　　销：各地新华书店
印　　刷：北京虎彩文化传播有限公司
开　　本：787 × 1092　1/16
印　　张：18.75
字　　数：458 千
版　　次：2002 年 8 月　第 1 版
2006 年 8 月　第 2 版
印　　次：2021 年 8 月　第 2 版　第 26 次印刷　总第 36 次印刷
书　　号：ISBN 978-7-114-06115-8
定　　价：33.00 元

全国交通土建高职高专规划教材编审委员会

总　　序

针对高职高专教材建设与发展问题，教育部在《关于加强高职高专教材建设的若干意见》中明确指出：先用2～3年时间，解决好高职高专教材的有无问题，再用2～3年时间，推出一批特色鲜明的高质量的高职高专教育教材，形成**一纲多本、优化配套**的高职高专教育教材体系。

2001年7月，由人民交通出版社发起组织，15所交通高职院校的路桥系主任和骨干教师相聚昆明，研讨交通土建高职高专教材的建设规划，提出了28种高职高专教材的编写与出版计划。后在交通部科教司路桥工程学科委员会的具体指导下，在人民交通出版社精心安排、精心组织下，于2002年7月前完成了28种路桥专业高职高专教材出版工作。

这套教材的出版发行，首先解决了交通高职教育教材的有无问题，有力支持了路桥专业高职教育的顺利发展，也受到了全国各高职院校的普遍欢迎。

随着高职教育教学改革的深入发展、高职教学经验的丰富与积累，以及本行业有关技术标准、规范的更新，本套教材在使用了2～3轮的基础上，对教材适时进行修订是十分必要的，时机也是成熟的。

2004年8月，人民交通出版社在新疆乌鲁木齐召开了有19所交通高职院校领导、系主任、骨干教师共41人参加的教材修订研讨会。会议商定了本套教材修订的基本原则、方法和具体要求。会议决定本套教材更名为"交通土建高职高专统编教材"，并成立了以吉林交通职业技术学院张洪滨为主任委员的"交通土建高职高专统编教材编审委员会"，全面负责本套教材的修订与后续补充教材的建设工作。

2005年6月，编委会在长春召开了同属交通土建大类、与路桥专业链接紧密的"工程监理专业、工程造价专业、高等级公路维护与管理专业"主干课程教材研讨会，正式规划和启动了这三个专业教材的编写出版工作。

2005年12月，教育部高等教育司发布了"关于申报普通高等教育'十一五'国家级规划教材"选题的通知（教高司函[2005]195号），人民交通出版社积极推荐本套教材参加了"十一五"国家级规划教材选题的评选。

2006年6月，经教育部组织专家评选、网上公示，本套教材中有十五种入选为"十一五"国家级规划教材，2008年1月，又有六种教材在"十一五"国家级规划教材补报中列选，共计21种，标志着广大参与本套教材编写的教师的辛勤劳动得到了社会的认可、本套教材的编写质量得到了社会的认同。

2006年7月，交通土建高职高专统编教材编审委员会及时在银川召开会议，有24所各省区交通高职院校或开办有交通土建类专业的高等学校系部主任、专业带头人、骨干教师以及人民交通出版社领导共39位代表出席了本次会议。会议就全面落实教育部"十一五"国家级规划教材的编写工作进行了研讨。与会代表一致认为必须以入选的十五种国家级规划教材为基本标准，进一步全面提升本套教材的编写质量，编审委员会将严格按照国家级规划教材的要求审稿把关，并决定本套教材更名为**"全国交通土建高职高专规划教材"**，原编委会相应更名为**"全国交通土建高职高专规划教材编审委员会"**。以期在全国绝大多数交通高职院校和开办有交通土建类专业的高等院校的参与、统筹、规划下，本套教材中有更多的进入"十一五"国家级规划教材行列。

2007年5月，编委会在湖南长沙召开工作会议，就"十一五"国家级规划教材主参编人员的确定和教材的编写原则作出了具体安排，全面启动"十一五"国家级规划教材的编写与出版工作。

2008年4月，编委会在广东珠海召开工作会议，研讨了**"工学结合"**高职高专教材编写思路，决定在"十一五"国家级规划教材编写过程中，注重高职教学改革新方向，注重工程实践经验的引入，倡导**"工学结合"**。

本套高职高专规划教材具有以下特色：

——顺应交通高职院校人才培养模式和教学内容体系改革的要求，按照专业培养目标，进一步加强教材内容的针对性和实用性，适应学制转变，合理精简和完善内容，调整教材体系，贴近模块式教学的要求；

——实施开放式的教材编审模式，聘请高等院校知名教授和生产一线专家直接介入教材的编审工作，更加有利于对教材基本理论的严格把关，有利于反映科研生产一线的最新技术，也使得技能培训与实际密切结合；

——全面反映2003年以来的公路工程行业已颁布实施的新标准、规范；

——服务于师生、服务于教学，重点突出，逐章均配有思考题或习题，并给出本教材的参考教学大纲；

——注重学生基本素质、基本能力的培养，教材从内容上、形式上力求更加贴近实际；

——为加强学生的实际动手能力，针对《工程测量》、《道路建筑材料》等课程，本套教材特别配套有实训类辅导教材；

——为方便教学，本套教材配套有《道路工程制图多媒体教材》、《公路工程试验实训多媒体教材》、《路基路面施工与养护技术多媒体教材》、《桥涵设计多媒体教材》、《桥涵施工技术多媒体教材》、《现代道路测量仪器与技术多媒体教材》等。

本套教材的出版与修订再版，始终得到了交通部科教司路桥工程学科委员会和全国交通职教路桥专业委员会的指导与支持，凝聚了交通行业专家、教师群体的智慧和辛勤劳动。愿我们共同向精品教材的目标持续努力。

向所有关心、支持本套教材编写出版的各级领导、专家、教师、同学和朋友们致以敬意和谢意。

全国交通土建高职高专规划教材编审委员会

人民交通出版社

2008年5月

第二版前言

21世纪版交通土建高职高专统编教材《桥涵施工技术》(第一版)出版发行后,受到广大师生及技术人员的好评,被多所高等院校选为教材用书,并沿用至今。目前,这本教材已使用四年。根据2005年6月在长春召开的高职高专教材修订研讨会的精神,以及近年来交通部标准、规范进行了大规模更新,我们重新编写了这本教材的第二版。

本版教材对第一版进行了修改和调整,其中删减了原第二章桥涵施工测量、第十三章钢桥施工和第十五章桥梁施工与组织管理内容,因为相关内容在本套教材的《工程测量》和《桥梁施工与组织管理基础》中已作了介绍;同时将原第七章梁桥就地浇筑、第八章梁桥装配式施工的内容调整为钢筋混凝土简支梁桥施工和预应力混凝土简支梁桥施工。其他章节内容也进行了针对性的修改。

作为教材,全书在编写上保持了学科的系统性和逻辑性,做到深入浅出、通俗易懂。随着我国公路建设的快速发展,桥梁施工技术日新月异,为保证教学质量,建议各校在教学过程中多安排一些实践教学和多媒体教学环节;授课教师要针对性收集桥梁施工技术的具体案例进行讲解;同时,应补充讲解桥梁施工放样技术要点及桥梁施工组织管理内容,以求学生能够全面掌握桥梁施工过程中的主要施工技术要点与管理基础知识。

本第二版教材由安徽交通职业技术学院王常才担任主编。其中第一章至第七章由王常才编写与修订;第八章、第十二章由安徽交通职业技术学院严任苗编写与修订;第九章、第十章由安徽交通职业技术学院章劲松编写与修订;第十一章由安徽安徽交通职业技术学院韩振峰编写与修订。

人民交通出版社全国交通土建高职高专规划教材编审委员特邀中国路桥集团桥梁技术有限公司教授级高工李毅谦总工程师担任本书主审。李毅谦教授认真审核了本书,提出了许多宝贵的修改建议,使本教材更加完善。在此向李毅谦教授表示深深的谢意。

虽经仔细审核、修订,由于编者的水平有限,加上时间仓促,书中疏漏之处在所难免,敬请读者批评指正。

编　者

2006年6月

第一版前言

高等职业技术教育培养的是面向生产和管理第一线的应用型技术人才。为了满足高等职业技术发展的需要,根据全国路桥工程学科委员会高职教材联络组2001年7月昆明会议决议要求,在人民交通出版社精心组织指导下,出版了《桥涵施工技术》一书。

本书全面系统介绍了各种体系桥梁上、下部结构的施工方法和涵洞施工技术,具有科学性、先进性、实用性的特点,符合高等职业技术教育培养人才的客观要求。第二章桥涵施工测量,详细介绍了桥涵施工放样的具体操作内容,对全站仪作了专门介绍;第三章桥涵施工常用主要施工设备,对桥涵施工中常用的设备和机具作了系统的介绍,对已经普及应用的预应力张拉设备作了单独介绍;第四章涵洞施工技术,对各种类型涵洞的施工技术要点作了介绍;第五、六、七、八、九章,分别对桥梁的上、下部结构常用的施工技术作了深入分析;第十、十一、十二、十三章对拱桥、斜拉桥、预应力混凝土连续梁桥、钢桥、悬索桥等桥型的施工技术作了针对性.的介绍;第十五章桥梁施工组织与管理,主要介绍了桥梁施工过程中的施工组织设计和各项管理的主要内容,保证了桥梁施工技术与组织管理的统一性和完整性。为保证教学质量,在教学过程中,建议多安排一些实践教学和多媒体教学环节。本书填补了高职高专《桥涵施工技术》专业教材的空缺,是高职高专路桥专业的专业课,对桥梁建设单位的工程技术人员亦具有参考价值。

本书由安徽交通职业技术学院王常才主编,云南交通职业技术学院黄成光主审。第一、十一、十二、十三章由王常才编写;第二、四章由南京交通职业技术学院张文斌编写;第三章由四川交通职业技术学院周瑜编写;第五、六、十四章由陕西交通职业技术学院薛安顺编写;第七、八章由南京交通职业技术学院沈秋雁编写;第九、十章由安徽交通职业技术学院章劲松编写;第十五章由安徽省路桥总公司王洁编写。全书由安徽交通职业技术学院王常才统稿。

本书于2002年7月3日至8日在安徽合肥审稿会上审定。参加本书审稿会的有:王常才、黄成光、王洁、章劲松、沈秋雁、张文斌、刘志(贵州交通职业技术学院)、柴金义、武必庆(内蒙古大学交通技术学院)、张洪滨(吉林交通职业技术学院)、卢仲贤(人民交通出版社)。

在编写和审稿过程中,主审黄成光老师作了认真审核;同时得到了安徽省路桥总公司和全国各高等交通职业技术学院老师们的大力支持;并参阅了大量的文献资料,在此一并深表谢意。

由于编者的水平有限,加上时间紧迫,书中疏漏之处在所难免,敬请读者批评指正,以便再版时修改。

编　者

2002年7月18日

第一版前言

[illegible]

目　录

第一章 总 论

第一节 桥梁施工技术发展概述

在桥梁工程中，施工是非常重要的一环，它决定着工程的质量和整个工程的造价等问题。因此，在桥梁施工中，合理地选择施工方法，正确地组织施工和科学管理具有十分重要的意义。

回顾混凝土梁桥的发展历史，可以清楚地看到施工工艺的革新对桥梁类型和体系的发展，它对提高桥梁的跨越能力和丰富结构构造形式都起着重要的作用。早期的混凝土梁桥一般是支架就地浇筑施工的中、小跨径的钢筋混凝土简支梁桥和悬臂梁桥。随着桥梁构件的工厂化，出现了装配式钢筋混凝土简支梁桥。自从预应力技术在桥梁工程中应用之后，并随着起重能力的提高，中小跨径的装配式预应力混凝土简支梁桥得到了普遍推广。这些装配式混凝土简支梁桥，大多数采用分片式整体预制，安装后横向整体化，即采用整体施工的方法。

20 世纪 50 年代中期悬臂施工法从钢桥引入了混凝土梁桥，混凝土梁桥可以从桥墩对称进行分段悬臂浇筑施工或悬臂拼装施工(图 1-1、图 1-2)。这种施工方法不用或很少用支架，不影响河道的通航，建造大跨径桥梁不需要大型起吊设备，从而使预应力混凝土悬臂梁桥、预应力混凝土 T 形刚构桥、连续梁桥和连续刚构桥得到了普遍发展(图 1-3)。继悬臂施工法之后，1959 年顶推施工法首次用于预应力混凝土连续梁桥的施工(图 1-4)，它是在沿桥纵轴方向的桥后开辟预制场地，分节段预制主梁，并用纵向预应力筋连成整体，然后通过水平液压千斤顶施力，借助滑动装置，将梁段向对岸顶进就位。

图 1-1 悬臂浇筑施工法

图 1-2 悬臂拼装施工中的箱梁预制

桥梁结构的发展对施工提出了各种不同的要求，也促进了施工方法的发展，多跨长桥和高架桥梁的大量建造出现了与它们适应的逐孔施工和移动模架施工方法。多跨长桥及高架桥的跨径通常考虑经济分孔，采用等截面梁，因此要求施工快速、简便，使用一套机具设备连续作

图 1-3　连续刚构桥

图 1-4　预应力混凝土连续梁桥顶推法施工

业。逐跨施工法可以整跨预制逐跨施工,可以分节段预制后再进行拼装逐跨施工,也可在支架上逐跨现浇施工。而移动模架法则是采用大型的施工设备,在梁的位置上逐跨完成梁的一系列制造工作后,纵移施工设备连续施工,其相当于把桥梁的预制场移到桥位,并依靠动力逐跨完成,它对于大型桥梁工程施工向工厂化、机械化、自动化和标准化方向迈进是一种有益的尝试(图 1-5)。

桥梁转体施工是 20 世纪 40 年代以后发展起来的一种架桥工艺(图 1-6)。它是在河流的两岸或适当的位置,利用地形或使用简便的支架先将半桥预制完成,之后以桥梁结构本身为转动体,使用一些机具设备,分别将两个半桥转体到桥位轴线位置合龙成桥。转体施工将复杂的、技术性强的高空及水上作业变为岸边的陆上作业,既能保证施工的质量、安全,也减少了施工费用和机具设备,同时在施工期间不影响桥位通航。转体施工法较多用于拱桥的施工,目前在梁桥、斜拉桥、刚架桥等不同桥型的上部结构施工中也有应用。

图 1-5　移动模架法施工

图 1-6　转体施工法

科学技术的发展将不断对施工提出新的要求，今后也将会出现更多的、适应各种不同条件的施工方法。混凝土梁桥的施工方法很多，即使在同一种方法中也有不同的情况，所需的机具、劳力、施工步骤和施工期限也不一样。因此，在确定桥梁施工方法时应根据桥梁的设计要求、施工现场、环境、设备、经验等各种因素综合分析考虑，合理选择最佳的施工方法。

第二节　桥梁施工方法分类

一、桥梁基础工程施工方法

在桥梁工程中，通常采用的基础有扩大基础、桩基础、沉井基础等（图1-7）。基础的施工方法大致可分类如图1-7所示。

- 基础
  - 扩大基础
    - 机械开挖基坑浇筑法
    - 人工开挖基坑浇筑法
    - 土、石围堰开挖基坑浇筑法
    - 板桩围堰开挖基坑浇筑法
  - 桩基础
    - 沉入桩
      - 锤击法
      - 振动法
      - 静力压桩法
      - 辅助沉桩法
        - 射水辅助沉桩
        - 预钻孔辅助沉桩
      - 沉管灌注法
    - 灌注桩
      - 人工挖孔
      - 机械成孔
        - 螺旋钻机成孔法
        - 潜水钻机成孔法
        - 冲击钻机成孔法
        - 正循环回转法
        - 反循环回转法
        - 冲抓钻机成孔法
        - 旋转锥钻孔法
    - 大直径钻孔埋置空心桩
  - 沉井基础
    - 排水开挖下沉法
    - 不排水开挖下沉法
    - 空气幕下沉法
    - 泥浆润滑套下沉法
  - 管柱基础
  - 地下连续墙

图1-7　桥梁基础分类及施工方法

1. 扩大基础

所谓扩大基础，是将墩（台）及上部结构传来的荷载由其直接传递至较浅的支承地基的一种基础形式，一般采用明挖基坑的方法进行施工，故又称之为明挖扩大基础或浅基础。其主要特点是：

（1）由于能在现场用眼睛确认支承地基的情况下进行施工，因而施工质量可靠；

（2）施工时的噪声、振动和对地下污染等建设公害较少；

（3）与其他类型的基础相比，施工所需的操作空间较小；

（4）在多数情况下，比其他类型的基础造价省、工期短；

（5）易受冻胀和冲刷的影响。

扩大基础施工的顺序是开挖基坑，对基底进行处理（当地基的承载力不满足设计要求时，需对地基进行加固)，然后砌筑圬工或立模、绑扎钢筋、浇筑混凝土。其中，开挖基坑是施工中的一项主要工作，而在开挖过程中，必须解决挡土与止水的问题。

当土质坚硬时，对基坑的坑壁可不进行支护，仅按一定坡度进行开挖。在采用土、石围堰或土质疏松的情况下，一般应对开挖后的基坑坑壁进行支护加固，以防止坑壁坍塌。支护的方法有挡板支护加固、混凝土及喷射混凝土加固等。

扩大基础施工的难易程度与地下水处理的难易有关。当地下水位高于基础的设计底面高程时，施工时则须采取止水措施，如打钢板桩或考虑采用集水坑用水泵排水、深井排水及井点法等使地下水位降低至开挖面以下，以使开挖工作能在干燥的状态下进行。还可采用化学灌浆法及围幕法(冻结法、硅化法、水泥灌浆法和沥青灌浆法等)进行止水或排水。但扩大基础的各种施工方法都有各自特有的制约条件，因此在选择时应特别注意。

2.桩基础

桩是深入土层的柱形构件，其作用是将作用于桩顶以上的荷载传递到土体的较深处。

根据不同情况，桩可以有不同的分类法。现按成桩方法对桩进行分类，并分别叙述其不同的施工方法和工艺。

(1)沉入桩

沉入桩是将预制桩用锤击打或振动法沉入地层至设计要求高程。预制桩包括木桩、混凝土桩和钢桩，一般有如下特点。

①因在预制场内制造，故桩身质量易于控制，可靠。

②沉入施工工序简单，工效高，能保证质量。

③易于水上施工。

④多数情况下施工噪声和振动的公害大、污染环境。

⑤受运输、起吊设备能力等条件的限制，其单节预制桩的长度不能过长；沉入长桩时要在现场接桩；桩的接头施工复杂、麻烦且易出现构造上的弱点；接桩后如果不能保证全桩长的垂直度，则将降低桩的承载能力，甚至在沉入时造成断桩。

⑥不易穿透较厚的坚硬地层；当坚硬地层下存在较弱层，而设计要求桩必须穿过时，则需辅以其他施工措施，如射水或预钻孔等。

⑦当沉入地基的桩超长时，需截除其超长部分，截桩工作不仅实施较困难，且不经济。

沉入桩施工方法主要有：锤击沉入桩、振动沉入桩、静力压桩法、辅助沉桩法、沉管灌注法及锤底沉管法等。

(2)灌注桩

灌注桩是在现场采用钻孔机械(或人工)将地层钻挖成预定孔径和深度的孔后，将预制成一定形状的钢筋骨架放入孔内，然后在孔内灌入流动的混凝土而形成桩基。水下混凝土多采用垂直导管法灌注，灌注桩特点叙述如下。

①与沉入桩的锤击法和振动法相比，施工噪声和振动要小得多。

②能修建比预制桩直径大的桩。

③与地基土质无关，在各种地基上均可使用。

④施工时应特别注意孔壁坍塌以及孔底沉淀等的处理，施工质量的好坏对桩的承载力影响很大。

⑤因混凝土是在泥水中灌注的，因此混凝土质量较难控制。

灌注桩因成孔的机械不同，通常采用旋转锥钻孔法、潜水钻机成孔法、冲击钻机成孔法、正循环回转法、反循环回转法、冲抓钻机成孔法、人工挖孔法等。

(3)大直径桩

一般认为,直径 2.5m 以上的桩可称为大直径桩。目前最大桩径已达 6m。近年来,大直径桩在桥梁基础中得到广泛应用,结构形式也越来越多样化,除实心桩外,还发展了空心桩;施工方法上不仅有钻孔灌注法,还有预制桩壳钻孔埋置法等。根据桩的受力特点,大直径桩多做成变截面的形式。大直径桩与普通桩在施工上的区别主要反映在钻机选型、钻孔泥浆及施工工艺等方面。

3.沉井基础

沉井基础是一种断面和刚度均比桩大得多的筒状结构,施工时在现场重复交替进行沉井构筑和开挖井内土方,使之沉落到预定支承地基上。在岸滩或浅水中建造沉井时,可采用"筑岛法"施工;在深水中建造时,则可采用浮式沉井,先将其浮运至预定位置,再进行下沉施工。按材料、形状和用途不同,可将沉井分成很多种类型,但各种沉井基础有如下的共同特点:

(1)沉井基础的适宜下沉深度一般为 10~40m;

(2)与其他基础形式相比,沉井基础的抗水平力作用能力及竖直支承力均较大,刚度也大,故其变形较小。

沉井基础施工的难点在于沉井的下沉。沉井下沉主要是通过从井孔内除土,清除刃脚正面阻力及沉井内壁摩阻力后,依靠其自重下沉。沉井下沉的方法可分为排水开挖下沉和不排水开挖下沉,但其基本施工方法应为不排水开挖下沉,只有在稳定的土层中,而且渗水量不大时,才采用排水开挖法下沉。另外还有压重、高压射水、炮震(必要时),降低井内水位减小浮力以增加沉井自重、采用泥浆润滑套或空气幕等一些沉井下沉的辅助施工方法。

4.管柱基础

管柱基础因其施工的方法和工艺相对来说较复杂,所需的机械设备也较多,一般的桥梁极少采用这种形式的基础。仅当桥址处的水文地区条件十分复杂,采用其他的基础施工方法不能奏效时,方使用这种基础形式。因此,对于大型的深水或海中基础,特别是深水岩面不平、水流流速大的地方采用管柱基础是比较适宜的。

管柱基础的施工一般包括管柱预制、围笼拼装浮运和下沉定位、下沉管柱,在管柱底基岩上钻孔,在管柱内安放钢筋笼并灌注水下混凝土等内容。管柱有钢筋混凝土、预应力钢筋混凝土和钢管三种,其下沉的方法与前述的沉入桩类似,大多采用振动法并辅以射水、吸泥等措施。管柱的下沉必须要有导向装置,浅水时可用导向架,深水时则用整体围笼。

5.地下连续墙

地下连续墙是用膨润土泥浆进行护壁,在防止开挖壁面坍塌的同时,在设计位置开挖一条狭长端圆的深槽,然后将钢筋骨架放入槽内并灌注水下混凝土,从而在地下形成连续墙体的一种基础形式。目前国内还多用于临时支挡设施,国外已有作为永久基础的实例。地下连续墙有墙式和排柱式之分,但一般多用墙式。地下连续墙的特点有:

(1)施工时的噪声、振动小;

(2)墙体刚度大且截水性能优异,对周边地基无扰动;

(3)所获得的支承力大,可用作刚性基础;对墙体进行适当的组合后可用以代替桩基础和沉井基础;

(4)可用于逆筑法施工,并适用于多种地基条件;

(5)在挖槽时因采用泥浆护壁,如管理不当,有槽壁坍塌的问题。

地下连续墙的施工方法甚多，根据机械类型和开挖方法可分为抓斗式、冲击式和旋转切削式三类。

二、桥梁下部结构施工方法

（一）承台

位于旱地、浅水河中采用土石筑岛施工桩基的桥梁，其承台的施工方法与扩大基础的施工方法相类似，可采取明挖基坑、简易板围堰后开挖基坑等方法进行施工。

对深水中的承台，可供选择的施工方法通常有：钢板桩围堰、钢管桩围堰、双壁钢围堰及套箱围堰等。不论何种围堰，其目的都是为了止水，以实现承台的干处施工。钢板桩和钢管桩围堰实际上是同一类型的围堰形式，只不过所用材料不同；双壁钢围堰通常是将桩基和承台的施工一并考虑，桩顶设钻孔平台，桩基施工结束后拆除平台，在堰内进行承台施工；套箱现多采用钢材制作，分有底和无底两种类型，根据受力情况不同又可设计成单壁或双壁。

（二）墩（台）身

墩（台）身的施工方法根据其结构形式的不同方法各异。对结构形式较简单、高度不大的中、小桥墩（台）身，通常采取传统的方法，立模（一次或几次）现浇施工。但对高墩及斜拉桥、悬索桥的索塔，则有较多的可供选择的方法，而施工方法的多样化主要反映在模板结构形式的不同。近年来，滑升模板、爬升模板和翻升模板等在高墩及索塔上应用较多，其共同的特点是：将墩身分成若干节段，从下至上逐段进行施工。

采用滑升模板（简称滑模）施工，对结构物外形尺寸的控制较准确，施工进度平衡、安全，机械化程度较高，但因多采用液压装置实现滑升，故成本较高，所需的机具设备亦较多。爬升模板（简称爬模）一般要在模板外侧设置爬架，因此这种模板相对而言费用较高，但不需设专门用于提升模板的起吊设备。

高墩的施工，应根据现场的实际情况，在进行综合比较后再选择适宜的施工方案。中、小桥中，有的设计为石砌墩（台）身，其施工工艺虽较简单，但必须严格控制砌石工程的质量。

三、桥梁上部结构施工方法

桥梁上部结构的形式是多种多样的，其施工方法的种类也较多，但除一些比较特殊的施工法之外，大致可分为预制安装和现浇两大类。现将常用施工方法（图 1-8）的特点和适用性分述如下。

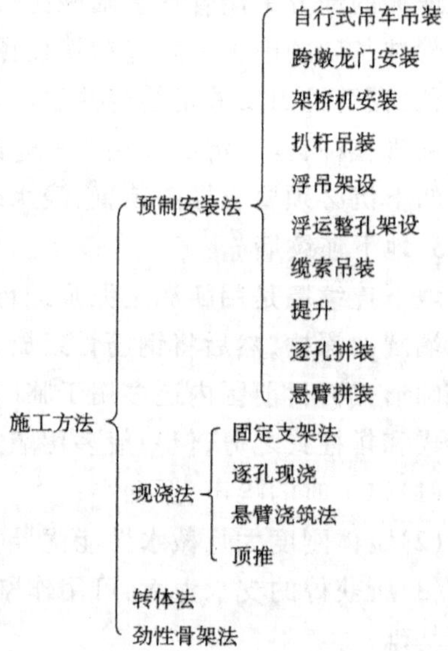

图 1-8　桥梁上部结构施工方法

（一）预制安装法

预制安装可分为预制梁安装和预制节段式块件拼装两种类型。前者主要指装配式的简支梁板，如空心板梁、T形梁、I形梁及小跨径箱梁等的安装，是先将梁（板）吊装就位，尔后进行横向联结或施工桥面板而使之成为桥梁整体；后者是指将梁体（一般为箱梁）沿桥轴向分段预制成节段或节式块件，运到现场进行拼装（悬臂拼装），连续梁、T构、刚构和斜拉桥多应用这种方法进行施工。

1. 自行式吊车吊装法

这种吊装法多采用汽车吊、履带吊等机械,有单吊和双吊之分,一般适用于跨径在30m以内的简支梁(板)的安装作业。在现场吊装的桥梁孔跨内或引道上应有足够设置吊车的场地,同时应确保运梁道路的畅通。吊车的选型应充分考虑梁体的质量和作业半径后方可决定。

2.跨墩龙门安装法

是在墩台两侧顺桥向设置轨道,其上安置跨墩的龙门吊,将梁体在吊起状态下运到架设地点而安装在预定位置。此法一般可将梁的预制场地安排在桥头引道,以缩短运梁距离。其优点是:施工作业简单、施工速度快,容易保证施工安全。但要求架设地点的地形平坦、土质良好,梁体应能沿顺桥向搬运,桥墩不能太高。此法因设备的费用较大,架设安装的孔跨数不能太少。

3.架桥机安装法

这是预制梁的典型架设安装方法。在孔跨内设置安装导梁,以此作为支承梁来架设梁体,这种作为支承梁的安装梁结构称为架桥机。目前架桥机的种类甚多,有专用的架桥机设备,也有施工者应用常备构件(万能杆件和贝雷桁片等)自行拼装而成的。按形式的不同,架桥机又可分为单导梁、双导梁、斜拉式和悬吊式等。悬臂拼装和逐跨拼装的节段式桥梁也经常采用专用的架桥机设备进行施工。其特点是:不受架设孔跨的桥墩高度影响,亦不受梁下条件的影响;架设速度快,作业安全度高,对于跨数较多的长大桥梁更具优越性。

4.扒杆吊装法

扒杆吊装是一种较原始但简单易行的方法,对一些质量小的小型构件比较适宜,目前已很少采用。但近年国内亦有采用扒杆吊装大跨径(330m)桁式拱的经验,单件吊装最大质量达200t。

5.浮吊架设法

这种方法一般适用于河口、海上长大桥梁的架设安装,包括整孔架设和节段式块件的悬臂拼装。采用此法工期较短,但梁体的补强、趸船的补强及趸船、大型吊具、架设用的卡具等设备均较大型化。浮吊和趸船移动,伴随而来的是会使梁体摇动,因此应充分考虑其倾覆问题。

6.浮运整孔架设法

是将梁体用趸船载运至架设地点后进行架设安装的方法,可分两种方式:第一种方式是用两套卷扬机(或液压千斤顶装置)组合提升吊装就位;第二种方式是利用趸船的吃水落差将整体梁体安装就位。

7.缆索吊装法

是当桥址为深谷、急流等桥下净空不能利用时,在桥台或桥台后方设立钢塔架,塔架上悬挂缆索,以缆索作为承重索进行架设安装的施工方法。缆索吊装较多的应用于拱桥的拼装施工,梁式桥及其他桥型也有的采用此法施工。吊装法有直吊式和斜拉式之分,缆索吊装法比其他方法的架设机械庞大且工期长,采用时应对其经济性进行充分分析。

8.提升法

提升法有两种形式:一是采用卷杨机装置进行提升,较适用于悬臂拼装的桥梁;另一种是采用液压式千斤顶装置进行连续提升,较适用于重型构件或梁(板)的架设安装。

9.逐孔拼装法

逐孔拼装法一般适用于节段式预应力混凝土连续梁的施工。在施工的孔跨内搭设落地式支架或采用悬吊式支架,将节段预制块件按顺序吊放在支架上,然后在预留孔道内穿入预应力筋,对梁施架预应力使其成为整体,这种方法形象的被称为“穿糖葫芦”。

10.悬臂拼装法

悬臂拼装法现多用于预应力混凝土梁体的施工,其他类型的桥梁亦可选用。这是一种将梁体分节段预制,墩顶附近的块件用其他架设机械安装或现浇,然后以桥墩为对称点,将预制块件沿桥跨方向对称起吊、安装就位后,张拉预应力筋,使悬臂不断接长,直至合龙的施工方法。悬臂拼装法施工速度快,桥梁上、下部结构可平行作业,预制块件的施工质量易控制,但预制节段所需的场地较大,大跨桥梁的施工时,对拼装精度要求较高,因此此法可在跨径100~200m的大桥中选用。这种施工方法可不用或少用支架,施工时不影响通航或桥下交通,宜在跨深水、山谷和海上进行施工,并适用于变截面预应力混凝土梁桥。

悬臂拼装可用的机具设备较多,有移动式吊车、缆索吊、汽车吊和浮吊等,可根据不同的桥梁结构和地形条件进行选择。

(二)现浇法

1.固定支架法

这是在桥跨间设置支架,安装模板,绑扎钢筋,现场浇筑混凝土的施工方法,特别适用于旱地上的钢筋混凝土和预应力混凝土中小跨径连续梁桥的施工。支架按其构造的不同可分为满布式、柱式、梁式和梁柱式几种类型,组件形式有门式支架、扣件式支架、碗扣式支架、贝雷桁片、万能杆件及各种型钢组合构件等。在这种施工法中,支架虽为临时结构,但施工中需承受梁体的大部分恒重,因此必须有足够的强度和刚度。同时支架的地基要可靠,必要时需对地基进行加固处理。固定支架法施工的特点是:梁的整体性好,施工平稳、可靠,不需大型起重设备;施工中无体系转换的问题;需要大量施工支架,并需要有较大的施工场地。

2.逐孔现浇法

(1)在支架上逐孔现浇施工

这是一种与前述的固定支架法相类似的施工方法,其区别在于逐孔现浇施工仅在梁的一孔(或两孔)间设置支架,完成后将支架整体转移到下一孔进行连续施工,因此这种方法可仅用一孔(或两孔)的支架和模板周转使用,所需施工费用较少。支架可用落地式、梁式和落地移动式。落地式支架多用于旱地桥梁或桥墩较低的情况;梁式支架的承重梁则可支承在位于桥墩承台的立柱上或锚固于桥墩的横梁上;落地移动式支架可在地面设置轨道,支架在轨道上(或其他滑动、滚动装置上)进行转移。逐孔现浇施工的接头通常设在距桥墩中心约$L/4$弯矩较小的部位。这种施工方法适用于中小跨径及结构构造比较简单的预应力混凝土桥梁。

(2)移动模架逐孔现浇施工

这种方法是使用不着地移动式的支架和装配式的模板进行连续地逐孔现浇施工。此法自20世纪50年代末开始使用以来,得到了较广泛的应用,特别对于多跨长桥以及弯、坡、斜桥。如高架桥、海湾桥,使用十分方便,施工快速,安全可靠,机械化程度高,节省劳力,减轻劳动强度,少占施工场地,不会受桥下各种条件的影响,能周期循环施工,但因其模架设备的投资较大,拼装与拆除都较复杂,所以此法一般适用于跨径20~50m的预应力混凝土连续梁桥施工,且桥长至少应在500m以上。

移动模架可分为在梁下以支架梁等支承梁体重力的活动模架(支承式)和在桥面上设置的主梁支承梁重的移动悬吊模架两种形式。

3.悬臂浇筑法

这种方法最常用的是采用挂篮悬臂浇筑施工,在桥墩两侧对称逐段就地浇筑混凝土,待混凝土达到一定强度后张拉预应力筋,移动挂篮继续进行施工,使悬臂不断接长,直至合龙。挂篮悬臂浇筑施工是1959年首先由前联邦德国迪维达克公司创造和使用的,因此又称迪维达克施工法。挂篮的构造形式很多,通常由承重梁、悬吊模板、锚固装置、行走系统和工作平台几部分组成。挂篮的功能是:支承梁段模板,调整位置,吊运材料机具,浇筑混凝土,拆模和在挂篮上进行预应力张拉工作。挂篮除强度应保证安全可靠外,还要求造价省,节省材料,操作使用方便,变形小,稳定性好,装拆移动灵活和施工速度快等。

悬臂浇筑施工不需在跨间设置支架,使用少量施工机具设备,便可以很方便地跨越深谷和河流,适用于大跨径连续梁桥的施工。同时根据施工受力特点,悬臂施工一般宜在变截面梁中使用。

4.顶推法

顶推施工是在桥台的后方设置施工场地,分节段浇筑梁体,并用纵向预应力筋将浇筑节段与已完成的梁体连成整体,在梁体前端安装长度为顶推跨径0.7倍左右的钢导梁,然后通过水平千斤顶施力,将梁体向前方顶推出施工场地,重复这些工序即可完成全部梁体的施工。顶推法最早是1959年在奥地利的阿格尔桥上使用,其特点是:由于作业场所限定在一定范围内,可于作业场上方设置顶棚而使施工不受天气影响,全天候施工。连续梁的顶推跨径30~50m最为经济有利,如果跨径大于此值,则需有临时墩等辅助手段。逐段顶推施工宜在等截面的预应力混凝土连续梁桥中使用,也可在组合梁和斜拉桥的主梁上使用。用顶推法施工,设备简单,施工平稳,噪声低,施工质量好,可在深谷和宽深河道上的桥梁、高架桥以及等曲率曲线桥、带有曲线的桥和坡桥上采用。

顶推施工的方法可分为单点顶推和多点顶推两种。

(三)转体施工法

转体法多用于拱桥的施工,亦可用于斜拉桥和刚构桥。这种施工法是在岸边立支架(或利用地形)预制半跨桥梁的上部结构,然后借助上、下转轴偏心值产生的分力使两岸半跨桥梁上部结构向桥跨转动,用风缆控制其转速,最后就位合龙。该法最适用于峡谷、水深流急、通航河道和跨线桥等地形特殊的情况,具有工艺简单,操作安全,所需设备少、成本低,速度快等特点。转体法分平转和竖转两种施工方法,施工中又分为有平衡重和无平衡重两种方式。

(四)劲性骨架法

是以钢骨架作为拱圈的劲性拱架,采用现浇混凝土包裹骨架,最后形成钢筋混凝土拱桥。这种埋入式拱架法我国国内有施工实例,国外称为"米兰拱"。"米兰拱"骨架可采用型钢或钢管等材料制作。

第三节　桥梁施工准备

施工准备工作的基本任务是为桥梁工程的施工建立必要的技术和物资条件,统筹安排施工力量和施工现场,是施工企业搞好目标管理,推行技术经济承包的重要依据,也是施工得以顺利进行的基本保证。

施工单位在承接了施工任务后,要尽快做好各项准备工作,创造有利的施工条件,使施工工作能连续、均衡、有节奏、有计划地进行,从而按质、按量、按期完成施工任务。

施工准备通常包括技术准备、劳动组织准备、物资准备和施工现场准备等工作。

一、技术准备

技术准备是施工准备的核心。由于任何技术上的差错和隐患都可能危及人身安全和造成质量事故，带来生命、财产和经济的巨大损失，因此必须认真做好技术准备工作。

(一)熟悉设计文件、研究施工图纸及现场核对

施工单位在收到拟建工程的设计图纸和有关技术文件后，应尽快组织工程技术人员熟悉、研究所有技术文件和图纸，全面领会设计意图；检查图纸与其各组成部分之间有无矛盾和错误；在几何尺寸、坐标、高程、说明等方面是否一致；技术要求是否正确；并与现场情况进行核对。同时要作好详细记录，记录应包括对设计图纸的疑问和有关建议。

(二)原始资料的进一步调查分析

对拟建工程进行实地勘察，进一步获得有关原始数据的第一手资料，这对于正确选择施工方案、制定技术措施、合理安排施工顺序和施工进度计划是非常必要的。

1.自然条件的调查分析

(1)地质

应了解的主要内容有：地质构造、墩(台)位处的基岩埋深、岩层状态、岩石性质、覆盖层土质、土的性质和类别、地基土的承载力、土的冻结深度、妨碍基础施工的障碍物、地震级别和烈度等。

(2)水文

应了解的主要内容有：河流流量和水质、年水位变化情况、最高洪水位和最低枯水位的时期及持续时间、流速和漂浮物、地下水位的高低变化、含水层的厚度和流向；冰冻地区的河流封冻时间、融冰时间、流冰水位、冰块大小；受潮汐影响河流或水域中潮水的涨落时间、潮汐水位的变化规律和潮流等情况。

(3)气象

调查的内容一般包括：气温、气候、降雨、降雪、冰冻、台风(含龙卷风、雷雨大风等突发性灾害)、风向、风速等变化规律及历年记录；冬、雨季的期限及冬季地层冻结厚度等情况。

(4)施工现场的地形地物。

2.技术经济条件的调查分析

主要内容包括：施工现场的动迁状况、当地可利用的地方材料状况、地方能源和交通运输状况、地方劳动力和技术水平状况、当地生活物资供应状况、可提供的施工用水用电状况、设备租赁状况、当地消防治安状况及分包单位的实力状况等。

(三)施工前的设计技术交底

设计技术交底一般由建设单位(业主)主持，设计、监理和施工单位(承包人)参加。先由设计单位说明工程的设计依据、意图和功能要求，并对特殊结构、新材料、新工艺和新技术提出设计要求，进行技术交底。然后施工单位根据研究图纸的记录以及对设计意图的理解，提出对设计图纸的疑问、建议和变更。最后在统一认识的基础上，对所探讨的问题逐一作好记录，形成"设计技术交底纪要"，由建设单位正式行文，参加单位共同会签盖章，作为与设计文件同时使用的技术文件和指导施工的依据，以及建设单位与施工单位进行工程结算的依据。当工程为设计施工总承包时，应由总承包人主持进行内部设计技术交底。

(四)制订施工方案、进行施工设计

在全面掌握设计文件和设计图纸，正确理解了设计意图和技术要求，以及进行了以施工为

目的的各项调查之后，应根据进一步掌握的情况和资料，对投标时初步拟定的施工方法和技术措施等进行重新评价和深入研究，以制订出详尽的更符合现场实际情况的施工方案。

施工方案一经确定，即可进行各项临时性结构诸如基坑围堰、浮运沉井和钢围堰的制造场地及下水、浮运、就位、下沉等设施，钻孔桩水上工作平台，连续梁桥顶推施工的台座和预制场地，悬浇桥梁的挂篮，导梁或架桥机，模板支架及脚手架，自制起重吊装设备，施工便桥便道及装卸码头等的施工设计。施工设计应在保证安全的前提下尽量考虑使用现有材料和设备，因地制宜，使设计出的临时结构经济适用、装拆简便、功能性强。

(五)编制施工组织设计

施工组织设计是施工准备工作的重要组成部分，也是指导工程施工中全部生产活动的基本技术经济文件。编制施工组织设计的目的在于全面、合理、有计划地组织施工，从而具体实现设计意图，优质高效地完成施工任务。详细内容将在第三章介绍。

(六)编制施工预算

施工预算是根据施工图纸、施工组织设计或施工方案、施工定额等文件进行编制的。施工预算是施工企业内部控制各项成本支出、考核用工、签发施工任务单、限额领料以及基层进行经济核算的依据，也是制订分包合同时确定分包价格的依据。

二、劳动组织准备和物资准备

(一)劳动组织准备

1.建立组织机构

确定组织机构应遵循的原则是：根据工程项目的规模、结构特点和管理机构中各职能部门的职责，人员的配备应力求精干，以适应任务的需要。坚持合理分工与密切协作相结合，使之便于指挥和管理，分工明确，责权具体。

2.合理设置施工班组

施工班组的建立应认真考虑专业和工种之间的合理配置，技工和普工的比例要满足合理的劳动组织，并符合流水作业方式的要求，同时制订出该工程的劳动力需要量计划。

3.集结施工力量，组织劳动力进场

进场后应对工人进行技术、安全操作规程以及消防、文明施工等方面的培训教育。

4.施工组织设计、施工计划和施工技术的交底

在单位工程或分部分项工程开工之前，应将工程的设计内容、施工组织设计、施工计划和施工技术等要求，详尽地向施工班组和工人进行交底，以保证工程能严格按照设计图纸、施工工艺、安全技术措施、降低成本措施和施工验收规范的要求施工；新技术、新材料、新结构和新工艺的实施方案和保证措施的落实；有关部位的设计变更和技术核定等事项。

5.建立健全各项管理制度

通常包括：

技术质量责任制度、工程技术档案管理制度、施工图纸学习与会审制度、技术交底制度、技术部门及各级人员的岗位责任制、工程材料和构件的检查验收制度、工程质量检查与验收制度、材料出入库制度、安全操作制度、机具使用保养制度等。

(二)物资准备

物资准备工作的内容主要包括：

(1)工程材料，如钢材、木材、水泥、砂石等的准备。

(2)工程施工设备的准备。

(3)其他各种小型生产工具、小型配件等的准备。

三、施工现场准备

施工现场的准备工作,主要是为工程的施工创造有利条件和提供物资保证。其具体内容如下。

(一)施工控制网测量

按照勘测设计单位提供的桥位总平面图和测图控制网中所设置的基线桩、水准高程以及重要桩志和保护桩等资料,进行三角控制网的复测,并根据桥梁结构的精度要求和施工方案补充加密施工所需要的各种标桩,建立满足施工要求的平面和立面施工测量控制网。

(二)补充钻探

桥梁工程在初步设计时所依据的地质钻探资料往往因钻孔较少、孔距过大而不能满足施工的需要,因此必须对有些地质情况不甚明了的墩位进行补充钻探,以查明墩位处的地质情况和可能的隐蔽物,为基础工程的施工创造有利条件。

(三)搞好"四通一平"

"四通一平"是指水通、电通、通讯通、路通和平整场地。为蒸气养生的需要以及考虑寒冷冰冻地区特殊性,还要考虑暖气供热的要求。

(四)建造临时设施

按照施工总平面图的布置,建造所有生产、办公、生活、居住和储存等临时用房,以及临时便道、码头、混凝土拌和站、构件预制场地等。

(五)安装调试施工机具

对所有施工机具都必须在开工之前进行检查和试运转。

(六)材料的试验和储存堆放

按照材料的需要量计划,应及时提供,包括混凝土和砂浆的配合比与强度、钢材的机械性能等各种材料的试验申请计划。并组织材料进场,按规定的地点和指定的方式进行储存堆放。

(七)新技术项目的试制和试验

按照设计文件和施工组织设计的要求,认真组织新技术项目的试验研究。

(八)冬雨季施工安排

按照施工组织设计要求,落实雨季施工的临时设施和技术措施,做好施工安排。

(九)消防、保安措施

建立消防、保安等组织机构和有关的规章制度,布置安排好消防保安等措施。

(十)建立健全施工现场各项管理制度

根据工程特点,制定施工现场必要的各项规章制度。

思考题

1.桥梁施工技术在桥梁工程中的地位和作用是什么?

2.扩大基础主要特点是什么?

3.灌注桩主要特点是什么?

4.桥梁上部结构施工方法主要有哪些?

5.桥梁施工准备中的技术准备主要内容有哪些?
6.桥梁施工前的设计技术交底应如何进行?
7.桥梁施工准备中的劳动组织准备包括哪些内容?
8.建立健全各项管理制度通常有哪些内容?
9.施工现场准备工作的具体内容有哪些?

第二章　桥涵施工的常用主要设备

第一节　概　　述

桥梁施工设备和机具的好坏,决定着施工技术的先进与否。而施工技术的发展,也要求各种施工设备和机具不断更新和改造。

现代桥涵施工的机械化,要求广泛地使用各种类型的工程机械和机具,以确保工程施工质量,加快施工速度,降低工程成本,最大限度地减轻工人劳动强度,并对克服公害,扩大施工范围,搞好文明施工起着极其重要的作用。国内外施工企业都在不断提高工程机械装备率,培训人才,加强工程机械的运用与管理工作。

我国改革开放以来,随着国民经济的快速稳定持续发展,公路交通建设任务日趋繁重,全国公路和城市道路基础设施的建设规模逐年扩大,发展速度加快,工程技术标准和质量要求不断提高,促使长期处于滞后状态的桥涵施工设备得到长足的发展。近十年来我国高速公路的大量兴建和旧路的扩建改造,先进机械设备的广泛应用与合理组织机械化施工,取得了高质量、高速度、高效益的丰硕成果。

桥涵施工机械品种繁多,按功能分类主要有桩工机械、起重吊装机械、混凝土机械、钢筋加工机械和排水机械等。

第二节　桥涵施工常备式结构部件

桥梁施工中常备式结构部件主要有万能杆件、贝雷梁、脚手架、钢板桩、组合钢模板等。

(一)万能杆件

万能杆件是用角钢制成的可拼成节间距为 2m×2m 的桁架杆件。因其通用性强,弦杆、腹杆及连接板等均为标准件,具有装拆方便、运输方便、利用率高等特点,可以拼装成桁架、墩架、塔架、龙门架等形式,还可以作为墩台、索塔施工脚手架等。

1.万能杆件分类

万能杆件的构件一般分为杆件、连接板、缀板三大类。

杆件 :杆件在拼装时组成桁架的弦杆、腹杆、斜撑;

连接板:各种规格的连接板可将弦杆、腹杆、斜撑等连接成需要的各种形状;

缀板:缀板可将断面由四肢或两肢角钢组成的各种弦杆、腹杆等在其节间中点做一个加强连接点,使组合断面的整体性更好。

万能杆件的类型有铁道部门生产的甲型(M 型)和乙型(N 型),西安筑路机械厂生产的乙型(或西乙型)三种。其中西乙型万能杆件(表 2-1)共有大小 24 种构件。用万能杆件组拼桁架(图 2-1)时,按高度 2m、4m、6m 的模数组拼。其腹杆形式:当高度为 2m 时,为三角形;当高度为 4m 时，为菱形；当高度为 6m 时，为多斜杆形。

2. 西乙型杆件

西乙型杆件规格尺寸及质量如表 2-1。

西乙型杆件规格、尺寸、质量 表 2-1

编号	名称	规格 (mm)	单位质量(kg)	附注
1	长弦杆	∠100×100×12×3994	71.43	
2	短弦杆	∠100×100×12×1994	35.69	
3	斜杆	∠100×100×12×2350	42.07	
4	立杆	∠75×75×8×1770	15.98	
5	斜撑	∠75×75×8×2478	22.38	
6	联结角钢	∠90×90×10×580	8.20	用于 3 或 2
7	支承角钢	∠100×100×12×494	8.84	用于 1 或 2
7A	支承靴角钢	∠100×100×12×594	10.63	用于 1 或 2
8	节点板	▭250×280×10	9.42	1、2 与 4、5 相连
11	节点板	▭860×552×10, $A = 33.89cm^2$	35.88	1、2 与 3、4 相连
13	节点板	□580×552×10, $A = 2492cm^2$	19.56	1、2 与 4、16 相连
15	弦杆填塞板	▭8×480×10	3.01	用于 1 或 2
16	长立杆	∠75×75×8×3770	34.04	
17	节点板	□626×350×10, $A = 2005cm^2$	15.74	4、16 与 4、5 相连
18	节点板	305×314×10, $A = 606cm^2$	4.76	4、16 与 4、5 水平相连
19	缀板	▭210×180×10	2.97	用于 1 或 2
20	缀板	▭170×160×10	2.14	用于 3、4、5、16
21A	支承靴		24.01	
22	节点板	□580×392×10	17.85	1、2 与 4、5 相连
22A	节点板	▭580×566×10	25.77	1、2 与 4、5 相连
23	节点板	540×262×10, $A = 1334cm^2$	10.47	4、16 与 4、5 相连
24	普通螺栓	ϕ22×(40、50、60)		
25	普通螺栓	ϕ27×(40、50、60、70、80)		
28	大节点板	□860×886×10, $A = 7042cm^2$	73.84	1、2 与 3、4 相连

注：①各种杆件除 19、20 用 A3 钢制作外，其余均用 16 锰钢制作；

②表中 A 为节点板面积。

N型万能杆件的3为∠100×75×10×2350(mm);9为角钢∠75×75×8×630(mm)和10为横撑角钢∠75×75×8×5770(mm);25的螺栓直径为ϕ28,其他各种节点板与支撑靴尺寸稍有差异。

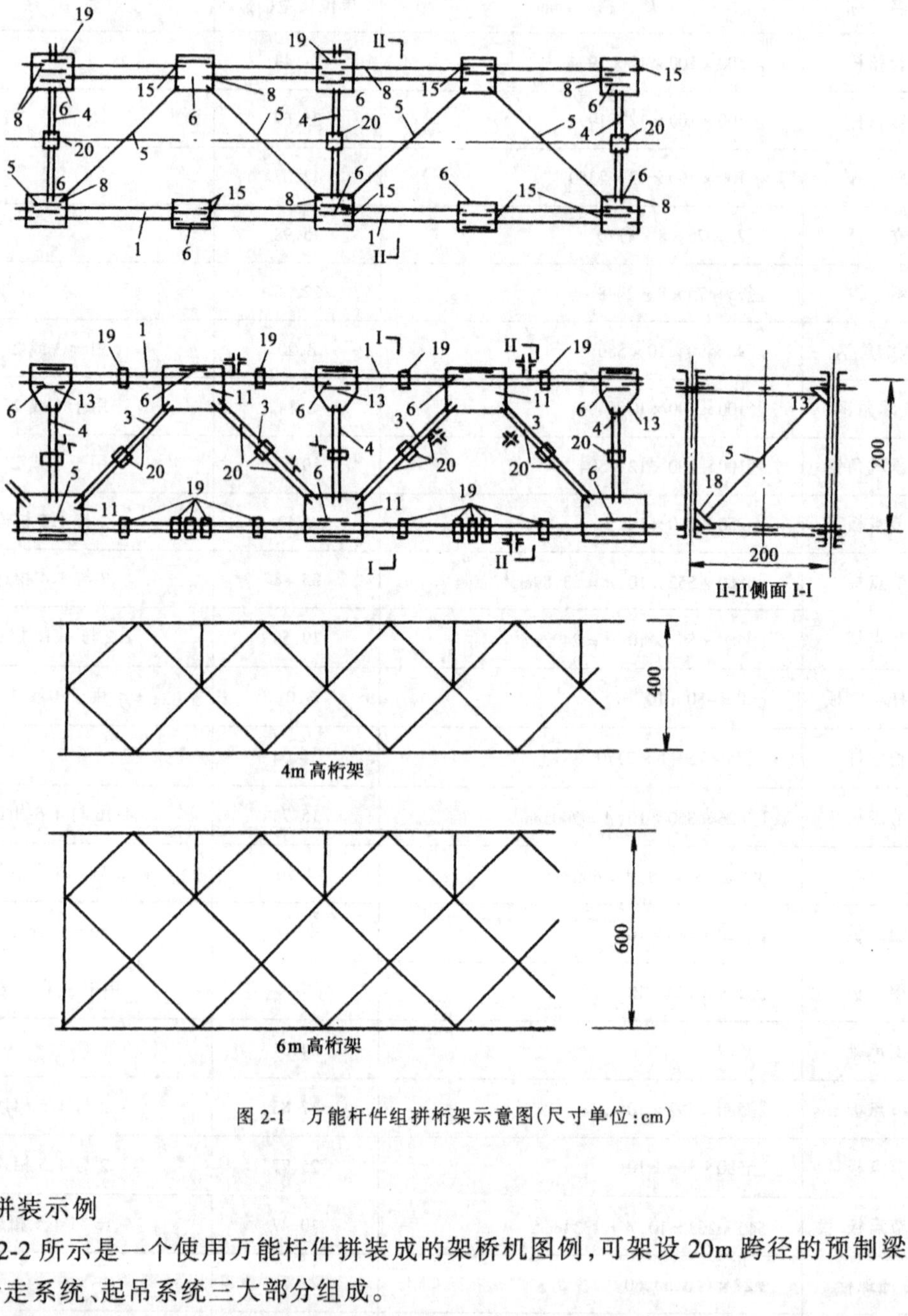

图2-1 万能杆件组拼桁架示意图(尺寸单位:cm)

3.拼装示例

图2-2所示是一个使用万能杆件拼装成的架桥机图例,可架设20m跨径的预制梁,主要有导梁、行走系统、起吊系统三大部分组成。

导梁由万能杆件组拼,上下弦杆采用N_1号杆件,斜撑采用N_5号。

(二)贝雷梁

贝雷梁是一种由桁架拼装而成的钢桁架结构,见图2-3。

贝雷梁的主要构件由桁架、加强弦杆、横梁、桁架销、螺栓、支撑构件等组成。

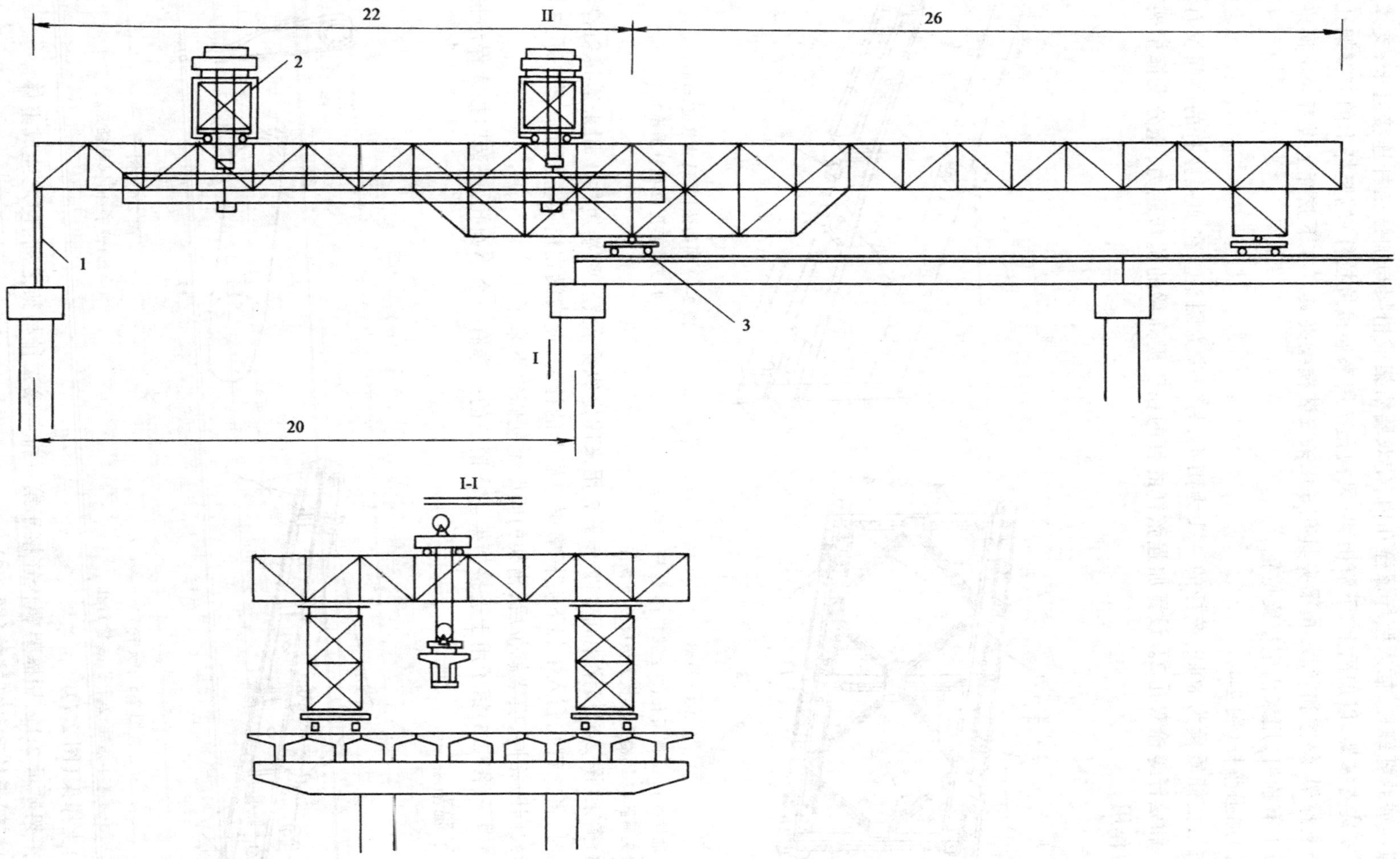

图 2-2　架桥机图示(尺寸单位:m)
1-前支脚;2-起吊行车;3-行车平车

(1)桁架图 2-3 中各孔的用途如下：弦杆螺栓孔 1 用在拼装双层或加强梁上，在拼装时，将桁架螺栓或弦杆螺栓，插入弦杆螺栓孔内，使双层桁架或桁架与加强弦杆连接起来；支撑架孔 2 用来安装支撑架，以加固上、下节桁架；风构孔 7 用来连接抗拉杆；端竖杆上的支撑架孔 2 用来安装支撑架、斜撑和联板；横梁夹具孔 6 用来安装横梁夹具。在下弦杆上设有 4 块横梁垫板 8，垫板上有栓钉，用来固定横梁位置。

(2)加强弦杆(图 2-4)

加强弦杆质量为 80kg，弦杆的一头为阳头，另一头为阴头。在加强弦杆的中间设有支撑架孔 1 和弦杆螺栓双孔 2。设置加强弦杆的目的在于提高梁的抗弯能力，充分发挥桁架腹杆的抗剪作用。

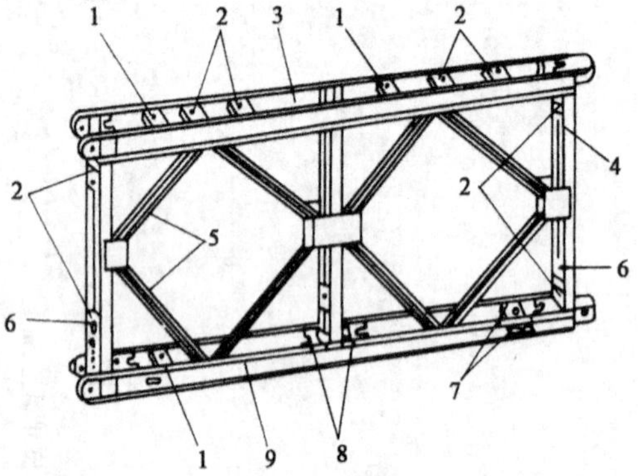

图 2-3　桁架

1-弦杆螺栓孔；2-支撑架孔；3-上弦杆；4-竖杆；5-斜撑；6-横梁夹具孔；7-风构孔；8-横梁垫板；9-下弦杆

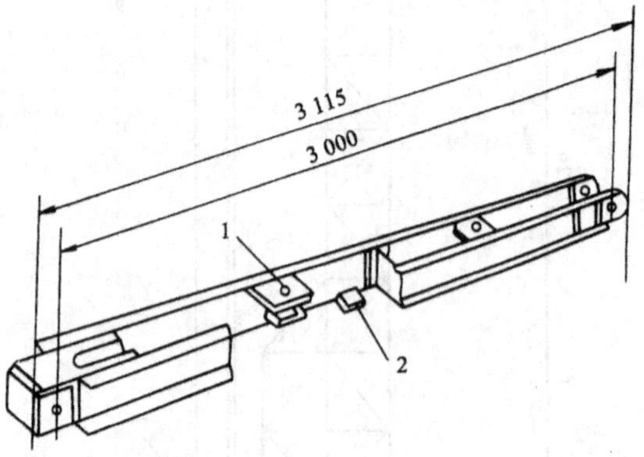

图 2-4　加强弦杆(尺寸单位：mm)

1-支撑架孔；2-弦杆螺栓孔

(3)横梁(图 2-5)横梁中间 4 个卡子 2 用来固定纵梁位置，两端短柱 1 用来连接斜撑。安装横梁时，将栓钉孔套入桁架下弦杆横梁垫板上的栓钉，使横梁在桁架上就位。栓钉孔 3 的间距与桁架间距相同，横梁就位后，桁架的间距也就固定下来了。

(4)销子(图 2-6)销子用于连接桁架。在销子的一端有一个小圆孔，安装时插入保险插销，防止销子脱落。

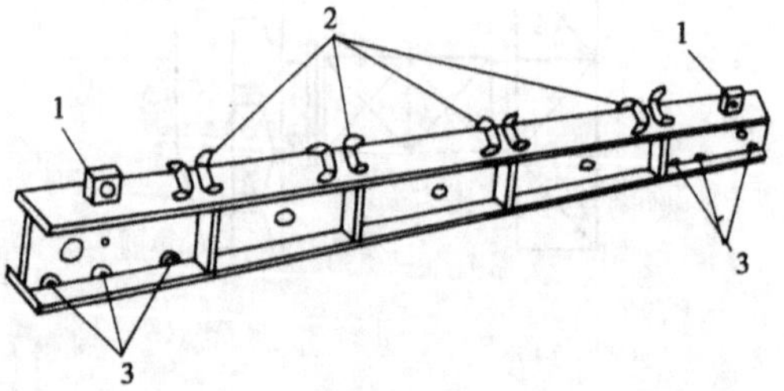

图 2-5　横梁

1-短柱；2-卡子；3-栓钉孔

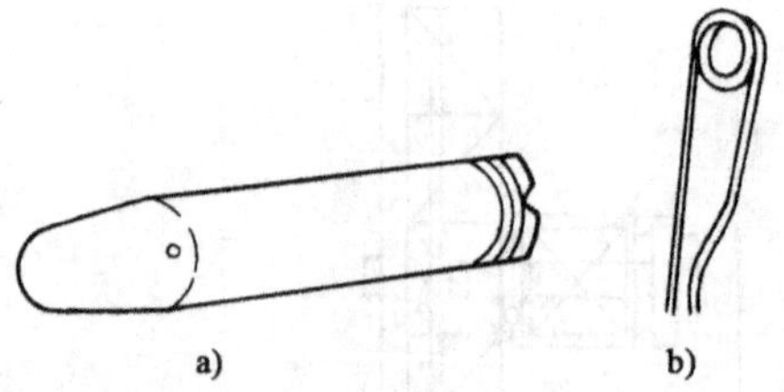

图 2-6　销子

a)销子；b)保险插销

(5)支撑架(图 2-7)

支撑架质量 21kg，用撑架螺栓连接于第一排与第二排桁架之间，使之连成整体。

(6)桁架螺栓和弦杆螺栓(图 2-8)

桁架螺栓质量 3kg，用来连接上、下层桁架使用时，将螺栓自下而上插入双层桁架的螺栓孔内,然后用螺帽拧紧。弦杆螺栓质量 2kg,用来连接桁架—加强弦杆,其形状与桁架螺栓完全相同,仅长度短 7cm。

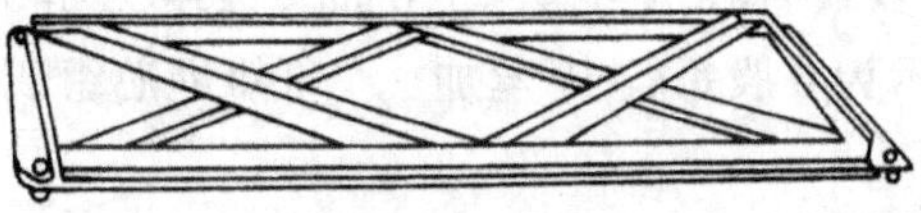

图 2-7 支撑架

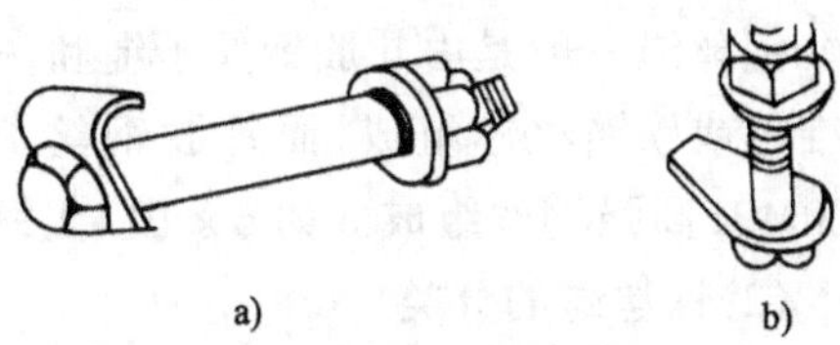

图 2-8 桁架螺栓和弦杆螺栓

a)桁架螺栓;b)弦杆螺栓

为了加强单片贝雷桁架的强度,主桁架可由数排并列或双层叠置。桥梁工程中习惯于先“排”后“层”称呼。贝雷架常拼成导梁作为承载移动支架,再配置部分起重设置与移动机具来实现架梁。

(三)支架

支架按其构造可分为立柱式、梁式和梁式—立柱式支架;按其材料可分为木支架、钢支架、钢木混合支架、万能杆件组拼支架等。支架应根据设计进行制作和安装,当支架用万能杆件组拼时,还应进行强度和稳定性验算。

常用支架的主要构造形式,如图 2-9 所示。

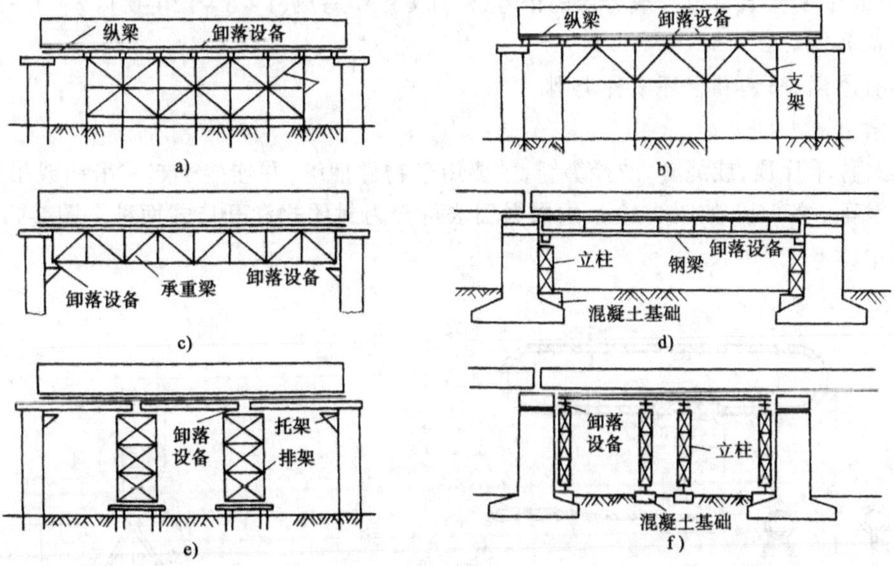

图 2-9 常用支架的主要构造

a)、b)立柱式;c)、d)梁式;e)、f)梁-立柱式

第三节 桥涵施工主要起重机具设备

一、起重机械主要零件

(一)钢丝绳

钢丝绳具有耐磨、抗拉力强、挠性好、弹性大、能承受冲击荷载、运行时无噪声、破断前有断裂预兆便于检查预防、防潮性能较好、寿命较长等优点,故可作为悬索桥、斜拉桥的主要抗拉构

件，同时并广泛用于起重吊装作业。

(1)钢丝绳的构造

钢丝绳一般是由几股钢丝子绳和一根绳芯拧成。绳芯用防腐、防锈润滑油浸透过的有机纤维芯或软钢丝芯组成，而每股钢丝子绳是由许多根直径为 0.4 ~ 3.0mm，强度为 1400 ~ 2000MPa 高强钢丝组成。如 6×19+1 钢丝绳即表示为 6 股每股 19 丝加一个纤维绳芯组成。

(2)钢丝绳的分类

①按钢丝的性能和钢丝的表面情况分为特号、1 号光面钢丝或镀锌钢丝。

②按绳与股的捻拧方向分为右交互捻、左交互捻、右同向捻和左同向捻四种。股捻的方向与股内钢丝捻的方向相反，称交互捻，反之若两者捻的方向相同称同向捻。

③按股内各钢丝接触方式不同可分为点接触和线接钢丝绳。

④按钢丝绳周围表面形状可分为普通结构钢丝绳和封闭式结构钢丝绳。

(3)钢丝绳的标记方法

按(GB 1102—74)所规定的钢丝绳，其标记方法举例如下：

公称抗拉强度 1700MPa，右同向捻钢丝绳的标记为钢丝绳 6×37-15.0-1.7-1-甲-镀-右同向(GB 1102—74)。公称抗拉强度 1500MPa，特号光面钢丝制成的直径 21.5、右交互捻、线接触钢丝绳的标记为：钢丝绳 6×37-21.5-1.5-特-光-右交(GB 1102—74)，也可采用全写，即将股中钢丝数目改写成分层的记号，例如 6×37 写成(1+6+12+18)。

(二)吊具

吊具有吊索、吊钩和卡环三种类型。

1.吊索

吊索又称千斤顶，或绳套，或拴绑绳，主要用于物件捆绑，并连接于起重吊钩或吊环上，或用于固定滑车、绞车等，如图 2-10 吊索根据用法可分为封闭式和开口式两种。图 2-11 为千斤绳吊物图示。

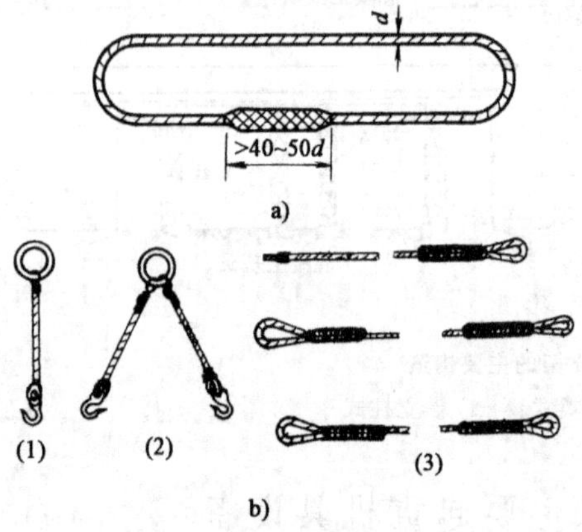

图 2-10 千斤绳

a)封闭式；b)开口式

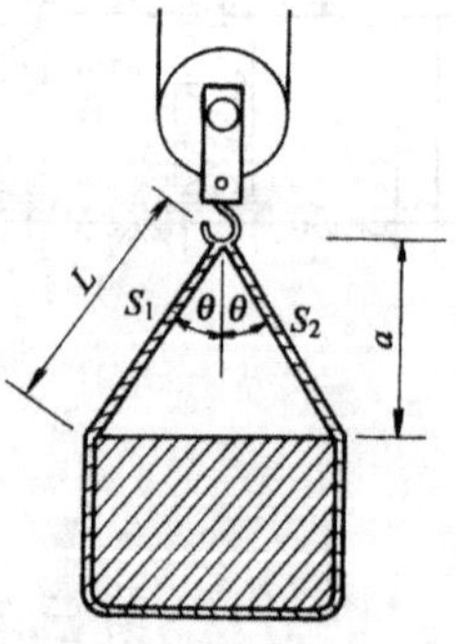

图 2-11 千斤绳吊物图式

(计算用图)

2.吊钩

吊钩可用碳素钢锻造而成和钢板铆接而成(或称极钩)，按其形式可分为单吊钩和双吊钩，如图 2-12 所示。

3.卡环

卡环称为卸扣或开口销环,是由环圈和销轴组成,主要用于钢丝绳与吊钩之间的联结,以及用千斤顶捆绑物件固定绳套。卡环构造见图 2-13 所示。

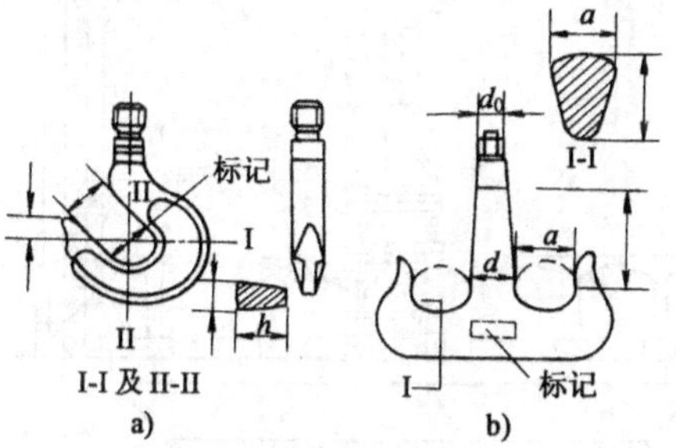

图 2-12　吊钩示意图

a)单吊钩;b)双吊钩

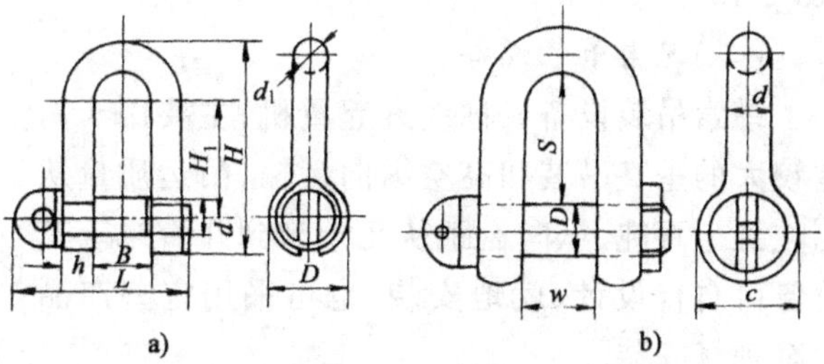

图 2-13　卡环示意图

a)通用直形;b)大吨位 D 形

(三)链滑车

链滑车又称手拉葫芦或神仙葫芦(图 2-14)。当提升重物时,可顺时针方向牵引链轮,牵引升上时,由于制动装置作用,所提升的重物不会自动下落;当下落重物时,可逆时针方向牵引链轮。使用链滑车时,应注意以下几点:

(1)使用前必须检查链滑车各部分有无损伤,吊挂绳索及支架横梁应绝对稳固,提升时的质量不得超过容许起重质量。

(2)起重时,须慢慢将其拉紧,待链滑车完全吃力后,经检查后方可继续工作。

(3)使用时,应将细链反拉,让粗链松弛,以便有最大的提升余位,且应以短距离的起重、移位、拉紧构件为限。

(4)使用链滑车所需拉链人数,应按起重质量大小配置。

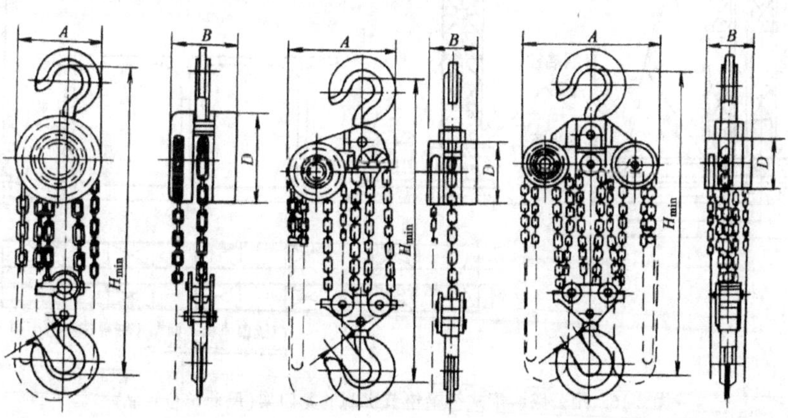

图 2-14　WA 型链滑车简图

二、起重机具

桥梁工程中常用的起重机具有桅杆式起重机、龙门架、缆索、吊装设备、浮吊、架桥机、自行回转式起重机等。

(一)龙门架

龙门架又称龙门扒杆或龙门吊机,是一种最常用的垂直起重设备。在龙门架顶横梁上安装行车,可横向运输重物、构件;在龙门架上两脚下安装滚轮,并置于铁轨上,可在铁轨上作纵向移动。龙门架一般设置在预制场内,吊移预制构件,或设置在场顶或墩旁,可作装配式桥构件的安装。常用的龙门架有拐脚龙门架(图2-15)和公路装配式钢梁桁节拼装的龙门架(图2-16)。

(二)缆索吊装设备

缆索吊装设备又称缆索起重机，主要用于高差较大的垂直吊装和高空纵向运输，吊运质量从几吨到上百吨，纵向运距从几十米到几百米。其设备可自行设计、就地安装，也可采用定型产品运至现场安装。

缆索吊装系统由主索、天线滑车、起重索、牵引牵、起重及牵引铰车、主索锚碇、塔架、缆风索等主要设备和扣索、扣索锚碇、扣索排架、扣索绞车等辅助设备所组成。缆索、吊装设备布置方式如图2-17所示。

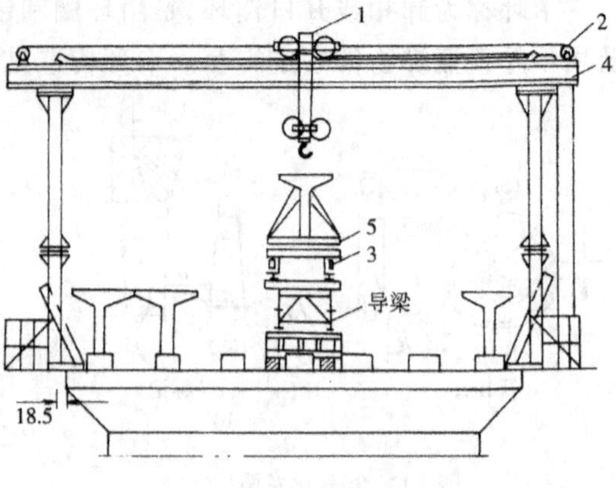

图2-15 拐脚龙门架

1-行车；2-导向滑车；3-运梁平车；4-操作平台；5-转向架

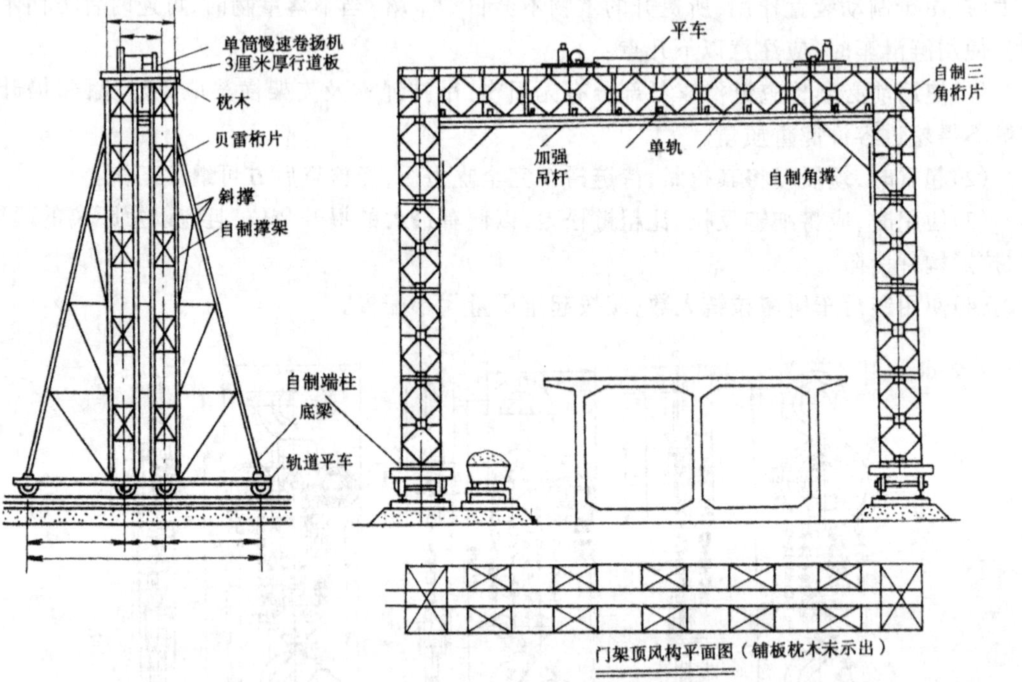

图2-16 用公路装配式钢梁桁节拼制的龙门架(尺寸单位：mm)

1.主索

主索又称承重或运输天线，它横跨桥墩支承在两岸塔架的索鞍上，两端锚固于锚碇上，吊运构件的行车支承于主索上。主索的直径、型号、根数等，可根据索塔距离(主索跨度)、设计垂度(一般为$L/15 \sim L/20$，L为主索跨度)、起吊量等，计算出主索所承受的拉力而选定。

2.起重索(图2-18)

起重索套绕于天线滑车组，作起吊重物之用。一端与铰车滚筒相连，另一端固定于对岸的锚碇上。这样，当行车在主索上沿桥跨作往复运动时，可保持行车与吊钩间的起重索长度不随行车的移动而改变。

3.牵引索

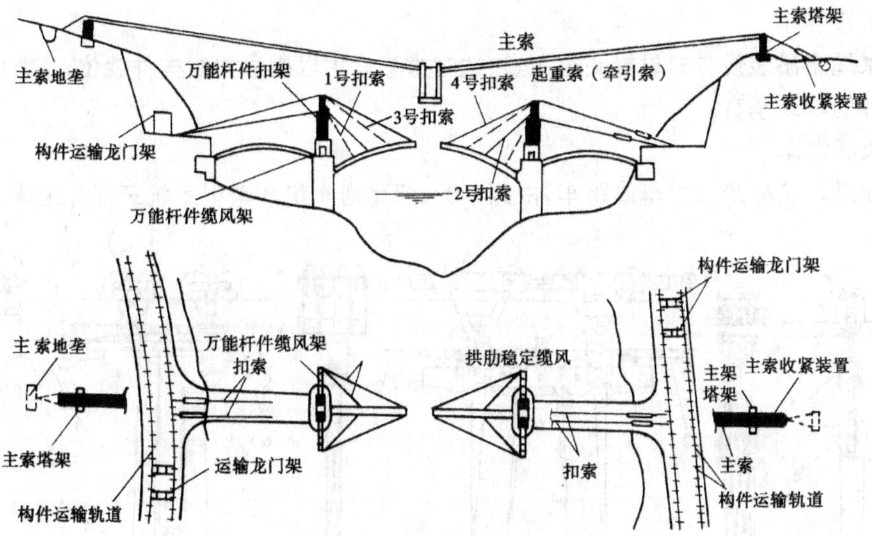

图 2-17　缆索吊装设备布置示例

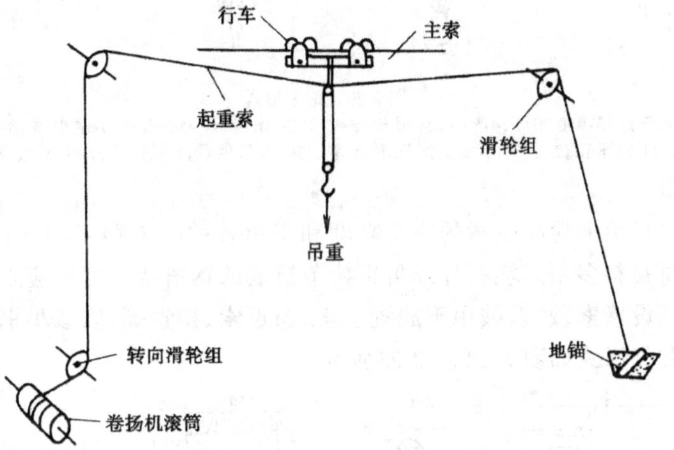

图 2-18　起重索

牵引索是牵引天线滑车沿主索作水平移动的拉绳。其套绕方法有两种，即每岸各设一台铰车，一台用于前进牵引，一台用于后退牵引，而牵引一端固定在滑车上，一端与铰车相连。

4.结索

结索用于悬挂分索器，使主索、起重索和牵引索相互之间不干扰，且仅承受分索器重力和自重。

5.扣索

是在装配式拱桥的吊装中，为了暂时固定拱箱(肋)分段时所用的钢丝索，扣索(图 2-19)分为墩扣、塔扣和天扣等几种。

6.缆风索

缆风索又称浪风索或抗风索，主要用于稳定塔架(或索架和墩上排架)，调整和固定预制构件的位置。

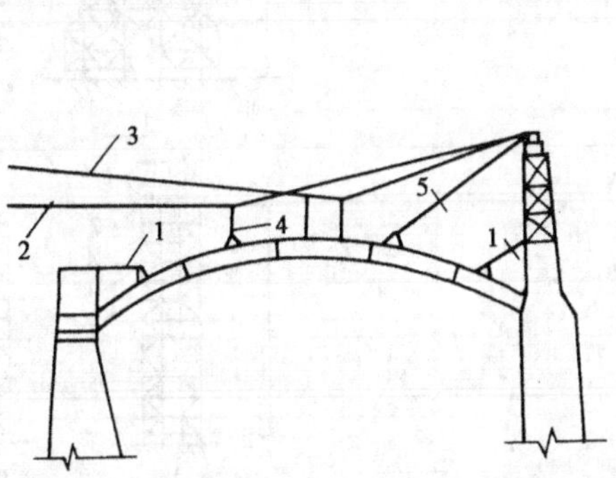

图 2-19　扣索形式

1-墩扣；2-扣索天线；3-主索天线；4-天扣；5-搭扣

7.横移索

如果缆索吊装设备只设置一道主索，这时横移索用以横移预制构件就位，且方向应尽可能与预制件的轴线垂直。

8.天线滑车

天线滑车又称骑马滑车或跑车，由跑车轮、起重滑车组和牵引系统三部分组成，见图 2-20。

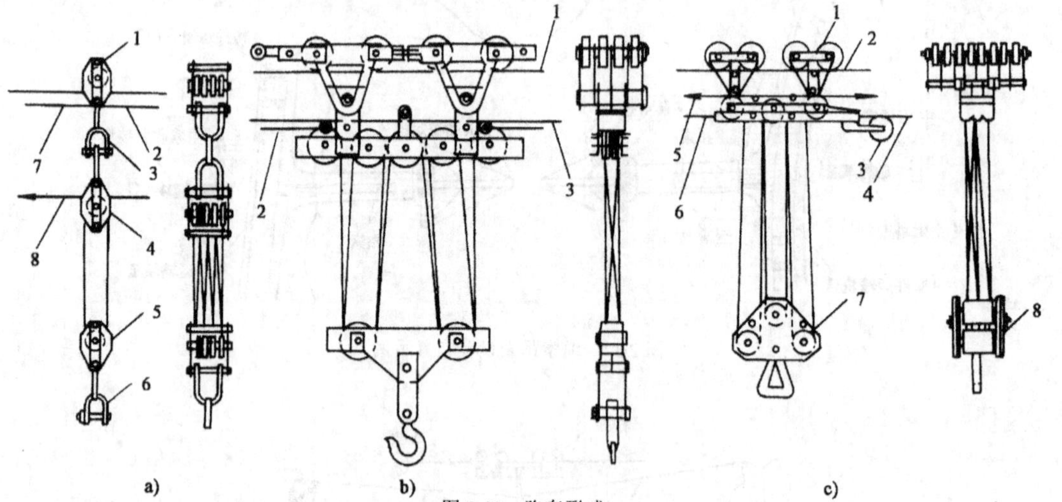

图 2-20 跑车形式

a)1-4-门 35t 滑轮；2-联系千斤；3-ϕ50 扣环；4-5 门 25t 滑轮；5-4 门 25t 滑轮；6-ϕ50 扣环；7-索引索；8-起重索；b)1-主索；2-起重索；3-另一跑车起重索；c)1-跑车轮；2-主索；3-索引索托轮；4-牵引索；5-起重索；6-联系千斤；7-吊点；8-配重板

9.塔架和索鞍

塔架（图 2-21）是用来提高主索的临空高度和支承各种受力钢索的结构物，由塔身、塔顶、塔底等组成。塔身材料多用万能杆件或贝雷桁节拼成的钢塔架。塔底应采用浆砌片石或片石混凝土基础。塔顶设置索鞍，索鞍用于放置主索、超重索、扣索等，以减小钢绳与塔架间的摩阻力。塔脚铰和索鞍的形式如图 2-22 和 2-23 所示。

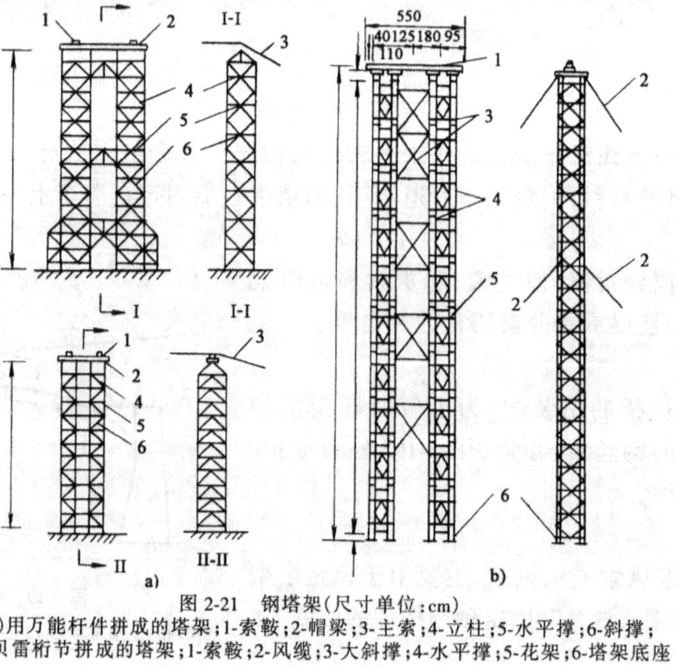

图 2-21 钢塔架（尺寸单位：cm）

a)用万能杆件拼成的塔架；1-索鞍；2-帽梁；3-主索；4-立柱；5-水平撑；6-斜撑；
b)贝雷桁节拼成的塔架；1-索鞍；2-风缆；3-大斜撑；4-水平撑；5-花架；6-塔架底座

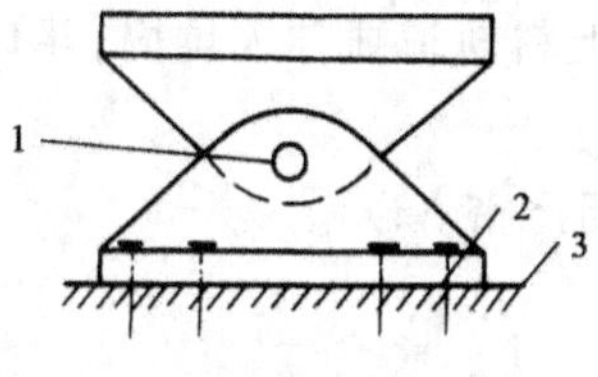

图 2-22　简易塔脚铰

1-钢铰;2-预埋螺栓;3-混凝土基础

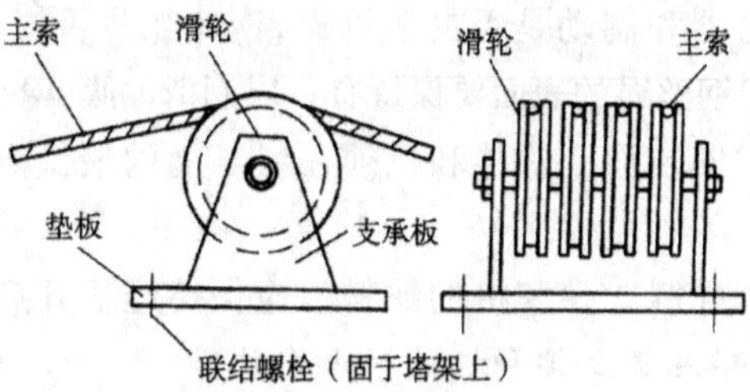

图 2-23　索鞍构造

第四节　混凝土施工设备

混凝土工程是混凝土结构工程的一个重要组成部分,其质量好坏直接关系到结构的承载能力和使用寿命,而混凝土施工设备对混凝土质量好坏起着重要的作用。混凝土机械主要包括:混凝土拌和机、混凝土拌和站(楼)、混凝土拌和输送车、混凝土输送泵及泵车和振动机械等。下面就对混凝土施工的主要设备进行介绍。

一、混凝土拌和机

(一)混凝土拌和机分类

1.按拌和原理分

(1)自落式拌和机　指拌和叶片和拌筒之间无相对运动。自落式按形状和出料方式又可分为鼓筒式、锥形反转出料式、锥形倾翻出料式。

(2)强制式拌和机　指拌和机拌和叶片和拌筒之间有相对运动。

(二)混凝土拌和机构造特点

(1)锥形反转出料式　代号 JZ,主要特点是拌和筒轴线始终保持水平位置。筒内设有交叉布置的拌和叶片。在出料端设有一对螺旋形出料叶片,正转拌和时,物料一方面被叶片提升、落下。另一方面强迫物料作轴向窜动,拌和运动比较强烈。反转时由出料叶片将混凝土卸出。适用于拌和塑性较好的普通混凝土和半干硬性混凝土。

(2)双锥形倾翻出料式　代号 JF,其特点是拌和面的进出料合为一口,拌和时锥形筒轴线具有约 15°仰角,出料时拌和筒下旋转 50°～60°,卸料方便、速度快、生产效率高。适用于混凝土拌和站(楼)作主机使用。

(3)立轴强制式　代号 JW,其特点是靠拌和筒内的涡浆式叶片的旋转将物料挤压、翻转、抛出而进行强制拌和的,具有拌和均匀、时间短、密封性好的特点,适合干拌和干硬性混凝土和轻质混凝土。

(4)卧轴强制式　代号 JD、JS,这种拌和机兼有自落式和强制式的优点,即拌和质量好,生产效率高,耗能少。能拌和干硬性、塑性、轻集料混凝土以及各种砂浆、灰浆和硅酸盐等混合物,是一种多功能的拌和机械。

(三)混凝土拌和机安装

(1)拌和机必须安装在坚实、平整的地面上,以保证拌和作用的正常进行。拌和机的撑脚要调整到轮胎不受力。

(2)使用前,按清洁、紧固、润滑、调整、防腐的作业法检查各系统,注意各结合机件是否松动，离合器和制动是否灵活可靠，钢丝绳是否损坏，传动带松紧是否合适等。

(3)钢丝绳的表面要保持有一层润滑油膜，绳头卡结必须牢固，当钢丝绳断丝过多时应换新。

(4)安装强制式拌和机须在料斗上的最低点设置地坑，上料轨道要伸入坑内，斗口与地面相平。

(5)强制式拌和机的缺料门应保持轻快开启，并保证封闭严密。

(四)混凝土拌和机的生产率计算

周期式混凝土拌和机生产率计算公式：

$$Q = 3600(V/t_1 + t_2 + t_3)k_1 \tag{2-1}$$

式中：Q——生产率(m^3/h)；

V——拌和机的额定出料容量(m^3)；

t_1——每次上料时间(s)，使用上料斗进料时，一般为 8～15s；通过漏斗或链斗提升机装料时，可取 15～26s；

t_2——每次拌和时间(s)，随混凝土坍落机容量大小而不同，可根据实测确定或参考表2-2所列数据。

拌和物在自落式拌和机中连续的每次拌和最短时间 表 2-2

出料容量(m^3)	≤60mm (s)	>60mm (s)
≤0.25	60	45
0.75	120	90
1.5	150	120

t_3——每次出料时间(s)，倾翻出料时间 10～15s；非倾翻出料时间煤田为 40～50s。

k_1——时间利用系数，一般为 0.9。

二、混凝土拌和站(楼)

拌和站(楼)其特点是制备混凝土的全过程是机械化或自动化，生产量大，拌和效率高、质量稳定、成本低，劳动强度减轻。

拌和站或拌和楼的区别是：拌和站的生产能力较小，结构容易拆装，能组成集装箱转移地点，适用于施工现场；拌和楼体积大，生产效率高，只能作为固定式的拌和装置，适用于产量大的商品混凝土供应。

拌和站(楼)主要由物料供给系统、称量系统、拌和主机和控制系统等四大部分组成。

(1)物料供给系统　指组合成混凝土的砂、石、水泥、水等几种物料的堆积和提升系统。砂和石料的提升，一般是以悬臂拉铲为主，另有少部分采用装载机上料，配以皮带输送机输送的方式。水泥则以压缩空气吹入散装的水泥筒仓，辅之以螺旋机和水泥秤供料。拌和用水一般用水泵实现压力供水。

(2)称量系统　砂石一般采用累积计量，水泥单独称量，拌和用水一般采用定量水表计量。

(3)控制系统　一般有两种方式，一是开关电路，继电器程序控制；另一种是采用运算放大器电路，增加了配比设定，落实调整容量变换等功能。近几年，微机控制技术开始应用于控制系统，从而提高了控制系统的可靠性。

(4)主机系统　拌和主机的选择，决定了拌和站(楼)的生产率。常用的主机有锥形反转出料式(JZ)、主轴涡浆式(JW)和双卧强制式(JS)等三种形式，见表 2-3。

三种拌和机的性能和效用比较表　　表 2-3

性能和效用名称	拌和机形式		
	锥形反转出料式(JZ)	主轴涡浆式(JW)	双卧轴强制式(JS)
适用坍落度范围	15～25cm	4～15cm	10～25cm
最大集料粒径	8cm	5cm	8cm
进料时间	中	中	快
拌和时间	最长	最短	较短
拌筒或叶片转速	慢	最快	中
所需功率	小	大	中
材料损耗	最少	最大	中
拌和效果	较差	最好	好
维修保养	简单	中	较繁
生产速度	慢	快	最快
耗用水泥	较多	最少	中
混凝土塑性	较差	最佳	中
对环境污染	大	小	小
价格	低	高	高

大型混凝土拌和站有单降式和双降式两种。单降式混凝土拌和站是将原材料由皮带、螺旋输送机等运输设备一次将原材料提升到需要高度后，靠自重下落，依次经过储料、称量、集料、拌和等程序完成整个拌和过程，见图 2-24。单阶式拌和站具有工作效率高、自动化程度高，占地面积小等优点，但一次投资大。双阶式混凝土拌和站是将原材料一次提升后，依靠材料的自重完成储料、称量、集料等工序，再经过二次提升进入拌和机拌和。如图 2-25 所示，双阶式拌和站的建筑物总高度较小，运输设备较简单，和单阶式相比投资相对要少，生产效率和自动化程度较低，占地面积较大。

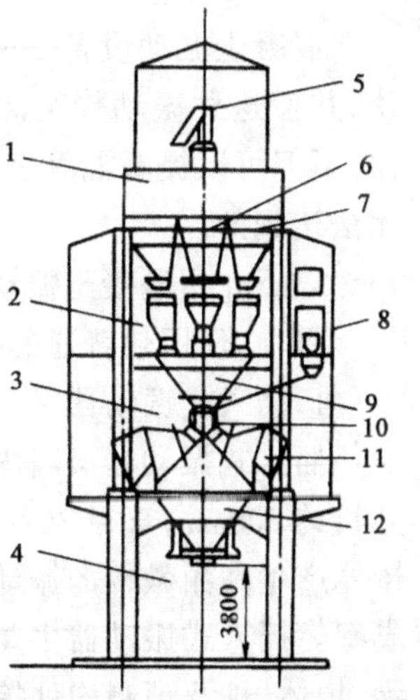

图 2-24　单阶式混凝土拌和站

1-料仓层；2-称量层；3-拌和层；4-底层；5-旋转布料器；6-水泥料仓；7-砂、石料仓；8-集中控制室；9-集料斗；10-两路溜槽；11-拌和机；12-混凝土漏斗

三、混凝土的运输设备

混凝土的运输设备必须根据工程情况来选用。常用的混凝土运输工具有手推车、机动翻斗车、混凝土拌和运输车、混凝土泵、提升机、起重机架空缆索等。

(1)手推车：主要用于短距离水平运输，具有轻巧、方便的特点，其容量为 0.07～0.1m^3。

(2)机动翻斗车：具有机动灵活、装卸快速操作简便等特点，运用于短距离混凝土的运输或砂石等散装材料的倒运。

(3)混凝土拌和运输车：是一种用于长距离运输混凝土的施工机械。它是将拌和筒安装在汽车底盘上，把在拌和站生产的成品混凝土装入拌和筒内，然后运至施工现场，在整个运输过程中，混凝土拌和筒始终在作慢速转动，从而使混凝土在长途运输后，仍不会出现离析现象，以保证混凝土的质量。

当运输距离很长，采用上述运输工具难以保证运输质量时，可采用装载干料运输、拌和用水另外存放的方法，当快到浇筑地点时方加水拌和，待到达浇筑地点时混凝土也已经拌和完毕，便可卸料进行浇筑。混凝土拌和运输车的外形见图 2-26。

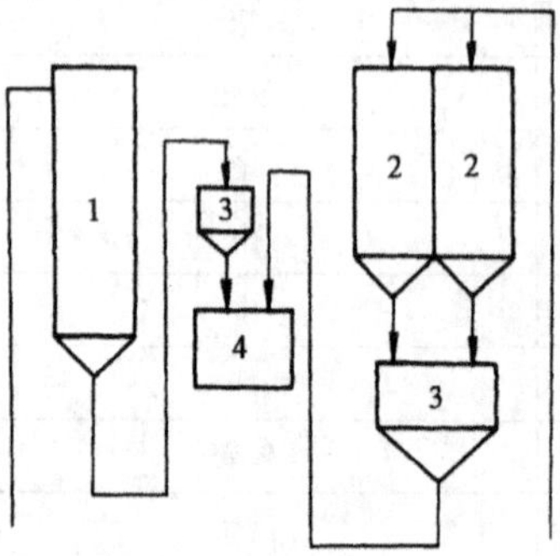

图 2-25　双阶式混凝土拌和站

1-水泥仓；2-集料储料斗；3-称量系统；4-拌和机

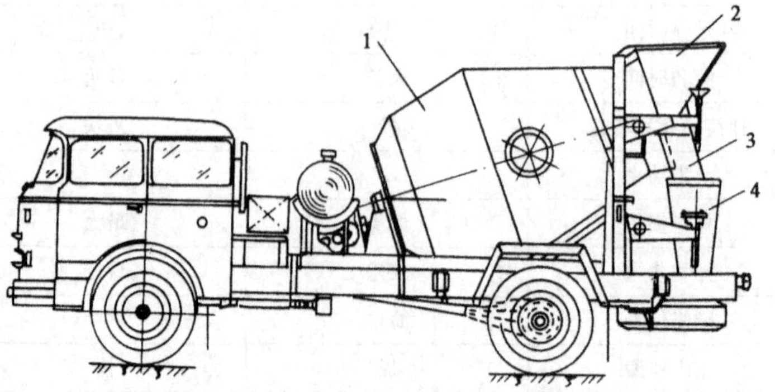

图 2-26　混凝土拌和运输车示意图

1-拌和筒；2-进料斗；3-卸料斗；4-卸料溜槽

四、混凝土的振动设备

混凝土振动设备——混凝土振动器是一种借助动力通过一定装置作为振源产生频繁的振动，并使这种振动传给混凝土，以振动捣固混凝土的设备。合理选择和正确使用混凝土振动器，不但可以提高混凝土浇筑速度和质量，而且可以降低工程成本，改善劳动条件，是人为振捣无法达到的。

以下介绍混凝土振动设备类型及操作要点。

目前，使用较普通的振动设备有插入式振动器、附着式振动器、平板式振动器和振动台等。

1.插入式振动器

插入式振动器又叫内部振动器，主要由振动棒、软轴和电动机三部分组成。振动棒工作部分长约 500mm，直径 35～50mm，内部装有偏心振子，电机开动后，由于偏心振子的作用使整个棒体产生高频微幅的振动。振动棒和混凝土接触时，便将振动传给混凝土，很快使混凝土密实成型。插入式振动器主要用于振动各种垂直方向尺寸较大的混凝土体，如桥梁墩台、基础、柱、梁、坝体、桩及预制构件等。

根据工作原理的不同，可把插入式振动器分为偏心式和行星式两种。偏心式是在振动棒中心安装具有偏心质量的转轴，偏心转轴在电机带动下高速旋转时产生的离心力将振动传给振动棒外壳。而行星式是振动棒内部安有一带有滚锥的转轴，转轴在电机带动下，滚锥沿滚道公转从而使棒体产生振动。常见型号有 ZX50、ZX70 等。电动软轴振动器构造见图 2-27 所示。

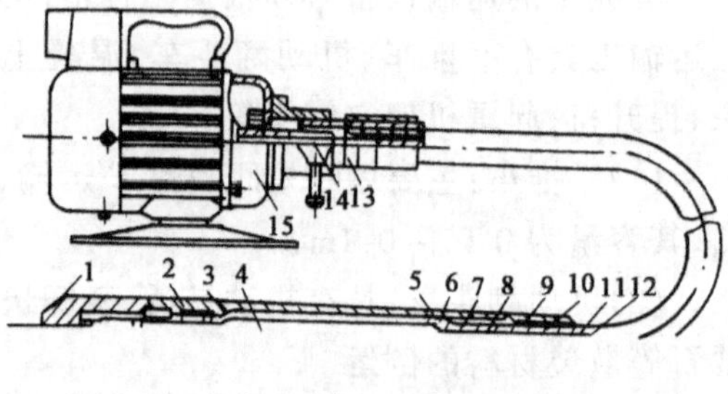

图 2-27　电动软轴振动器构造简图

1-尖头；2-滚道；3-套管；4-滚锥；5-油封座；6-油封；7-大间隙轴承；8-软轴接头；9-软管接头；10-锥套；11-软管；12-软轴；13-连接头；14-防逆装置；15-电动机

操作要点：

(1)振动器的电动机旋转时，若软轴不转，振动棒不起振，系电动机旋转方向不对，可调换任意两相电源线即可；若软轴转动，振动棒不起振，可摇晃棒头或将棒头轻磕地面，即可起振。

(2)作业时，要使振动棒自然沉入混凝土，要做到"快插慢拔"，快插是为了防止先将表面混凝土振实而无法振捣下部混凝土，且使下部混凝土出现分层、离析现象；慢拔是为了让混凝土有充足时间填满振动棒抽出时形成的空隙。宜将振动棒上下略为抽动，以使上下混凝土振捣均匀。

(3)分层振捣混凝土时，每层厚度不应超过振动棒长的1.25倍；在振捣上一层时，应插入下层尚未初凝层中50 mm左右，以促使上下层相互结合。

(4)振动时间要掌握恰当，时间过短混凝土不易被捣实，过长又可能使混凝土出现离析。一般每个插入点的振捣时间为20～30s，而且以混凝土表面呈现浮浆，不再出现气泡，表面不再下沉落为准。

(5)作业时，振动棒插入混凝土的深度不应超过棒长的2/3～3/4。否则，振动棒将不易拔出而导致软管损坏。

(6)振捣时插入点排列要均匀，可采用"行列式"或"交错式"的秩序移动，注意振动棒各插点间距应均匀，一般间距不要超过振动棒有效作用半径的1.5倍，以免漏振。

2.平板式振动器

平板式振动器属外部振动器，它是直接放在混凝土表面上移动进行振捣工作。适用于坍落度不太大的塑性、半塑性、干硬性、半干硬性的混凝土或浇筑层不厚，表面较宽敞的混凝土捣固，如水泥混凝土路面、平板、拱面等。振动器构造见图2-28。

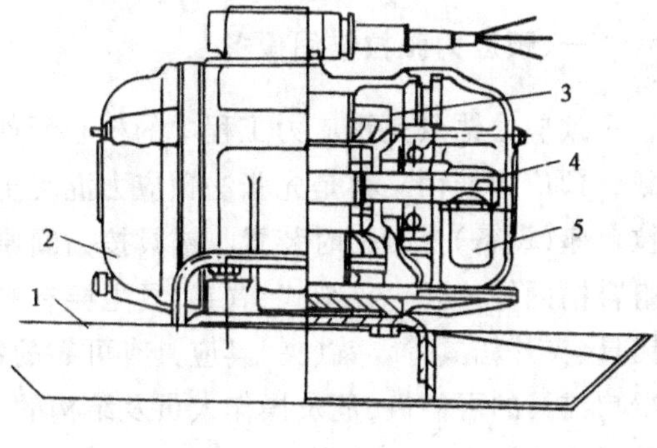

图2-28 平板式振动器示意图

1-底板；2-外壳；3-定子；4-转子轴；5-偏心块

施工作业要点：

(1)在水平混凝土表面振捣时，平板式振动器是利用电动机振子所产生的惯性的水平力为自行移动的，操作者需控制移动的方向即可。

(2)平板与混凝土接触，使振波有效地传给混凝土，使混凝土振实至表面出浆，待不再下沉，每一位置连续振动时间一般为20～40s。

(3)在振动的振动器不应放在已凝固或初凝的混凝土上，以免振伤振动器和振松已凝混凝土。

3.附着式振动器

附着式振动器也属于外部振动器，其振动构造是同于平板振动器的工作部分。由于振动作业方式的不同，附着式振动器是靠底部的螺栓或其他锁紧装置固定安装在模板外部(或滑槽料斗等)，振动器是通过模板传给混凝土，从而使混凝土被振捣密实。附着式振动器的振动作用不太远，仅适用于振捣钢筋较密、厚度较小等不宜使用插入式振捣器的结构。

施工作业要点：

(1)在一个模板上，同时用多台附着式振动器振动时，各振动器的频率必须保持一致，相对面的振动器应交错布置。布置间距应通过试验确定。

(2)作业时，每次振动时间不超过1min，当混凝土在模内泛浆流动成水平状不再出现气泡，即可停振。

(3)当钢筋较密或构件断面较窄时,可采用取边浇边振动的方法。

4.振动台

振动台为一个支承在弹性支座上的工作平台,平台下设有振动机构,混凝土振动台是由电动机、同步器、振动平台、固定框架、支取弹簧及偏振子等组成。工作时,振动机构作上下方向的定向振动。振动台主要用于混凝土制品厂预制件的振捣。具有生产效率高、振捣效果好的优点。

施工作业要点:

(1)混凝土振动台,须承受强力振动而使混凝土振实成型,故应安装在牢固的基础上。

(2)混凝土构件厚度小于200mm时,可将混凝土一次装满振捣,如厚度大于200mm时,则需分层浇筑,每层厚度不大于200mm时,或随浇随振。

(3)振捣时间应根据实际情况决定,一般以混凝土表面呈水平,不再冒气泡,表面出现浮浆时为准。

第五节　预应力混凝土施工设备

一、预应力张拉锚固设备

预应力锚具是预应力工程中的核心元件,这种元件永久埋设在混凝土中,承受着长期的荷载。预应力筋用夹具是先张法预应力混凝土构件施工时为保持预应力筋拉力并将其固定在张拉台座(设备)上时临时装置。锚具按锚固原理不同可分为:支承锚固、楔紧锚固、握裹锚固和组合锚固等体系。支承式锚(夹)具主要有螺杆锚具、镦头锚具。楔紧式锚(夹)具主要有锥销锚具、夹片锚具等。锚(夹)具应具有可靠的锚固能力,其材料的优劣、热处理工艺的好坏,直接影响锚具的可靠性,危及操作人员及结构的安全,因此,在选择生产厂家和进行锚具验收时一定要认真慎重。

1.技术要求

锚(夹)具是建立预应力值和保证结构安全的关键。要求锚具的尺寸形状准确,有足够的强度和刚度,受力后变形小,锚具可靠,不致产生预应力筋的滑移和断裂现象。

按使用要求,锚具的锚固性能分为以下两类。

I类锚具:适用于承受动载、静载的预应力混凝土结构;

II类锚具:仅适用于有粘结预应力混凝土结构中预应力筋应力变化不大的部位。

对锚具的技术要求有以下几个方面。

(1)静载锚固性能

锚具的静载锚固性能用锚具效率系数 η_α 表示,其表达式为:

$$\eta_\alpha = F_{\alpha P\mu} / \eta_P F^c_{\alpha P\mu} \tag{2-2}$$

式中:$F_{\alpha P\mu}$——预应力筋锚具组装件的实测极限拉力(kN);

$F^c_{\alpha P\mu}$——预应力筋锚具组装件中各根预应力钢材计算极限拉力之和(kN);

η_P——预应力筋的效率系数。

预应力筋效率系数 η_P 按下列规定取用:

①对于重要预应力混凝土结构工程使用的锚具,应按国家现行标准《预应力锚具、夹具和

连接器应用技术规定》计算确定。

②对于一般预应力混凝土结构工程使用的锚具，当预应力筋为钢丝、钢绞线或热处理钢筋时，η_P 取 0.97；当预应力筋为冷拉 II、III、IV 级钢筋时，η_P 取 1.00。

为了保证锚具的预应力筋在破坏时有足够的延伸性，总应变 $\varepsilon_{\alpha P\mu,tot}$ 也必须满足一定的要求，因此 I、II 类锚具的静载锚固性能，应由预应力锚固组装件静载试验测定的锚具效率系数 η_α 和达到实测极限拉力时的总应变 $\varepsilon_{\alpha P\mu,tot}$ 确定，其值应符合表 2-4 规定。

锚具效率系数和总应变指标 表 2-4

锚具类型	锚具效率系数 η_α	实测极限拉力的总应变 $\varepsilon_{\alpha P\mu,tot}$
I	≥0.95	≥2.0
II	≥0.90	≥1.7

(2)动载锚固性能

①疲劳荷载性能

I 类锚具组装件必须能经受循环次数为 200 万次的疲劳性能试验。当预应力筋为钢丝、钢绞线或热处理钢筋时，试验应力上限为预应力筋强度标准值的 65%，应力幅度为 $80N/mm^2$。

②周期荷载性能

用于抗震结构的锚具，尚应能承受 50 次循环的周期荷载试验。当预应力筋为钢丝钢绞丝或热处理钢筋时，试验应力上限为预应力筋强度标准值的 80%。下限为 40%，当预应力筋为冷拉 II、III、IV 级钢筋时，试验应力上限为预应力筋强度标准值的 100%，下限为 40%。

③其他要求

a)锚具应满足分级张拉及张拉工艺要求，同时宜具有能放松预应力筋的性能。

b)锚具或其附件上宜设置灌浆孔道，灌浆孔道应使浆液有通畅的截面面积。

c)用于后张法的预应力筋连接口，必须符合 I 类锚具锚固性的要求。

d)夹具的静载锚固性能应符合表 2-4 中 I 类锚具的效率系数具锚固性的要求。

2.锚具质量检验

预应力筋锚具、夹具和连接器，应有出厂合格证，进场时应按下列规定进行验收：

(1)验收批在同种材料和同一生产条件下，锚具、夹具应以不超过 1000 套组为一个验收批；连接器应以不超过 500 套组为一个验收批。

(2)外观检查：从每批中抽取 10%但不少于 10 套的锚具，检查其外观和尺寸，当有一套表面有裂纹或超过产品标准及设计图纸规定尺寸的允许偏差时，应另取双倍数量的锚具重做检查，如仍有一套不符合要求，则不得使用或逐套检查，合格者方可使用。

(3)硬度检查：从每批中抽取 5%但不少于 5 套的锚具，对其中有硬度要求的零件做硬度试验(多孔夹片式锚具的夹片，每套至少抽 5 片)。每个零件测试 3 点，其硬度应在设计要求范围内。如有一个零件不合格时应另取双倍数量的零件重做试验，如仍有一个零件不合格，则不得使用或逐个检查，合格者方可使用。

(4)静载锚固性试验：在外观和硬度检查合格后，应从同批中抽 6 套锚具(夹具或连接器)与预应力筋组成 3 个预应力筋锚具(夹具、连接器)的组装件，进行静载锚固性能试验。组装件应符合设计要求，当设计无具体要求时，不得在锚固零件上添加影响锚固性能的物质。如金钢砂、石墨等。预应力筋应等长平行，使之受力均匀，其受力长度不得小于 3m(单根预应力筋的锚具组装件，预应力筋的受力不得小于 0.6m)，试验时，先用张拉设备分四级张拉至预应力筋标准强度的 80% 并进行锚固（对支承式锚具，也可直接用试验设备加荷，然后持荷 1h，再用试验设备逐级加荷至破坏。当有一套试件不符合表 2-4 的要求，应加取双倍数量的锚具（夹具、连接器）重做试验，如仍有一套不合格，则该批锚具（夹具、连接器）为不合格产品。

3.几种常用的预应力张拉锚固体系

(1)墩头锚具

墩头锚具是利用钢丝（或热轧粗钢筋）两端的镦粗来锚固预应力钢丝的一种锚具。镦头锚具加工简单，张拉方便，锚固可靠，成本低，还可以节约两端伸出的预应力钢丝。这种锚具可根据张拉力大小和使用条件设计成多种形式和规格，能锚固任意根数的钢丝。常用的镦头锚具有：锚杯与螺母（张拉端用）、锚板（固定端用），见图 2-29。锚具材料采用 45 号钢，锚杯与锚板调质热处理硬度 HB251 ~ 253，锚杯底部（锚板）的锚孔，沿圆周分布，锚孔间距：对 ϕ^s7 钢丝，$\geqslant$11mm。DM_5 型镦头锚具可以锚固 ϕ5 mm 的钢丝束，DM_7 型可以锚固 ϕ7 mm 钢丝束。为了改善钢丝束镦头锚具在没有孔道灌浆状态下抗疲劳强度，近年来发展一种 LZM 型 、LM 型钢丝冷铸镦头锚具。这种锚具主要用于锚固斜拉桥斜拉钢索和悬索桥吊桥、钢管混凝土系杆拱桥吊杆等。

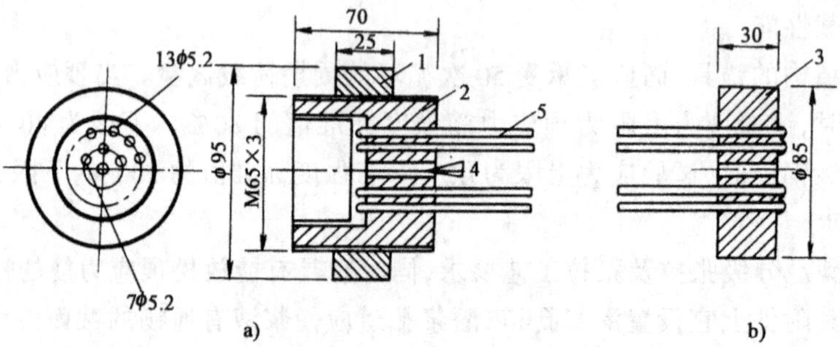

图 2-29 钢丝束镦头锚具（尺寸单位：mm）

a)张拉端锚环与螺母；b)固定端锚板；

1-螺母；2-锚杯；3-锚板；4-排气孔；5-钢丝

(2)夹片锚具

①JM 锚具

夹片锚具(JM)不仅可以锚固直径 12 mm 光圆冷拉热轧钢筋束，还能锚固直径 12 mm 的螺纹冷拉热轧钢筋束和钢绞线束及直径 15mm 的钢绞线束。它是利用双重的楔紧锚固作用原理来制造锚具的，其夹具和锚具相同，其张拉千斤顶为兼张拉和顶紧夹片双作用的千斤顶。这种锚固的优点是预应力筋（钢绞线）相互靠近，结构尺寸小，混凝土构件不需扩孔；缺点是：如果一个楔块损坏，会导致整束预应力筋失效；不能锚固钢丝。

a)单孔夹片锚(夹)具

它由锚环和夹片组成，见图 2-30。锚环的锥角为 7°，采用 45 号钢，夹片有三片式和二片式两种，三片式夹片按 120°铣分，二片式夹片的背面上部锯有一弹性槽，以提高锚固性能。

这种锚固主要用于无粘结预应力混凝土结构，也可用作先张法钢绞线夹具。

b)多孔夹片锚具(图 2-31)

多孔夹片锚具也称群锚，由多孔锚板与夹片组成。在每个锥形孔内装一副夹片，架持一根钢绞线。这种锚具的优点是每束钢绞线的根数不受限制；任何一根钢绞线锚固失效，都不会引起整束锚固失效。表 2-5 为国家群锚体系型号及生产研究单位。

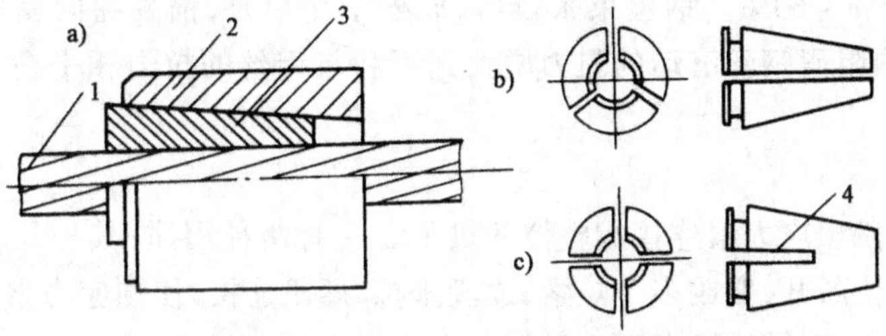

图 2-30　单孔夹片锚具

a)组装图;b)三夹片;c)二夹片

1-钢绞线;2-锚环;3-夹片;4-弹性槽

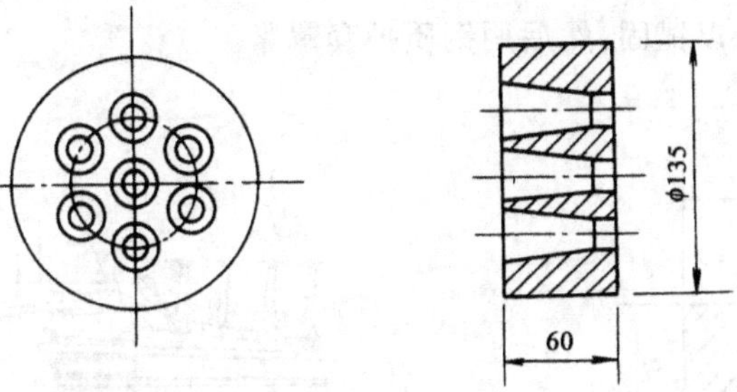

图 2-31　多孔夹片锚具(尺寸单位:mm)

国家群锚体系型号及生产研究单位　　表 2-5

锚具型号	研究生产单位	规格型号
YM	交通部公路规划设计院 交通部新津筑路机械厂	YM12－1～YM12－55 YM15－1～YM15－55
QM XM	中国建筑科学研究院 中原预应力构件厂 柳州建筑机械厂	XM15－1～XM15－55 XM12－1～XM18－55 QM15－1～QM15－55 QM12－1～QM15－55
OVM	同济大学 柳州建筑机械厂	OVM15－1～OVM 15－55 OVM12－1～OVM12－55
BS	北京建筑工程研究所	BS15－1～BS15－31 BS12－1～BS12－31

②扁锚　20 世纪 80 年代末,根据桥梁施工的需要,开发了一种新型的夹片式扁型锚具,简称扁锚。

扁锚是由扁锚头、扁型垫板、扁型喇叭管及扁型管道等组成。扁锚的优点:张拉槽口扁小,可减少混凝土板厚,可以单根分束张拉,施工方便,因此,这种锚具特别适用于后张预应力简支 T 梁、空心板、城市低高箱梁等薄壁结构以及桥面横向预应力等。

(3)弗氏锚具

弗氏锚具是用于锚固 $\phi5$ 钢丝的一种楔紧式锚具,它由钢锚环和锥形锚塞组成,因其构造简单、价格低廉,目前仍应用于张拉吨位较小的预应力结构中。

弗氏锚具是靠锚销的楔紧作用对受拉钢丝进行楔紧锚固。张拉后必须压销,压销力为最大控制张拉力的40%~60%。钢丝束张拉后,放松千斤顶时,锚塞随同受拉钢丝一起向锚孔小端回缩,使锚具内阻碍钢丝滑动的阻力增大到不利与钢丝的拉力相平衡为止。其构造如图2-32所示。

(4)连接器

连接器是将两段预应力索连接成整体的机具。它有两种用途:其一是将特别长的预应力索在弯矩较小的部位断开,变成多个短索,逐段张拉,逐段连接,使预应力索连成一体。其二是将分段搭接的短索连成长索,梁上不必设置凸出或凹入的齿板、齿槽。

现有连接器可分为以下两类:

周边悬挂式(图2-33) 其锚具中央为群锚,用以张拉锚固前段预应力束;锚具直径大于群锚锚具周边等距分布V形槽口。数量与群锚锚孔数相同;槽口内放置有挤压式锚固头的钢绞线或 > $\phi^{s}5$ 钢丝束,加以锚固,然后用钢质护套罩紧。

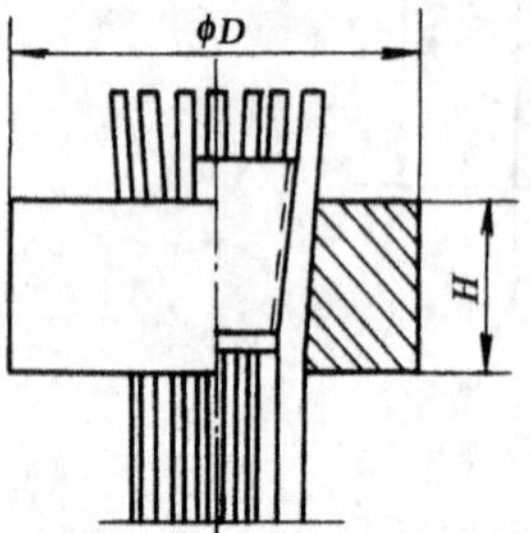

图 2-32 弗氏锚具

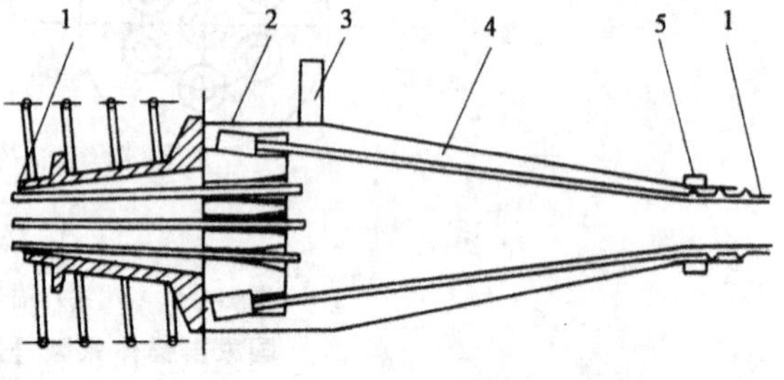

图 2-33 周边悬挂式连接器

1-金属波纹管;2-锚固头;3-压浆管;4-护罩;5-钢环

中间连接式(图2-34) 它不用于构造端部,不起减少摩擦作用,仅有连接作用。连接器中,挤压式锚固头是关键体。和群锚的单孔锚具相比,挤压式锚头直径小,不会松脱、锚固效率还可更高,因此,有利于减少连接器的直径。

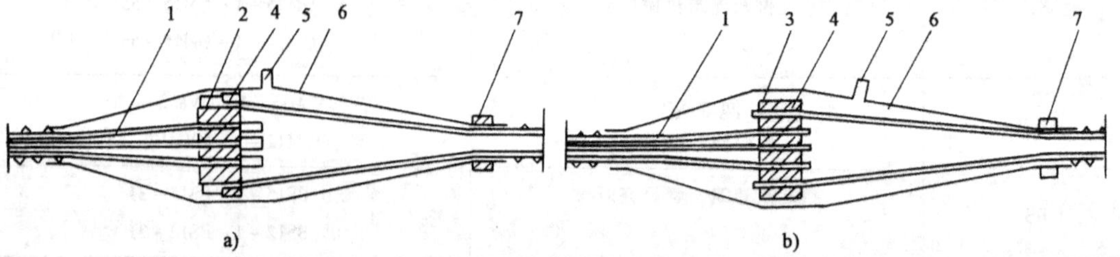

图 2-34 中间连接式连接器

1-钢绞线束;2-挤压头锚具;3-夹片;4-连接体;5-灌浆口;6-护罩;7-钢环

二、预应力用液压千斤顶

预应力张拉机构由预应力用液压千斤顶和供油的高压油泵组成。液压千斤顶常用的有:拉杆式千斤顶、台座式千斤顶、穿心式千斤顶和锥锚式千斤顶等四类。选用千斤顶型号与吨位时,应根据预应力筋的张拉力和所用的锚具形式来确定。

1.液压千斤顶的分类

预应力用液压千斤顶的机型分类和代号见表2-6。

液压千斤顶分类和代号 表 2-6

机型	拉杆式	穿心式			锥锚式	台座式
		双作用	单作用	拉杆式		
代号	YDL	YDCS	YDC	YDCL	YDZ	YDT

预应力用液压千斤顶的型号由机型代号、基本参数组成：

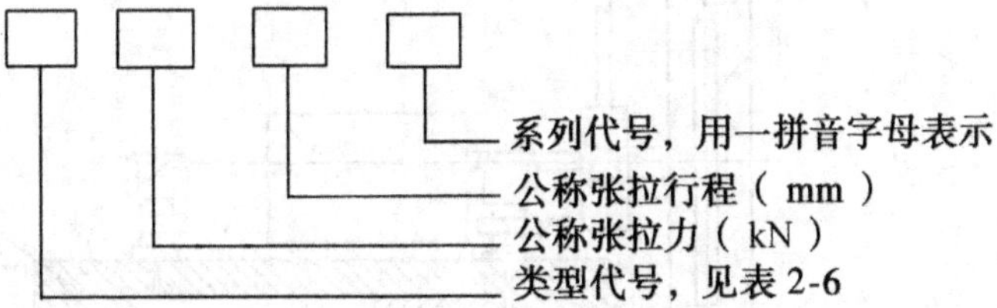

例如，公称张拉力为 650kN，公称行程为 200 mm 的双作用穿心式液压千斤顶(原 YC60—200)的型号为 YDCS650—200，公称张拉力为 650 kN，公称行程为 150 mm 的拉杆式单作用千斤顶(原 YL60—150)的型号为 YDL650—150。

2.几种常用液压千斤顶

(1)拉杆式千斤顶

预应力高强精扎螺纹粗钢筋的专用张拉设备为 YD—70 型单作用穿心式千斤顶，其主要技术性能见表 2-7，构造示意简图见图 2-35。

YG—70 型穿心式单作用千斤顶技术性能 表 2-7

额定油压(MPa)	40	外形尺寸长×宽×高(mm)		519×270×333
活塞面积(cm^2)	190.85	质量	拧紧装置(kg)	8.5
张拉力(kN)	725		千斤顶(kg)	76.5
张拉行程(mm)	100		总质量(kg)	85.0
穿心拉杆直径(mm)	64	配套油泵		
用油品种	建议 夏季用 30 号 / 冬季用 20 号 机械油		配套高压胶管	

(2)QM 型穿心式千斤顶

QM 型预应力张拉锚固体系配套的张拉千斤顶是 YCQ 型系列千斤顶(图 2-36)，其缸体是通过限位板支撑在工作锚杯上的，千斤顶活塞的尾部装有自动工具锚，可以多次重复使用，当活塞向后移动时，即可进行张拉。千斤顶技术参数见表 2-8。

(3)锥锚式千斤顶

锥锚式千斤顶是一种具有张拉、顶压与退楔的三作用千斤顶，由主缸、副缸、退楔块、锥形卡环、退楔翼片、楔块等组成，见图 2-37。常用型号为 YDZ850—250，公称张拉力为 850kN，张拉行程为 250 mm，顶压行程为 60 mm，顶压力为 415kN，额定油压为51.5MPa。这种千斤顶专门用于张拉带锥形锚具的钢丝束。

3.液压千斤顶的校验

采用千斤顶张拉预应力筋时，预应力筋的张拉力由高压油泵上的压力表读数反映，压力表的读数表示千斤顶油缸活塞单位面积上的油压力，理论上等于张拉力除以活塞面积。但是由于活塞与油缸之间存在摩擦力，使得实际张拉力比理论计算的张拉力要小。为了准确地获得实际张拉力值，应采用标定方法直接测定千斤顶的实际张拉力与压力表读数之间的关系，绘出张拉力 N 与压力表读数 P 的关系曲线，供施工时使用。械检校方法可在实验机上进行。

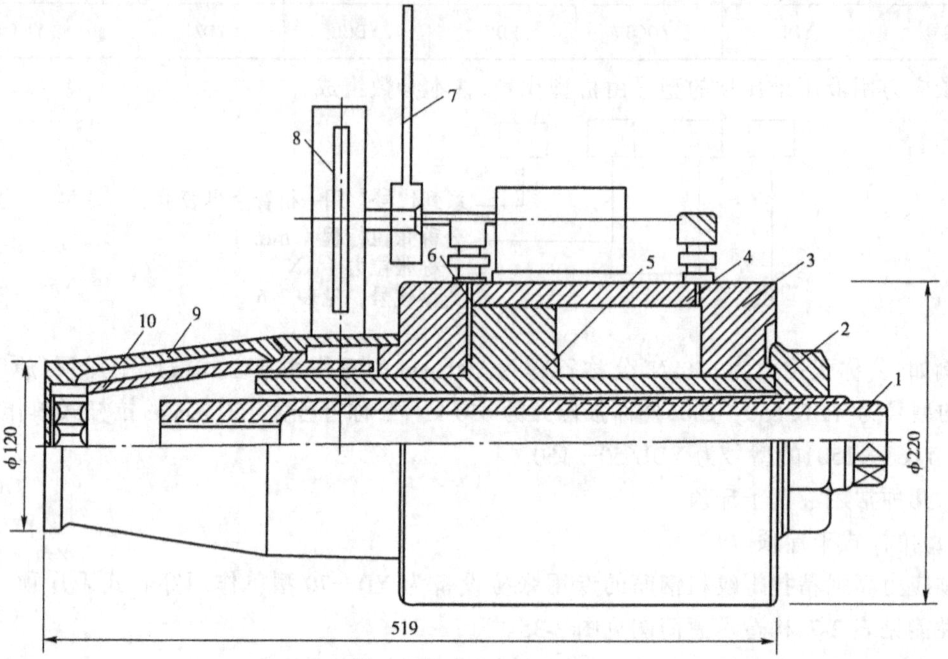

图 2-35　YG—70 型千斤顶示意图

1-穿心拉杆；2-穿心拉杆螺母；3-油缸；4-后油嘴；5-活塞；6-前油嘴；7-正反棘轮扳手；8-链轮；9-撑套；10-链轮套管

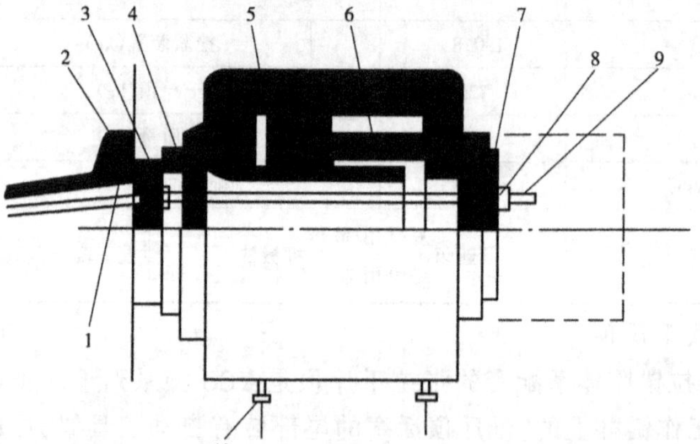

图 2-36　YCQ 型千斤顶示意图

YCQ 型系列千斤顶技术参数　　表 2-8

项　目	YCQ100	YCQ200	YCQ350	YCQ500
理论张拉力(kN)	1380	2080	3460	4960
张拉行程(mm)	150	150	150	200
工作压力(MPa)	63	63	63	63
张拉缸活塞面积(cm^2)	219	330	550	788
穿心孔直径(mm)	90	130	140	175
外形尺寸(mm)	ϕ258×440	ϕ340×458	ϕ420×446	ϕ490×725
质　量(kg)	110	190	320	550

千斤顶要和工程中使用的油压表、油管一起进行配套标定。标定应在下列情况下进行：

(1)新千斤顶初次使用前；

(2)压力表受到碰撞或出现失灵现象，油压表指针不能退回零点；

(3)千斤顶、油压表和油管进行更换或维修后；

(4)张拉 100～200 次或连续张拉 1～2 月后；

(5)停放三个月不用后，重新使用前；

(6)张拉过程中，预应力筋突然发生成束破断。

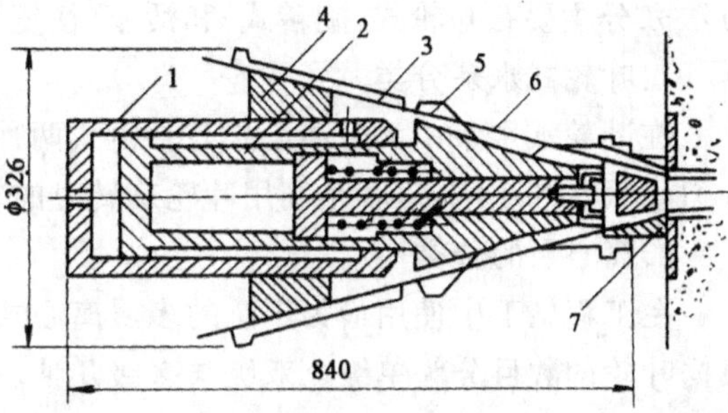

图 2-37　YDZ850—250 型千斤顶构造简图(尺寸单位：mm)
1-主缸；2-副缸；3-楔块；4-锥形卡环；5-退楔翼片；6-钢丝；7-锥形锚头

第六节　其他常用机具及设备

一、钢筋加工机械

常用钢筋加工机械有以下几种：

(1)钢筋调直机：它用于将成盘的细钢筋和经冷拨的低碳钢丝调直，亦称为甩直机械。目前，常用的定型调直机有 GT4/8 型和 GT4/14 型以及数控钢筋调直机。

(2)钢筋切断机：它是把钢筋原材料和已矫直的钢筋切断成所需要的长度的专用机械。切断机有机械式和液压传动两种，多以电动机驱动。目前普遍使用的机械式有 GQ40 型钢筋切断机主要用于切断 6～40mm 的普通钢筋(A_3)，每分钟可切断 32 次。常用液压式型号有 DYJ—32 型钢筋切断机。

(3)钢筋弯曲机：钢筋经过调直、切断后，须加工成构件或构件中所需要配置的形状，如端部弯钩、梁内弓筋、起弯钢筋等。钢筋弯曲机又称冷弯机，常用型号有 GW40 型，其弯曲原理见图 2-38。

(4)钢筋焊接机

①对焊机：对焊是将两根钢筋的端部加热到近于熔化的高温状态，利用其高塑性加实行顶锻而达到连接的一种工艺操作。对焊不仅可以提高工效、节约钢材，而且能确保焊接质量，大量利用短料钢筋。常用对焊机是 UN1 型系列。

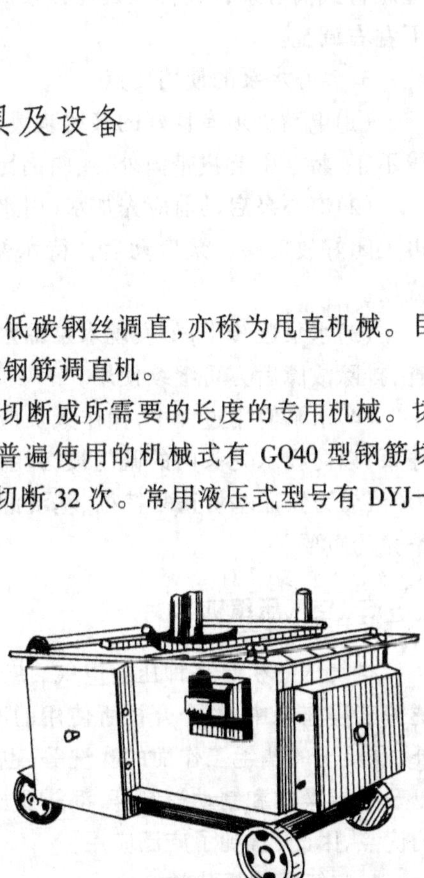

图 2-38　钢筋弯曲机外形图

②电弧焊机：它适用于各种形状钢材的焊接，是金属焊接中使用较广的工艺，电弧焊的主要设备是弧焊机，它分交流弧焊机和直流弧焊机。工地上常用的交流弧焊机型号有 BX3—120—1、BX3—300—2、BX3—500—2 和 BX2—1000 型几种。

二、水泵

在桥涵施工中，水泵主要用以排除基坑中的积水。水泵的类型很多，根据其对转变能量的方法来分主要有叶轮式(旋转式)和活塞(往复)式两大类。

1.叶轮式水泵分类

在叶轮式水泵中又分离心式与轴流式两种基本类型。前者是利用叶轮旋转时所产生的离心力来吸水和压水;后者是利用叶轮旋转时的轴向推力来吸水与压水。

2.离心泵的分类

在工程施工中使用最为广泛的多属离心式水泵，一般通称离心泵。离心泵的种类很多，根据叶轮的数目分为单级、双级与多级几种。双级与多级是在一根泵轴上同时并列地装有两个或多个叶轮，水泵在工作时，水从一个个叶轮的进水口顺序转过，最后一个叶轮才排入出水管。因此，单级的大多数为低压(扬程在 20m 以下)，双级(也有单级)的为中压(扬程在 20~60m之间)，多级的则均为高压(扬程在 60m 以上)。工程中普遍使用的单级单吸收式 BA 型悬臂式离心泵，其特点是扬程较高，流量较小、结构简单、泵的出水口可根据需要进行上下左右调整。

3.离心水泵的使用要点

(1)电动机须有良好的接地装置。水泵和电动机轴线必须对正(两轴线平行即可)。如轴线不正,将会引起皮带向外,或向内跑偏,乃至脱落。

(2)离心泵启动前应先加水(引水)，加水时须关闭出水阀，打开放气阀，待灌满引水后，再关闭好放气阀。泵启动后，待水泵达到全速运转时，逐渐开启出水阀，水即会从排水管流出。

(3)水泵运转中,如发现水泵漏水、漏气、出水不正常、水泵声响异常等情况,应立即停机检查,排除故障后方可继续使用。

(4)水泵使用过程中,操作人员应注意水位变化情况,当水面降到规定的最低水位时,应该停泵,以防吸水龙头内的阀门被污泥杂质所堵塞。

(5)为保证基坑正常挖掘、基坑混凝土的顺利浇筑,确保基坑疏干,必须有备用泵,特别雨季尤为重要。

三、空气压缩机

空气压缩机是一种压缩空气,使其压力增高,从而具有一定能量的动力机械。在公路、桥隧等工程施工中,整个开挖所使用的凿岩机、破碎面、潜孔钻机等都是以压缩空气驱动的。此外,混凝土的凿毛工作面的吹洗等,也离不开压缩空气,又如金属结构的铆接、喷涂、轮胎充气以及机械操作和制动控制等,都需要压缩空气作为动力。由于风动机具有安全可靠、使用方便的优点,因此,得到了广泛应用。

1.空气压缩机分类

空心压缩机有低压、中压、高压、超高压等区别。其压力范围分别如下。

低压压缩机:$0.196\text{MPa} < P \leqslant 0.98\text{MPa}$;

中压压缩机:$0.98\text{MPa} < P \leqslant 9.8\text{MPa}$;

高压压缩机:$9.8\ \text{MPa} < P \leqslant 98\ \text{MPa}$;

超高压压缩机:$P > 98\ \text{MPa}$。

空气压缩机的种类很多,可按下列形式分别分类。

(1)按移动方式分:移动式、半移动式和固定式;

(2)按驱动方式分:电力驱动和内燃机驱动等;

(3)按排量分:大型($60m^3/min$)、中型($40m^3/min$)、小型($10m^3/min$);

(4)按工作缸数分:单缸式、多缸式等;

(5)按冷却方式分:风冷却、水冷式等;

(6)按气缸排列形式分:直角形、V形、W形、立式、卧式等。

2.活塞式空气压缩机型号表示方法

例:3L-10/8型空气压缩机,表示为L系列中第三种基本产品,气缸为L形排列,排气量为$10^3/min$,排气压力0.8MPa的活塞式空气压缩机。

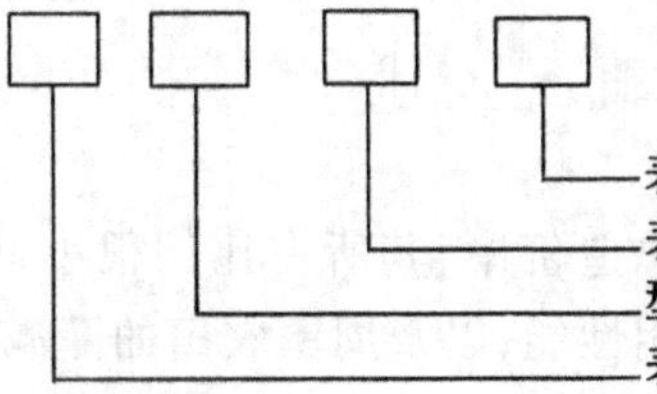

3.活塞式空气压缩机使用注意要点

(1)空气压缩机气缸中的润滑多为激溅式,所以开机前应检查润滑油是否加到规定的油面线处,然后用手转动皮带轮,视空压机的转动有无故障,经检查一切正常后,方可开机。

(2)空压机进入全负荷运载后,要检查机器是否漏油、漏气、温升及压力变化情况,并检查安全阀及调压阀,一切正常后方可使用。

(3)每班作业完毕,要放出末级排气管内的压给空气,关闭冷却水进水阀门,放掉气缸套和各项冷却器,液气分离器、储气罐中的存水。冬季使用空压机时,停机后,必须放净冷却水。

思考题

1.桥涵施工设备常备式结构有哪些?

2.万能杆件的构件分为哪三类?

3.简述贝雷梁的构造?

4.吊具有哪三种类型?

5.简述缆索吊装系统的组成?

6.简述混凝土拌和机的构造特点?

7.简述混凝土拌和站(楼)的组成?

8.简述混凝土振动设备类型构造及操作要点?

9.锚具有哪些类型?锚具质量检验有何要求?

10.液压千斤顶标定在哪些情况下进行?

11.离心式水泵的使用有哪些注意事项?

第三章　涵洞施工技术

第一节　概　　述

涵洞是公路工程中的小型构造物，虽然在总造价中，其所占比例很小，但涵洞施工质量的好坏，直接影响到公路工程的整体质量及其使用性能，以及周围农田的灌溉、排水等。因此，对涵洞施工同样不可忽视，应在施工前做好充分准备，周密安排，施工过程中严格控制施工质量，确保其质量达到设计及规范要求。

按构造形式的不同，涵洞可以分为管涵（通常为圆管涵）、盖板涵、拱涵、箱涵、倒虹吸管等。下面对各种类型涵洞作以简要介绍。

1.圆管涵

圆管涵主要由管身、基础、接缝及防水层组成，各部分构造如图3-1所示。

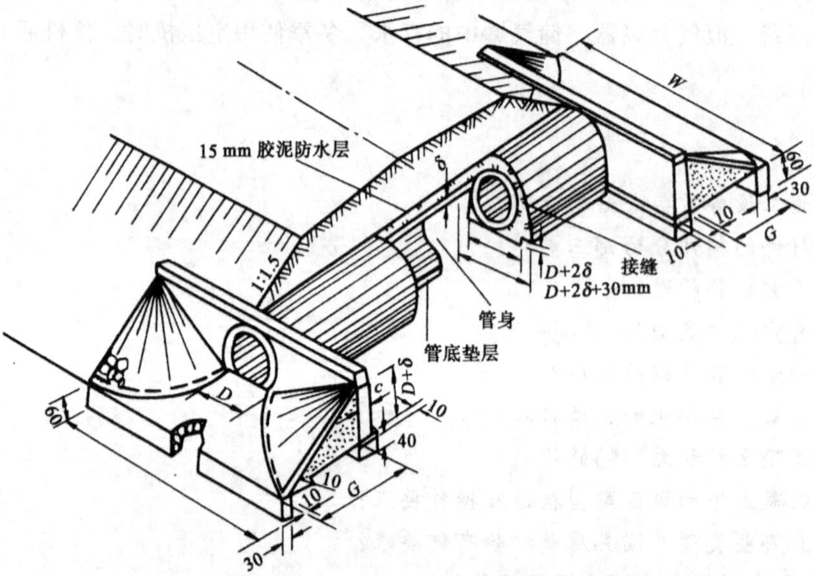

图3-1　圆管涵各组成部分（尺寸单位：cm）

2.盖板涵

盖板涵主要由盖板、涵台、基础、洞身铺底、伸缩缝及防水层等部分组成，如图3-2所示。

3.拱涵

拱涵各部分构造如图3-3所示，主要由拱圈、护拱、涵台、基础、铺底、沉降缝及排水设施等组成。

4.箱涵

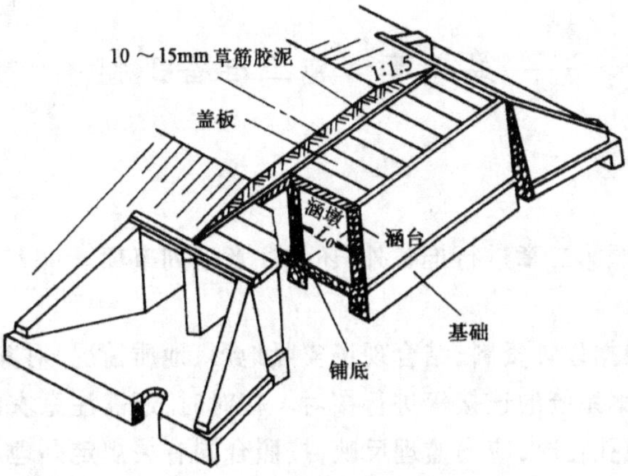

图 3-2　盖板涵各组成部分

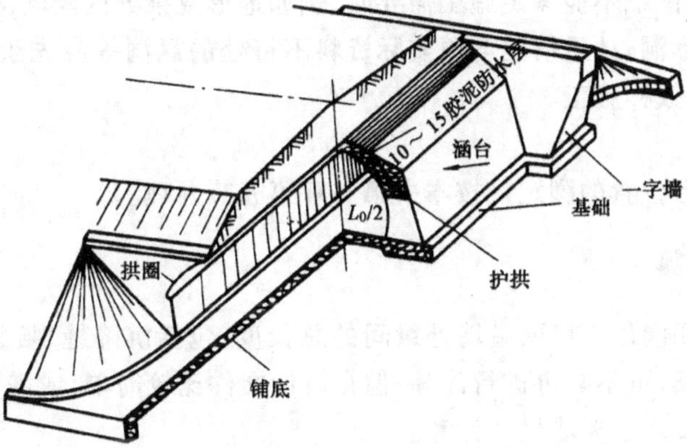

图 3-3　石拱涵各组成部分

箱涵构造及组成如图 3-4，主要由钢筋混凝土涵身、翼墙、基础、变形缝等部分组成。因箱涵为整体闭合式钢筋混凝土框架结构，所以具有良好的整体性及抗震性能。但由于箱涵施工较困难，造价高，一般仅在软土基上采用。

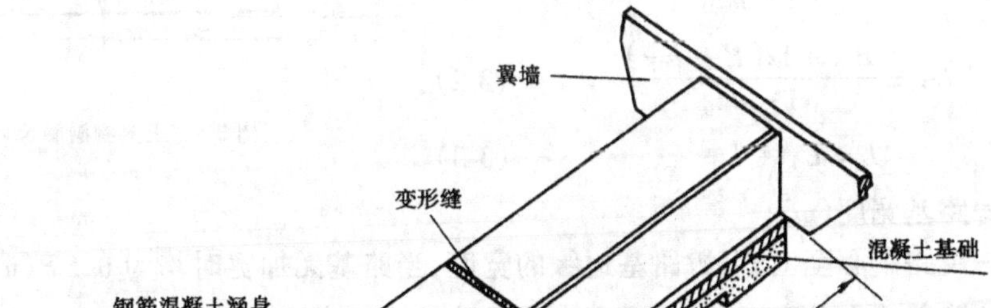

图 3-4　钢筋混凝土箱涵各组成部分

第二节　施工准备工作

一、准备工作

涵洞施工除应按照第二章进行准备外，还应注意下列事项。

1.现场核对

涵洞开工前，应根据设计资料，结合现场实际地形、地质情况，对其位置、方向、孔径、长度、出入口高程以及与灌溉系统的连接等进行核对。核对时，还需注意农田排灌的要求，需要增减涵洞数量、变更涵型或孔径时，应向监理反映，按照合同有关规定办理。

2.施工详图

若原设计文件、图纸不能满足施工需要时，例如地形复杂处的陡峻沟谷涵洞、斜交涵洞、平曲线或大纵坡上的涵洞、地质情况与原实际资料不符处的涵洞等应先绘出施工详细图或变更设计图，然后再依图放样施工。

3.施工放样

涵洞中线和涵台位置的测定应按本书第二章第五节办理。

二、涵洞长度计算

涵洞长度是指涵洞出入口两端墙外缘间的总长度，包括沉降缝、接缝在内。一般情况下，设计资料会提供涵长，可不必再进行计算；但在设计文件比较简单，或需要变更设计时，则需要进行涵洞长度计算及八字翼墙尺寸计算。

（一）涵洞与路线正交

涵洞与路线正交如图 3-5 所示。涵洞长度计算公式如下：

$$L_{上} = \frac{B_{上} + m(H - h_{上})}{1 + mi_0} \tag{3-1}$$

$$L_{下} = \frac{B_{下} + m(H - h_{下})}{1 - mi_0} \tag{3-2}$$

$$L = L_{上} + L_{下} \tag{3-3}$$

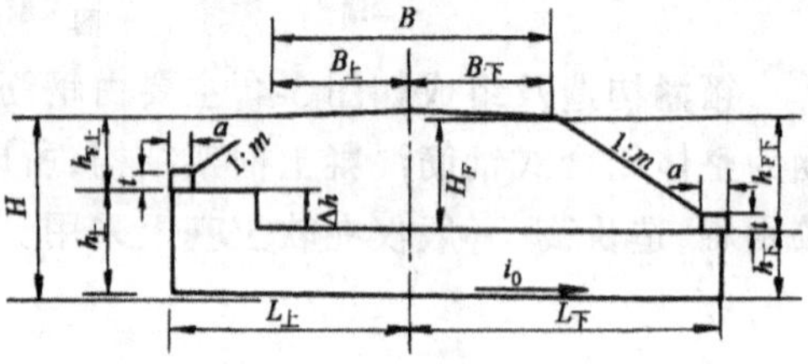

图 3-5　正交涵洞涵长计算

式中：B——路基宽度(m)；

$B_{上}$、$B_{下}$——由路中心至上、下游路基边缘的宽度，当路基无加宽时均为 $0.5B$(m)；

H——路基填土总高度，即由涵底中心至路基边缘高度(m)；

$h_{上}$、$h_{下}$——涵洞上、下游洞口建筑高度(m)；

m——路基边坡坡度(按 1∶m)；

i_0——涵底坡度(以小数表示)；

$L_{上}$、$L_{下}$——涵洞上下游长度(m)。

当帽石端墙外缘不位于路基边坡延线上时，则在式(4-1)、式(4-2)内以 $h_{上} + t$、$h_{下} + t$ 分别代替原式的 $h_{上}$ 和 $h_{下}$，并计入 a 值，则得：

$$L_{上} = \frac{B_{上} + m(H - h_{上} - t) + a}{1 + mi_0} \tag{3-4}$$

$$L_{下}=\frac{B_{下}+m(H-h_{下}-t)+a}{1-mi_0} \tag{3-5}$$

本节以下各式如遇此情况时，均可按此类推。

(二)涵洞与路线斜交，洞口端墙斜做(与路线平行)时涵洞长度计算

斜交涵洞洞口斜做(图 3-6)的涵长计算公式如下：

$$L_{上}=\frac{B_{上}+m(H-h_{上})}{\cos\varphi+mi_0} \tag{3-6}$$

$$L_{下}=\frac{B_{下}+m(H-h_{下})}{\cos\varphi-mi_0} \tag{3-7}$$

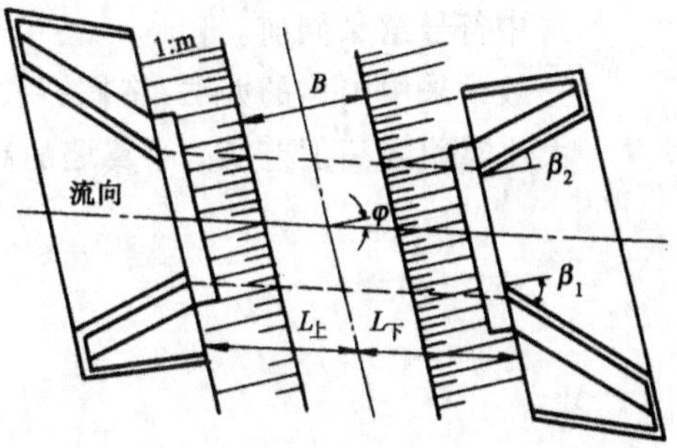

图 3-6　斜交涵洞，洞口斜做

式中：φ——涵洞轴线与路线中线的垂线的夹角，即涵洞斜度。

其余符号意义同前。

(三)涵洞与路线斜交，洞口正做(洞口端墙与墙身垂直)时涵洞长度计算

如图 3-7 所示，在涵洞斜交、洞口正做时，一般是采用图 3-7b)的形式，有时为施工方便，也可做成图 3-7c)的形式。图中：

$H_{大}$、$H_{小}$——大小翼墙的高度；

H_d——大小翼墙的高差；

b——帽石长度；

$h_{F上}$、$h_{F下}$——分别为上、下游路肩边缘高程至帽石底面高程之差(m)。

斜交涵洞洞口正做涵长的计算(图 3-7)，一般是先确定小翼墙高度，并使 $H_{小}=h_F$，然后按 $H_{小}+H_d$ 算出 $H_{大}$，并宜使其不高出路肩。如高出路肩，则路基与翼墙边坡的衔接不好处理，因而，往往需要重新调整 $H_{小}$(最大限度是帽石高出路肩)。如难以布置时，则采用洞口斜做为宜。

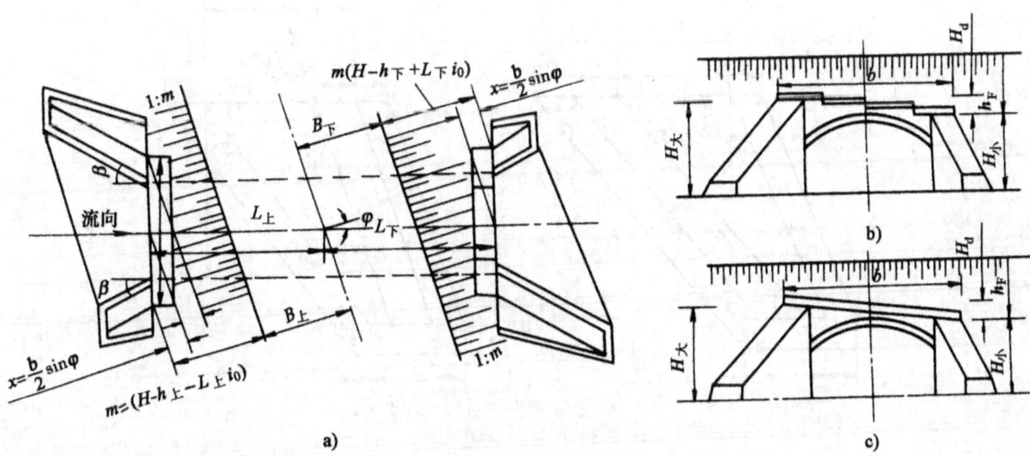

图 3-7　斜交涵洞，洞口正做

a)平面图；b)台阶式端墙；c)斜坡式端墙

斜交涵洞，洞口正做的涵长计算公式如下：

$$L_{上} = \frac{B_{上} + m(H - h_{上}) - 0.5b\sin\varphi}{\cos\varphi + mi_0} \tag{3-8}$$

$$L_{下} = \frac{B_{下} + m(H - h_{下}) - 0.5b\sin\varphi}{\cos\varphi - mi_0} \tag{3-9}$$

式中符号意义同前。

一般常采用出檐的办法，将帽石长度调整为较整齐的数值。

大小翼墙之高度差 H_d、小翼墙的高度 $H_{小}$ 和大翼墙的高度 $H_{大}$ 可分别按下式计算：

$$H_d = \frac{b\sin\varphi}{m} \tag{3-10}$$

$$H_{小} = h_{F下} \tag{3-11}$$

$$H_{大} = H_{小} + H_d \tag{3-12}$$

在一般情况下，上游大翼墙高度如不超出路肩，则下游亦然。但因有路基纵坡影响，两者也不经常一致。有时需分别进行验算。

以上所列各公式的推算，以及其他情况（如路基边坡有两种坡率时，路基有超高加宽时，考虑路线纵坡影响时）下涵长的计算，限于篇幅没有进行说明，请参阅《公路桥涵设计手册》（涵洞分册）。

三、八字翼墙尺寸计算

八字翼墙是涵洞出入口的一种建筑形式。但由于涵洞与路线正交、斜交以及沟底纵坡等因素的影响，使得翼墙底部放样尺寸不能简单地用一套公式来适用于各种情况下的翼墙。实际工作中，一般按以下情况对翼墙放样尺寸进行计算。

（一）正翼墙、反翼墙的底部放样尺寸

正翼墙、反翼墙是配合斜做洞口的形式，正翼墙是向涵轴线外侧方向倾斜角 β 的翼墙，反翼墙则是向涵轴线方向倾斜的翼墙，如图 3-8 所示。

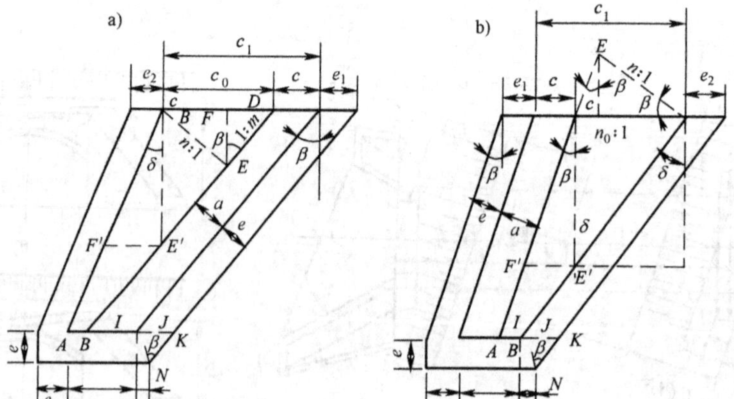

图 3-8　正、反八字翼墙底部放样尺寸

1∶m-路基边坡；1∶m_0-翼墙外伸坡度；n∶1-翼墙背坡；n_0∶1-翼墙平行于洞口帽石方向的背坡；a-翼墙顶宽；c-翼墙平行于洞口帽石方向的顶宽；c_1-翼墙平行于洞口帽石方向的底宽；e-翼墙基础襟边宽度

计算公式：

$$m = m_0 \tag{3-13}$$

$$n_{0\text{反}}^{\text{正}} = \left(n \pm \frac{\sin\beta}{m}\right)\cos\beta \tag{3-14}$$

$$\delta_{\text{反}}^{\text{正}} = \arctan\left(\tan\beta \mp \frac{1}{mn_{0\text{反}}^{\text{正}}}\right) \tag{3-15}$$

$$c = \frac{a}{\cos\beta} \tag{3-16}$$

$$c_0 = \frac{1}{n_0}H \tag{3-17}$$

$$c_1 = c + c_0 \tag{3-18}$$

$$e_1 = \frac{e}{\cos\beta} \tag{3-19}$$

$$e_2 = \frac{e}{\cos\delta} \tag{3-20}$$

$$e_3(\text{正}) = c\left(\frac{1-\sin\beta}{\cos\beta}\right) \tag{3-21}$$

$$e_3(\text{反}) = e\left(\frac{1-\sin\delta_{\text{反}}}{\cos\delta_{\text{反}}}\right) \tag{3-22}$$

$$L_{\text{翼}} = m(H - h) \tag{3-23}$$

$$s = L_{\text{翼}}\tan\beta \tag{3-24}$$

用以上各式计算正、反翼墙尺寸时，β 角均取正值。

(二)大翼墙和小翼墙底部放样尺寸

大翼墙、小翼墙是配合斜交涵洞正做洞口的形式，大翼墙是涵轴线与路中线相交为锐角侧的翼墙，小翼墙是涵轴线与路线相交为钝角侧的翼墙，如图 3-9 所示。

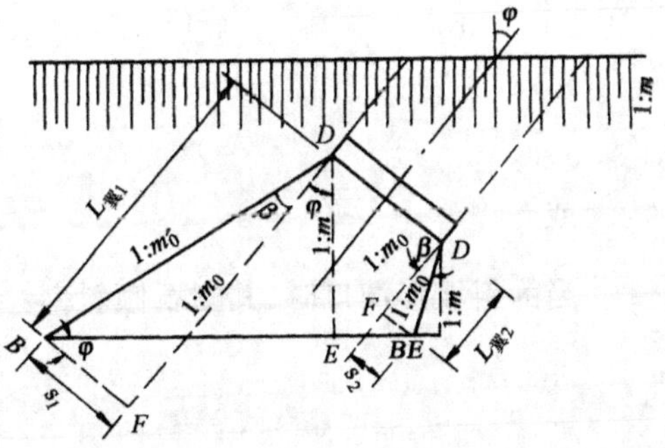

图 3-9 大翼墙、小翼墙

计算公式：

$$m_{0\text{小}}^{\text{大}} = \frac{m\cos\beta}{\cos(\beta \pm \varphi)} \tag{3-25}$$

$$n_{0\text{小}}^{\text{大}} = n\cos\beta + \frac{1}{m}\sin\beta\cos(\beta \pm \varphi) \tag{3-26}$$

$$\delta_{\text{小}}^{\text{大}} = \arctan\left[\tan\beta - \frac{\cos(\beta \pm \varphi)}{mn_{0\text{小}}^{\text{大}}\cos\beta}\right] \tag{3-27}$$

其余 c、c_0、c_1、e_1、e_2、e_3 等尺寸仍按式(3-16)～式(3-22)计算。

斜交涵洞正做翼墙的洞口建筑，其两端墙有台阶式及斜坡式两种，如图 3-10 所示。

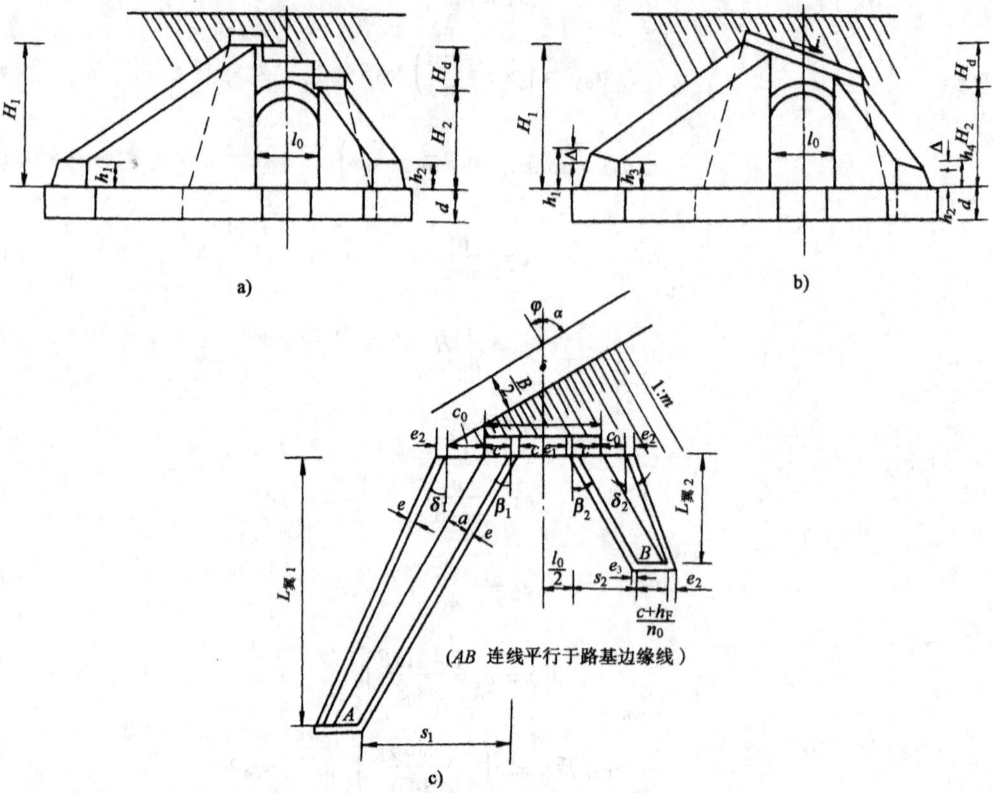

图 3-10　斜交涵洞正做翼墙的洞口建筑

a)正面图(台阶式端墙)；b)正面图(斜坡式端墙)；c)平面图

有关尺寸按下列各式计算：

$$H_1 = H_2 + H_d \tag{3-28}$$

$$H_d = \frac{\sin\varphi}{m}(l_0 + 2c) \tag{3-29}$$

或

$$H_d = \frac{\sin\varphi b}{m} \tag{3-30}$$

当为斜坡形洞口时，其帽石倾斜率：

$$i = \frac{\sin\varphi}{m} \tag{3-31}$$

$$h_3 = h_1 - \Delta \tag{3-32}$$

$$h_4 = h_2 + \Delta \tag{3-33}$$

一般使 $h_2 = h_3$，其中 $\Delta = ic$。

式中：l_0——涵洞净跨；

b——帽石长(往往稍长于 $l_0 + 2c$)。

其余符号意义同前。

$$L_{翼1,2} = m_{0小}^{\ 大}(H_{1,2} - h_{1,2}) \tag{3-34}$$

$$s_{1,2} = L_{翼1,2}\tan\beta_{1,2} \tag{3-35}$$

(三)河床纵坡对八字翼墙长度影响的计算(图 3-11)

翼墙长度计算公式如下:

(1)正做洞口翼墙(通用于涵洞正交及斜交)

$$L_{翼上}=\frac{m(H_{上}+h_{上})}{1+mi_0} \quad (3\text{-}36)$$

$$L_{翼下}=\frac{m(H_{下}-h_{下})}{1-mi_0} \quad (3\text{-}37)$$

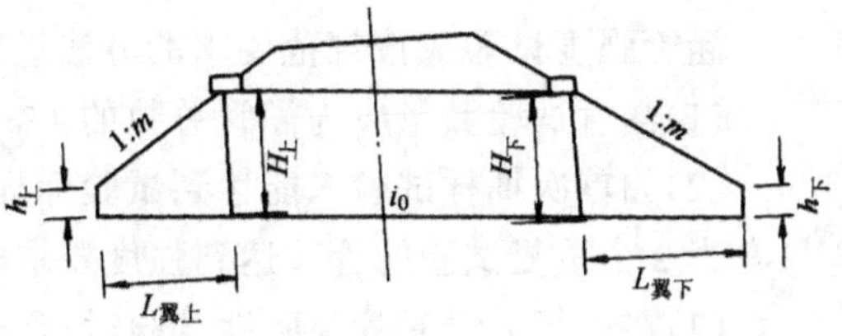

图 3-11　沟床纵坡对翼墙长度的影响

注:斜交涵洞,正做洞口翼墙,式中的 m 以 m_0 代之。

(2)斜做洞口翼墙(用于涵洞斜交,帽石与路线平行时)

上游
$$L_{翼上}=\frac{\cos\varphi\cdot m(H_{上}-h_{上})}{\cos\varphi+mi_0} \quad (3\text{-}38)$$

下游
$$L_{翼下}=\frac{\cos\varphi\cdot m(H_{下}-h_{下})}{\cos\varphi-mi_0} \quad (3\text{-}39)$$

以上各式中:$L_{翼}$——翼墙长度(m)。

第三节　各种类型涵洞施工技术

一、管涵

公路工程中的管涵有混凝土管涵和钢筋混凝土管涵,目前我国公路工程中多采用钢筋混凝土管涵。公路管涵的施工多系预制成管节,每节长度多为 1m,然后运往现场安装。

(一)涵管的预制和运输

预制混凝土圆管可采用振动制管法、离心法、悬辊法和立式挤压法。鉴于公路工程中涵管一般为外购,故对涵管预制不再进行详细说明,但涵管进场后必须对其质量进行检验。

管节成品的质量检验分为管节尺寸检验和管节强度检验。混凝土管涵质量要求及尺寸允许偏差见表 3-1。

混凝土圆管节成品质量要求和尺寸允许偏差　　表 3-1

项　目		质量要求或允许偏差(mm)	检查方法和数量
1.管节形状		端面平整并与其轴线垂直,斜交管节端面符合设计要求	目测,用锤心吊线
2.管节内外侧表面		平直圆滑,如有蜂窝,每处面积不得大于 3cm×3cm,深度不得超过 1cm,其总面积不得超过全部面积的 1%,并不得露筋。应修补完善后方准使用	目测,用钢尺丈量
3.管节尺寸允许偏差(mm)	管节长度	0～－10	沿周边检查 4 处
	内(外)直径	±10	两端各检查 4 处
	管壁厚度	±5	两端各检查 4 处

涵管强度试验应按规范要求的方法进行，其抽样数量及合格要求为：

(1)涵管试验数量应为涵管总数的1%～2%，但每种孔径的涵管至少要试验1个。

(2)如首次抽样试验未能达到试验标准时，允许对其余同孔径管节再抽选2个重新试验。只有当2个重复试验的管节达到强度要求时，涵管才可验收。

(3)在进行大量涵管检验性试验时，是以试验荷载大于或等于裂缝荷载(0.2mm)时还没有出现裂缝者为达到标准。

在北方冬季寒冷冰冻地区的混凝土的涵管还应进行吸水率试验，要求钢筋混凝土和无筋混凝土涵管的吸水率不得超过干管质量的6%。

管节运输与装卸过程中，应注意下列问题：

(1)待运的管节其各项质量应符合前述的质量标准，应特别注意检查待运管节的顶填土高度是否符合设计要求，防止错装、错运。

(2)运输管节的工具，可根据道路情况和设备条件采用汽车、拖拉机拖车，不通公路地段可采用马车。

(3)管节的装卸可根据工地条件，使用各种起重设备：龙门吊机、汽车吊和小型起重工具滑车、链滑车等。

(4)在装卸和运输过程中，应小心谨慎。运输途中每个管节底面宜铺以稻草，用木块圆木楔紧，并用绳索捆绑固定，防止管节滚动、相互碰撞破坏。固定方法可参考图3-12。

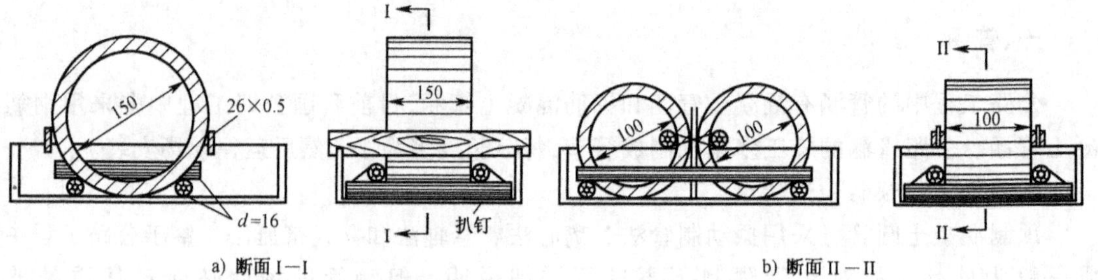

图3-12 管涵固定在车身内的方法(尺寸单位：cm)

(5)从车上卸下管节时，应采用起重设备。严禁由汽车上将管节滚下，造成管节破裂。

(二)管涵施工程序

管涵可分为单孔、双孔的有圬工基础和单孔、双孔的无圬工基础管涵，现将其施工程序简介如下。

1.单孔有圬工基础管涵(图3-13)

(1)挖基坑并准备修筑管涵基础的材料；

(2)砌筑圬工基础或浇筑混凝土基础；

(3)安装涵洞管节，修筑涵管出入口端墙、翼墙及涵底(端墙外涵底铺装)；

(4)铺设管涵防水层及修整；

(5)铺设管涵顶部防水粘土(设计需要时)，填筑涵洞缺口填土及修建加固工程。

对于双孔有圬工基础的管涵，可参考图3-13和图3-15的程序进行施工。

2.单孔无圬工基础管涵

洞身安装程序见图3-14所示。

(1)挖基与备料与图3-13同，图3-14中未示出。

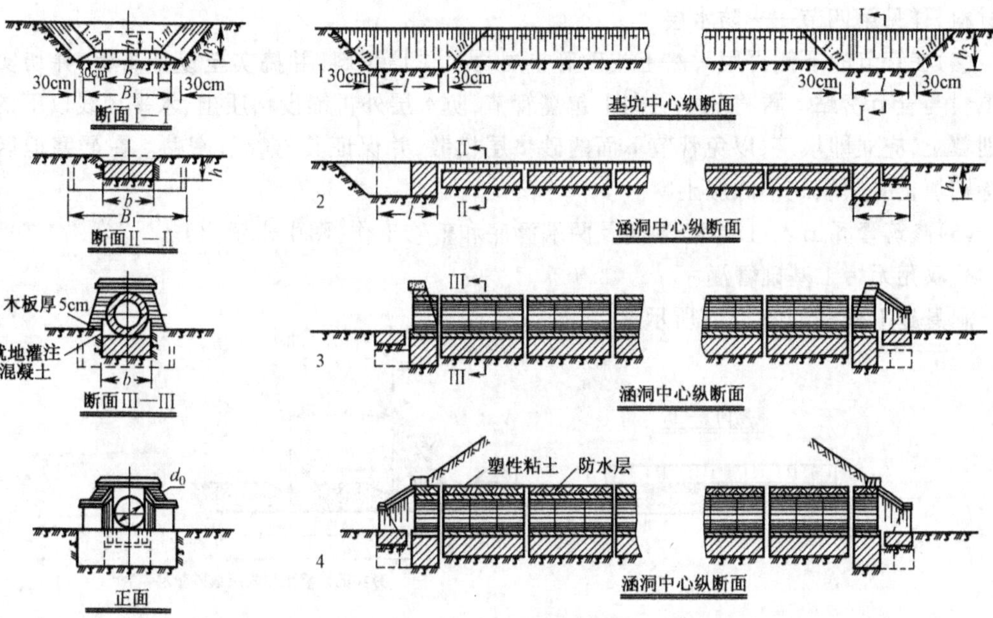

图 3-13 单孔有圬工基础管涵施工程序

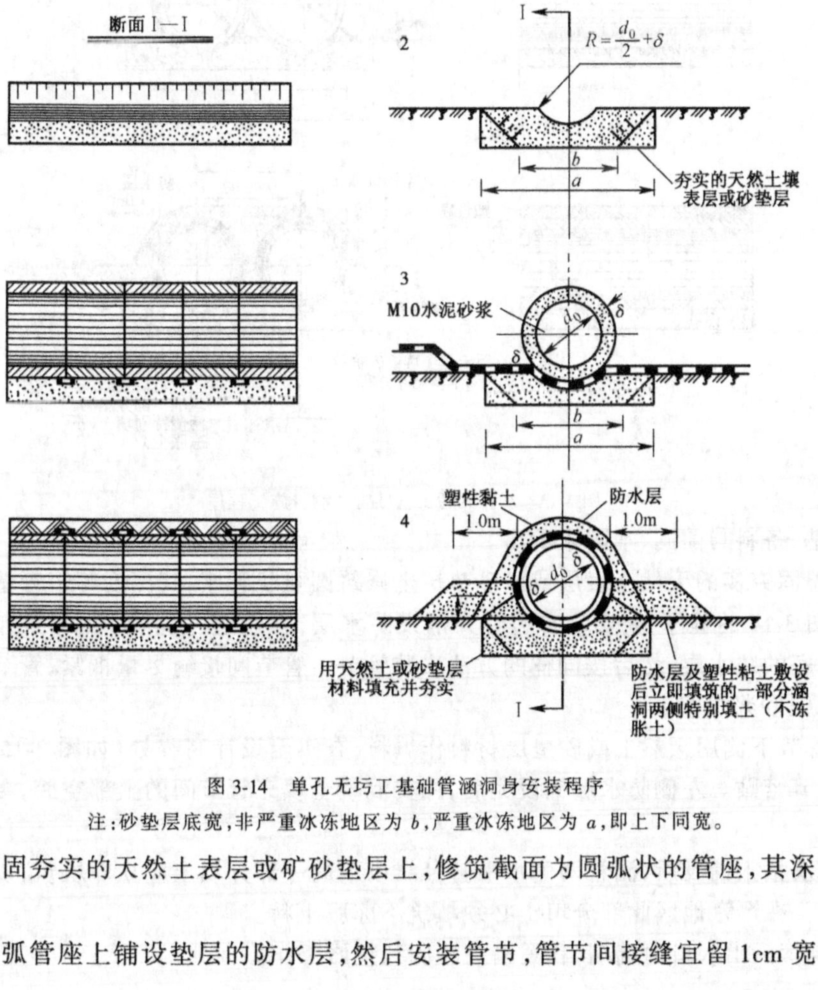

图 3-14 单孔无圬工基础管涵洞身安装程序

注：砂垫层底宽，非严重冰冻地区为 b，严重冰冻地区为 a，即上下同宽。

(2)在捣固夯实的天然土表层或矿砂垫层上，修筑截面为圆弧状的管座，其深度等于管壁的厚度。

(3)在圆弧管座上铺设垫层的防水层，然后安装管节，管节间接缝宜留 1cm 宽。缝中填防水材料，详见第四节——防水层。

(4)在管节的下侧再用天然土或砂砾垫层材料作培填料，并捣实至设计高程，并切实保证培填料与管节密贴。再将防水层向上包裹管节，防水层外再铺设粘质土，水平径线以下的部分特别填土，应立即填筑，以免管节下面的砂垫层松散，并保证其与管节密贴。在严寒地区这部分特别填土必须填筑不冻胀土料。

(5)修筑管涵出入口端墙、翼墙及两端涵底和整修工作(图中未示出)。

3.双孔无圬工基础管涵

洞身施工程序如图 3-15 所示。

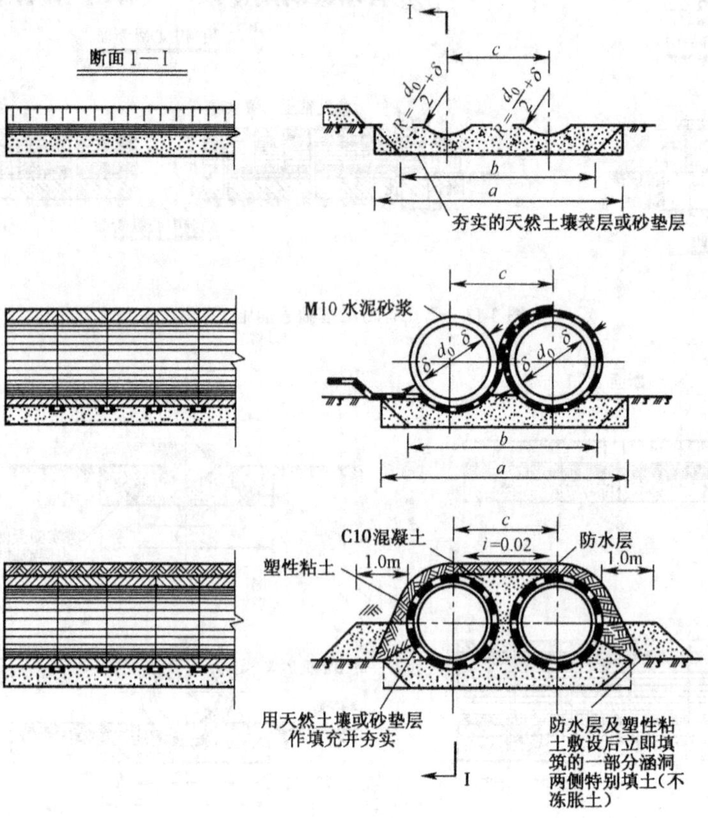

图 3-15　双孔无圬工基础管涵洞身施工程序

(1)挖基、备料与前同，本图未示出。

(2)在捣固夯实的天然土表层或矿砂垫层上修筑圆弧状管座，其深度等于管壁的厚度。

(3)按图 3-14 的程序，先安装右边管并铺设防水层，在左边一孔管节未安装前，在砂垫层上先铺设垫底的防水层，然后按同样的方法安装管节。管节间接缝尽量抵紧，管节内外接缝均以 10MPa 水泥砂浆填塞。

(4)在管节下侧用天然土或砂垫层材料作填料，夯实至设计高程处(如图 3-15 所示)，并切实保证与管节密贴。左侧防水层铺设完后，用贫混凝土填充管节间的上部空腔，再铺设软塑状粘土。

防水层及粘土铺设后，涵管两侧水平直径线以下的一部分填土应立即填筑，以免管节下面砂垫层松散。在严寒地区此部分填土必须填筑不冻胀土料。

(5)修筑管涵出入口两端端墙、翼墙及涵底和整修工作。

4.涵底陡坡台阶式基础管涵

沟底纵坡很陡时,为防止涵洞基础和管节向下滑移,可采用管节为台阶式的管涵,每段长度一般为 3~5m,台阶高差一般不超过相邻涵节最小壁厚的 3/4。如坡度较大,可按 2~3 m 分段或加大台阶高度,但不应大于0.7m,且台阶处的净空高度不应小于 1.0m。此时在低处的涵顶上应设挡墙,以掩盖可能产生的缝隙,见图 3-16。

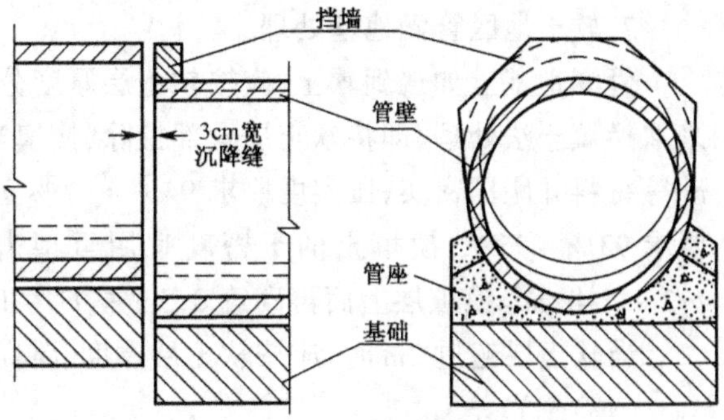

图 3-16 陡坡台阶管涵

无圬工基础的陡坡管涵,只可采用管节斜置的办法,斜置的坡度不得大于 5%。

(三)管涵基础修筑

1.地基土为岩石

管节下采用无圬工基础,管节下挖去风化层或软层后,填筑 0.4m 厚砂垫层;出入口两端墙、翼墙下,在岩石层上用 C15 混凝土作基础,在埋置深度至风化层以下 0.15~0.25m 并最小等于管壁厚度加 5cm。风化层过深时,可改用片石圬工,最深不大于 1m。管节下为硬岩时,可用混凝土抹成与管节密贴的垫层。

2.地基土为砾石土、卵石土或砂砾、粗砂、中砂、细砂或匀质粘性土

管节下一般采用无圬工基础,对砾、卵石土先用砂填充地基土空隙并夯实,然后填筑 0.4m 厚砂垫层;对粗、中、细砂地基土表层应夯实;对匀质粘性地基土应做砂垫层;出入口两端端墙、翼墙的圬工基础埋置深度,设计无规定时为 1.0m,对于匀质粘性土,负温时的地下水位在冻结深度以上时,出入口两端端墙、翼墙圬工基础埋置深度为 1.0~1.5m,当冻结土深度不深时,基础埋深宜等于冻结深度的 0.7 倍,当此值大于 1.5m 时,可采用砂夹卵石在圬工基础下换填至冻结深度的 0.7 倍。

3.地基土为粘性土

管节下应采用 0.5m 厚的圬工基础,出入口两端端墙、翼墙基础埋置深度为 1.0~0.5m;当地下水冻结深度不深时,埋深应等于冻结深度;当冻结深度大于 1.5m 时,可在圬工基础下用砂夹卵石换填至冻结深度。

4.必须采用有圬工基础的管涵

(1)管顶填土高度超过 5m;

(2)最大洪水流量时,涵前壅水高度超过 2.5m;

(3)河沟经常流水;

(4)沼泽地区深度在 2.0m 以内;

(5)沼泽地区淤积物、泥炭等厚度超过 2.0m 时,应按特别设计的基础施工。

5.严寒地区的管涵基础施工

常年最冷月份平均气温低于 -15℃的地区称严寒地区。

(1)匀质粘性土和一般粘性土的基础均须采用圬工基础;

(2)出入口两端端墙、翼墙基础应埋置在冻结线以下 0.25m;

(3)一般粘性土地区的地下水位在冻结深度以上时,管节下埋置深度应为 $H/8$(H 为涵底至路面填土高度),但不小于 0.5m,也不得超过 1.5m。

6.基础砂垫层材料

可采用砂、砾石或碎石，但必须注意清除基底植物层。为避免管节承受冒尖石料的集中应力，当使用碎石、卵石作垫层时，要有一定级配或掺入一定数量的砂，并夯捣密实。

7.软土地区管涵地基处理

管涵地基土如遇到软土，应按软土层厚度分别进行处理。当软土层厚度小于2.0m时，可采取换填土法处理，即将软土层全部挖除，换填当地碎石、卵石、砂夹石、土夹石、砾砂、粗砂、中砂等材料并碾压密实，压实度要求94%～97%。如采用灰土（石灰土、粉煤灰土）换填，压实度要求93%～95%，换填土的干密度宜用重型击实试验法确定。碎石或卵石的干密度可取2.2～2.4t/m³。换填层上面再砌筑0.5m厚的圬工基础。

当软土层超过2m时，应按软土层厚度、路堤高度、软土性质作特殊设计处理。

（四）管节安装

管节安装应从下游开始，使接头面向上游；每节涵管应紧贴于垫层或基座上，使涵管受力均匀；所有管节应按正确的轴线和图纸所示坡度敷设。如管壁厚度不同，应使内壁齐平。在敷设过程中，要保持管内清洁无脏物、无多余的砂浆及其他杂物。

管节的安装方法通常有滚动安装法、滚木安装法、压绳下管法、龙门架安装法、吊车安装法等，可根据施工现场实际情况选用。

（五）管涵施工注意事项

(1)有圬工基础的管座混凝土浇筑时应与管座紧密相贴，浆砌块石基础应加做一层混凝土管座，使圆管受力均匀，无圬工基础的圆管基底应夯填密实，并做好弧形管座。

(2)无企口的管节接头采用顶头接缝，应尽量顶紧，缝宽不得大于1cm，严禁因涵身长度不够，将所有接缝宽度加大来凑足涵身长度。管身周围无防水层设计的接缝，须用沥青麻絮或其他具有弹性的不透水材料从内、外侧仔细填塞。设计规定管身外围做防水层的，按前述施工工序施工。

(3)长度较大的管涵设计有沉降缝的，管身沉降缝应与圬工基础的沉降缝位置一致。缝宽为2～3cm，应用沥青麻絮或其他具有弹性的不透水材料，从内、外侧仔细填塞。

(4)长度较大、填土较高的管涵应设预拱度。预拱度大小应按设计规定设置。

(5)各管节设预拱度后，管内底面应成平顺圆滑曲线，不得有逆坡。相邻管节如因管壁厚度不一致（在允许偏差内）产生台阶时，应凿平后用水泥环氧砂浆抹补。

二、拱涵、盖板涵和箱涵

混凝土和钢筋混凝土拱涵、盖板涵、箱涵的施工分为现场浇筑和在工地预制安装两大类。

（一）就地浇筑的拱涵和盖板涵

1.拱涵基础

(1)整体式基础

两座涵台的下面和孔径中间使用整块的混凝土浇筑的基础称为整体式基础。其地基土的承载力应满足设计文件规定。若设计无规定，则填方高 H 在1～12m时，必须大于0.2MPa；H 大于12m时必须大于0.3MPa。湿陷性黄土地基，不论其表面承载力多少，均不得使用整体式基础。

(2)非整体式基础

两座涵台的下面为独立的现浇混凝土或浆砌片石基础，两者之间不相连的称为非整体式基础。其地基土要求的容许承载力较上述的基础为高，当设计文件无规定时，一般应大于

0.5MPa。

(3)板凳式基础

两座涵台下面的混凝土基础之间用较薄的混凝土或钢筋混凝土板在顶部连接,一起浇筑,似同板凳式基础。其地基土容许承载力的要求处于前两者之间,设计文件无规定时,应为大于 0.4 MPa 的砂类土或"中密"以上的碎石土。

上述地基土的承载力大小可用轻型动力触探仪进行测试。

根据当地材料情况,基础形式可采用 15 号片石混凝土或 5 号水泥砂浆砌片石。石料强度不得低于 25MPa。

2.支架和拱架

(1)钢拱架和木拱架

钢拱架是用角钢、钢板和钢轨等材料在工厂(场)制成装配式构件,在工地拼装使用。图 3-17 是用钢轨制成的跨径 1.5~3.0m 拱涵的钢拱架。

木拱架主要是由木材组合而成,拆装比较方便,图 3-18 为跨径 2.0~3.0m 木拱架。但这种拱架浪费木材,应尽量避免使用。

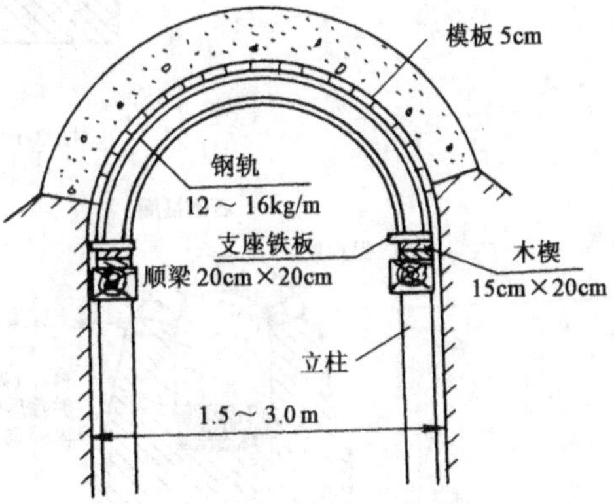

图 3-17 跨径 1.5~3.0m 钢轨拱架

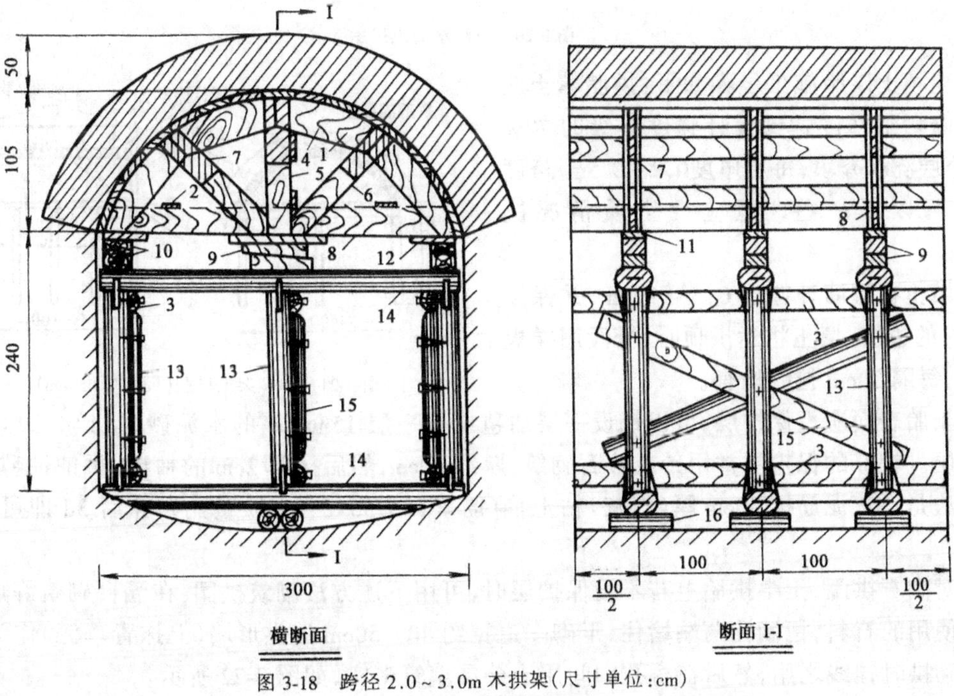

图 3-18 跨径 2.0~3.0m 木拱架(尺寸单位:cm)

1-模型板;2、3-平联系木;4-弓形板;5、6-撑木;7-夹板;8-拉杆木;9、10-楔木;11、12-楔顶板;13-柱木;14-槛板;15-斜联系木;16-垫木

(2)土牛拱胎(土模)

在水流不大的情况下,小桥涵施工可以用土牛拱胎代替拱架,这种方法既能节省木料,又有经济、安全的特点。

根据河流水流情况,土牛拱胎有全填土拱胎(图 3-19)、设有透水盲沟的土拱胎[图 3-

20a)]、三角形木拱架土拱胎[图 3-20b)]、木排架土拱胎(图 3-21)等形式。

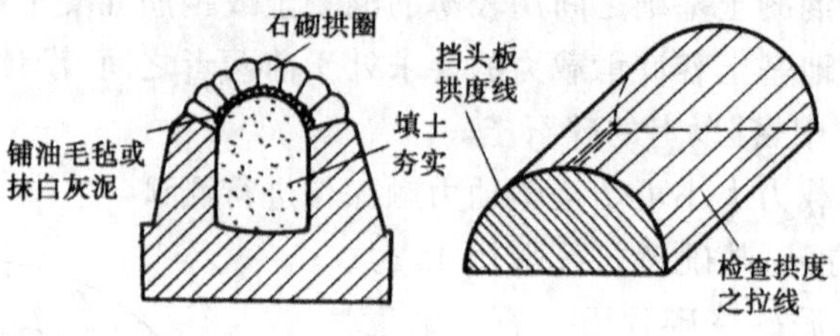

图 3-19 全填土拱胎及检查法

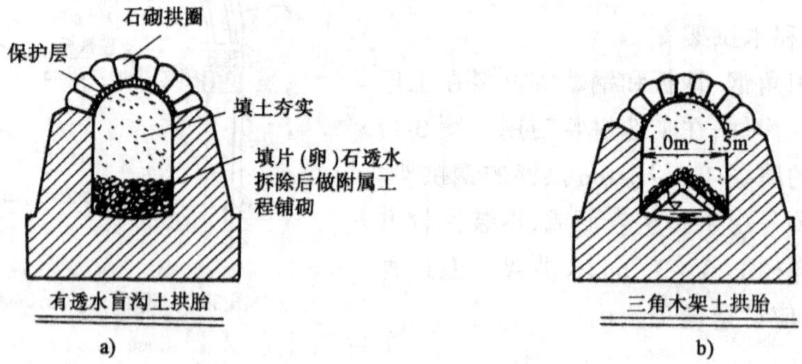

图 3-20 可渗水的土拱胎

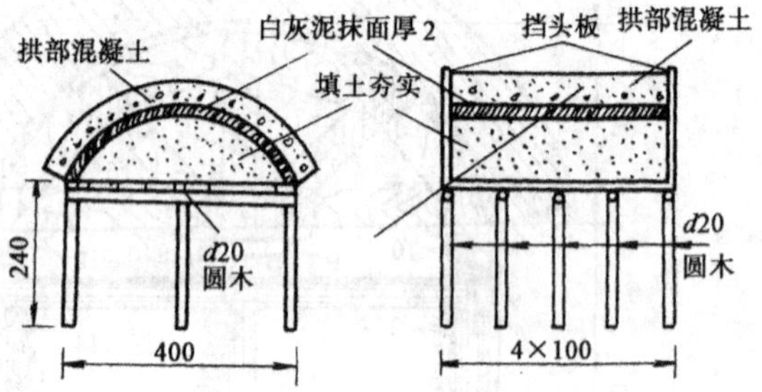

图 3-21 木排架土拱胎(尺寸单位:cm)

全填土拱胎施工步骤如下:拱胎填土应在边墙圬工强度达到设计强度等级的 70%后,分层浇水夯填,每层厚度0.2~0.5m,跨度小的可以厚一些,但应视土质情况决定。

填土在端墙外伸出 0.5~1.0m,并保持 1:1.5 的边坡,填土将达拱顶时,分段用样板校正,每隔 30cm 挂线检查。

土胎表面应设保护层,可以铺设一层油毡或抹一层 15mm 厚的水泥砂浆(1:4~1:6)作为保护层。较好的保护层常用砖或片石砌筑,厚约 20cm,然后抹厚 2cm 的粘土,再铺油毡。最好的方法是石灰泥筋抹 20cm 厚(石灰:粘土:麻筋 = 1:0.35:0.03,质量比),抹后 3d 即可浇筑混凝土。

对砌石拱圈,土牛拱胎上若不设保护层时,可用下述方法砌筑拱圈:在涵台砌筑好后,利用暂不使用的石料,把涵孔两端堵住,干砌一道宽约 40~50cm 的拱形墙(上抹青草泥)作为拱模,以便砌拱时挂线之用,然后在桥孔中间用土分层填筑密实,如图 3-22 所示。

如洞身很长,超过 20m 或拱形复杂时可用木料做 3 个合乎要求的标准模,两端及中间各置一个,两端的拱模可以支靠在石模上,中间的可按标准高度支于两旁涵台上并埋置于土中。填筑土牛时不必将土牛的规定高度一次填足,可预留 2~3cm 空隙,待砌拱石时,边砌边填筑。

起拱线以上 3~4 层拱石不受拱胎支撑,可直接砌起。再往上砌时,因拱石的部分重力由

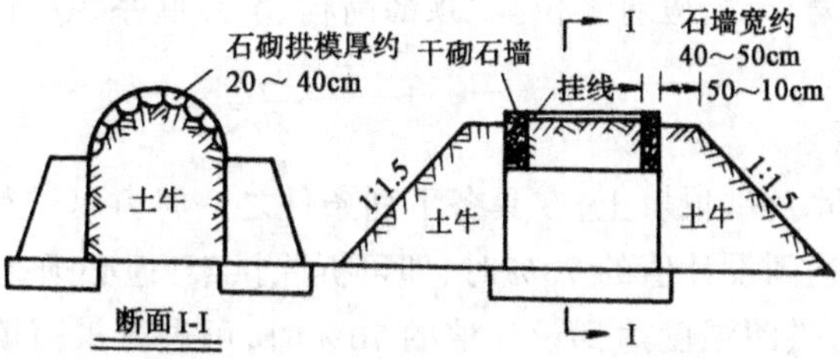

图 3-22　石块干砌配合土牛拱模

拱胎支撑着，可用木板顺拱石灰缝按规定拱度放在拱石灰缝处的土牛上，木板下面以土石垫好，随即开始安砌这一层的拱石。砌好后将垫板取出，并将空隙用土填满捣实，再把垫板按规定拱度垫在上一层拱石砌缝处的土牛上，继续砌上一层拱石。如有较充分的木板时，木板可不抽出周转。拱石砌至拱顶附近时，应先将这部分的土模夯打坚实。填到与标准拱模相差3～5cm为止。因土牛拱胎虽经夯实仍不够坚硬，当拱石放上去时极易压缩，拱石的高度及位置不易正确，因此需要在拱石下面的四角垫上片石，使土牛与拱石保持一定的空隙以便校正拱石位置。拱石位置校正后，将其下面的空隙填砂捣实，然后在砌缝中灌以砂浆，这样可以保持不漏浆，同时挖去土牛后，灰缝中预填的砂子自然脱落，省去沟缝时剔灰缝的麻烦。

在施工过程中预计有洪水到来的河沟中不能采用土牛拱胎法砌筑拱圈。

若用土牛拱胎浇筑盖板涵，其土牛填至涵台顶面高程即可，施工方法与拱涵同。

3.拱涵与盖板涵基础、涵台、拱圈、盖板的施工

拱涵与盖板涵基础、涵台、拱圈、盖板构件施工时应按下列要求进行。

(1)涵洞基础

无论是圬工基础或砂垫层基础，施工前必须先对下卧层地基土进行检查验收。地基土承载力或密实度符合设计要求时，方可进行基础施工。对于软土地基应按照设计规定进行加固处理，符合要求后，方可进行基础施工。

对孔径较宽的拱涵、盖板涵兼作行人和车辆通道时，其底面应按照设计用圬工加固以承受行人和车辆荷载及磨耗。

(2)圬工基础

圬工基础的施工工艺和技术要求可参照本书圬工结构部分有关要求进行。

(3)砂垫层基础

砂垫层基础的施工工艺和技术要求可参照本节管涵基础部分进行。

(4)涵洞台、墩

涵洞台、墩的施工工艺和技术要求可参照本书桥梁墩台部分的有关要求进行。

(5)涵洞拱圈和钢筋混凝土盖板

拱圈和盖板浇筑或砌筑施工应注意：拱圈和端墙的施工，应由两侧拱脚向拱顶同时对称进行；拱圈和盖板混凝土的现场浇筑施工，应连续进行，尽量避免施工缝；当涵身较长时，可沿涵长方向分段进行，每段应连续一次浇筑完成；施工缝应设在涵身沉降缝处。

4.拱架和支架的安装和拆卸

(1)安装的一般要求

拱架和支架支立牢固，拆卸方便（可用木楔作支垫），纵向连接应稳定，拱架外弧应平顺。拱架不得超越拱模位置，拱模不得侵入圬工断面。

拱架和支架安装完毕后，应对其位置、顶部高程、节点联系纵横向稳定性进行检查，不符合要求者，立即进行纠正。

(2)拆卸的一般要求

拱架和支架的拆除及拱顶填土，在具备下列条件之一时方可进行：

①拱圈圬工强度达到设计值的70%时，即可拆除拱架，但必须达到设计值后方可填土。

②当拱架未拆除，拱圈强度达到设计值的70%时，可进行拱顶填土，但应在拱圈达到强度设计值时，方可拆除。

③拱涵拆除拱架可用木楔，木楔用比较坚硬的木料斜角对剖制成，并将剖面刨光。两块木楔接触面的斜度为1:6～1:10。在垫楔时应使上面一块的楔尖各伸出下面一块楔尾以外，这样在拆架时敲击木楔比较方便。木楔垫好后将两端钉牢。

④拆卸拱架时应沿桥涵整个宽度上将拱架同时均匀降落，并从跨径中点开始，逐步向两边拆除。

(二)就地浇筑的箱涵

箱涵又称矩形涵，它与盖板涵的区别是：盖板涵的台身与盖板是分开浇筑的，台身还可以采用砌石圬工，成为简支结构。而箱涵是上下顶板、底板与左、右墙身是连续浇筑的，成为刚性结构，如图3-23所示。

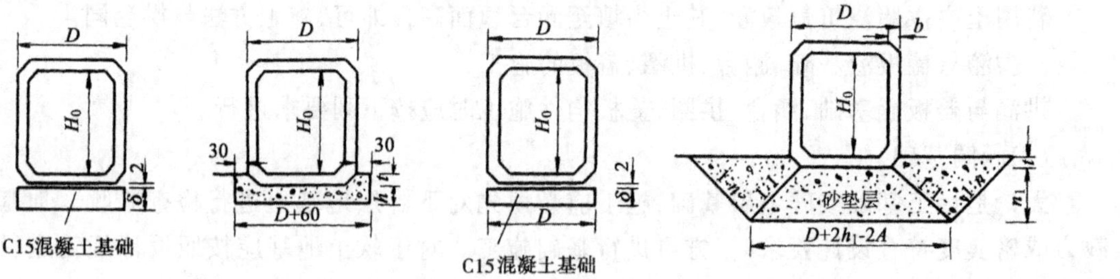

图3-23 箱形涵洞基础类型(尺寸单位：cm)

1.箱涵基础

涵身基础分为有圬工基础和无圬工基础两种。两种基础的构造及尺寸见图3-23。

2.箱涵身和底板混凝土的浇筑

箱涵身的支架、模板可参照现浇混凝土拱涵和盖板涵的支架、模板制造安装。浇筑混凝土时注意事项与浇筑拱涵与盖板涵相同。

(三)装配式拱涵、盖板涵和箱涵

1.预制构件结构的要求

(1)拱圈、盖板、箱涵节等构件预制长度，应根据起重设备和运输能力决定，但应保证结构的稳定性和刚性，一般不小于1m，但亦不宜太长。

(2)拱圈构件上应设吊装孔，以便起吊。吊孔应考虑平吊及立吊两种，安装后可用砂浆将吊孔填塞。箱涵节、盖板和半环节等构件，可设吊孔，也可于顶面设立吊环。吊环位置、孔径大小和制环用钢筋应符合设计要求，并要求吊钩伸入吊环内和吊装时吊环筋不断裂。安装完毕，吊环筋应锯掉或气割掉。

(3)若采用钢丝绳捆绑起吊可不设吊孔或吊环。

2.预制构件的模板

预制构件的模板有木模、土模、钢丝网水泥模板、拼装式模板等。无论采用何种模板都应保证满足规范要求，尤其是有预埋件时，应采取措施，确保预埋件的正确预埋位置。

3.构件运输

构件必须在达到设计强度后，经过检查质量和大小符合要求，才能进行搬运。搬运时应注意吊点或支承点的设置，务必使构件在搬运过程中保持平衡、受力合理，确保构件在搬运过程中的安全。

4.施工和安装

(1)基础

根据地基土类别和基础类型与就地浇筑的涵洞基础施工方法相同。

(2)拱涵和盖板涵的涵台身

涵台身大都采用砌筑结构，可按照就地浇筑的涵台身施工方法施工，如采用装配式结构时，可按照装配式墩台相关的要求施工。

(3)上部构件的安装

拱圈、盖板、箱涵节的安装技术要求如下：

①安装之前应再检查构件尺寸、涵台尺寸和涵台间距离，并核对其高程，调整构件大小位置使与沉降缝重合。

②拱座接触面及拱圈两边均应凿毛(沉降缝处除外)并浇水湿润，用灰浆砌筑。灰浆坍落度宜小一些，以免流失。

③构件砌缝宽度一般为1cm，拼装每段的砌缝应与设计沉降缝重合。

④构件可用扒杆、链滑车或汽车吊进行吊装。

三、倒虹吸管

(一)适用范围

当路线穿过沟渠，路堤高度很低或在浅挖方地段通过，填、挖高度不足，难以修建明涵时，或因灌溉需要，必须提高渠底高程，建筑架空渡槽又不能满足路上净空要求时，常修建倒虹吸管。

公路上通常采用的倒虹吸管为竖井出入口式，如图3-24和图3-25所示。两者使用场合为：如路基边沟底部高程低于灌溉渠底部高程可采用图3-24形式；如路基边沟底部高程高于灌溉渠底部高程则采用3-25形式。两者构造的主要区别在于前者的路基边沟设于倒虹吸管两个竖井入口之内，多用于需要跨过浅路堑的灌溉渠；后者的路基边(或无边沟)设于倒虹吸管两个竖井之外。

(二)施工布置和注意事项

1.倒虹吸管总长的确定

其长度取决于进出口竖井的位置。对于图3-24的形式可按式(3-40)计算：

$$L=[B+2(a+b+c)]/\cos\alpha \tag{3-40}$$

式中：L——倒虹吸管总长度，计算至竖井内壁边缘(m)；

B——路基宽度(m)；

a——进出水口竖井壁厚度(m)；

b——路基边沟上口宽度(m)；

c——井壁至边沟上口边缘的安全距离，一般 $c\geq 0.25$m；

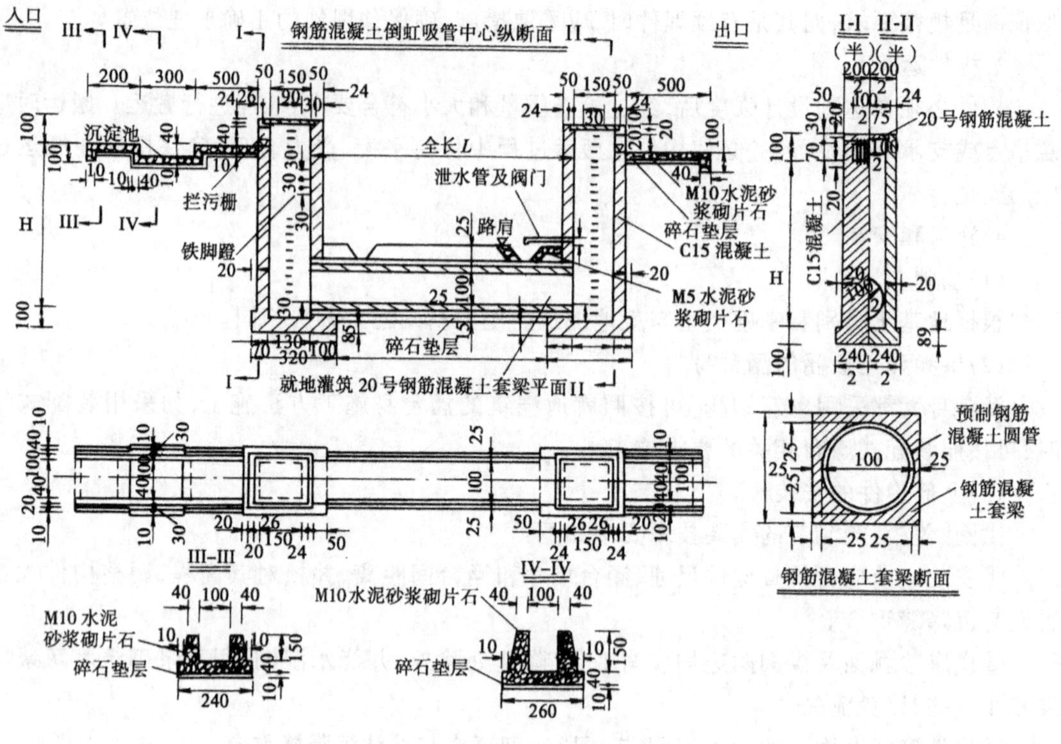

图 3-24 竖井式倒虹吸管(一)(尺寸单位:cm)

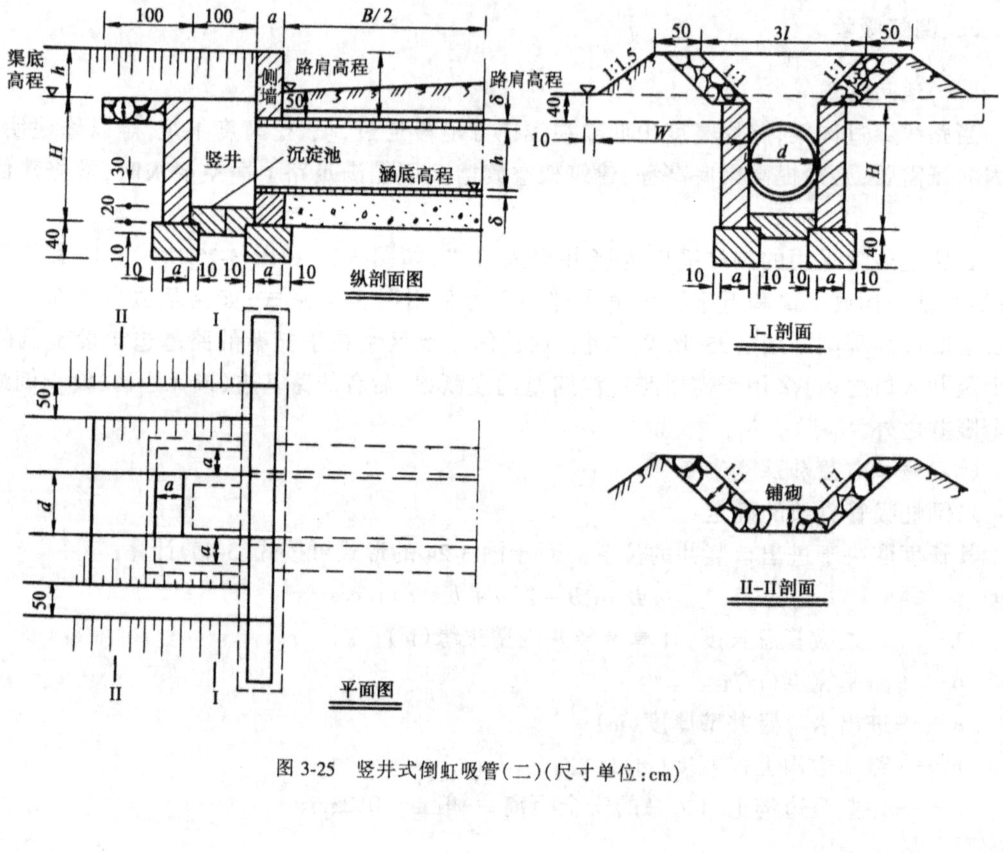

图 3-25 竖井式倒虹吸管(二)(尺寸单位:cm)

α——虹吸管轴线与路线中线的垂线的交角(°)。

对于图 4-25 的形式可按式(3-41)计算：

$$L = (B + 2a)/\cos\alpha \tag{3-41}$$

式中符号意义同前。

2.管节结构

一般采用预制的钢筋混凝土圆管，管径可按有压力式的流量选择，一般为 0.5～1.5m。管节长度一般为 1m，调整管涵长度的管节长 0.5m，并有正交、斜交两种，可根据实际情况选用。

3.倒虹吸管埋置深度的确定

埋置深度应适应，过浅则车轮荷载传布影响较大，受力状况不利，管节有可能被压破裂；在严寒地区还受到冻害影响。埋置过深则工程量增加造成浪费。一般埋置深度要求如下：

(1)管顶面距路基边缘深度不少于 50cm；

(2)管顶距边沟底覆土不少于 25cm(图 3-24 形式)；

(3)管节顶部必须埋置在当地最深冰冻线以下。

4.倒虹吸管底坡

倒虹吸管内水流系有压力式水流，水流状态与管底纵坡大小无关，一般均做成水平。

5.管基

宜采用外包混凝土管基形式，如图 3-24 右下图所示，图 3-25 未示出。混凝土基础下面宜填筑 15～30cm 砂砾垫层，并用重锤夯实。

6.防漏接缝

过去对圆管涵的防漏接缝处理，一般采用浸过沥青的麻絮填塞，外用满涂热沥青油毛毡包裹两道。这种渗接缝形式，对有压水流道防止渗漏不够安全。比较好的办法是按上述程序处理之后，外包以就地浇筑的钢筋混凝土方形套梁，使形成整体。套梁底设置 15cm 砂砾或碎石基础垫层，如上所述。

7.进出口竖井

倒虹吸管上、下游两端的连接构造物宜用 C15 混凝土就地浇筑，比砌体圬工好。

8.沉淀池

水流落入竖井和进入虹吸管前各设沉淀池一个。

图 3-25 未示出渠道沉淀池。一般沉淀池深度为 30cm。

第四节　涵洞附属工程施工

一、防水层

涵洞的钢筋混凝土结构设置防水层的作用是防止水分侵入混凝土内，使钢筋锈蚀，缩短结构寿命。北方严寒地区的无筋混凝土结构需要设置防水层，防止水分侵入混凝土内，因冻胀造成破坏。

防水层的材料多种多样。公路涵洞使用的主要防水材料是沥青，有些部位可使用粘土，以节省工料费用。

(一) 防水层的设置部位

防水层的设置部位介绍如下。

1.各式钢筋混凝土涵洞(不包括圆管涵)

此类涵洞的洞身及端墙，在基础以上凡被土掩埋部分，均须涂以热沥青两道，每道厚1～1.5mm，不另抹砂浆。

2.混凝土及石砌涵洞

此类涵洞的洞身、端墙和翼墙的被土掩埋部分，只需将圬工表面凿平，无凹入存水部分，可不设防水层。但北方严寒地区的混凝土结构仍需设防水层。

3.钢筋混凝土圆管涵

此类管涵的防水层可按图3-14(单孔)或图3-15(双孔)所示敷设。图中管节接头采用平头对接，接缝中用麻絮浸以热沥青塞满，管节上半部从外往内填塞；下半部从管内向外填塞。管外靠接缝裹以热沥青浸透的防水纸8层，宽度15～20cm。包裹方法：在现场用热沥青逐层粘合在管外壁上接缝处。外面再如图在全长管外裹以塑性粘土。

在交通量小的县、乡公路上，可用质量好的软塑状粘质土掺以碎麻，沿全管敷设20cm厚，代替沥青防水层(接缝处理仍照前述施工)。

4.钢筋混凝土盖板明涵

此类涵洞的盖板部分表面可先涂抹热沥青两次，再于其上设2cm厚的防水水泥砂浆或4～6cm厚的防水混凝土。其上可按照设计要求进行铺设路面。涵、台身防水层按照上述方法处理。

5.砖、石、混凝土拱涵

此类涵洞的上部结构防水层敷设，可参见拱上附属工程。

(二)沥青的敷设

沥青可用锅、铁桶等容器以火熬制，或使用电热设备。铁桶装的沥青，应打开桶口小盖，将桶横倒搁置在火炉上，以文火使沥青熔化后，从开口流入熬制用的铁锅或大口铁桶中。熬制用的铁锅或铁桶必须有盖，以便在沥青飞溅或着火时，用以覆盖。熬制处应设在工地下风方向，与一般工作人员、料堆、房屋等保持一定距离，锅内沥青不得超过锅容积的2/3。熬制中应不断拌和至全部为液态为止。溶化后的沥青应继续加温至175℃(不得超过190℃)。熬好的沥青盛在小铁桶中送至工点使用。使用时的热沥青温度宜低于150℃。涂敷热沥青的圬工表面应先用刷扫净，消除粉屑污泥。涂敷工作宜在干燥温暖(温度不低于+5℃)的天气进行。

(三)沥青麻絮、油毡、防水纸的浸制方法和质量要求

沥青麻絮(沥青麻布)可采用工厂浸制的成品或在工地用麻絮以热沥青浸制。浸制后的麻絮，表面应呈淡黑色，无孔眼、无破裂和褶皱，撕断面上应呈黑色，不应有显示未浸透的布层。

油毡是用一种特制的纸胎(或其他纤维胎)用软化点低的沥青浸透制成，浸渍石油沥青的称石油毡，浸渍焦油沥青的称焦油沥青油毡。为了防止在储存过程中相互粘着，油毡表面应撒一层云母粉、滑石粉或石棉粉。

防水纸(油纸)是用低软化点的沥青材料浸透原纸做成的，除沥青层较薄，没有撒防粘层外，其他性质与油毡相同。

油毡和防水纸可以从市场上采购，其外观质量应符合如下要求：

(1)油毡和防水纸外表不应有孔眼、断裂、褶皱及边缘撕裂等现象，油毡的表面防粘层应均匀地撒布在油毡表面上。

(2)毡胎或原纸内应吸足油量，表面油质均匀，撕开后的断面应是黑色的，无未浸透的空白纸层或杂质，浸水后不起泡、不翘曲。

(3)气温在25℃以下时，把油毡卷在2cm直径的圆棍上弯曲，不应发生裂缝和防粘层剥落等现象。

(4)将油毡加热至80℃时，不应有防粘层剥落、膨胀及表面层损坏等现象。夏季在高温下不应粘在一起。

铺设油毡和防水纸所用粘贴沥青应和油毡、防水纸有同样的性能。煤沥青油毡和防水纸必须用煤沥表粘贴。同样，石油沥青油毡及防水纸，也一定要用石油沥青来粘贴，否则，过一段时间油毡和防水纸就会分离。

二、沉降缝

(一)沉降缝设置目的

结构物设置沉降缝的目的是避免结构物因荷载或地基承载力不均匀而发生不均匀沉陷，产生不规则的多处裂缝，而使结构物破坏。设置沉降缝后，可限定结构物发生整齐、位置固定的裂缝，并可事先在沉降缝处予以处理；如有不均匀沉降，则将其限制在沉降缝处，有利于结构物的安全、稳定和防渗(防止管内水流渗入涵洞基底或路基内，造成土质浸泡松软)。

(二)沉降缝设置的位置和方向

涵洞洞身、洞身与端墙、翼墙、进出水口急流槽交接处必须设置沉降缝，但无圬工基础的圆管涵仅于交接处设置沉降缝，洞身范围不设。具体设置位置视结构物和地基土的情况而定。

1.洞身沉降缝

一般每隔4~6m设置1处，但无基础涵洞仅在洞身涵节与出入口涵节间设置。缝宽一般3cm，两端与附属工程连接处也各设置1处。

2.其他应设沉降缝处

凡地基土质发生变化、基础埋置深度不一、基础对地基的荷载发生较大变化处、基础填挖交界处、采用填石垫高基础交界处，均应设置沉降缝。

3.岩石地基上的涵洞

凡置于岩石地基上的涵洞，不设沉降缝。

4.斜交涵洞

斜交涵洞洞口正做的，其沉降缝应与涵洞中心线垂直；斜交涵洞洞口斜做的，沉降缝与路基中心线平行；但拱涵与管涵的沉降缝，一律与涵洞轴线垂直。

(三)沉降缝的施工方法

沉降缝的施工，要求做到使缝两边的构造物能自由沉降，又能严密防止水分渗漏。故沉降缝必须贯穿整个断面(包括基础)。沉降缝具体施工方法如下。

1.基础部分

可将原基础施工时嵌入的沥青木板或沥青砂板留下，作为防水之用。如基础施工时，不用木板，也可用粘土填入捣实，并在流水面边缘以1:3水泥砂浆填塞，深度约为15cm。

2.涵身部分

沉降缝外侧以热沥青浸制的麻筋填塞，深度约为5cm，内侧以1:3水泥砂浆填塞，深度约为15cm，视沉降缝处圬工的厚薄而定。可以用沥青麻筋与水泥砂浆填满；如太厚，亦可将中间部分先填以粘土。

3.沉降缝的施工质量要求

沉降缝端面应整齐、方正,基础和涵身上下不得交错,应贯通,嵌塞物应紧密填实。

4.保护层

各式有圬工基础涵洞的基础襟边以上,均顺沉降缝周围设置粘土保护层,厚约20cm,顶宽约20cm。对于无圬工基础涵洞,保护层宜使用沥青混凝土或沥青胶砂,厚度10~20cm。

沉降缝构造如图3-26所示。

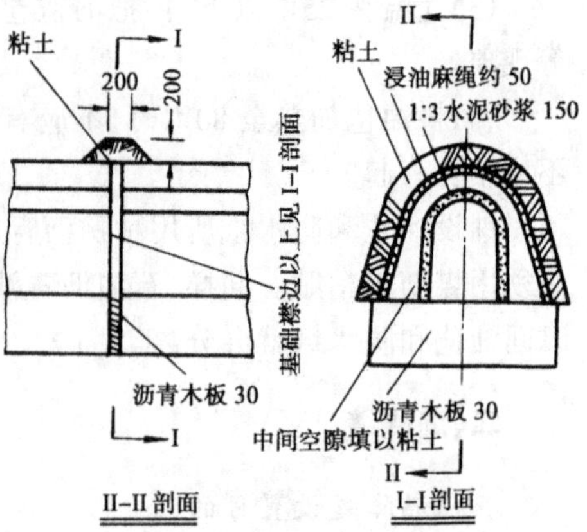

图3-26 涵洞沉降缝(尺寸单位:cm)

三、涵洞进出水口

涵洞进出水口工程是指涵洞端墙、翼墙(包括八字墙、锥坡、平行廊墙)以外的部分,如沟底铺砌和其他进出水口处理工程。

1.平原区的处理工程

涵洞出入口的沟床应整理顺直,与上、下排水系统(天沟、路基边沟、排水沟、取土坑等)的连接应圆顺、稳固,保证流水顺畅,避免损害路堤、村舍、农田、道路等。

2.山丘区的处理工程

在山丘区的涵洞底纵坡超过5%时,除进行上述整理外,还应对沟床进行干砌或浆砌片石防护;当翼墙以外的沟床坡度较大时,也应铺砌防护。防护长度、砌石宽度、厚度、形状等,应按设计图纸施工。如设计图纸漏列,应按合同规定向业主提出,由业主指定单位作出补充设计。

四、涵洞缺口填土

(1)建成的涵管、圬工达到设计要求的强度后,应及时回填。回填土要切实注意质量,严格按照有关施工规定和设计要求处理。若系拱涵,回填土时,应按照本章第三节有关规定施工。

(2)填土路堤在涵洞每侧不小于两倍孔径的宽度及高出洞顶1m范围内,应采用非膨胀的土从两侧分层仔细夯实。每层厚度10~20cm,特殊情况亦可用与路堤填料相同的土填筑。管节两侧夯填土的密实度标准,高速公路和一级公路为95%;其他公路为93%。管节顶部其宽度等于管节外径的中间部分填土,其密实度要求与该处路基同。如为填石路堤,则在管顶以上1.0m的范围内应分三层填筑:下层为20cm厚的粘土;中层为50cm厚的砂卵石;上层为30cm厚的小片石或碎石。在两端的上述范围及两侧每侧宽度不小于孔径的两倍范围内,码填片石。

对于其他各类涵洞的特别填土要求,应分别按照有关的设计要求办理。

(3)用机械填筑涵洞缺口时,须待涵洞圬工达到容许强度后,涵身两侧应用人工或小型机具对称夯填,高出涵顶至少1m,然后再用机械填筑。不得从单侧偏推、偏填,使涵洞承受偏压。

(4)冬季施工时,涵洞缺口路堤、涵身两侧及涵顶1m内,应用未冻结土填筑。

(5)回填缺口时,应将已成路堤土方挖出台阶。

思考题

1.试述涵洞施工准备工作的内容。

2.试述管涵预制的方法及注意事项。

3.试述管涵施工程序。

4.试述软土地区管涵地基处理办法。

5.钢筋混凝土盖板涵、箱涵等预制构件常用模板的种类及适用条件是什么?

6.简述倒虹吸管涵的适用范围及施工注意事项。

7.试述涵洞防水层的作用及设置位置。

8.涵洞为何要设置沉降缝?如何设置?

9.涵洞缺口填土的具体要求有哪些?

第四章　桥梁基础施工

第一节　概　　述

一、桥梁基础施工的重要性

基础作为桥梁结构物的一个重要组成部分,它起着支承桥跨结构,保持体系稳定,把上部结构、墩台自重及车辆荷载传递给地基的重要作用。基础的施工质量直接决定着桥梁的强度、刚度、稳定性、耐久性和安全度。况且基础属于隐蔽工程,若出现质量问题不易发现和进行修补处理,因此,必须高度重视桥梁基础施工,严格按规范办事,确保工程质量。

二、桥梁基础的一般形式

公路桥梁由于其结构形式多种多样,所处位置的地形、地质、水文情况千差万别,因此其基础的形式也种类繁多。桥梁的常用基础形式有明挖重力式扩大基础、钢筋混凝土条形基础、桩基础、沉井基础、地下连续墙基础、组合式基础等,其中扩大基础、桩基础、组合式基础应用最为广泛,本章将予以详细介绍。

三、桥梁基础施工的主要方法

桥梁基础因其形式和所处环境、地质、水文条件、桥梁结构体系、环保要求及施工条件等因素不同要选用不同的施工方法。旱地土质地基扩大基础及条形基础采用明挖法,既可以采用人工开挖也可以机械开挖,若为岩石地基,还须进行适当的爆破施工。水中明挖基础必须设置围堰或者采取临时改河措施。桩基础的成孔有挖孔和钻孔两种方法,挖孔适用于旱地无水或地下水位较低的密实土质地层或岩石地层。人工挖孔桩径应大于 1.2m,孔深在 15m 以内,机械挖孔一般适用于土质地层。钻孔按地质条件不同可选用旋转钻成孔、冲击钻成孔、冲抓钻成孔等多种形式。

四、基础施工前的准备工作

(1)首先要认真阅读施工图纸,领会设计意图,与现场情况进行核对,必要时进行补充调查,对基底高程、基础尺寸、桩位坐标、工程数量进行复核计算。

(2)根据地层、地质、水文情况、结构形式及现场环境状况,制定施工方案,编制施工组织计划,做出单项开工报告,报监理工程师审批。

(3)认真进行施工放样测量,控制基础桩位中心、平面位置和高程,同时放出相邻几个墩台基础,对其相对位置和坐标进行复核,确保准确无误。

(4)准备好基础施工所需的设备、材料、相应配套设施。例如:临时便道要通畅,砂石、水泥、钢材等材料要运至现场，电力供应要正常，凡与工程有关的事项均应协调妥当，保障工程开工后顺利实施。

(5)建立工程质量保证体系，制定完善的安全技术措施，进行安全技术交底。

第二节 明挖扩大基础施工

一、旱地基础的基坑开挖

1.土质地基开挖

基坑开挖前先要准确放样定出基础轴线、边线位置及高程，并用骑马桩将中心位置固定。在墩台或其他建筑物附近开挖基坑时，应采取适当的防护措施。弃土堆置地点不得妨碍开挖基坑及其他作业，不能影响坑壁稳定，同时应满足水土保持和环境保护的有关要求。

基坑大小应满足基础施工的要求，一般基底应比设计平面尺寸各边增宽 50~100cm，当基坑深度在 5m 以内，施工期较短，坑底在地下水位以上，土的湿度正常，土层构造均匀时，坑壁坡度可参考表 4-1 确定。

坑 壁 坡 度 表 4-1

坑壁土类	坑壁坡度		
	基坡顶缘无荷载	基坡顶缘有荷载	基坡顶缘有动载
砂类土	1:1	1:1.25	1:1.5
碎、卵石类土	1:0.75	1:1	1:1.25
亚砂土	1:0.67	1:75	1:1
亚粘土、粘土	1:0.33	1:0.5	1:0.75
极软岩	1:0.25	1:0.33	1:0.67
软质岩	1:0	1:0.1	1:0.25
硬质岩	1:0	1:0	1:0

基坑深度大于 5m 时，应将坑壁坡度适当放缓或加设平台，如果土的湿度可能引起坑壁坍塌时，坑壁坡度应缓于该湿度下土的天然坡度。

坑顶与动载间至少应留有 1m 宽的护道，若工程地质和水文地质不良或者动载过大，还要增宽护道或采取加固措施。

如果放坡开挖场地受限或工程量太大，可按具体情况采用挡板支撑、钢木结合支撑、混凝土护壁(喷射混凝土护壁，现浇混凝土护壁)、钢板桩围堰、锚杆支护及地下连续壁等防护措施。

基坑开挖可以采用人工开挖，也可以采用挖掘机、推土机、装载机等机械进行开挖，但无论采用哪一种方法施工，基底均应避免超挖，已经超挖或松动部分应予以清除。若施工时间较长，又可能遇到暴雨天气时，应在基坑外设临时截水沟或排水沟，防止雨水流入基坑内，使坑内土质变化。任何土质基坑挖至设计高程后，都不能长时间暴露、扰动或浸泡而削弱其承载能力。一般土质基坑挖至基底高程时，应保留 10~20cm 厚一层，在基础砌(浇)筑前人工突击挖除，迅速检验，随即进行基础施工。

2.岩石地基开挖

岩石地基开挖，坑壁坡度如表4-1所述，硬质岩可以垂直向下，一般设计开挖深度为风化层厚度。新鲜基岩、微风化或弱风化岩层即可做基础持力层。开挖一般采用人工开挖，必要时可进行松动爆破，但要严格控制爆破深度和用药量，防止过量爆破引起持力层松动破坏。根据岩层的风化程度、倾向、倾角及发育情况，采用适当方法进行坑壁防护。挖出渣石必须运至设计指定地点，不能对施工安全或周围群众生产、生活及周围生态环境造成危害。

二、水中地基的基坑开挖

（一）围堰

桥涵水中基础施工，首先应采用围堰或临时改河措施排除水流影响，同时在开挖过程中要采取措施排除坑外渗水和地下水，施工难度比旱地作业量增大，施工成本也增加很多。这里主要介绍围堰施工方法。

围堰有土围堰、土袋围堰、钢板桩围堰、钢筋混凝土桩围堰、竹（铅丝）笼围堰、套箱围堰等几种。一般要求围堰高度高出施工期间可能出现的最高水位（包括浪高）50～70cm，围堰外形应考虑河流断面被压缩后流速增大引起水流对围堰、河床的集中冲刷及影响通航、导流等因素；堰内面积应能满足基础施工的需要。围堰要力求防水严密、尽量减少渗漏，以减轻排水工作量。

1.土石围堰

适用于水深1.5m以内、流速≤0.5m/s、河床渗水性较小的河流。堰顶宽1～2m，堰外边坡为1:2～1:3，堰内边坡一般为1:1～1:1.5，坡脚与基坑边缘距离根据河床土质及基坑深度而定，但不得小于1m。筑堰宜采用粘性土或砂类土，填出水面后应进行夯实。筑堰前应将堰底河床上的树根、石块、杂物等清除，自上游开始填筑至下游合龙。流速过大有冲刷危险时，在外坡面用草皮、柴排、片石或草袋等加以防护。

2.草（麻）袋围堰

适用于水深3.0m以内，流速≤1.5m/s，河床土质渗水较小的情况。堰顶宽一般为1～2m，有粘土心墙时为2～2.5m，堰外边坡1:0.5～1:1，堰内边坡1:0.2～1:0.5。坡脚至基坑边距离及堰底处理方法、填筑方向与土围堰相同。堆码在水中的土袋，其上、下层和内、外层应相互错缝，尽量堆码密实整齐。

3.钢板桩围堰

适用于砂类土、粘性土、碎石土及风化岩石等河床的深水基础，钢板桩的机械性能和尺寸应符合要求。经过整修或焊接后钢板桩应采用同类型钢板进行锁口并通过试验检查，钢板桩的接长应以等强度焊缝接长。当设备许可时，宜在打桩前将2～3块钢板拼为一组，组拼后用夹具夹牢。拔除钢板桩前宜向堰内灌水，使堰内外水位相等。拔桩时从下游附近易于拔除的一根或一组钢板桩开始，并尽可能采用振动拔桩法。钢板桩强度大、防水性能好，打入土、砾、卵石层时穿透性能强，适合与水深10～30m的桥位围堰。

4.钢筋混凝土板桩围堰

适用于粘性土、砂类土、碎石土河床，除用于基坑挡土防水以外，还可不拔除作为建筑结构物的一部分。通常板宽50～60cm，厚10～30cm。为使其合龙及企口接缝，插打板桩时，应从上游开始按顺序进行直至下游合龙。

5.套箱围堰

适用于埋置不深的水中基础，也可以修建桩基承台。无底套箱用木板、钢板或钢丝水泥制成,内部设钢木支撑。下沉套箱之前清除河床表面障碍物,若套箱设置在岩层上时,应整平岩面;如果基岩岩面倾斜,应将套箱底部做成与岩面相同的倾斜度以增加套箱的稳定并减少渗漏。

6.木(竹)笼围堰

(二)基坑排水

围堰完工后,须将堰内积水排除,在开挖过程中,也可能有渗水出现,必须随挖随排,抽水设备的排水能力应大于渗水量的1.5~2.0倍。排水方法有集水坑、集水沟以及井点法排水等。集水坑、集水沟适用于粉细砂土质以外的各种地层基坑,集水沟沟底应低于基坑底面,集水坑深度应大于吸水龙头的高度。井点法排水适用于粉、细砂或地下水位较高、挖基较深、坑壁不易稳定和普通排水方法难以解决的基坑,应根据土层的渗透系数、要求降低地下水位的深度及工程特点,选择适宜的井点类型和所需设备,其适用范围如表4-2所示。

各种井点法的适用范围 表4-2

序　号	井点法类型	土层渗透系数(m/d)	降低水位深度(m)
1	轻型井点法	0.1~80	≤6~9
2	喷射井点法	0.1~50	8~20
3	射流泵井点发	0.1~50	≤10
4	电渗井点法	0.1~0.002	5~6
5	管井井点法	20~200	3~5
6	渗井井点法	10~80	≥15

使用井点法排水时应注意下列事项:

(1)降低成层土中地下水位时,应尽可能将滤水管埋设在透水性较好的土层中;

(2)在水位降低的范围内设置水位观测孔,其数量视工程情况而定;

(3)应对整个井点孔位加强维护和检查,保证不间断地进行抽水;

(4)应考虑孔水位降低区域构筑物受其影响而可能产生的沉降,并应做好沉降观测,必要时采取防护措施。

(三)基坑挖基

水中挖基采取围堰、井点降水等抽排水措施后,开挖方法及要求与旱地基坑开挖相同,这里不再赘述。对于排水挖基有困难或具有水中挖基的设备时,可采用下列水中挖基方法。

(1)水力吸泥机:适用于砂类土及砾卵石类土,不受水深限制,其出土效率可随水压、水量的增加而提高。

(2)空气吸泥机:适用于水深5m以上的砂类土或夹有少量碎卵石的基坑,浅水基坑不宜采用;在粘土层使用时,应与射水配合进行,以破坏粘土结构;吸泥时应用时向基坑内注水,使基坑内水位高于河水位约1.0m,以防止流砂或涌泥。

(3)挖掘机水中挖基:适用于各种土质,但开挖时不要破坏基坑边坡的稳定,可采用反铲挖掘和吊机配抓泥斗挖掘。

三、基底检验与处理

基坑开挖至设计高程后,按地质情况要采取相应的处理措施。对于一般性能良好的未风化岩石地基应将岩面上的松碎石块、淤泥、苔藓等清除后洗净岩面,若岩层倾斜,还应将岩面凿平或凿成台阶,若基底位于风化岩层上,则应按基础尺寸凿除已风化的表面岩层,在砌筑基础圬工的同时将基坑底填满,封闭。对于土质岩层要将底面修理平整,于最短时间内砌筑基础,不得暴露或浸水过久。对于其他特殊地基,尚应选用以下特殊处理方法。

1.软弱地基

软土及承载力很低的地基称为软弱地基,必须采取措施进行处理,主要方法有换填土、砂砾垫层、袋装砂井和排水塑料板、生石灰桩、真空预压及粉体喷射拌和等。其详细施工工艺及技术要求详见《公路桥涵施工技术规范》(JTJ 041—2000)。

2.湿陷性黄土地基

该类地基处理应尽量避免在雨季施工,否则应有专门的防洪、排水设施,基础筑出地面后应及时用不透水土或原土分层回填夯实至稍高于附近地面以利排水。处理方法主要有重锤夯实、换填灰土垫层、土桩深层挤实及土的硅化等方法,其中重锤夯实法和换填灰土分层夯实法应用较为普遍。

3.多年冻土地基

该类地基施工要按保持冻结的原则,尽量避开高温季节,并注意以下几点问题:

(1)严禁地表水流入基坑。

(2)及时排除季节冻层内的地下水和冻土本身融化水。

(3)必须搭设遮阳棚和防雨棚。

(4)施工前做好充分准备,组织快速施工,做好基础后立即回填封闭,防止热量侵入。

4.泉眼及溶洞处理

若地基出现泉眼,处理方法一种是堵眼:将有螺口的钢管打入泉眼,盖上螺帽拧紧,阻止泉水流出;或者向泉眼内压注速凝水泥砂浆,再打入木塞堵眼。另一种方法是引流排水,堵眼有困难时,可用管子塞入泉眼,将水流引至集水坑或天然沟谷。对出露的较大溶洞可采用混凝土掺片石灌注或用钢筋混凝土结构加盖处理。小溶洞采用压水泥砂浆或小石子混凝土压灌处理。大型溶洞应专门研究确定施工方案。

基底开挖并处理完毕后,应通过基底检验,其内容主要有:

(1)检查基底平面位置、尺寸大小、基底高程;

(2)检查基底地质情况和承载力是否与设计资料相符;

(3)检查基底处理和排水情况是否与规范相符;

(4)检查施工日志及有关试验资料等。

基底平面位置和高程允许偏差规定如下:

①平面周线位置不小于设计要求;

②基底高程:土质　±50mm

石质　+50mm,-200mm

注:基地检验实测项遵照中华人民共和国行业标准《公路工程质量检验评定标准》(JTG F80/1—2004)的规定。

四、基础施工

扩大基础的种类有浆砌片石、浆砌块石、片石混凝土、钢筋混凝土等几种,现将施工方法分别予以介绍。

（一）浆砌块（片）石

一般要求砌块在使用前必须浇水湿润，将表面的泥土、水锈清洗干净，砌第一层砌块时，如基底为岩层或混凝土基础，应先将基底表面清洗、湿润，再坐浆砌筑。砌筑应分层进行，各层先砌筑外圈定位行列，然后砌筑里层，外圈砌石与里层砌块交错连成一体。各砌层的砌块应安放稳固，砌块间应砂浆饱满，粘结牢固，不得直接贴靠或脱空。

片石砌体宜以2~3层砌块组成一工作层，每层的水平缝应大致找平，各层竖缝应相互错开，不得贯通。外圈定位行列和转角石，应选择形状较为方正及尺寸较大的片石，并长短相间地与里层砌块咬接，砌缝宽度一般不应大于4cm。较大的砌块应放在下层，石块的尖锐突出部分应敲除。竖缝较宽时，在砂浆中塞以小石块填实。

块石砌筑时每层石料高度应大致一样，外圈定位行列和镶面石块，应丁顺相间或二顺一丁排列，砌缝宽度不大于3cm，上下层竖缝错开距离不小于8cm。

（二）加石混凝土和片石混凝土

混凝土中填放片石时应符合以下规定：

（1）埋放石块的数量不宜超过混凝土结构体积的25%；当设计为片石混凝土砌体时，石块可增加为50%~60%；

（2）应选用无裂纹、夹层且未被锻炼过的、高度小于15cm、具有抗冻性能的石块；

（3）石块的抗压强度应不小于25MPa及混凝土强度等级；

（4）石块应清洗干净，应在捣实的混凝土中埋入一半以上；石块应分布均匀，净距不小于10cm，距结构侧面和顶面净距不小于15cm，对于片石混凝土，石块净距可以不小于4~6cm，石块不得挨靠钢筋或预埋体。

（三）钢筋混凝土基础

旱地浇筑钢筋混凝土基础，应在对基底及基坑验收完成后尽快绑扎、放置钢筋；在底部放置混凝土垫块，保证钢筋的混凝土净保护层厚度，同时安放墩柱或台身钢筋的预埋部分，保证其定位准确；对全部钢筋进行检查验收，保证其根数、直径、间距、位置满足设计文件和技术规范要求时，即可浇筑混凝土。拌制好的混凝土运输至现场后，若高差不大，可直接倒入基坑内，若倾卸高度过大，为防止发生离析，应设置串筒或滑槽，槽内焊上减速钢梳，保证混凝土整体均匀运入基坑，用插入式振岛密实。浇筑应分层进行，但应连续施工，在下层混凝土开始凝结之前，应将上层混凝土灌注捣实完毕。基础全部筑完凝结后，要立即覆盖草袋、麻袋、稻草或砂子，并经洒水养生。养生时间一般普通硅酸盐水泥混凝土为7昼夜以上，矿渣水泥、火山灰质水泥或掺用塑化剂的混凝土应为14昼夜以上。水中混凝土基础在基坑排水的情况下施工方法与旱地基础相同，只是在混凝土凝固后即可停止排水，也不需再进行专门的养生工作。

第三节　桩基础施工

桩基础按承受荷载的工作原理不同分为摩擦桩、柱桩、嵌岩桩。按施工方法不同又可分为钻孔灌注桩、挖孔灌注桩、打入桩等，钻孔桩和挖孔桩应用最为广泛，这里就这两种桩基础的施工方法做以详细介绍。

一、钻孔灌注桩施工

(一)施工前的准备工作

钻孔灌注桩由于其施工速度快,质量稳定,受气候环境影响小,因而被普遍采用,但其施工前的准备工作十分重要,只有条件充分才能保证施工顺利进行。

1.认真进行施工放样

用全站仪准确放出各桩位中心,用骑马桩固定位置,用水准仪测量地面高程,确定钻孔深度。

2.设备准备

根据地质资料,确定科学合理的钻孔方法和钻孔设备,架设好电力线路,配备适合的变压器。若用柴油机提供动力,则应购置与设备动力相匹配的柴油机和充足的燃油。混凝土拌和机、电焊机、钢筋切割机,以及水泥、砂石材料均要在钻孔开始前准备妥当。

3.埋设护筒

可以采用钢护筒,也可以采用现场预制的钢筋混凝土护筒,在放样好的桩位处,开挖一个圆形基坑将护筒埋入。护筒应坚实、不漏水,护筒内径应比桩径稍大20~30cm。采用反循环钻时应使护筒顶高程高出地下水位2.0m;采用正循环钻时应高出地下水位1.0~1.5m,处于旱地时;护筒在满足上述条件的基础上还应高出地面0.3m。

4.制备泥浆

钻孔泥浆由水、粘土(或膨润土)和添加剂组成。按钻孔方法和地质情况,一般需采用泥浆悬浮钻渣和护壁,除地层本身全为粘性土能在钻进中形成合格泥浆外,开工前应准备数量充足和性能合格的粘土和膨润土。调制泥浆时,先将土加水浸透,然后用拌和机或人工拌制,按不同地层情况严格控制泥浆浓度,正确选用正、反循环转法钻孔,为了回收泥浆原料和减少环境污染,应设置泥浆循环净化系统。泥浆性能要求见表4-3。

泥浆性能指标要求 表4-3

钻孔方法	地层情况	泥浆性能指标						
		相对密度	粘度(s)	静切力(MPa)	含砂率(%)	胶体率(%)	失水率(ml/30min)	酸碱度 pH
正循环回转冲击	粘性土	1.05~1.20	16~22	1.0~2.5	<8~4	≥96	≤25	8~10
	砂土 碎石土 卵石 漂石	1.2~1.45	19~28	3~5	<8~4	≤96	≤15	8~10
推钻冲抓	粘性土	1.1~1.2	22~24	1~2.5	≤4	≥95	<30	8~11
	砂土 碎石土	1.2~1.4	22~30	3~5	≤4	≥95	<20	8~11
反循环回转	粘性土	1.02~1.06	16~20	1~2.5	≤4	≥95	≤20	8~10
	砂土	1.06~1.10	19~28	1~2.5	≤4	≥95	≤20	8~10
	碎石土	1.10~1.15	20~35	1~2.5	≤4	≥95	≤20	8~10

注:相对密度是泥浆密度与4°C纯水密度之比 。

5.钢筋笼制作

在钻孔之前或者钻孔的同时要制作好钢筋笼,以便成孔、清孔后尽快灌注混凝土,防止塌孔事故发生。钢筋笼应按图纸尺寸要求,按吊装和钢筋单根定长确定下料长度,注意主筋在50cm范围内接头数量不能超过截面主筋根数总数的50%,加强筋直径要准确;箍筋要预先调直,螺旋形布置在主筋外侧;定位筋应均匀对称的焊接在主筋外侧。下钢筋笼前应对其进行质量检查,保证钢筋根数、位置、净距保护层厚度等满足要求。

(二)钻孔施工方法

无论采用采用哪种钻孔方法,都要遵循以下一般要求:

(1)钻孔就位前,应对钻孔的各项准备工作进行检查,包括场地与钻机座落处的平整和加固,主要机具的检查与安装。

(2)必须及时填写施工记录表,交接班时应交待钻进情况及下一班应注意事项。

(3)钻机底座和顶端要平稳,在钻进和运行中不应产生位移和沉陷。回转钻机顶部的起吊滑轮缘、转盘中心和桩位中心三者应在同一铅垂线上,偏差不超过2cm。

(4)钻孔作业应分班连续进行,经常对钻孔泥浆性能指标进行检验,不符合要求时要及时改正。

钻孔施工方法具体有以下几种。

1.冲抓锥钻进

冲抓锥是一种最简单的钻孔机械,由三脚立架、锥头、卷扬机三部分组成,如图4-1所示。施工时使三角立架固定滑轮,绕过滑轮的钢丝绳下端吊着由三块钢锥片组成的锥头,锥头张开的最大外围尺寸与桩孔直径相同。锥头对准桩孔中心。放开制动,锥头在自重作用下下落,打入孔内土层中,卷扬机将其向上提升时,通过拉索使锥头合拢,砂土被封闭在锥体内提升至井外。等锥体提升至孔口以上时,工人及时在井口放置一块钢盖板,将手推车或其他运输工具放于其上。打开锥头控制栓,使锥头张开,土体落入运输车中运走。移走钢板,即进行下一轮冲抓作业,如此循环钻进。

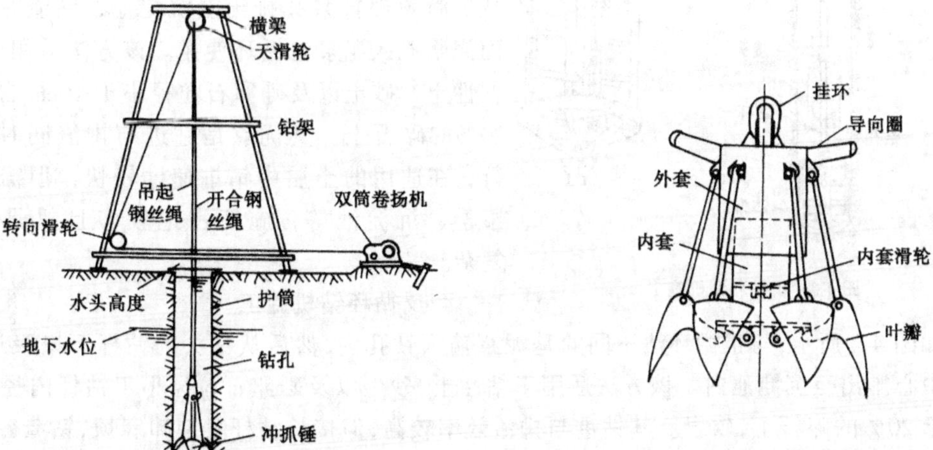

图4-1　冲抓钻孔

该方法的优点是：所需机械简单，成本较低，但施工自动化程度低，需人工操作，清运渣土，劳动强度大，施工速度较慢。适用于砂砾石和砂土地层。

注意：应以小冲程稳而准的开孔，待锥具全部进入护筒后，再松锥进行正常冲抓。提锥应缓慢，冲击高度一般为1.0～2.5m。

2.冲击钻孔

其设备由冲击钻头、三角立架、卷扬机三部分组成，如图4-2所示。该方法适用于砂砾石和岩石地层，其工作原理是：用卷扬机钢丝绳通过三角立架上的滑轮将锥头提起，然后放开卷扬机，使锥头自然下落，锥头的冲击作用将砂砾石或岩石砸成碎沫、细渣，靠泥浆将其悬浮起来排出孔外。锥体一般为圆柱形，用钢材制成，锥头呈“十”字形，利于破碎岩石。一般可先用60～80cm的细锥头钻进，然后再用大锥头扩孔至设计孔径。这样一来可以保证孔壁稳定，防止坍孔，二来可以提高功效。卷扬机可以人工操作，也可以选用自动操作设备，因而该方法节省人力，可以二十四小时连续作业，施工效率较高，在工程中普遍适用。

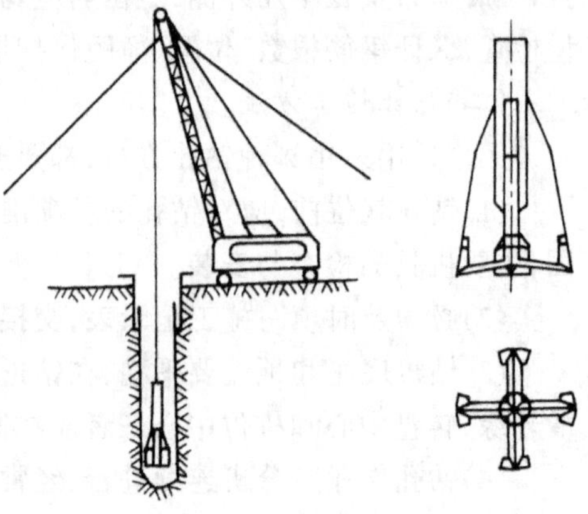

图4-2　冲击钻孔

施工时应注意以小冲程开孔，使初成孔坚实、坚直、圆顺并起向导作用，钻进深度超过钻锥全冲程后才能施行正常冲击，若遇坚硬漂卵石层，可采用中、大冲程，但最大冲程不宜超过4～6m。钻进冲程中及时排除钻渣，并添加粘土造浆，防止塌孔和沉积，使钻锥经常冲击新鲜地层。冲击表面不平整的漂石、硬岩时，应先投入粘土夹小片石，将表面垫平后再钻进，防止出现偏孔、斜孔。

3.正循环钻进施工

如图4-3所示，用钻头旋转切削土体钻进，泥浆泵将泥浆压进钻杆顶部泥浆笼头，通过钻杆中心从钻头喷入钻孔内，泥浆携带钻渣沿钻孔上升，从护筒顶部排浆孔排出至沉淀池，钻渣在此沉淀而泥浆流入泥浆池循环使用。该方法适用于淤泥、粘性土、砂土以及砾卵石粒径小于10cm含量少于20%的碎石土。其优点是钻进与排渣同时连续进行，在适用的土层中钻进速度较快，但需设置泥浆槽、沉淀池等，施工占地较多且机具设备较复杂。

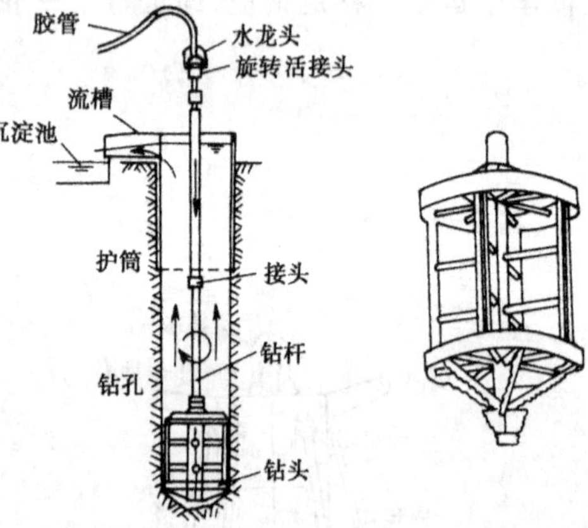

图4-3　正循环钻机施工

4.反循环钻机施工

如图4-4所示，与正循环法不同的是泥浆输入钻孔内，然后从钻头的钻杆下口吸进，通过钻杆中心排出至沉淀池内。该方法适用于粘性土、砂土以及砾卵石粒径小于钻杆内径2/3，含量少于20%的碎石土，软岩。其钻进与排渣效率较高，但接长钻杆时装卸麻烦，钻渣容易堵塞管路。另外，因泥浆是从下向上流动，孔壁坍塌的可能性较正循环法大，为此需用较高质量的泥浆。

各种钻孔方法的适用范围可参考表4-4，钻孔灌注桩的施工工艺流程如图4-5所示。

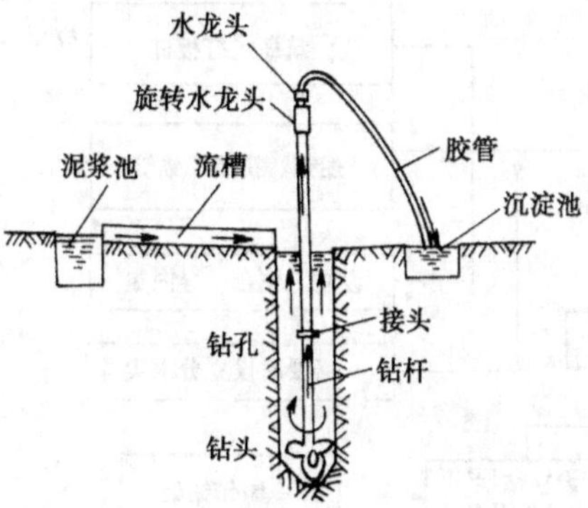

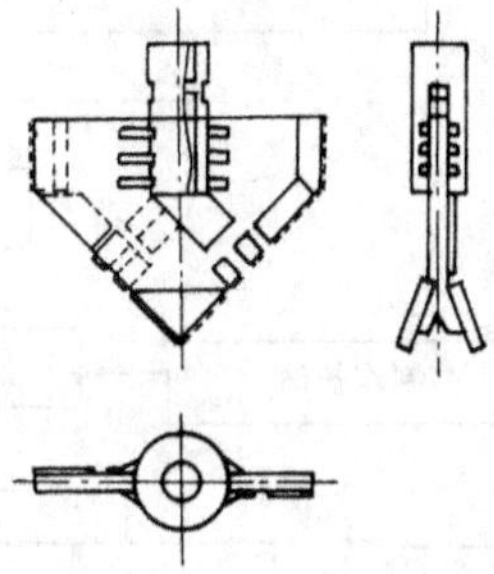

图 4-4　反循环钻机施工

各种钻孔方法的适用范围　　表 4-4

序号	成孔设备（方法）	适用范围			
		地基条件	孔径（cm）	孔深（m）	泥浆作用
1	机动推钻	粘性土，砂土，砾石粒径小于 10cm，含量少于 30% 的碎石土	60 ~ 160	30 ~ 40	护壁
2	正循环回转钻法	粘性土，砂土，砾、卵石粒径小于 2cm，含量少于 20% 的碎石土，软岩	80 ~ 200	30 ~ 100	浮悬钻渣并护壁
3	反循环回转钻法	粘性土，砂土，卵石粒径小于钻杆内径 2/3，含量小于 20% 的碎石土，软岩	80 ~ 250	泵吸 < 40 气举 100	护壁
4	正循环潜水钻法	淤泥，粘性土，砂土，砾卵石粒径小于 10cm，含量少于 20% 的碎石土	60 ~ 150	50	浮悬钻渣并护壁
5	反循环潜水钻机	同编号 8	60 ~ 150	泵吸 < 40 气举 100	护壁
6	全护筒冲抓和冲击钻机	各类土层	80 ~ 200	30 ~ 40	不需泥浆
7	冲抓锥	淤泥、粘性土、砂土、砾石、卵石	60 ~ 150	20 ~ 40	护壁
8	冲击实心锥	各类土层	80 ~ 200	50	浮悬钻渣并护壁
9	冲击管锥	粘性土、砂土、砾石、松散卵石	60 ~ 150	50	浮悬钻渣并护壁
10	冲击、振动沉管	软土、粘性土、砂土、砾石、松散卵石	25 ~ 50	20	不需泥浆

（三）事故处理

由于地质构造的复杂性和施工期间各种因素的影响，钻孔事故常有发生。事故发生后应及时确认事故类型，采取补救措施，以减少损失，保证工程质量。

1. 坍孔

遇钻孔坍塌时，应仔细分析，待查明坍孔原因和位置后，再进行处理。坍孔不严重时，可回填至坍孔位置以上，采取改善泥浆性能、加高水头、埋深护筒等措施继续钻进。若坍孔严重，应立即将钻孔全部用砂或小砾石夹粘土回填，暂停一段时间使其性能稳定后，再采取相应措施（加大泥浆浓度快速钻进等）重钻。

2. 孔身偏斜、弯曲

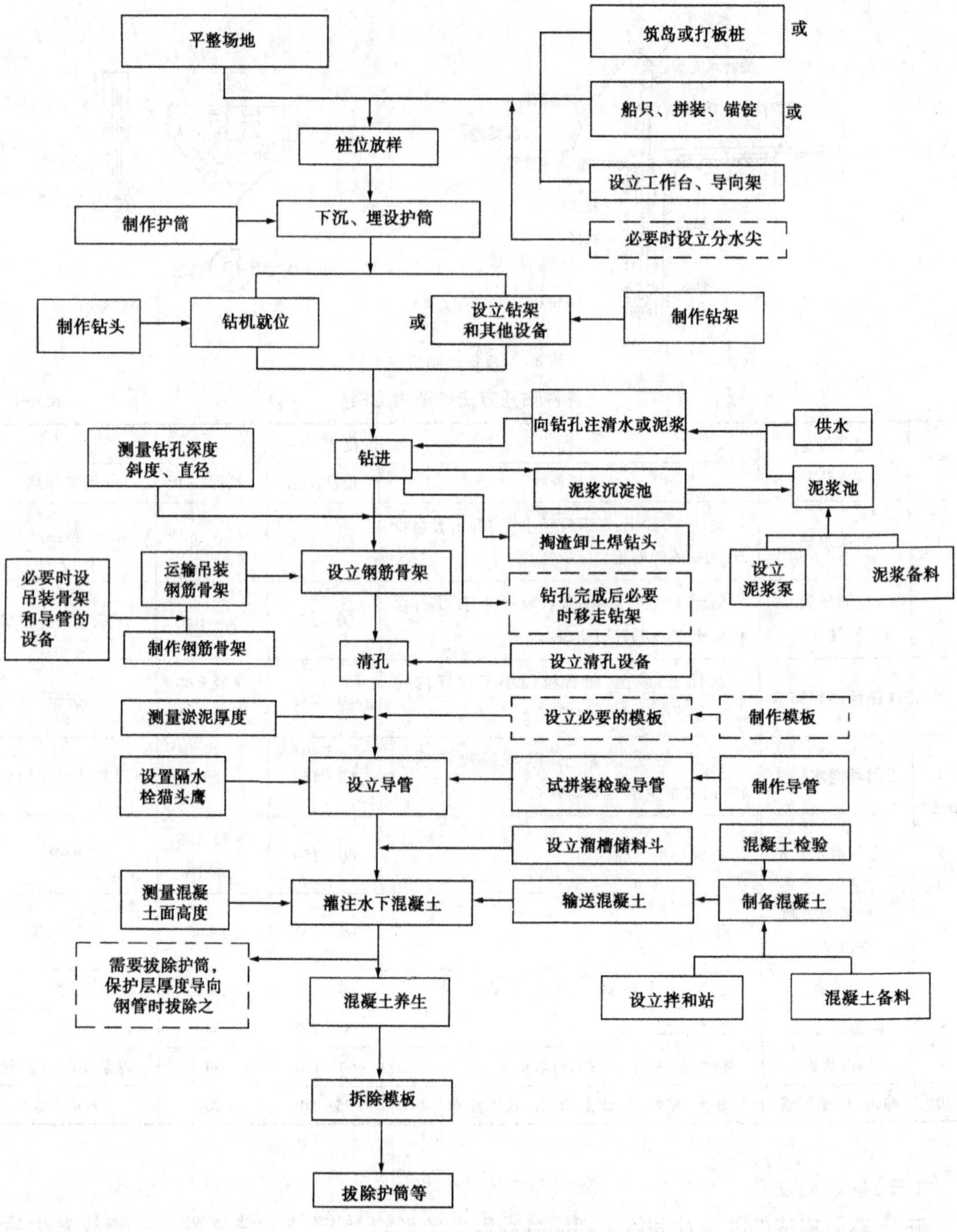

图 4-5 钻孔灌注桩工艺流程

一般可在偏斜处吊挂钻锥反复扫孔，使钻孔正直。偏斜严重时应回填粘性土到偏斜处，待沉淀密实后再垂钻。

3.扩孔、缩孔

孔径较大或者过小，称为扩孔、缩孔。遇此情况要采取防止坍孔和防止钻锥摆动过大的措施。缩孔是钻锥磨损过大焊补不及时或因地层中有遇水膨胀的软土、粘土泥岩造成的。前者应及时补焊钻锥，后者则应选用失水率小的优质泥浆护壁。

4.钻孔漏浆

若发现护筒内水头不能保持,水位下降,则证明有漏浆现象发生。宜采用将护筒周围填土筑实,增加护筒沉埋深度,适当减小水头高度或采取加稠泥浆,加入粘土慢速转动等措施。用冲击法钻孔时,还可填入片石、碎卵石土,反复冲击以增强护壁。

5.梅花孔或十字槽孔

多见于冲击钻孔,是由于钻锥的转向装置失灵,泥浆太稠,钻锥旋转阻力过大或冲程太小,钻锥来不及旋转而形成的。应采用片石或卵石与粘土的混合物回填钻孔,重新冲击钻进。

6.糊钻、埋钻

常出现于正反循环回转钻进和冲击钻进中,遇此应对泥浆稠度、钻渣进出口、钻杆内径大小、排渣设备进行检查计算,并控制适当进尺。若已严重糊钻,应停钻提出钻锥,清除钻渣。遇到塌方或其他原因造成埋钻时,应使用空气吸泥机吸走埋钻的泥砂,提出钻锥。

7.卡钻

常发生在冲击钻孔时。卡钻后不能强提,只宜轻提,轻提不动时,可以用小冲击锥或用冲、吸的方法将钻锥周围的钻渣松动后再提出。掉钻落物时,宜迅速用打捞叉、钩、绳套等工具打捞,若落体已被泥砂埋住,应按前述各条先清除泥砂,使打捞工具接触落体后再进行打捞。

应特别注意的是,在任何情况下,严禁施工人员进入没有护筒或其他防护设施的钻孔中处理故障。当必须下入护筒或其他防护设施的钻孔时,应检查孔内无有害气体,并备齐防毒、防溺、防塌埋等安全设施后,才能行动。

(四)清孔

在钻至设计高程后,检查孔径、桩孔垂直度、桩底地层情况是否与设计相符,达到技术规范要求后,即应进行清孔。其目的是将孔内钻渣清除干净,保证孔底沉淀土层厚度满足要求。清孔方法有掏渣清孔法、换浆清孔法、抽浆清孔法、喷射清孔法等几种。

掏渣清孔法是用掏渣筒、大锅锥或冲抓锥清掏孔底粗钻渣,仅适用于机动推钻、冲抓、冲击钻孔的各类土层磨擦桩的初步清孔。

换浆清孔法适用于正循环钻孔的摩擦桩。于钻孔完成之后,提升钻锥距孔底10~20cm,继续循环,以相对密度较低(1.1~1.2)的泥浆压入,把钻孔内的悬浮钻渣和相对密度较大的泥浆换出。

抽浆清孔法清孔底效果较好,适用于各种方法钻孔的柱桩和摩擦桩,一般用反循环钻机、空气吸泥机、水力吸泥机或真空吸泥泵等进行。

喷射清孔法只宜配合其他清孔方法使用,是在灌注混凝土前对孔底进行高压射水或射风数分钟,使剩余少量沉淀物漂浮后,立即灌注水下混凝土。

(五)钢筋骨架及导管吊装

1.钢筋骨架

由主筋、加强筋、螺旋箍筋、定位筋四部分组成,其构造应满足设计要求,经检查合格后,用吊车吊起垂直放入孔内,相邻节端应焊接牢靠,定位准确。下到设计位置后应在顶部采用相应措施反压并固定其位置,防止在混凝土灌注过程中产生上浮。

2.导管

导管是灌注水下混凝土的重要工具,一般选用刚性导管。刚性导管用钢管制成,内径一般为25~35cm,每节长约4~5m,用端头法兰盘螺栓连接,接头间夹有橡胶垫防止密水。导管上口一般设置储料槽和漏斗,在灌注末期,当钻孔桩桩顶低于井孔中水面时,漏斗底口高出水面不宜小于 4 ~ 6m,当桩顶高于井孔中水面时,漏斗底口高出桩顶不宜小于 4 ~ 6m。

导管使用前应进行必要的水密、承压和接头抗拉等试验。吊袋前应进行试拼,接口连接应严密、牢固。吊装时,导管应位于井孔中央,并在混凝土灌注前进行升降试验。

(六)水下混凝土的灌注

灌注混凝土之前,应先探测孔底泥浆沉淀厚度。如果大于规定,要再次清孔,但应注意孔壁的稳定,防止塌孔。运至桩位的混凝土应检查均匀性和坍落度,如不符合要求,应进行第二次拌和,二次拌和仍达不到要求时不能使用。还要注意:(1)导管下口至孔底的距离一般为 25 ~ 40cm;(2)导管埋入混凝土中的深度以不小于 1m 为宜。首批灌注混凝土的数量应能满足导管初次埋置深度(≥1.0m)和填充导管底部间隙的需要。按下式进行计算:

$$V \geqslant \pi d^2 h_1/4 + \pi D^2 H_c/4 \tag{4-1}$$

式中:V——首批混凝土所需数量(m^3);

h_1——井孔混凝土高度达到 H_c 时,导管内混凝土柱需要的高度(m),$h_1 \geqslant \gamma_w H_w/\gamma_c$,见图 4-6;

H_c——灌注首批混凝土所需井孔内混凝土面至孔底的高度(m),$H = h_2 + h_3$;

H_w——井孔内混凝土面以上水或泥浆深度;

D——井孔直径(m);

d——导管内径(m);

γ_w——井孔内水或泥浆的密度(kN/m^3);

γ_c——混凝土拌和物的密度(kN/m^3);

h_2——导管初次埋置深度,$h \geqslant 1.0m$;

h_3——导管底端至钻孔底间隙,约为 0.4m。

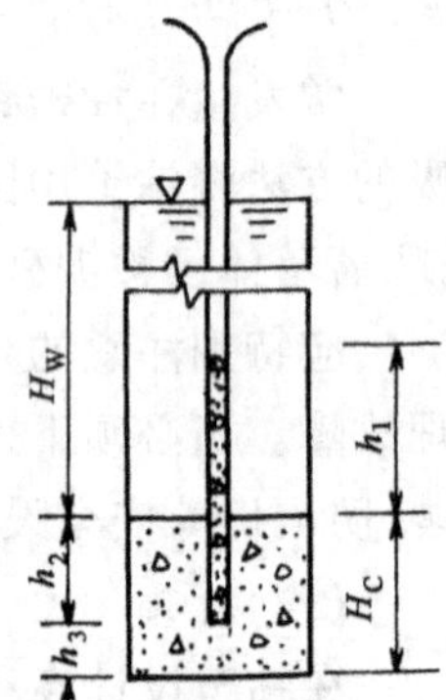

图 4-6 首批混凝土数量计算

灌注方法如图 4-7 所示,当钢筋笼就位,导管下至设计深度,首批混凝土已拌和完毕运送至桩位处时,即可开始灌注混凝土(俗称灌桩)。首批灌注时应在导管漏斗底口处设置可靠的防水设施(一般放置一个直径与管内孔完全吻合的木球)。混凝土倒入漏斗,压住木球向下运动,导管中水从管底压出,从井口逐渐排向井外,混凝土靠自重和向下冲力压至孔底。随着混凝土不断灌入,孔内混凝土面逐渐升高,井内积水不断上升,直至混凝土灌满全孔,水全部被排出。注意首批灌注的混凝土的初凝时间不得早于灌注桩全部混凝土灌注完成时间,必要时要加入缓凝剂,每灌一段时间,就要及时抽拔导管,导管埋入混凝土中的深度不能大于 6m,但也不能小于 2m,要根据混凝土的灌入量计算灌注高度,从而确定提升导管时间。导管提升太快,若超过已灌混凝土表面,就会形成断桩;若抽拔不及时,埋入过深,则有可能因为混凝土初凝,使导管不能拔除,造成工程事故。因此必须严格控制导管提升时间。

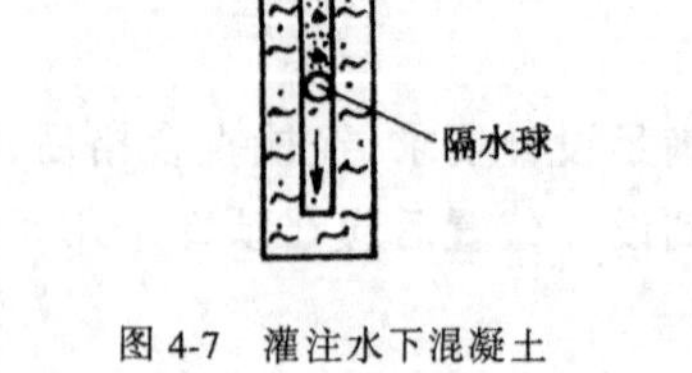

图 4-7 灌注水下混凝土

灌注开始后,必须连续进行,无论白天黑夜、刮风下雨都不得中断作业,提升拆除导管的时间要尽可能缩短。在灌注过程中,应将井孔内溢出的泥浆引流至适当位置,防止污染环境及河流。灌注的桩顶高程应比设计高程高出 0.5 ~ 1.0m,待开挖基坑浇承台时凿除(俗称破桩头),

目的是将孔内泥浆全部排除,保证桩体成桩质量。

混凝土灌完后要拔除护筒,处于地面及桩顶以下的井口整体式刚性护筒,应在灌注完混凝土后立即拔除;处于地面以上,能拆卸的护筒,须待混凝土抗压强度达到5MPa后才能拆除。

二、挖孔灌注桩施工

挖孔灌注桩多用人工开挖和小型爆破、配合小型机具成孔,灌注混凝土形成桩基。适用于无水或极少水的较密实的各类土层,桩径不小于1.2m,孔深不宜大于15m。其特点是设备投入少、成本低,成孔后可直观检查孔内土质状况,基桩质量有可靠保证。缺点是施工速度较慢。

位于无水地层的桩基,埋设好护筒后,可用人工直接开挖,遇岩石采用浅层小药量电雷管爆破,人工清渣掘进,用辘轳将渣石吊运出井,手推车运送弃渣。位于有水地基时要边开挖边用水泵排水。在过深的井孔中作业时,要用鼓风机通过传风管向孔底吹入新鲜空气,保障施工安全。在孔壁可能坍塌、有渗水的情况下,应及时增加护壁。护壁方法有安装木框架、竹篱、柳条、荆笆、预制混凝土井圈或钢井圈支护、现浇或喷射混凝土护壁等,应根据实际情况慎重选用。

夜间停工时,要在井口设置标志或覆盖物,防止工作人员不慎坠入。

灌注混凝土的方法与钻孔桩相同。无水、空气中灌注的桩如为摩擦桩,则应在灌注过程中逐步由下至上拆除支护。井中有水时,要采用水中灌桩法先向孔中灌水,至少灌至与地下水位相同,用导管灌注混凝土。随着灌注混凝土升高,孔内水位上升时逐层拆除支护。柱桩、嵌岩桩的混凝土护壁可以不拆除。

三、基桩的检验

桩基础属隐蔽工程,对其质量检验标准必须严格掌握。

钻(挖)孔在终孔和清孔后应使用仪具对成孔的孔位、孔深、孔形、孔径、竖直度、泥浆相对密度、孔底沉淀厚度、有否缩孔、坍塌等进行检验,应满足表4-5中各项技术指标。

钻孔灌注桩成孔质量允许偏差 表4-5

项　目	允许偏差
孔的中心位置(mm)	群桩:100;单排桩:50
孔径(mm)	不小于设计桩径
倾斜度	钻孔:小于1%;挖孔:小于0.5%
孔深	摩擦桩:不小于设计规定 支承桩:比设计深度超深不小于50mm
沉淀厚度(mm)	摩擦桩:符合设计要求,当设计无要求时,对于直径≤1.5m的桩,≤300mm;对桩径>1.5m或桩长>40m或土质较差的桩,≤500mm 支承桩:不大于设计规定
清孔后泥浆指标	相对密度:1.03~1.10;粘度:17~20Pa·s;含砂率:<2%;胶体率:>98%

注:清孔后的泥浆指标,是从桩孔的顶、中、底部分别取样检验的平均值。本项指标的测定,限指大直径桩或有特定要求的钻孔桩。

钻孔桩水下混凝土的质量应符合以下要求:

(1)强度不低于设计强度。除用预留试块做抗压强度外,还应凿平桩头,并取桩头试块做抗压试验。

(2)桩身混凝土不能有断层或夹层。应仔细检查分析混凝土记录,并用无破损方法检验桩身,对质量可疑的桩,要钻芯取样进行试验。

(3)桩头凿除预留部分不能有残余松散层和薄弱混凝土层。嵌入承台或盖梁内的桩头及锚固钢筋长度要符合规范要求。

第四节　组合式基础施工

处于特大水流上的桥梁基础工程,墩位处往往水深流急,地质条件极其复杂,河床土质覆盖层较厚,施工时水流冲刷较深,施工工期较长,普遍常用的单一基础形式已难以适应。为了确保基础工程安全可靠,同时又能维持航道交通,宜采用由两种以上形式组成的组合式基础。其功能要满足既是施工围堰、挡水结构物;又是施工作业平台,并能承担所有施工机具与用料等;同时还应成为整体基础结构物的一部分,在桥梁的营运阶段发挥作用。

组合基础的形式很多,常用的有双壁围堰钻孔桩基础、钢沉井加桩柱(钻孔桩)基础、浮运承台与管柱、井柱、钻孔桩基础以及地下连续墙加箱形基础等。可根据设计要求、桥址处的地质水文条件、施工机具设备情况、施工安全及通航要求等因素,通过综合技术经济分析,论证比较,因地制宜,合理选用。

一、双壁钢围堰加钻孔灌注桩基础

大型双壁钢围堰加钻孔桩基础是近 20 年来开发的大型深水基础工程理想结构物,它不仅能起到深水基础工程的围水与施工平台作用,而且可以参与部分结构受力,既增加了深水基础工程结构的整体性能,又提高了下部结构的防撞能力,方便施工,降低了工程造价。在水深流急的江河中,具有其他结构难以比拟的优越性。国内重庆、泸州、九江、武汉、黄石、铜陵等长江大桥等都采用了双壁钢围堰钻孔桩基础,表 4-6 为 1991 ~ 2000 年建成的几座长江大桥应用双壁钢围堰钻孔桩基础的情况。尤其是武汉、黄石与铜陵长江大桥的深水桥墩都全部采用了双壁钢围堰钻孔桩基础,如此庞大规模的应用,充分表明该类型基础的强大生命力。

几座长江大桥的双壁钢围堰钻孔桩基础情况　　表 4-6

桥　名	桥　型	双壁钢围堰直径(ϕ)、高度(h)	钻孔灌注桩根数、直径与桩长	备　注
江西九江长江大桥	主跨为 216m 的刚梁柔拱钢桥	$\phi = 19.8$m $h = 42.3$m	$9\phi2.5$m $l \approx 19$m	
湖北武汉第二长江大桥	主跨为 400m 的预应力混凝土斜拉桥	$\phi = 28.4$m $h = 46.5$m	$21\phi2.5$m $l \approx 25$m	江中八个深水墩均采用
湖北武汉黄石长江大桥	主跨为 245m 的预应力混凝土连续刚构桥	$\phi = 28.0$m $h = 38.5 \sim 41.2$m	$16\phi3.0$m $l \approx 41$m	江中六个深水墩均采用
安徽铜陵长江大桥	主跨为 432m 的预应力混凝土斜拉桥	$\phi = 31.0$m $h = 54.6$m	$19\phi2.8$m $l \approx 68 \sim 73$m	江中五个深水墩均采用

图 4-8 为泸州长江大桥 3 号桥墩基础构造示意。其施工特点是隔水设施采用双壁钢围堰,围堰通过吸泥下沉,穿过卵石层至岩面。经过清理岩面、填塞刃角后,浇筑水下混凝土,然后围堰内抽水,埋设护筒(直径为 3m),冲孔成桩,再浇筑桩顶承台混凝土,整个基础工程完成。钢围堰总重 300t,分四节组拼,工厂预制,下沉就位。该施工方案的优点是混凝土先封底,利用

围堰能承受较大的水压力，抽干积水，埋设护筒，节省了护筒定位架及起重设备，避免了异形刃脚护筒；同时钢围堰能安全渡洪，脚手架可设置在钢围堰顶上。缺点是钢围堰只能作为施工手段，在基础完成后不再发挥重要作用。

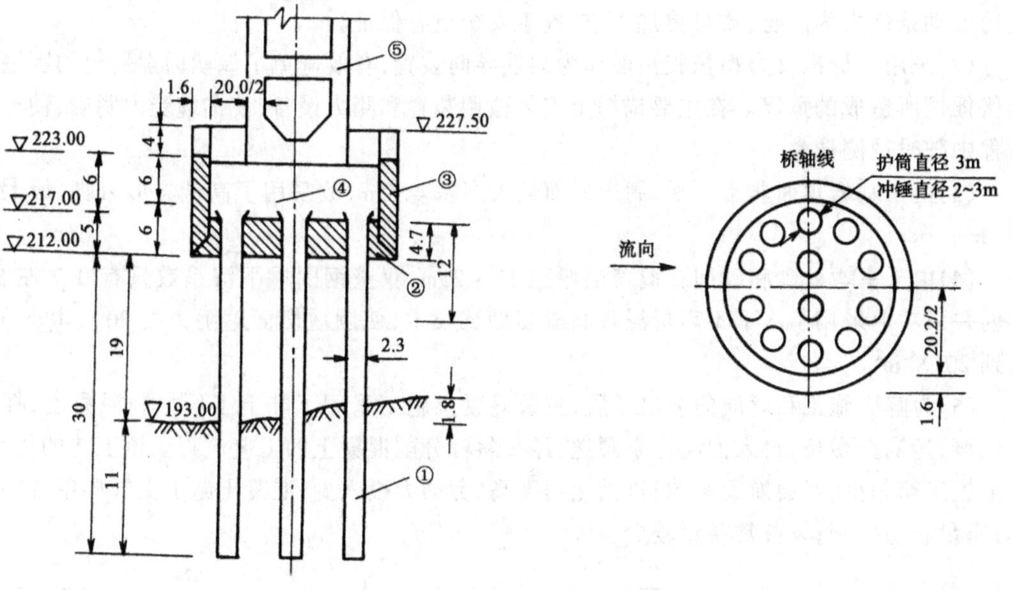

图 4-8　泸州大桥桥墩基础构造示意(尺寸单位:m)

1-钻孔桩;2-封底混凝土;3-壁仓混凝土;4-承台混凝土;5-墩身混凝土

图 4-9 为常德沅水大桥 3 号墩基础构造示意图。其特点是采用 ϕ16m 圆形双壁钢围堰加 7 根 ϕ2.5m 冲孔嵌岩桩基础，施工进度快且安全稳妥。基础施工水深 8～18m。钢围堰高 18.2～18.7m，分四节拼装，底节围堰就位后，先在中壁内灌水下沉，再用缆索吊机(500kN)逐节接高，节与节间整体焊接，在准备回收的分割线外壁板处设置一道法兰，以便拆除回收。围堰接高后精确定位，井壁底层 9m 内浇筑水下混凝土，然后吹砂沉至岩面。岩内安装 7 根直径 2.7m的钢护筒，浇筑 4.5m 厚的封底混凝土，在护筒内钻孔，嵌入岩面 11～14m，灌注混凝土成钻孔桩。最后，将围堰内水抽干，浇筑承台(厚度为 4.0m)。

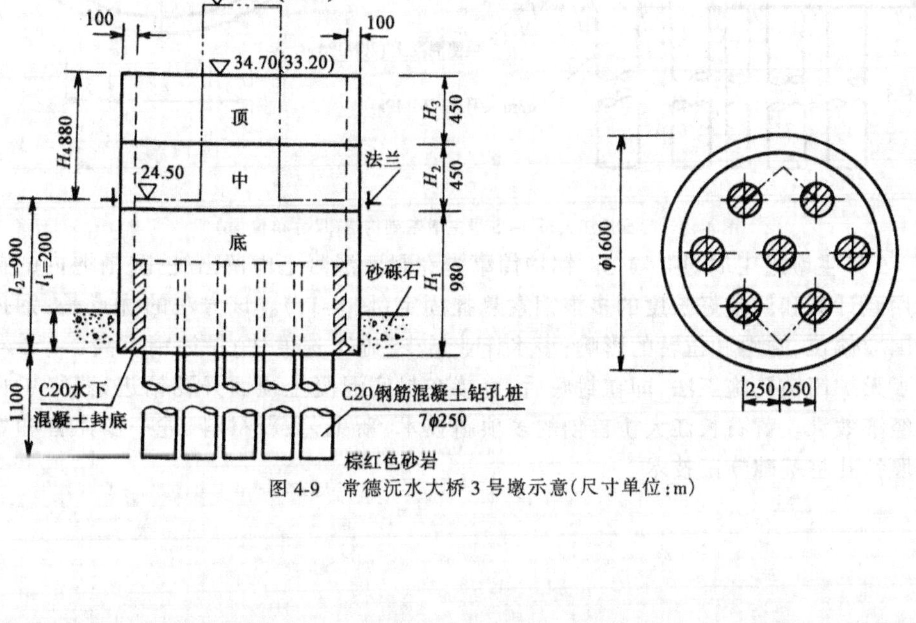

图 4-9　常德沅水大桥 3 号墩示意(尺寸单位:m)

图 4-10 为黄石长江大桥 2～5 号墩基础构造示意。黄石大桥位于弯曲河段,桥址处水深流急,地质复杂,覆盖层厚薄相差悬殊。其施工特点是:

(1)摒弃了在墩位导向船内分块拼装接高钢围堰的传统工艺,采用了"工厂分块预制,水运至工地,水上拼装平台组拼分节(分为 5～7 节),用 2500kN 起重船分节整体吊装接高"新工艺,使得劳动条件大为改善,质量更加可靠,施工安全更有保证。

(2)采用了标准反力型橡胶护舷作为柔性导向装置,有效避免了偶然因素引起的围堰剧烈起伏摇摆所造成的危害。在主要锚缆上安装微调装置和测力设备,使锚缆受力明确,便于施工过程中随时观测调整。

(3)由于基岩顶面非常不平,周边岩面最大高差 4.78m,故采用了高低异形刃脚,最大高差 4.40m。

(4)由于主墩处砂和砂卵石覆盖层厚达 17～25m,双壁钢围堰下沉系数只有 0.7 左右,故首创并成功地采用了水下不离析泥浆润滑套助沉技术,使围堰侧面摩阻力由 30～40kN/m^2 降低到 20kN/m^2。

(5)为解决施工和通航的突出矛盾,主墩混凝土施工采用了陆上工厂拌制混凝土,拌和车上汽渡,运输至墩位,再入混凝土泵泵送,经布料杆分配混凝土的工艺流程。该工艺的优点是:水上施工船舶少,对通航无影响;机械化程度高、劳动力投入少;混凝土施工受气候条件影响较小,质量容易控制;设备常备量较少。

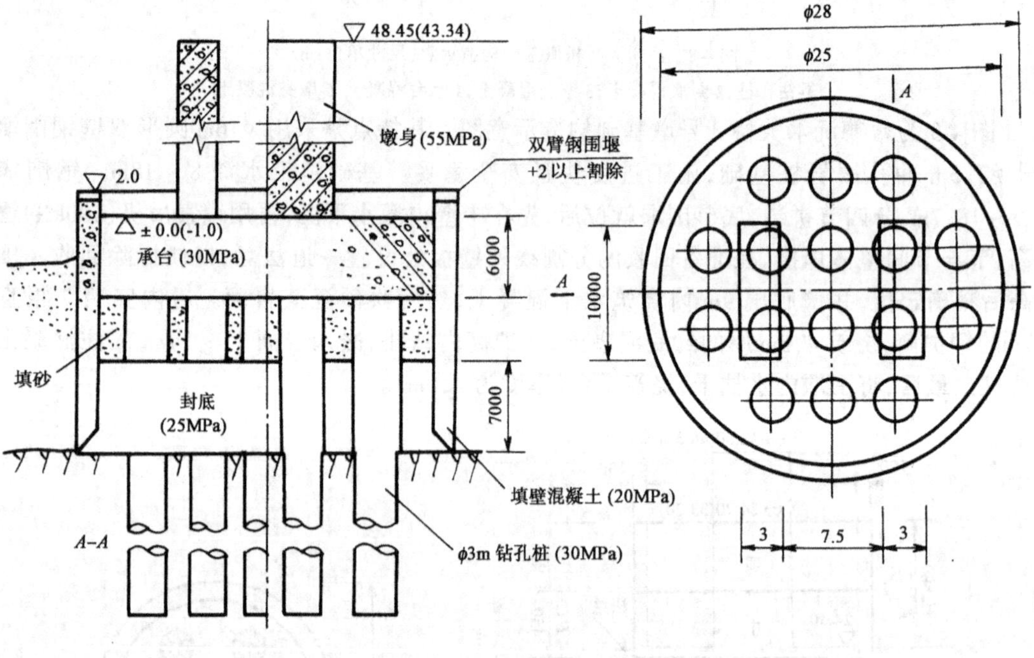

图 4-10　黄石长江大桥 2～5 号主墩基础构造(尺寸单位:m)

(6)2～5 号主墩施工时,用 ϕ3.3m 钢护筒事先在封底混凝土中留出桩孔,围堰内的护筒及其定位架用经计算和调整好长度的多根钢索悬挂固定(图 4-11)。该方法的优点是:钢护筒的安装不受围堰偏位、倾斜和扭转的影响;潜水作业量少,施工速度快;护筒精度高。1 号和 6 号主墩采用了无护筒钻孔施工法,即在封底后,直接在封底混凝土顶面开孔钻进,获得了良好的综合技术经济效果。黄石长江大桥首创的多项新技术、新工艺、新材料,进一步完善和发展了双壁钢围堰钻孔桩基础施工技术。

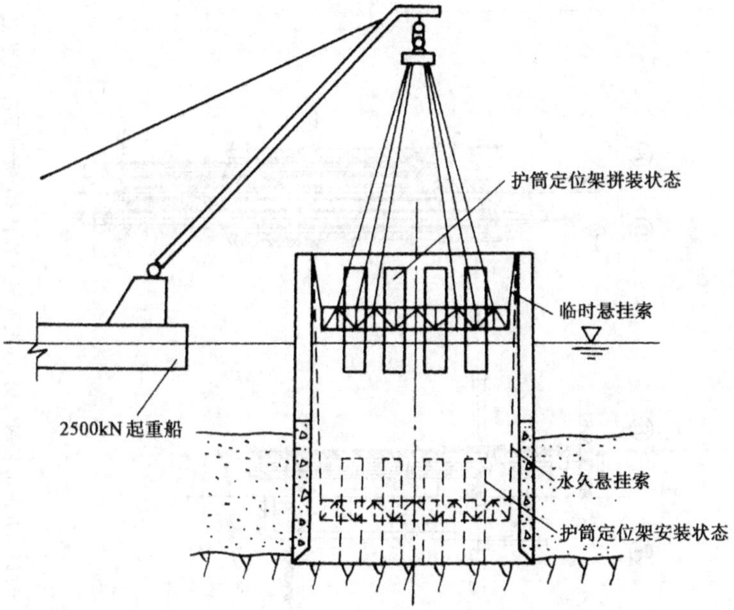

图 4-11 黄石长江大桥主墩护筒及定位架安装示意

二、浮式沉井加管柱(钻孔桩)基础

南京长江大桥 2 号、3 号墩,水深 30m,覆盖层厚约 40m,基岩强度为 7~9MPa,河床最大冲刷深度可达 23m,采用钢沉井加管柱基础。钢沉井采用矩形,平面尺寸为 16.19m×25.01m,井内分成 15 个方格,内插 13 根直径 3m 的预应力混凝土管柱。管柱下沉到岩面后钻孔,孔径 2.4m,孔深 7~9m,钻孔内放置钢筋骨架,然后灌注水下混凝土,一直填充至管柱顶面。管柱下端嵌入基岩,上端嵌固在承台混凝土中,沉井的封底封顶混凝土将管柱群连接成整体。本方案的特点是:钢沉井能减少管柱所要穿过的覆盖层厚度,兼作下沉管柱的导向架,灌注上下封底、封顶混凝土及承台混凝土时作防水围堰;同时又是永久结构的组成部分,可增加桥墩基础的刚度。图 4-12 为南京长江大桥 3 号墩基础形式图,图 4-13 为施工步骤示意图。

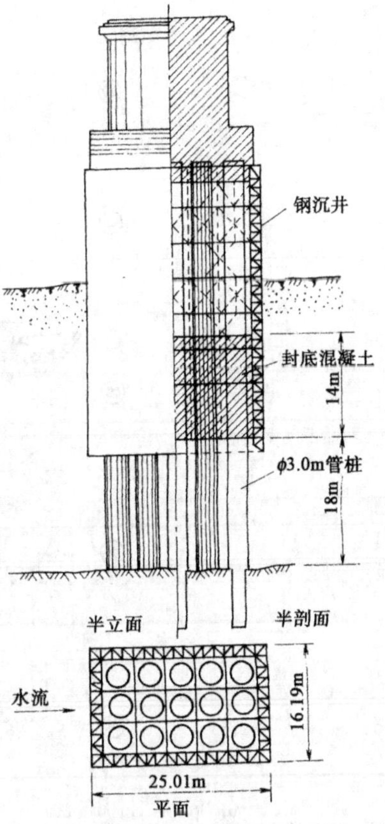

图 4-12 南京长江大桥 3 号墩基础形式

广东洛溪大桥(主桥为 65m+125m+180m+110m 四跨连续刚构,全长 9616m),主河床受潮汐影响,平均水深 7m 以上,覆盖层为中细砂、粘土和泥质砂岩风化土,平均厚度 20m。主墩基础采用钢沉井加钻孔桩基础(图 4-14)。双壁刚壳浮运沉井呈 Y 形,底部直径 23m,顶部直径 28m,沉井全高 20m。钢沉井分三节,岸上组拼后,用 2000kN 浮吊吊放入水,浮运就位,注水吹砂下沉,要求穿

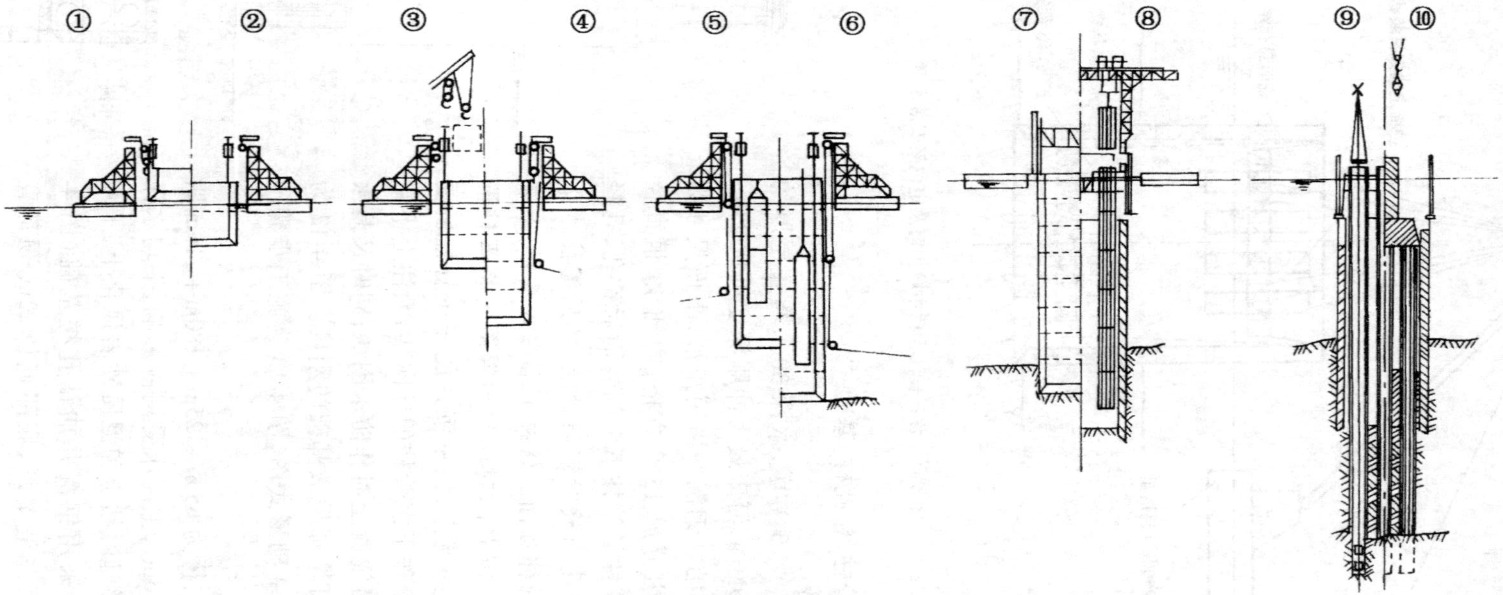

图 4-13 施工步骤示意图

①吊起第一节沉井，移走拼装船；②拼装第二节沉井，灌水下沉；③④拼第 3～5 节在沉井，灌水下沉；⑤拼装第 6 节沉井，井内吊装钢气筒；⑥沉井沉入河床；⑦吸泥下沉，拼装上层防水围堰；⑧下沉管柱至岩面；⑨管柱内钻岩、清孔、吊放钢筋骨架灌注水下混凝土；⑩灌注浇筑承台、墩身等

越河床 11m。沉井内布置 24 根 ϕ150 钻孔桩，平均桩长分别为 47m 和 22m，平均嵌入岩层深度为 3m 和 5m。本方案的特点是双壁钢壳沉井(壁厚 1.5m)既是基础施工围堰、挡水结构物，又是施工平台，建成后成为主墩的防撞岛。

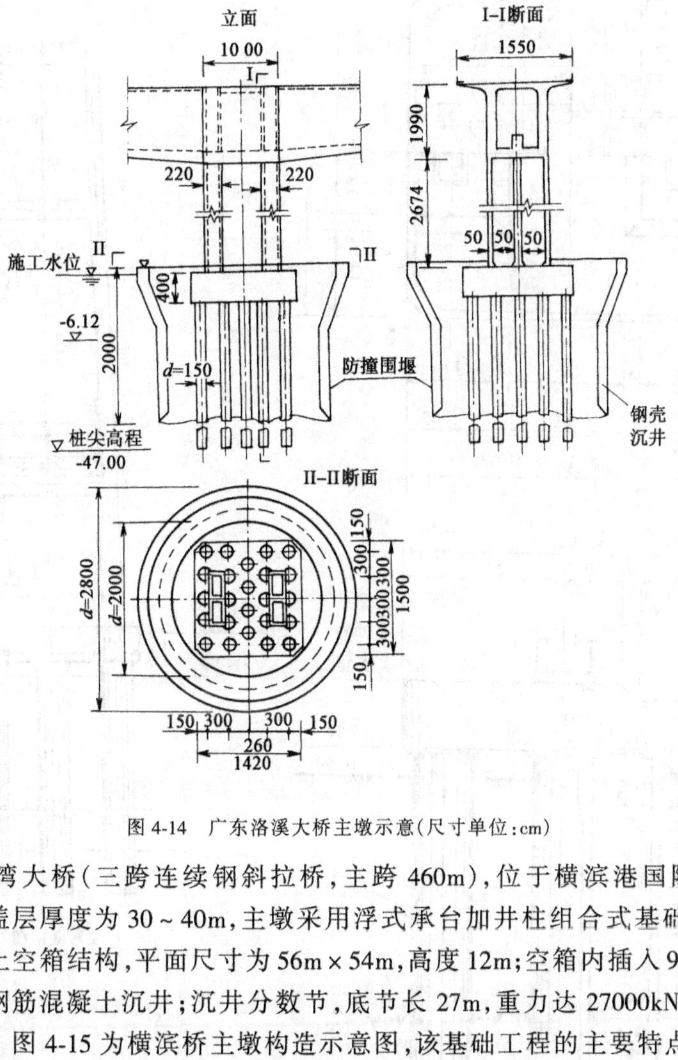

图 4-14　广东洛溪大桥主墩示意(尺寸单位:cm)

日本横滨港湾大桥(三跨连续钢斜拉桥，主跨 460m)，位于横滨港国际航道上，水深约 12～14m，海底覆盖层厚度为 30～40m，主墩采用浮式承台加井柱组合式基础。浮式承台为预制的预应力混凝土空箱结构，平面尺寸为 56m×54m，高度 12m；空箱内插入 9 根直径为 10m、长度达 47～75m 的钢筋混凝土沉井；沉井分数节，底节长 27m，重力达 27000kN，用 30000kN 浮吊吊运就位与安装。图 4-15 为横滨桥主墩构造示意图，该基础工程的主要特点是：其一，大型构件预制化，多功能预应力混凝土浮式承台与巨型沉井都是在岸边干船坞与专设预制厂制作，不仅施工质量有保障，而且可以加快施工进度，减少海上作业难度；其二，采用专门研制成功的大型摇臂式水中挖掘机，开挖水下深层泥岩，挖掘机工作面直径可扩大到 11m，保证井柱的嵌岩深度至 14m 左右；其三，施工中作业面较小，完全能保证国际航道的通行安全。该桥的顺利建成为海湾地区的桥梁工程快速建设提供了范例。

随着世界经济的发展，交通建设事业日新月异，桥梁工程正向大跨、轻型、高强、整体方向推进，深水桥梁基础也相应涌现出不少新形式，诸如锁口钢管桩基础(图 4-16)、深水设置基础等。锁口钢管桩基础多用大直径钢管桩(ϕ1.0～ϕ1.3m，壁厚 10～15mm，两侧焊上钢锁口)打入土中，形成圆形或椭圆形的井筒基础。其优点是既具有桩基础那样能适应基岩高低不平的灵活性，又具有像沉井那样的整体刚度，且设备简单、施工快速、水上作业面小、有利通航等。国内在修建宁波大桥主塔墩基础时，首次采用锁口钢管桩作防水围堰。

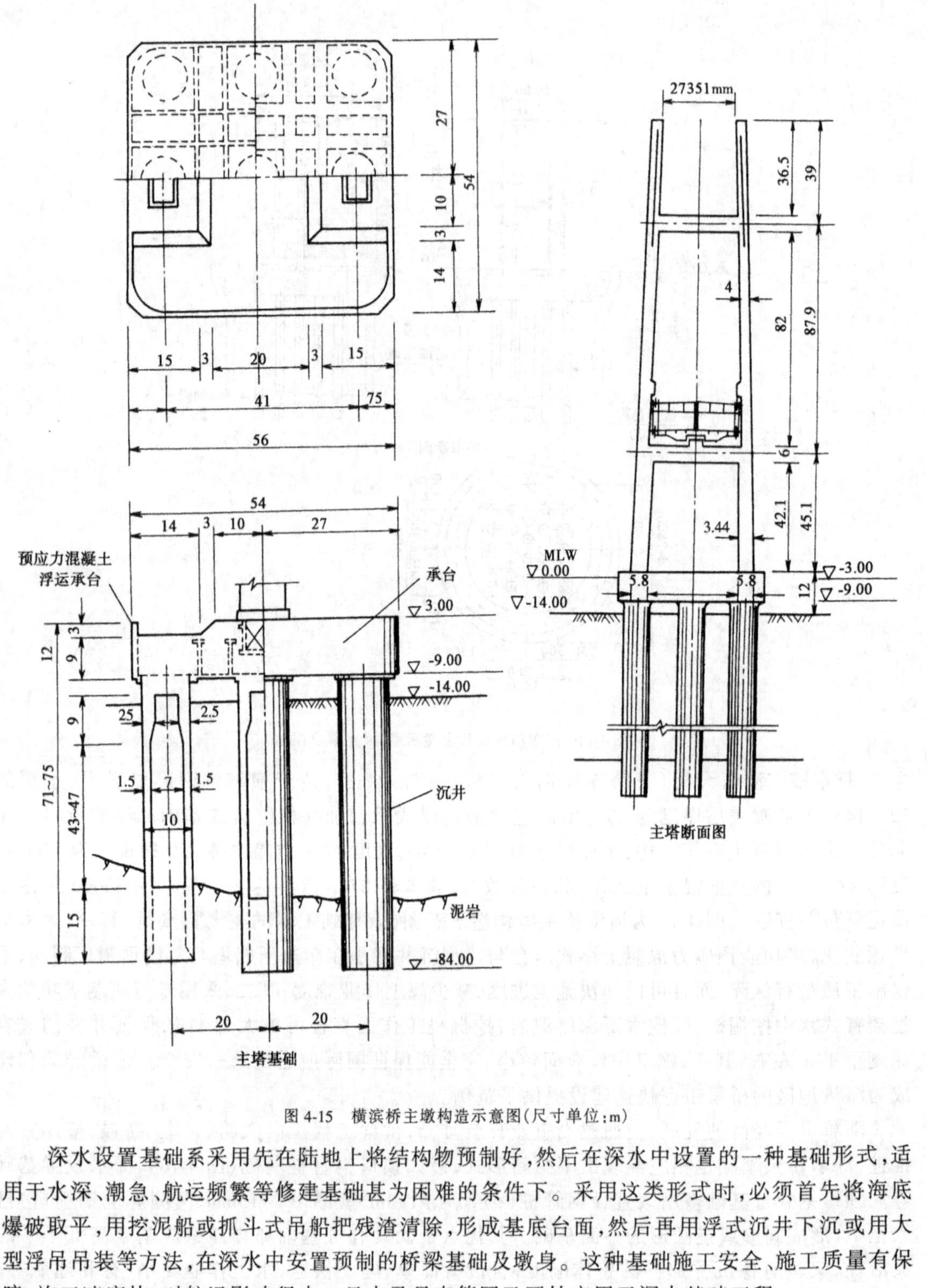

图 4-15　横滨桥主墩构造示意图(尺寸单位:m)

深水设置基础系采用先在陆地上将结构物预制好,然后在深水中设置的一种基础形式,适用于水深、潮急、航运频繁等修建基础甚为困难的条件下。采用这类形式时,必须首先将海底爆破取平,用挖泥船或抓斗式吊船把残渣清除,形成基底台面,然后再用浮式沉井下沉或用大型浮吊吊装等方法,在深水中安置预制的桥梁基础及墩身。这种基础施工安全、施工质量有保障、施工速度快,对航运影响很小。日本及丹麦等国已开始应用于深水基础工程。

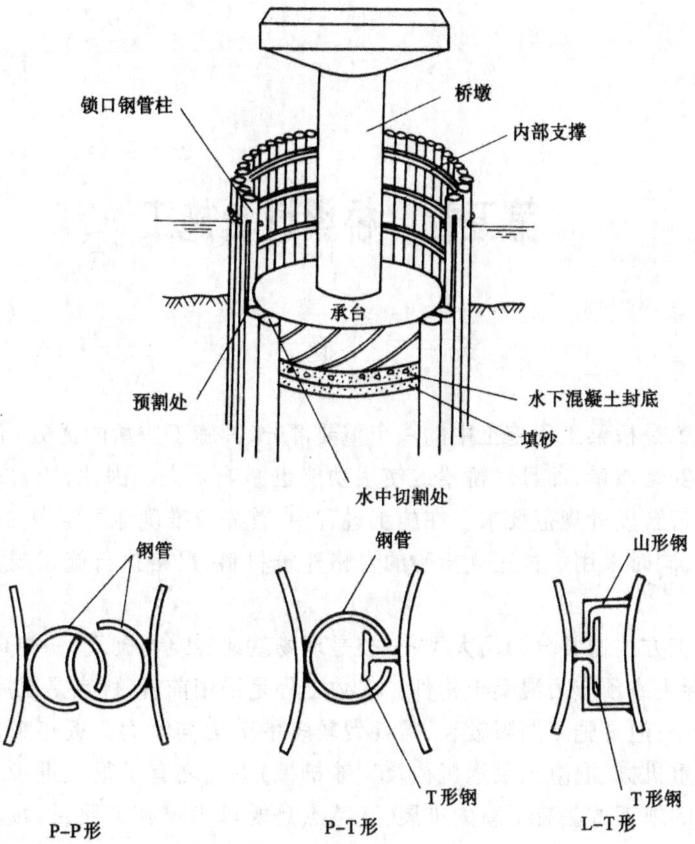

图 4-16　锁口钢管桩基础示意及锁口的不同形式

思考题

1.桥梁常用的基础形式有哪些?
2.桥梁基础施工的主要方法有哪些?
3.桥梁基础施工前的准备工作有哪些?
4.桥梁水中地基基坑开挖时,使用的围堰及基本要求有哪些?
5.桥梁特殊地基应采用的特殊处理方法是什么?
6.桥梁加石混凝土和片石混凝土基础施工方法是什么?
7.桥梁钻孔灌注桩基础施工前的准备工作具体有哪些?
8.桥梁钻孔灌柱桩正循环钻孔方法是什么?
9.桥梁钻孔灌注桩反循环钻孔方法是什么?
10.桥梁钻孔灌注桩钻孔事故通常有哪些?如何采取补救措施?
11.桥梁钻孔灌注桩水下混凝土的灌注有哪些要求?
12.桥梁钻孔桩水下混凝土的质量一般应符合哪些要求?
13.桥梁常用的组合基础形式有哪些?

第五章　桥梁墩台施工

第一节　概　　述

桥梁墩台施工是桥梁工程施工中的一个重要部分，其施工质量的优劣，不仅关系到桥梁上部结构的制作与安装质量，而且对桥梁的使用功能也影响重大。因此，墩台的位置、尺寸和材料强度等都必须符合设计规范要求。在施工过程中，首先应准确地测定墩台位置，正确地进行模板制作与安装，同时采用经过正规检验的合格建筑材料，严格执行施工规范的规定，以确保施工质量。

桥梁墩台施工方法通常分为两大类：一类是现场就地浇筑与砌筑；一类是拼装预制的混凝土砌块、钢筋混凝土或预应力混凝土构件。多数工程是采用前者，优点是工序简便，机具较少，技术操作难度较小；但是施工期限较长，需耗费较多的劳力与物力。近年来，交通建设迅速发展，施工机械（起重机械、混凝土泵送机械及运输机械）也随之有了很大进步，采用预制装配构件建造桥梁墩台的施工方法有了新的进展，其特点是既可确保施工质量、减轻工人劳动强度，又可加快工程进度、提高工程效益，对施工场地狭窄，尤其对缺少砂石地区或干旱缺水地区等建造墩台更有着重要的意义。

第二节　混凝土墩台与石砌墩台施工

一、混凝土墩台的施工

就地浇筑的混凝土墩台施工有两个主要工序，一是制作与安装墩台模板；二是混凝土浇筑。

（一）墩台模板

1.模板设计原则

根据《公路桥涵施工技术规范》（JTJ 041—2000）的规定，模板的设计原则如下。

（1）宜优先使用胶合板和钢模板。

（2）在计算荷载作用下，对模板结构按受力程序分别验算其强度、刚度及稳定性。

（3）模板板面之间应平整，接缝严密，不漏浆，保证结构物外露面美观，线条流畅，可设倒角。

（4）结构简单，制作、拆装方便。

模板可采用一般用钢材、胶合板、塑料和其他符合设计要求的材料制成。浇筑混凝土之前，木板应涂刷脱模剂，外露面混凝土模板的脱模剂应采用同一种品种，不得使用废机油等油料，且不得污染钢筋及混凝土的施工缝处。重复使用的模板应经常检查、维修。

2.常见模板类型

(1)拼装式模板

系用各种尺寸的标准模板利用销钉连接,并与拉杆、加劲构件等组成墩台所需形状的模板。如图5-1所示,将墩台表面划分为若干小块,尽量使每部分板扇尺寸相同,以便于周转使用。板扇高度通常与墩台分节灌注高度相同,一般可为3~6m,宽度可为1~2m,具体视墩台尺寸和起吊条件而定。拼装式模板由于在厂内加工制造,因此板面平整、尺寸准确、体积小、质量轻,拆装容易、快速,运输方便,故应用广泛。

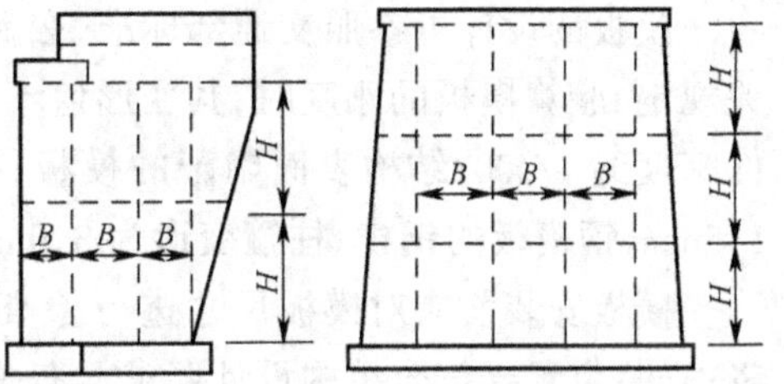

图5-1 墩台模板划分示意图

(2)整体吊装模板

系将墩台模板水平分成若干段,每段模板组成一个整体,在地面拼装后吊装就位(图5-2)。分段高度可视起吊能力而定,一般可为2~4m。整体吊装模板的优点是:安装时间短,无需设施工接缝,加快施工进度,提高了施工质量;将拼装模板的高空作业改为平地操作,有利于施工安全;模板刚性较强,可少设拉筋或不设拉筋,节约钢材;可利用模外框架作简易脚手架,不需另搭施工脚手架;结构简单,装拆方便,对建造较高的桥墩较为经济。

(3)组合型钢模板

系以各种长度、宽度及转角标准构件,用定型的连接件将钢模拼成结构用模板,具有体积小、质量轻、运输方便、装拆简单、接缝紧密等优点,适用于在地面拼装,整体吊装的结构上。

(4)滑动钢模板

适用于各种类型的桥墩(详见后节)。各种模板在工程上的应用,可根据墩台高度、墩台形式、机具设备、施工期限等条件,因地制宜,合理选用。

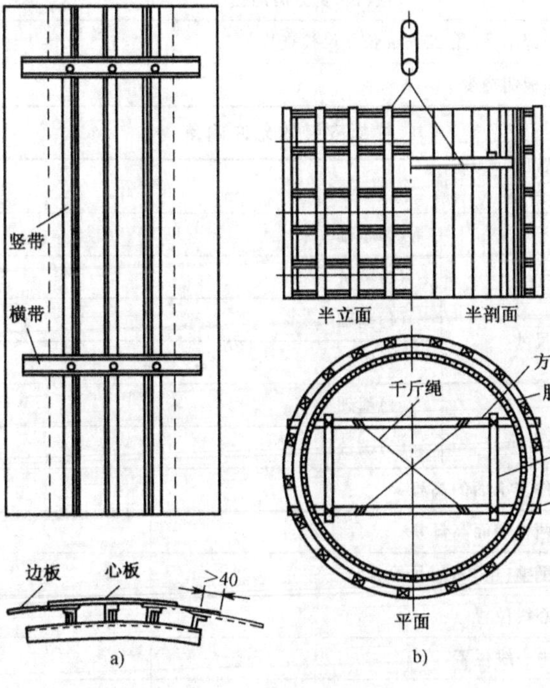

图5-2 圆形桥墩整体模板

模板的设计可参照交通部标准《公路桥涵钢结构及木结构设计规范》(JTJ 025—85)的有关规定,验算模板的刚度时,其变形值不得超过下列数值:结构表面外露的模板,挠度为模板构件跨度的1/400;结构表面隐蔽的模板,挠度为模板构件跨度的1/250;钢模板的面板变形为1.5mm,钢模板的钢棱、柱箍变形为3.0mm。

模板安装前应对模板尺寸进行检查;安装时要坚实牢固,以免振捣混凝土时引起跑模漏浆;安装位置要符合结构设计要求。有关模板制作与安装的允许偏差见表5-1和表5-2。

模板制作的允许偏差 表5-1

项次	项目		允许偏差(mm)
木模板	(1)模板的长度和宽度		±5.0
	(2)不刨光模板相邻两板表面高低差		3.0
	(3)刨光模板相邻两板表面高低差		1.0
	(4)平板模板表面最大的局部不平(用2m直尺检查)	刨光模板	3.0
		不刨光模板	5.0
	(5)拼合板中木板间的缝隙宽度		2.0
	(6)榫槽嵌接紧密度		2.0
钢模板	(1)外形尺寸	长和宽	0, -1
		肋高	±5
	(2)面板端偏斜		≤0.5
	(3)连接配件(螺栓、卡子等)的孔眼位置	孔中心与板面的间距	±0.3
		板端孔中心与板端的间距	0, -0.5
		沿板长、宽方向的孔	±0.6
	(4)板眼局部不平(用300mm长平尺检查)		1.0
	(5)板面和板侧挠度		±1.0

模板安装的允许偏差 表5-2

项次	项目		允许偏差(mm)
一	模板高程	(1)基础	±15
		(2)墩台	±10
二	模板内部尺寸	(1)基础	±30
		(2)墩台	±20
三	轴线偏位	(1)基础	±15
		(2)墩台	±10
四	装配式构件支承面的高程		+2, -5
五	模板相邻两板表面高低差		2
	模板表面平整(用2m直尺检查)		5
六	预埋件中心线位置		3
	预留孔洞中心线位置		10
	预留孔洞截面内部尺寸		+10, -0

(二)混凝土浇筑施工要点

墩台身混凝土施工前,应将基础顶面冲洗干净,凿除表面浮浆,整修连接钢筋。灌注混凝土时,应经常检查模板、钢筋及预埋件的位置和保护层的尺寸,确保位置正确,不发生变形。混凝土施工中,应切实保证混凝土的配合比、水灰比和坍落度等技术性能指标满足规范要求。

1.混凝土的运送

墩台混凝土的水平与垂直运输相互配合方式与适用条件可参照表 5-3 选用。如混凝土数量大,浇筑捣固速度快时,可采用混凝土皮带运输机或混凝土输送泵。运输带速度应不大于 1.0~1.2m/s,其最大倾斜角:当混凝土坍落度小于 40mm 时,向上传送为 18°,向下传送为 12°;当坍落度为 40~80mm 时,则分别为 15°与 10°。

混凝土的运输方式及适用条件 表 5-3

<table>
<tr><th>水平运输</th><th>垂直运输</th><th colspan="2">适用条件</th><th>附注</th></tr>
<tr><td rowspan="8">人力混凝土手推车、内燃翻斗车、轻便轨人力推运翻斗车,或混凝土吊车</td><td>手推车</td><td rowspan="8">中小桥梁水平运距较近</td><td>墩高 $H<10$m</td><td>搭设脚手平台,铺设坡道,用卷扬机拖拉手推车上平台</td></tr>
<tr><td>轨道爬坡翻斗车</td><td>$H<10$m</td><td>搭设脚手平台,铺设坡道,用卷扬机拖拉手推车上平台</td></tr>
<tr><td>皮带输送机</td><td>$H<10$m</td><td>倾角不宜超过 15°,速度不超过 1.2m/s。高度不足时,可用两台串联使用</td></tr>
<tr><td>履带(或轮胎)起重机起吊高度≈20m</td><td>$10<H<20$m</td><td>用吊斗输送混凝土</td></tr>
<tr><td>木制或钢制扒杆</td><td>$10<H<20$m</td><td>用吊斗输送混凝土</td></tr>
<tr><td>墩外井架提升</td><td>$H>20$m</td><td>在井架上安装扒杆提升吊斗</td></tr>
<tr><td>墩内井架提升</td><td>$H>20$m</td><td>适用于空心桥墩</td></tr>
<tr><td>无井架提升</td><td>$H>20$m</td><td>适用于滑动模板</td></tr>
<tr><td rowspan="5">轨道牵引车输送混凝土、翻斗车或混凝土吊斗汽车倾卸车、汽车运送混凝土吊斗、内燃翻斗车</td><td>履带(或轮胎)起重机起吊高度≈30m</td><td rowspan="5">大中桥,水平运距较远</td><td>$20<H<30$m</td><td>用吊斗输送混凝土</td></tr>
<tr><td>塔式吊机</td><td>$20<H<50$m</td><td>用吊斗输送混凝土</td></tr>
<tr><td>墩外井架提升</td><td>$H<50$m</td><td>井架可用万能杆件组装</td></tr>
<tr><td>墩内井架提升</td><td>$H>50$m</td><td>适用于空心桥墩</td></tr>
<tr><td>无井架提升</td><td>$H>50$m</td><td>适用于滑动模板</td></tr>
<tr><td colspan="2">索道吊机</td><td colspan="2">$H>50$m</td><td></td></tr>
<tr><td colspan="2">混凝土输送泵</td><td colspan="2">$H<50$m</td><td>可用于大体积实心墩台</td></tr>
</table>

2.混凝土的灌注速度

为保证灌注质量,混凝土的配制、输送及灌注的速度不得小于:

$$V \geqslant Sh/t \tag{5-1}$$

式中:V——混凝土配料、输送及灌注的容许最小速度(m^3/h);

S——灌注的面积(m^2);

h——灌注层的厚度(m);

t——所用水泥的初凝时间(h)。

如混凝土的配制、输送及灌注需时较长,则应采用下式计算:

$$V \geqslant Sh/(t - t_0) \tag{5-2}$$

式中：t_0——混凝土配制、输送及灌筑所消费的时间(h)。

混凝土灌筑层的厚度 h，可根据使用捣固方法按规定数值采用。

墩台是大体积圬工，为避免水化热过高，导致混凝土因内外温差引起裂缝，可采取如下措施：

(1)用改善集料级配、降低水灰比、掺加混合材料与外加剂、掺入片石等方法减少水泥用量；(2)采用 C_3A、C_3S 含量小、水化热低的水泥，如大坝水泥、矿渣水泥、粉煤灰水泥、低强度水泥等；(3)减小浇筑层厚度，加快混凝土散热速度；(4)混凝土用料应避免日光曝晒，以降低初始温度；(5)在混凝土内埋设冷却管通水冷却。

当浇筑的平面面积过大，不能在前层混凝土初凝或能重塑前浇筑完成次层混凝土时，为保证结构的整体性，宜分块浇筑。分块时应注意：各分块面积不得小于 $50m^2$；每块高度不宜超过2m；块与块间的竖向接缝面应与墩台身或基础平截面短边平行，与平截面长边垂直；上下邻层间的竖向接缝应错开位置做成企口，并应按施工接缝处理。混凝土中填放片石时应符合有关规定，参见第四章第二节基础施工部分。

3.混凝土浇筑

为防止墩台基础第一层混凝土中的水分被基底吸收或基底水分渗入混凝土，对墩台基底处理除应符合天然地基的有关规定外，尚应满足以下要求：

(1)基底为非粘性土或干土时，应将其湿润；

(2)如为过湿土时，应在基底设计高程下夯填一层10~15cm厚片石或碎(卵)石层；

(3)基底面为岩石时，应加以润湿，铺一层厚2~3cm水泥砂浆，然后于水泥砂浆凝结前浇筑第一层混凝土。

墩台身钢筋的绑扎应和混凝土的灌注配合进行。在配置第一层垂直钢筋时，应有不同的长度，同一断面的钢筋接头应符合施工规范的规定，水平钢筋的接头，也应内外、上下互相错开。钢筋保护层的净厚度，应符合设计要求。如无设计要求时，则可取墩台身受力钢筋的净保护层不小于30mm，承台基础受力钢筋的净保护层不小于35mm。墩台身混凝土宜一次连续灌注，否则应按桥涵施工规范的要求，处理好连接缝。墩台身混凝土未达到终凝前，不得泡水。混凝土墩台的位置及外形尺寸允许偏差见表5-4。

混凝土、钢筋混凝土基础及墩台允许偏差(mm)　　表5-4

项次	项目		基础	承台	墩台身	柱式墩台	墩台帽
1	端面尺寸		±50	±30	±20		±20
2	垂直或斜坡				$0.2\%H$	$0.3\%H \leqslant 20$	
3	底面高程		±50				
4	顶面高程		±30	±20	±10	±10	
5	轴线偏位		25	15	10	10	10
6	预埋件位置				10		
7	相邻间距					±15	
8	平整度						
9	跨径	$L_0 \leqslant 60m$			±20		
		$L_0 > 60m$			$\pm L_0 > 3000$		
10	支座处顶面高程	简支梁					±10
		连续梁					±5
		双支座梁					±2

注：表中 H 为结构高度；L_0 为标准跨径。

二、石砌墩台施工

石砌墩台具有就地取材和经久耐用等优点，在石料丰富地区建造墩台时，在施工期限许可的条件下，为节约水泥，应优先考虑石砌墩台方案。

(一)石料、砂浆与脚手架

石砌墩台是用片石、块石及粗料石以水泥砂浆砌筑的，石料与砂浆的规格要符合有关规定。浆砌片石一般适用于高度小于6m的墩台身、基础、镶面以及各式墩台身填腹；浆砌粗料石则用于磨耗及冲击严重的分水体及破冰体的镶面工程以及有整齐美观要求的桥墩、台身等。

将石料吊运并安砌到正确位置是砌石工程中比较困难的工序。当质量小或距地面不高时，可用简单的马凳跳板直接运送；当质量较大或距地面较高时，可采用固定式动臂吊机或桅杆式吊机或井式吊机，将材料运到墩台上，然后再分运到安砌地点。用于砌石的脚手架应环绕墩台搭设，用以堆放材料，并支持施工人员砌筑镶面定位行列及勾缝。脚手架一般常用固定式轻型脚手架（适用于6m以下的墩台）、简易活动脚手架（能用在25m以下的墩台）以及悬吊式脚手架（用于较高的墩台）。

(二)墩台砌筑施工要点

在砌筑前应按设计图放出实样，挂线砌筑。砌筑基础的第一层砌块时，如基底为土质，只在已砌石块的侧面铺上砂浆即可，不需坐浆；如基底为石质，应将其表面清洗、润湿后，先坐浆再砌石。砌筑斜面墩台时，斜面应逐层放坡，以保证规定的坡度。砌块间用砂浆粘结并保持一定的缝厚，所有砌缝要求砂浆饱满。形状比较复杂的工程，应先作出配料设计图（图5-3），注明块石尺寸；形状比较简单的，也要根据砌体高度、尺寸、错缝等，先行放样配好料石再砌。

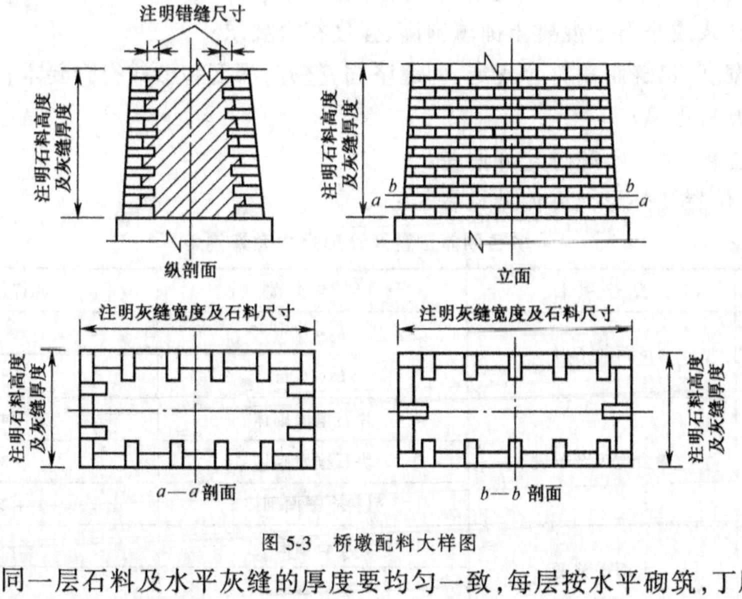

图5-3 桥墩配料大样图

砌筑方法：同一层石料及水平灰缝的厚度要均匀一致，每层按水平砌筑，丁顺相间，砌石灰缝互相垂直，灰缝宽度和错缝按表5-5规定办理。砌石顺序为先角石，再镶面，后填腹。填腹石的分层厚度应与镶面相同；圆端、尖端及转角形砌体的砌石顺序，应自顶点开始，按丁顺排列接砌镶面石。砌筑图见图5-4，圆端形桥墩的圆端顶点不得有垂直灰缝，砌石应从顶端开始先砌石块①[图5-4a)]然后应丁顺相间排列，安砌四周镶面石；尖端桥墩的尖端及转角处不得有垂直灰缝，砌石应从两端开始，先砌石块①[如图5-4b)]，再砌侧面转角②，然后丁顺相间排列，安砌四周的镶面石。

浆砌镶面石灰缝规定　表 5-5

种类	灰缝宽度(cm)	错缝(层间或行列间)(cm)	三块石料相接处空隙(cm)	砌筑行列高度(cm)
粗料石	1.5~2	≥10	1.5~2	每层石料厚度一致
半细料石	1~1.5	≥10	1~1.5	每层石料厚度一致
细料石	0.8~1	≥10	0.8~1	每层石料厚度一致

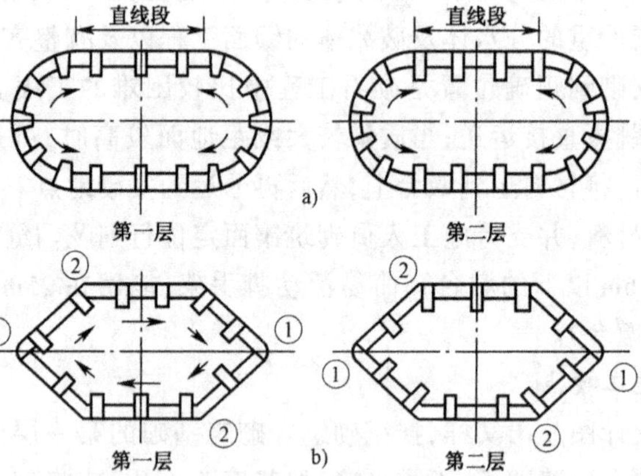

图 5-4　桥墩的砌筑

a)圆端形桥墩的砌筑;b)尖端形桥墩的砌筑

砌体质量应符合以下规定：

(1)砌体所有各项材料类别、规格及质量符合要求；

(2)砌缝砂浆或小石子混凝土铺填饱满、强度符合要求；

(3)砌缝宽度、错缝距离符合规定,勾缝坚固、整齐,深度和形式符合要求；

(4)砌筑方法正确；

(5)砌体位置、尺寸不超过允许偏差。

墩台砌体位置及外形允许偏差见表 5-6。

墩台砌体位置及外形尺寸允许偏差　表 5-6

项　次	检 查 项 目	砌 体 类 别	允许偏差(mm)
1	跨径 L_0	$L_0 \leqslant 60$m	±20
		$L_0 > 60$m	$\pm L_0/3000$
2	墩台宽度及长度	片石镶面砌体	+40, -10
		块石镶面砌体	+30, -10
		粗料石镶面砌体	+20, -10
3	大面平整度(2m 直尺检查)	片石镶面	30
		块石镶面	20
		粗料石镶面	10
4	竖直度或坡度	片石镶面	0.5%H
		块石、粗料石镶面	0.3%H
5	墩台顶面高程		±10
6	轴线偏位		10

三、墩台顶帽施工

墩台顶帽是用来支承桥跨结构的,其位置、高程及垫石表面平整度等,均应符合设计要求,以避免桥跨结构安装困难,或使顶帽、垫石等出现破裂或裂缝,影响墩台的正常使用功能和耐久性。以下介绍墩台顶帽施工的主要工序。

1.墩、台帽放样

墩台混凝土(或砌石)灌筑至离墩、台帽底下约 30 ~ 50cm 高度时,即需测出墩台纵横中心线,并开始竖立墩、台帽模板,安装锚栓孔或安装顶埋支座垫板、绑扎钢筋等。台帽放样时,应注意不要以基础中心线作为台帽背墙线,浇筑前应反复核实,以确保墩、台帽中心、支座垫石等位置方向与水平高程等不出差错。

2.墩、台帽模板

墩台帽系支撑上部结构的重要部分,其尺寸位置和水平高程的准确度要求较严,浇筑混凝土应从墩台帽下约 30 ~ 50cm 处至墩台帽顶面一次浇筑,以保证墩、台帽底有足够厚度的紧密混凝土。图 5-5 为混凝土桥墩墩帽模板图,墩帽模板下面的一根拉杆可利用墩帽下层的分布钢筋,以节省铁件。台帽背墙模板应特别注意纵向支撑或拉条的刚度,防止浇筑混凝土时发生鼓肚,侵占梁端空隙。

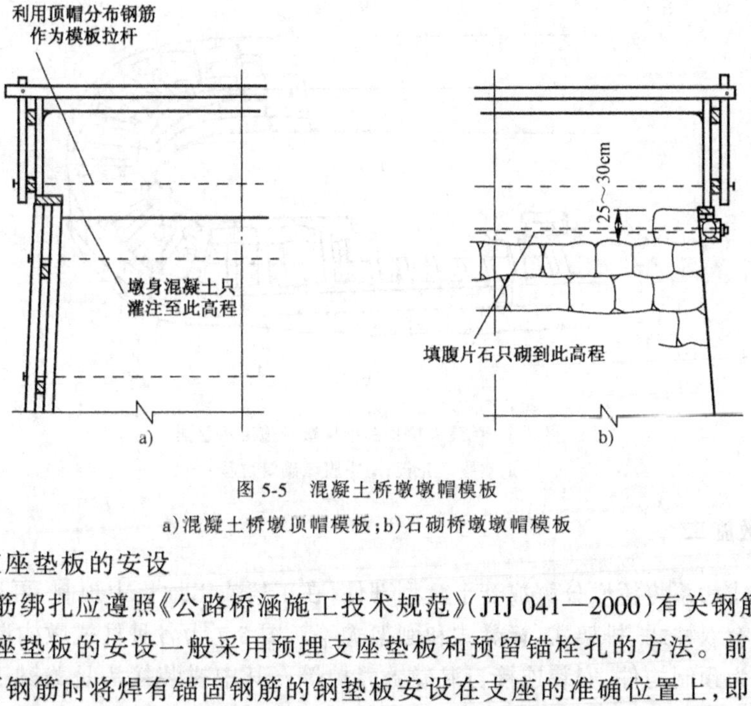

图 5-5　混凝土桥墩墩帽模板

a)混凝土桥墩顶帽模板;b)石砌桥墩墩帽模板

3.钢筋和支座垫板的安设

墩、台帽钢筋绑扎应遵照《公路桥涵施工技术规范》(JTJ 041—2000)有关钢筋工程的规定。墩、台帽上的支座垫板的安设一般采用预埋支座垫板和预留锚栓孔的方法。前者须在绑扎墩台帽和支座垫石钢筋时将焊有锚固钢筋的钢垫板安设在支座的准确位置上,即将锚固钢筋和墩、台帽骨架钢筋焊接固定,同时将钢垫板作一木架,固定在墩、台帽模板上。此法在施工时垫板位置不易准确,应经常与校正。后者须在安装墩台帽模板时,安装好预留孔模板,在绑扎钢筋时注意将锚栓孔位置留出。此法安装支座施工方便,支座垫板位置准确。

第三节　装配式墩台施工

装配式墩台适用于山谷架桥或跨越平缓无漂流物的河沟、河滩等的桥梁,特别是在工地干扰多、施工场地狭窄，缺水与砂石供应困难地区，其效果更为显著。装配式墩台的优点是：结构形式轻便，建桥速度快，圬工省，预制构件质量有保证等。目前经常采用的有砌块式、柱式和管节式或环圈式墩台等。

一、砌块式墩台施工

砌块式墩台的施工大体上与石砌墩台相同，只是预制砌块的形式因墩台形式不同有很多变化。例如1975年建成的兰溪大桥，主桥身系采用预制的素混凝土壳块分层砌筑而成。壳块按平面形状分为II型和I型两大类，再按其砌筑位置和具体尺寸又分为5种型号，每种块件等高，均为35cm，块件单元重力为0.9~1.2kN，每砌三层为一段落。该桥采用预制砌块建造桥墩，不仅节约混凝土约26%，节省木材50m^{3}和大量铁件，而且砌缝整齐，外形美观，更主要的是加快了施工速度，避免了洪水对施工的威胁。图5-6为预制块件与空腹墩施工示意。

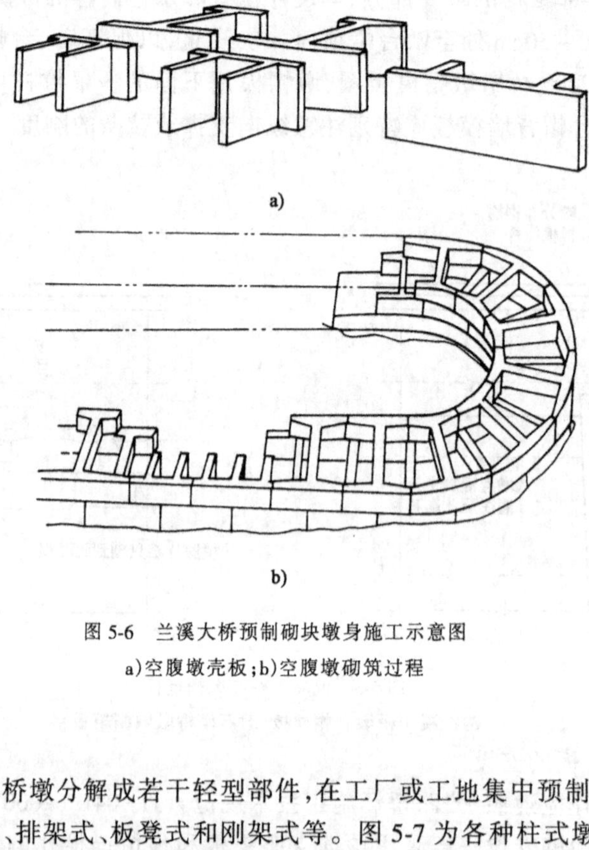

图5-6　兰溪大桥预制砌块墩身施工示意图

a)空腹墩壳板；b)空腹墩砌筑过程

二、柱式墩施工

装配式柱式墩系将桥墩分解成若干轻型部件，在工厂或工地集中预制，再运送到现场装配桥梁。其形式有双柱式、排架式、板凳式和刚架式等。图5-7为各种柱式墩构造示意。

施工工序为预制构件、安装连接与混凝土养护等。其中拼装接头是关键工序，既要牢固、安全，又要结构简单便于施工。常用的拼装接头有以下几种形式。

(1)承插式接头：将预制构件插入相应的预留孔内，插入长度一般为1.2~1.5倍的构件宽度，底部铺设2cm砂浆，四周以半干硬性混凝土填充，常用于立柱与基础的接头连接。

(2)钢筋锚固接头：构件上预留钢筋或型钢，插入另一构件的预留槽内，或将钢筋互相焊接，再灌注半干硬性混凝土，多用于立柱与顶帽处的连接。

(3)焊接接头：将预埋在构件中的铁件与另一构件的预埋铁件用电焊连接，外部再用混凝土封闭。这种接头易于调整误差，多用于水平连接杆与立柱的连接。

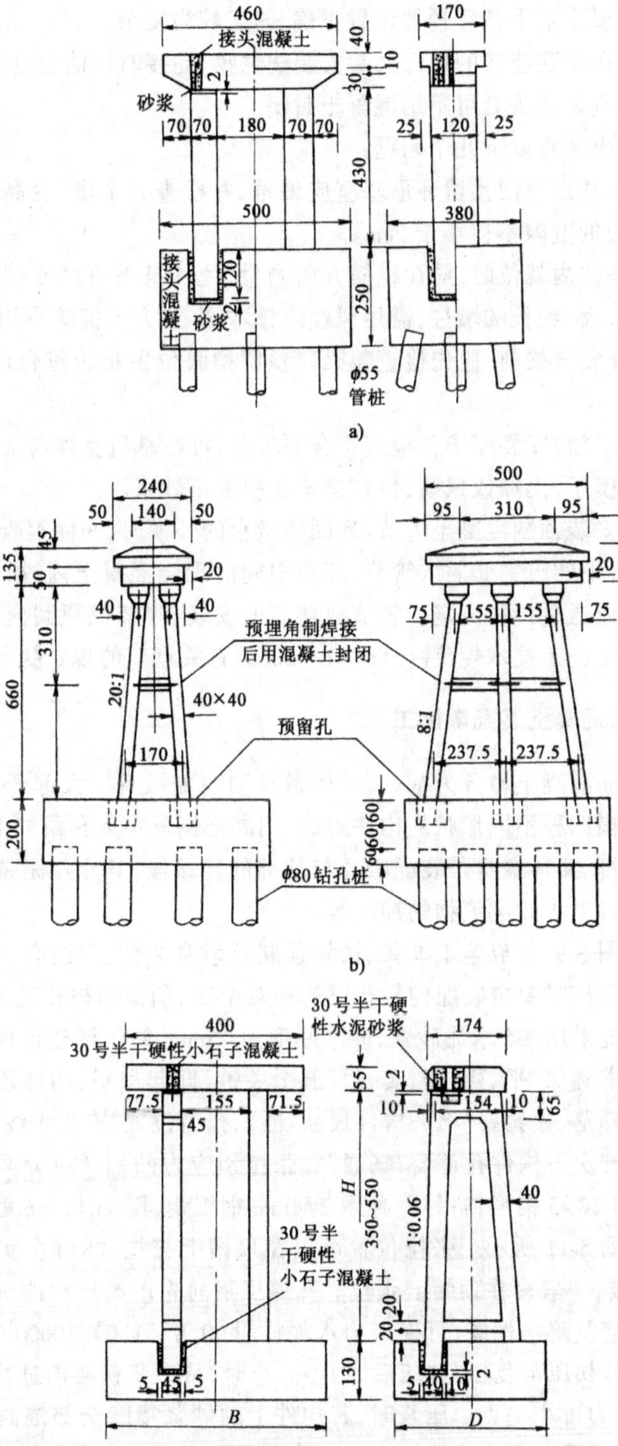

图 5-7　装配柱式墩示意(尺寸单位:cm)

a)双柱式拼装墩;b)排架式拼装墩;c)刚架式拼装墩

(4)扣环式接头:相互连接的构件按预定位置预埋环式钢筋,安装时柱脚先座落在承台的柱芯上,上下环式钢筋互相错接,扣环间插入U形短钢筋焊牢,四周再绑扎钢筋一圈,立模浇注外围接头混凝土。要求上下扣环预埋位置正确,施工较为复杂。

(5)法兰盘接头:在相互连接的构件两端安装法兰盘,连接时用法兰盘连接,要求法兰盘预埋位置必须与构件垂直。接头处可不用混凝土封闭。

装配式柱式墩台应注意以下几个问题:

(1)墩台柱构件与基础顶面预留环形基座应编号,并检查各个墩、台高度是否符合设计要求;基杯口四周与柱边的空隙不得小于2cm。

(2)墩台柱吊入基坑内就位时,应在纵横方向测量,使柱身垂直度或倾斜度以及平面位置均符合设计要求;对重大、细长的墩柱,需用风缆或撑木固定,方可摘除吊钩。

(3)在墩台柱顶安装盖梁前,应先检查盖梁口预留槽眼位置是否符合设计要求,否则应先修凿。

(4)柱身与盖梁(顶帽)安装完毕并检查符合要求后,可在基坑空隙与盖梁槽眼处灌注稀砂浆,待其硬化后,撤除楔子,支撑或风缆,再在楔子孔中灌填砂浆。

在基础或承台上安装预制混凝土管节、环圈作墩台的外模时,为使混凝土基础与墩台联结牢固,应由基础或承台中伸出钢筋插入管节、环圈中间的现浇混凝土内,插入钢筋的数量和锚固长度应按设计规定或通过计算决定。管节或环圈的安装、管节或环圈内的钢筋绑扎和混凝土浇筑,应按《公路桥涵施工技术规范》(JTJ 041—2000)有关章节的规定执行。

三、后张法预应力混凝土装配墩施工

装配式预应力钢筋混凝土墩分为基础、实体墩身和装配墩身三大部分。装配墩身由基本构件、隔板、顶板及顶帽四种不同形状的构件组成,用高强钢丝穿入预留的上下贯通的孔道内,张拉锚固而成(图5-8)。实体墩身是装配墩身与基础的连接段,其作用是锚固预应力钢筋,调节装配墩身高度及抵御洪水时漂流物的冲击等。

施工工艺流程见图5-9,分成施工准备、构件预制及墩身装配三方面。全过程贯穿着质量检查工作。实体墩身灌注时要按装配构件孔道的相对位置,预留张拉孔道及工作孔(图5-10)。构件装配的水平拼装缝采用M5水泥砂浆,砂浆厚度为15mm,便于调整构件水平高程,不使误差积累。安装构件要求确保"平、稳、准、实、通"五个关键,即起吊平、构件顶面平、内外壁砂浆接缝要"抹平";起吊、降落、松钩要"稳";构件尺寸"准"、孔道位置"准"、中线"准"及预埋配件位置"准";接缝砂浆要"密实";构件孔道要"畅通"。张拉预应力的钢丝束分两种,一种是直径为5mm的高强度钢丝,用18ϕ5锥形锚;另一种用7ϕ4mm钢绞线,用JM12—6型锚具,采用一次张拉工艺。张拉顺序如图5-11所示。张拉位置可以在顶帽上张拉,亦可在实体墩下张拉,两者的利弊见表5-7的比较,一般多在顶帽上张拉。孔道压浆前先用高压水冲洗。采用纯水泥浆,为了减少水泥浆的收缩及泌水性能,可掺入为水泥质量(0.8~1.0)/10000的铝粉。压浆最好由下而上压注。压浆分初压与复压,初压后,约停一小时,待砂浆初凝即进行复压,复压压力可为0.8~1.0Pa,初压压力可小一点。压浆时,若构件上的砂浆接缝全部湿润,说明接缝砂浆空隙中压入了水泥浆,起到了密实接缝的作用。实体墩身的封锚采用与墩身同强度等级的混凝土,同时要采用防水措施。顶帽上的封锚采用钢筋网罩焊在垫板上,单个或多个连在一起,然后用混凝土封锚。

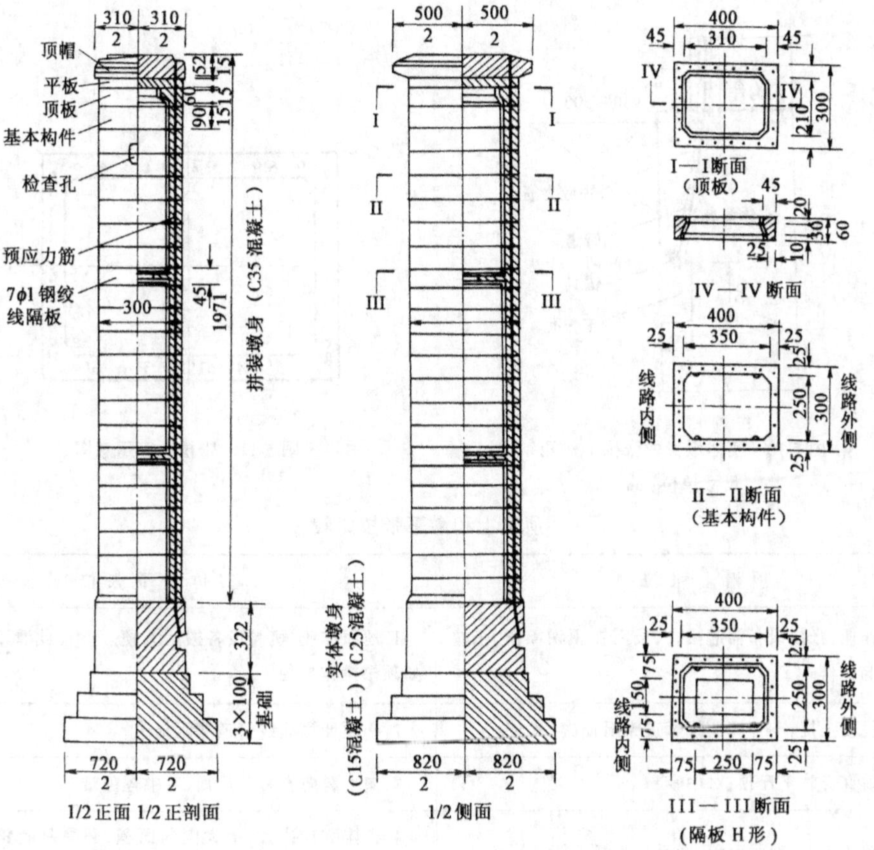

图 5-8　装配式预应力混凝土墩构造图(尺寸单位:cm)

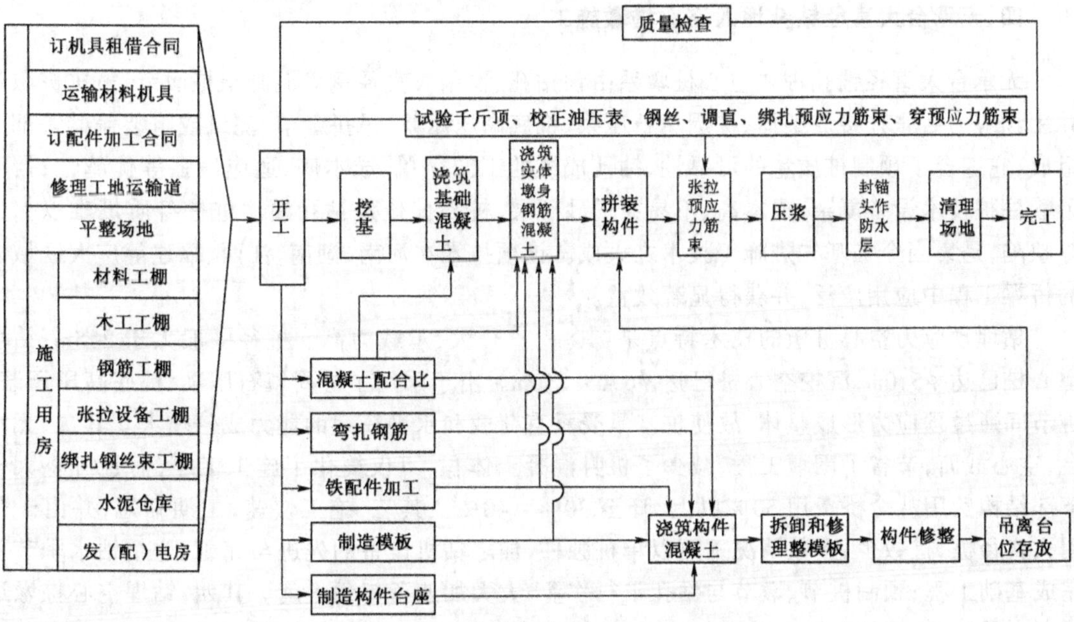

图 5-9　装配式预应力混凝土墩工艺流程图

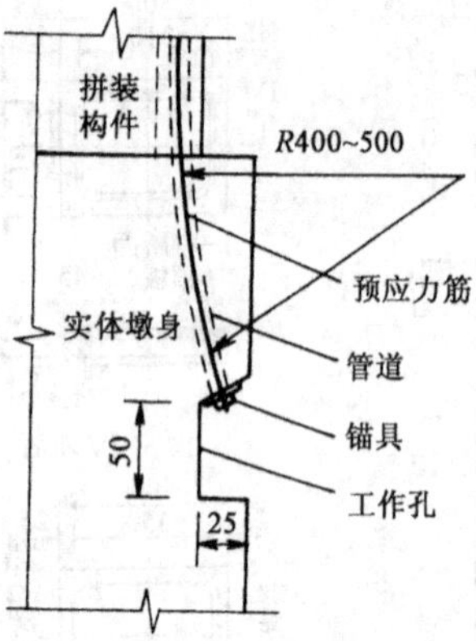

图 5-10　实体墩身的张拉工作孔
(尺寸单位:cm)

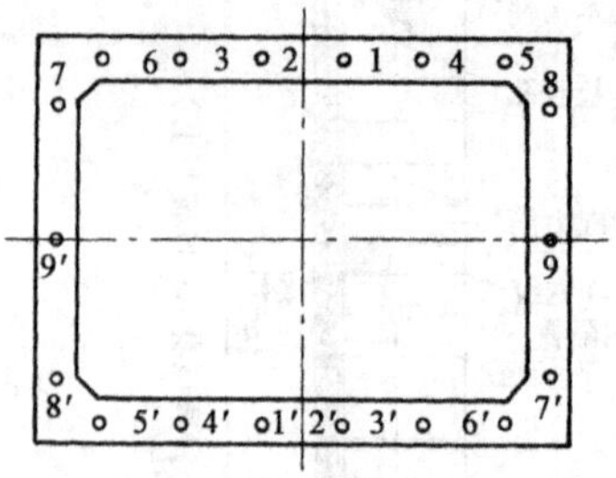

图 5-11　张拉顺序示意图

顶帽上和墩下张拉比较　　表 5-7

顶 帽 上 张 拉	实 体 墩 下 张 拉
1.高空作业,张拉设备需起吊,人员需在顶帽操作,张拉便于指挥与操作	1.地面作业,机具设备搬运方便。但彼此看不见指挥,不如顶帽操作方便
2.在直线段张拉,不计算曲线管道摩阻损失	2.必须计算曲线管道摩阻损失
3.向下垂直安放千斤顶,对中容易	3.向上斜向安装千斤顶、对中较困难
4.实体墩开孔小,削弱面积小,无需割断钢筋	4.实体墩开孔大,增大削弱面积,必须割断钢筋,增加封锚工作量

四、无承台大直径钻孔埋入空心桩墩施工

无承台大直径钻孔埋入空心桩墩系由预钻孔、预制大直径钢筋混凝土桩墩节、吊拼桩墩节并用预应力后张连接成整体、桩周填石压浆、桩底高压压浆、吊拼墩节、浇筑或组装盖梁等部分组成,它综合了预制桩质量的可靠性、钻孔成桩的工艺简单、成本底、适应性强等优越性;摒弃了管柱桩技术设备复杂、成本高、不易穿透砂砾层、桩易偏位及钻孔灌注桩桩身质量难以保证等缺陷,是集当今桩基先进施工技术之大成。该项技术在河南、湖南、江西、福建等广大区域内的桥梁工程中应用广泛,并获得显著效益。

钻埋预应力空心桩墩的技术特点是:其一,直径大,承载力高。桩径一般大于 2.5m,钻埋空心桩已达 ϕ5.0m,沉挖空心桩已达 ϕ6.0~8.0m。由于采用了桩周填石压浆、桩底高压压浆、桩节间通过预应力形成整体,故使桩基承受垂直荷载和水平荷载的能力成倍增大。其二,无承台,空心截面,节省了围堰工程,减少了桩身混凝土体积,不仅简化了施工工序,而且可将大桥下部结构费用从全桥费用 50% 以上,降至 30% ~ 40%。其三,施工快速,工期缩短,并由于采用大直径桩,桩数少,多数情况下可以单桩独柱,加之钻机设备的先进与完善,一个枯水季节可完成基础工程;预制桩节、墩节与钻孔平行作业,大大加速了工程进度。其四,钻埋空心桩墩适用于土质地基,沉挖空心桩适用于松散的砂、砾、漂石和风化岩层,且环保效果好,施工少振动、低噪声,城镇区施工对居民干扰少。其五,桩节、墩节预制,桩周、桩底压浆,节间用高强预应力筋连成整体,各项作业技术含量高,桩墩质量完全能得到保障。

图 5-12 为钻埋空心桩墩工序流程示意图，图 5-13 为钻埋空心桩墩成桩工艺图。切实解决钻孔机具设备、泥浆配制、桩节（墩节）段预制、桩节竖拼安装以及压浆（桩周压浆与桩底压浆）成桩等技术环节，是钻埋大直径空心桩墩成败的关键所在。

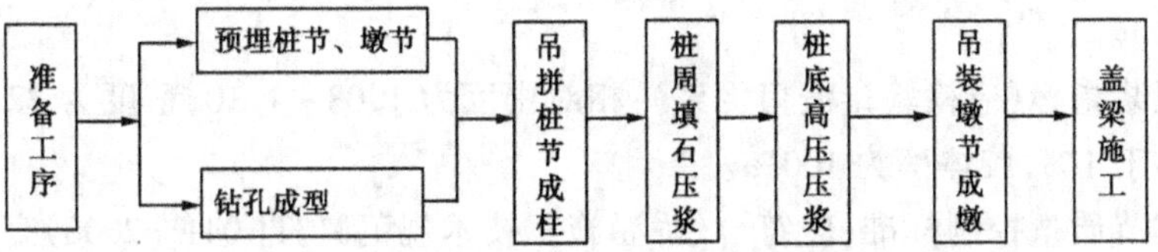

图 5-12　钻埋桩墩工序流程示意图

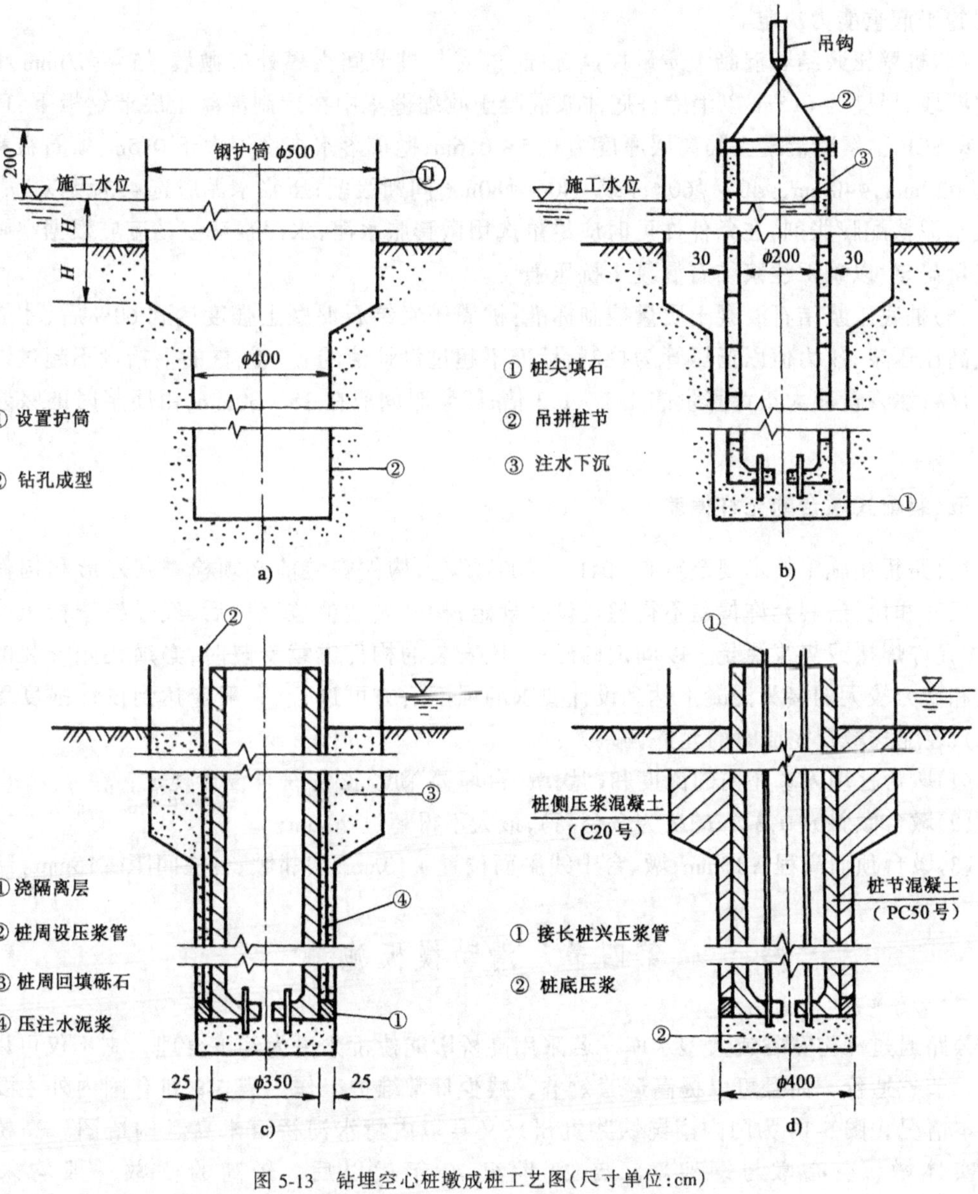

图 5-13　钻埋空心桩墩成桩工艺图（尺寸单位：cm）

a）钻孔成型；b）吊拼桩节；c）桩周压浆；d）桩尖压浆

鉴于沉埋空心桩墩施工技术难度较大，各工序应有严格的质量控制标准，在现行《公路桥涵施工技术规范》(JTJ 041—2000)尚未列入相关条文的情况下，下述湖南省公路部门提供的质量控制标准可供借鉴。

(1)成孔质量控制标准：孔深垂直度≤±2‰；成孔深度大于设计深度；成孔直径大于设计直径(钻头直径)。

(2)终孔泥浆指标(应检验排渣口泥浆)：相对密度为1.08~1.10；粘度为22~24s；pH值为7~8；含砂量小于1%；胶体率为100%。

(3)预制桩节质量控制标准：应符合《桥涵施工技术规范》(JTJ 041—2000)有关章节和设计技术要求；桩节长度误差不大于±5mm；偏离水面不大于2‰；端面应平整，接头吻合良好，混凝土上下接头中心位置偏离不大于2~3mm；壁厚误差不大于5mm，内外径误差为±2mm；节长应依据施工起重能力决定。

(4)桩壁压浆结石混凝土质量控制标准：桩底与桩节间交界处应抛填$\phi5$~$\phi20$mm小石子作过渡段，厚度为0.5m，以消除桩底注浆混凝土收缩缝集中在预制混凝土底节钢板下：UBW—1型或SCR型絮凝混凝土隔离层厚度为0.5~0.6m；抛掷落水高度不大于0.5m；填石粒料直径应选$\phi20$mm、$\phi40$mm、$\phi40$~$\phi60$mm或$\phi40$~$\phi80$mm间断级配；压浆水泥应选425级以上普通硅酸盐水泥掺配膨胀剂，在条件许可时应尽量选用微膨胀水泥；水泥浆液流动度应根据空隙率和吸浆量确定，以确保注浆结石混凝土抗压强度。

(5)桩底压浆结石混凝土质量控制标准：桩周压浆结石混凝土强度达到60%后，才能进行桩底高压压浆；压力值以扬压管为控制，标准不超过设计值的±1%；桩的上抬量不超过设计值的±1%；注浆量应大于计算量的1.2~1.3倍；闭浆时间应在15~30min，由闭浆时的吸浆量决定。

五、装配式墩台的允许偏差

《公路桥涵施工技术规范》(JTJ 041—2000)规定，构件安装前必须检查其外形和构件的预埋件尺寸和位置，其允许偏差不得超过设计规定；构件安装就位完毕后，经过检查校正符合要求，才允许焊接或浇筑混凝土以固定构件；分段安装的构件继续安装时，必须在先安装的构件固定和受力较大的接头混凝土达到设计要求的强度后方可进行(一般应达到设计强度等级的70%)；装配式墩台完成时的允许偏差为：

(1)墩台柱埋入基座内的深度和砌块墩、台埋置深度，必须符合设计规定；

(2)墩台倾斜为0.3%H(H为墩台高)，最大不得超过20mm；

(3)墩台顶面高程±10mm；墩、台中线平面位置±10mm；相邻墩、台柱间距±15mm。

第四节　滑动模板施工

公路通过深沟宽谷或大型水库，若采用高桥墩能使桥梁更为经济合理，它不仅可以缩短线路，节省造价，而且可以提高运营效益，减少日常维护工作。表5-8列有国内外主要高桥墩基本情况，图5-14为国内南昆铁路贵州兴义县境内清水河桥百米高墩构造图。高桥墩可分为实体墩、空心墩与钢架墩。自20世纪70年代以后，较高的桥墩一般均采用空心墩。

国内外主要高桥墩一览表(按墩高排列) 表 5-8

国家	地名或线路名	桥　　名	桥别	最大墩高(m)	建设年份	附　　注
德国	奥特堡	科赫塔尔	公路	178.00	1965	
瑞士		甘特尔	公路	148.00	1979	连基础高 154m
奥地利	梯罗耳	欧罗巴	公路	146.50	1963	连基础高 181.01m
南斯拉夫		马拉河	铁路	121.00		
中国	南昆铁路(贵州兴义)	清水河	铁路	100.00	1996	RC 箱形墩(另一主墩高 86m)
中国	侯月铁路	海子沟	铁路	81.00	1992	
中国	南昆铁路	八渡南盘江	铁路	74.69	1996	该桥三个主墩均超过 70m
中国	镜铁山铁路	北河 1 号	铁路	69.13	1960	混凝土实体墩
中国	陕西澄城县	西河	公路	68.01	1996	双薄壁空心墩
中国	南昆铁路	黄泥河 5 号	铁路	63.00	1995	RC 箱形墩
中国	陇海铁路	8 号桥	铁路	45.00	1923	解放前国内最高墩

高桥墩的施工设备与一般桥墩所用设备大体相同,但其模板却另有特色。一般有滑动模板、爬升模板、翻升模板等几种,这些模板都是依附于灌注的混凝土墩壁上,随着墩身的逐步加高而向上升高。目前滑动模板的高度已达百米。滑动模板施工的主要优点:施工进度快,在一般气温下,每昼夜平均进度可达 5～6m;混凝土质量好,采用干硬性混凝土,机械振捣,连续作业,可提高墩台质量;节约木材和劳力,有资料统计表明,可节省劳动力 30%,节约木材 70%;滑动模板可用于直坡墩身,也可用于斜坡墩身,模板本身附带有内外吊篮、平台与拉杆等,以墩身为支架,墩身混凝土的浇筑随模板缓慢滑升连续不断地进行,故而安全可靠。以下将重点介绍滑动模板施工法。

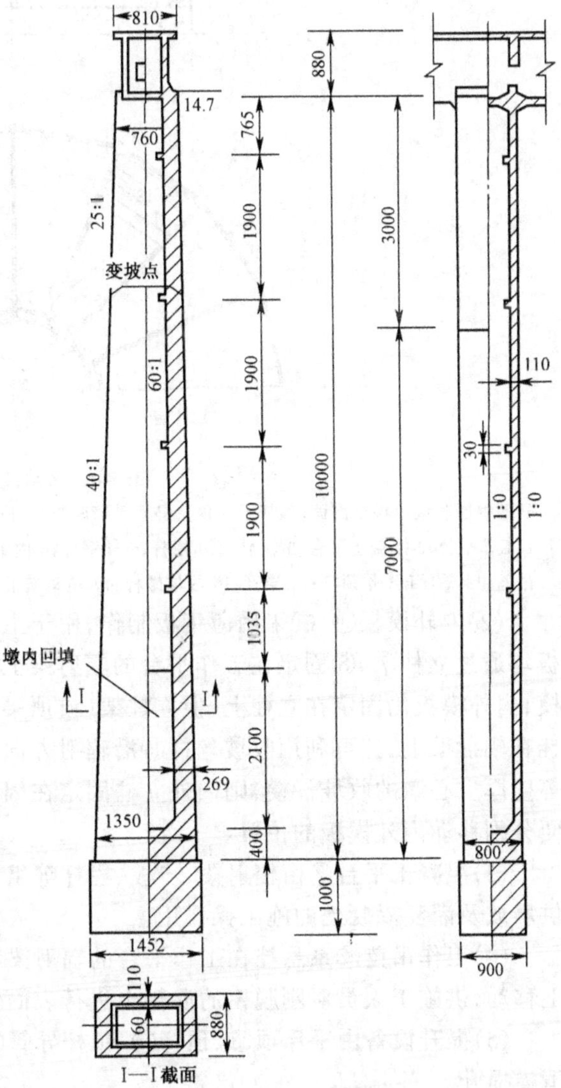

图 5-14　南昆线清水河桥的空心高墩构造图(尺寸单位:cm)

一、滑动模板构造

滑动模板系将模板悬挂在工作平台的围圈上,沿着所施工的混凝土结构截面的周界组拼装配,并随着混凝土的灌注由千斤顶带动向上滑升。滑动模板的构造,由于桥墩类型、提升工具的类型不同,模板构造也稍有差异,但其主要部件与功能则大致相同,一般主要由工作平台、内外模板、混凝土平台、工作吊篮和提升设备等组成,如图 5-15 所示。

(1)工作平台①由外钢环⑤、辐射梁③、

内钢环⑥、栏杆④、步板⑱组成，除提供施工操作的场地外，还用它把滑模的其他部分与顶杆⑭相互连接起来，使整个滑模结构支承在顶杆上。可以说，工作平台是整个滑模结构的骨架，因此，应具有足够的强度和刚度。

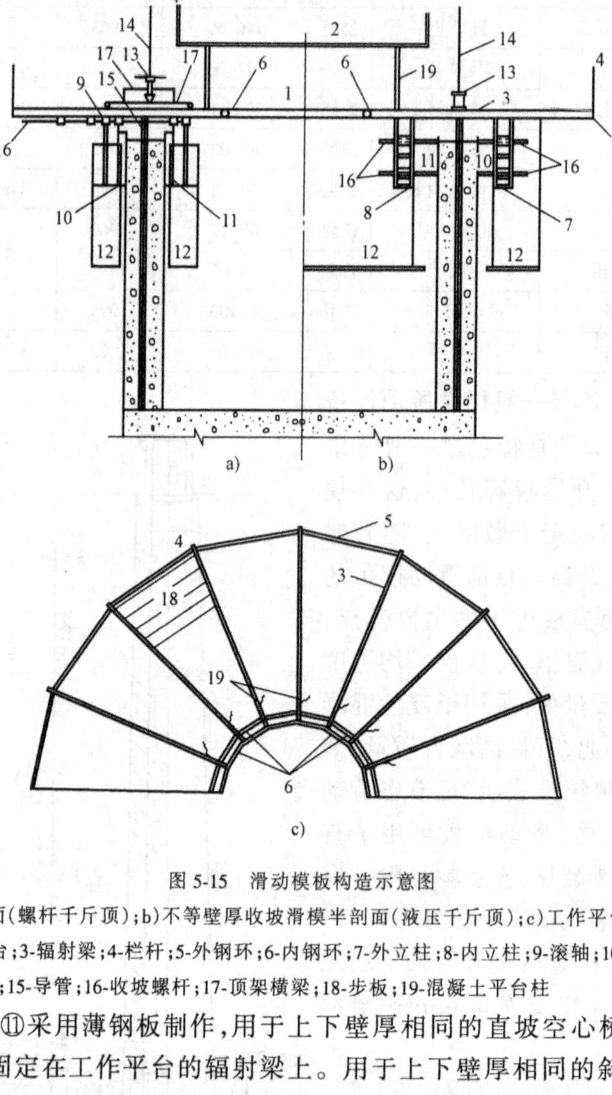

图 5-15　滑动模板构造示意图

a)等壁厚收坡滑模半剖面（螺杆千斤顶）；b)不等壁厚收坡滑模半剖面（液压千斤顶）；c)工作平台半剖面

1-工作平台；2-混凝土平台；3-辐射梁；4-栏杆；5-外钢环；6-内钢环；7-外立柱；8-内立柱；9-滚轴；10-外模板；11-内模板；12-吊篮；13-千斤顶；14-顶杆；15-导管；16-收坡螺杆；17-顶架横梁；18-步板；19-混凝土平台柱

(2)内外模板⑩、⑪采用薄钢板制作，用于上下壁厚相同的直坡空心桥墩的滑模。内外模板均通过立柱⑦、⑧固定在工作平台的辐射梁上。用于上下壁厚相同的斜坡空心墩的收坡滑模，内外模板仍固定在立柱上，但立柱架（或顶梁⑰）不是固定在辐射梁上，而是通过滚轴⑨悬挂在辐射梁上，并可利用收坡丝杆⑯沿辐射方向移动立柱架及内外模板位置。用于斜坡式不等壁厚空心墩的收坡滑模，则内外立柱固定在辐射梁上，而在模板与立柱间安装收坡丝杆，以便分别移动内外模板的位置。

(3)混凝土平台②由辐射梁、步板、栏杆等组成，利用立柱⑲支承在工作平台的辐射梁上，供堆放及灌注混凝土的施工操作用。

(4)工作吊蓝⑫系悬挂在工作平台的辐射梁和内外模板的立柱上，它随着模板的提升而向上移动，供施工人员对刚脱模的混凝土进行表面修饰和养生等施工操作之用。

(5)提升设备由千斤顶⑬、顶杆⑭、顶杆导管⑮等组成，通过顶升工作平台的辐射梁使整个滑模提升。

二、滑动模板提升工艺

滑动模板提升设备主要有提升千斤顶、支承顶杆及液压控制装置等几部分。以下讲解其提升过程。

1.螺旋千斤顶提升步骤(图 5-16)

(1) 转动手轮②使螺杆③旋转,使千斤顶顶座④及顶架上横梁⑤带动整个滑模徐徐上升。此时,上卡头⑥、卡瓦⑦、卡板⑧卡住顶杆,而下卡头⑨、卡瓦⑦、卡板⑧则沿顶杆向上滑行,当滑至与上下卡挖接触或螺杆不能再旋转时,即完成一个行程的提升。

(2) 向相反方向转动手轮,此时,下卡头、卡瓦、卡板卡住顶杆①,整个滑模处于静止状态。仅上卡头、卡瓦、卡板连同螺杆、手轮沿顶杆向上滑行,至上卡头与顶架上横梁接触或螺杆不能再旋转时为止,即完成整个一个循环。

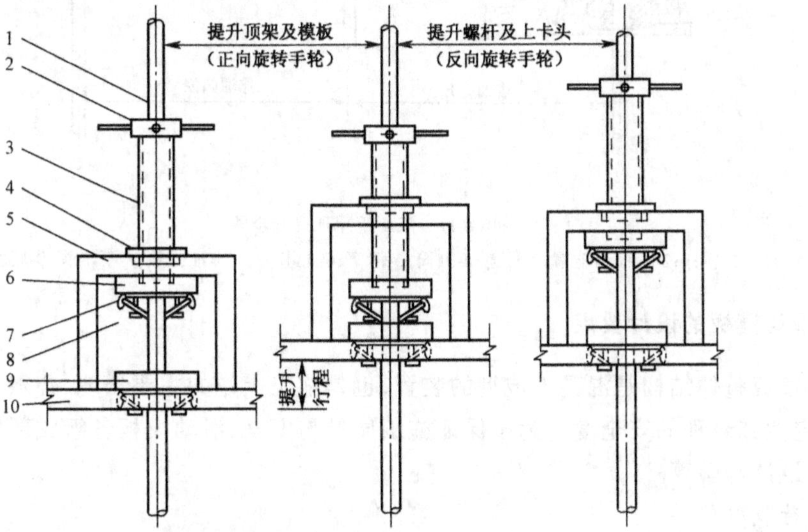

图 5-16 螺旋千斤顶提升示意图

1-顶杆;2-手轮;3-螺杆;4-顶座;5-顶架上的横梁;6-上卡头;7-卡瓦;8-卡板;9-下卡头;10-顶梁下横梁

2.液压千斤顶提升步骤(图 5-17)

(1)进油提升:利用油泵将油压入缸盖③与活塞⑤间,在油压作用时,上卡头⑥立即卡紧顶杆①,使活塞固定于顶杆上[图 5-17a)]。随着缸盖与活塞间进油量的增加,使缸盖连同缸筒④、底座⑨及整个滑模结构一起上升,直至上、下卡头⑧顶紧时[图 5-17b)],提升暂停。此时,缸筒内排油弹簧完全处于压缩状态。

(2)排油归位:开通回油管路,解除油压,利用排油弹簧⑦推动下卡头使其与顶杆卡紧,同时推动上卡头将油排出缸筒,在千斤顶及整个滑模位置不变的情况下,使活塞回到进油前位置。至此,完成一个提升循环[图 5-17c)]。为了使各液压前千斤顶能协同一致地工作,应将油泵与各千斤顶用高压油管连通,由操座台统一集中控制。

提升时,滑模与平台上临时荷载全由支撑顶杆承受。顶杆多用 A3 与 A5 圆钢制作,直径 25mm,A5 圆钢的承载能力约为 12.5kN(A3 则为 10kN)。顶杆一端埋置于墩、台结构的混凝土中,一端穿过千斤顶芯孔,每节长 2.0~4.0m,用工具式或焊接。为了节约钢材使支承顶杆能重复使用,可在顶杆外安上套管,套管随同滑模整个结构一起上升,待施工完毕后,可拔出支承顶杆。

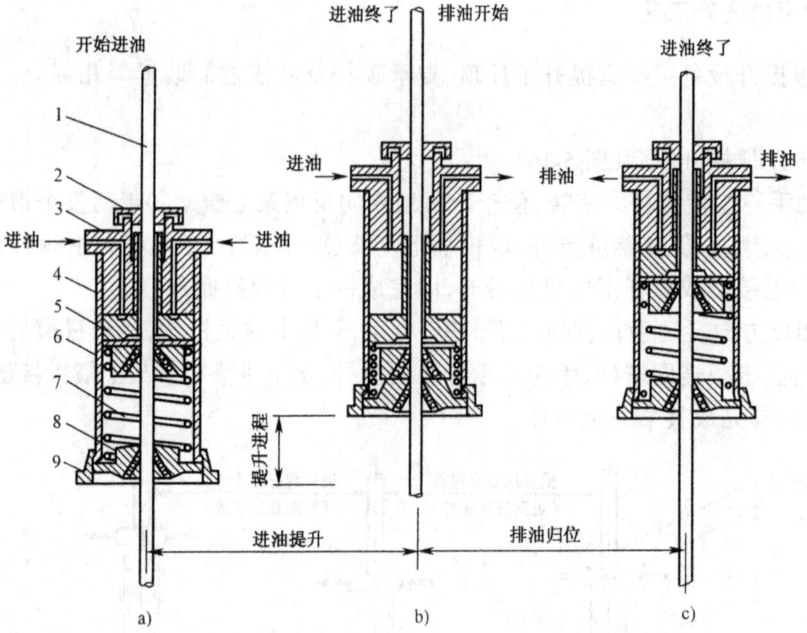

图 5-17　液压千斤顶提升步骤

1-顶杆;2-行程调整帽;3-缸盖;4-缸筒;5-活塞;6-上卡头;7-排油弹簧;8-下卡头;9-底座

三、滑动模板的设计要点

滑动模板整体结构是混凝土成型的装置,也是施工操作的主要场地,必须具有足够的整体刚度、稳定性和合理的安全度。为了保证施工质量与安全,滑动模板各组成部件必须按强度和刚度进行设计与验算。

(一)荷载取值

作用在滑动模板整个结构上的荷载有静荷载与活荷载。工作平台、内外模板、混凝土平台、工作吊篮、提升设备、液压管线等自重都属于静荷载;操作人员、施工机具、平台上堆放的材料及半成品等的重力,以及滑升时混凝土与模板间的摩阻力等属于垂直活荷载;向模板内倾倒混凝土时产生的冲击力,新浇筑混凝土对模板的侧压力,以及风荷载等属于水平活荷载。具体可按有关规范与设计要求分别取值。

(二)确定支撑顶杆和千斤顶的数量

1.支撑顶杆的数量

其最小值 n 按下式计算:

$$n = KP/N \tag{5-3}$$

式中:P——滑动模板提升时全部静荷载和垂直活荷载;

N——单根支承顶杆的容许承载能力,按下式取值:

$$N = \psi A[\sigma] \tag{5-4}$$

其中:ψ——纵向弯曲系数,可根据长细比大小查表确定;支承顶杆的计算长度 L_0 应根据不同的施工情况予以决定,如正常提升时,其自由长度 L 取千斤顶上卡头至新浇筑层混凝土底部的距离,并视其上卡头处为固结、下端为铰接,所以 $L_0 = 0.7L$;

A——支承顶杆的截面面积;

[σ]——支承顶杆的抗压容许应力；

K——工作条件系数，液压千斤顶取值为0.8。

提升过程中支承顶杆实际受力情况比较复杂，其容许承载能力应根据工程实践的经验选用。上述计算确定的支承杆数量，还应根据结构物的平面和局部构造加以适当的调整。

2.千斤顶的数量

液压千斤顶起重力约为30kN，施工时考虑其他因素后，按15kN取值，大体上与支承顶杆的承载能力相同。即一根支承顶杆上安装一台千斤顶，所需千斤顶数量与支承杆数量相同。

（三）确定支承顶杆、千斤顶、顶升架和工作平台的布置方案

(1)支承顶杆和千斤顶的布置方案：一般有均匀布置、分组集中布置以及分组集中与均匀布置相结合等。在筒壁结构中多采用均匀布置方案，在平面较为复杂的结构中则宜采用分组集中与均匀相结合的布置方案。

千斤顶在布置时，应使各千斤顶所承受的荷载大致相同，以利同步提升。当平台上荷载分布不均匀时，荷载较大的区域和摩阻力较大的区段，千斤顶布置的数量要多些。考虑到平台荷载内重外轻，在数量上内侧应较外侧布置多些，以避免顶升架提升时向内倾斜。

(2)顶升架的布置方案：应根据结构形式、建筑平面、平台荷载与刚度等进行布置。筒壁结构顶升架可采用均匀布置方案，间距控制在1.2～2.5m。

(3)工作平台的布置方案：必须保证其结构的整体性与足够的刚度，应根据施工对象的结构特点、荷载大小和分布情况，顶升架和千斤顶的布置要求，以及垂直运输方式等来确定工作平台的布置方案。圆形结构中，工作平台的承重结构、承重桁架或梁宜采用辐射形布置。使平台的刚度好，作用在各顶升架上的荷载比较均匀。方形结构中，工作平台的承重结构可单向或双向布置，单向布置时，承重梁间应设置水平支承，两端的承重梁应设置垂直支撑，以加强平台的结构整体性和稳定性。

（四）模板的设计

包括模板尺寸的确定和模板的刚度。模板必须具有足够的刚度，才能保证浇筑混凝土和提升过程中，在混凝土侧压力作用下不发生超过允许的变形值。一般条件下，模板在水平荷载作用下，其支点间在力作用方向的变形不应超过1/1000。作用在模板上的水平荷载主要是新浇筑混凝土的侧压力，此时，模板按简支板计算。因为滑模施工中，模板有一定倾斜度，出模混凝土具有0.05～0.25MPa的强度，所以模板底部的混凝土对模板已不存在侧压力。在侧压力作用的高度范围内，模板承受的侧压力图形见图5-18。

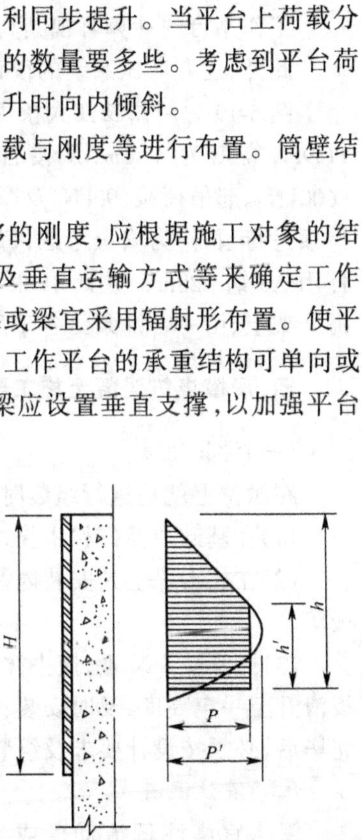

图5-18 作用在模板上的侧压力计算简图

新浇混凝土的侧压力计算式为：

$$P = 1/2\gamma h \tag{5-5}$$

式中：P——新浇混凝土侧压力的计算最大值(kPa)；

γ——混凝土的重度(kN/m^3)；

h——侧压力的计算作用高度，$h = 0.65H \sim 0.70H$，H为模板高度。

侧压力的合力为$0.75Ph$，合力作用点距模板上口的距离在$3h/5$处。

（五）顶升架与工作平台的设计

顶升架的构造形式，主要是根据结构水平截面形状、部位和千斤顶的类型决定的。一般常

采用一字形的单横梁式或双横梁式。顶升架承受提升时的全部垂直荷载，以及混凝土与模板的侧压力等水平荷载，其计算内容包括顶升架立柱间的净宽 W 和立柱设计。对于等截面结构的滑模工程，净宽 W 为：

$$W = A + 2(B + C + D) + E \tag{5-6}$$

式中：A——结构的截面宽度(m)；

B——模板的厚度(m)；

C——围圈的宽度(m)；

D——支承围圈的支托宽度(m)；

E——由于模板的倾斜度要求两侧放宽的尺寸(m)。

顶升架的横梁底面与模板顶面间的距离，对于钢筋混凝土结构取值 0.45 ~ 0.50m，主要是为了满足绑扎水平钢筋和预埋件的要求。顶升架的立柱按拉弯构件计算。

工作平台的计算可视其具体受力情况，按常用的结构计算方法验算其强度。

此外，还有液压系统的设计。

图 5-19 为泸州长江大桥主墩用滑动模板构造示意图。该滑模的最大平面尺寸为 18.5m × 11.9m，高度为 4.6m，系按自重、施工卷扬机重力（约 600kN）、操作人员荷载、施工机具(600kN)、起吊荷载(90kN)及摩阻力等总计 1540kN 提升力进行设计。选用 84 个 QY3.5 油压千斤顶进行顶升，为安全考虑，每个千斤顶按 20kN 提升力进行设计。共可顶升 1680kN。支承顶杆用 A3 钢 ϕ28mm，共计 84 根。千斤顶共分 9 组，供油根据滑模各部受力的大小，布置在 35 个提升架上，由一台油泵给各千斤顶供油。主墩施工高度为 30 ~ 40m。

四、滑模浇筑混凝土施工要点

(一)滑模组装

在墩位上就地进行组装时，安装步骤如下。

(1)在基础顶面搭枕木垛，定出桥墩中心线。

(2)在枕木垛上先安装内钢环，并准确定位，再依次安装辐射梁、外钢环、立柱、千斤顶、模板等。

(3)提升整个装置，撤去枕木垛，再将模板落下就位，随后安装余下的设施；内外吊架待模板滑升至一定高度，及时安装；模板在安装前，表面需涂润滑剂，以减少滑升时的摩阻力；组装完毕后，必须按设计要求及组装质量标准进行全面检查，并及时纠正偏差。

(二)灌注混凝土

滑模宜灌注低流动度或半干硬性混凝土，灌注时应分层、分段对称地进行，分层厚度 20 ~ 30cm为宜，灌注后混凝土表面距模板上缘宜有不小于 10 ~ 15cm 的距离。混凝土入模时，要均匀分布，应采用插入式振动器捣固，振捣时应避免触及钢筋及模板，振动器插入下一层混凝土的深度不得超过 5cm；脱模时混凝土强度应为 0.2 ~ 0.5MPa，以防在其自重压力下坍塌变形。为此，可根据气温、水泥强度等级经试验后掺入一定量的早强剂，以加速提升；脱模后 8h 左右开始养生，用吊在下吊架上的环绕墩身的带小孔的水管来进行。养生水管一般设在距模板下缘 1.8 ~ 2.0 处效果较好。

(三)提升与收坡

整个桥墩灌注过程可分为初次滑升、正常滑升和最后滑升三个阶段。从开始灌筑混凝土到模板首次试升为初次滑升阶段；初灌混凝土的高度一般为 60 ~ 70cm，分三次灌注，在底层混

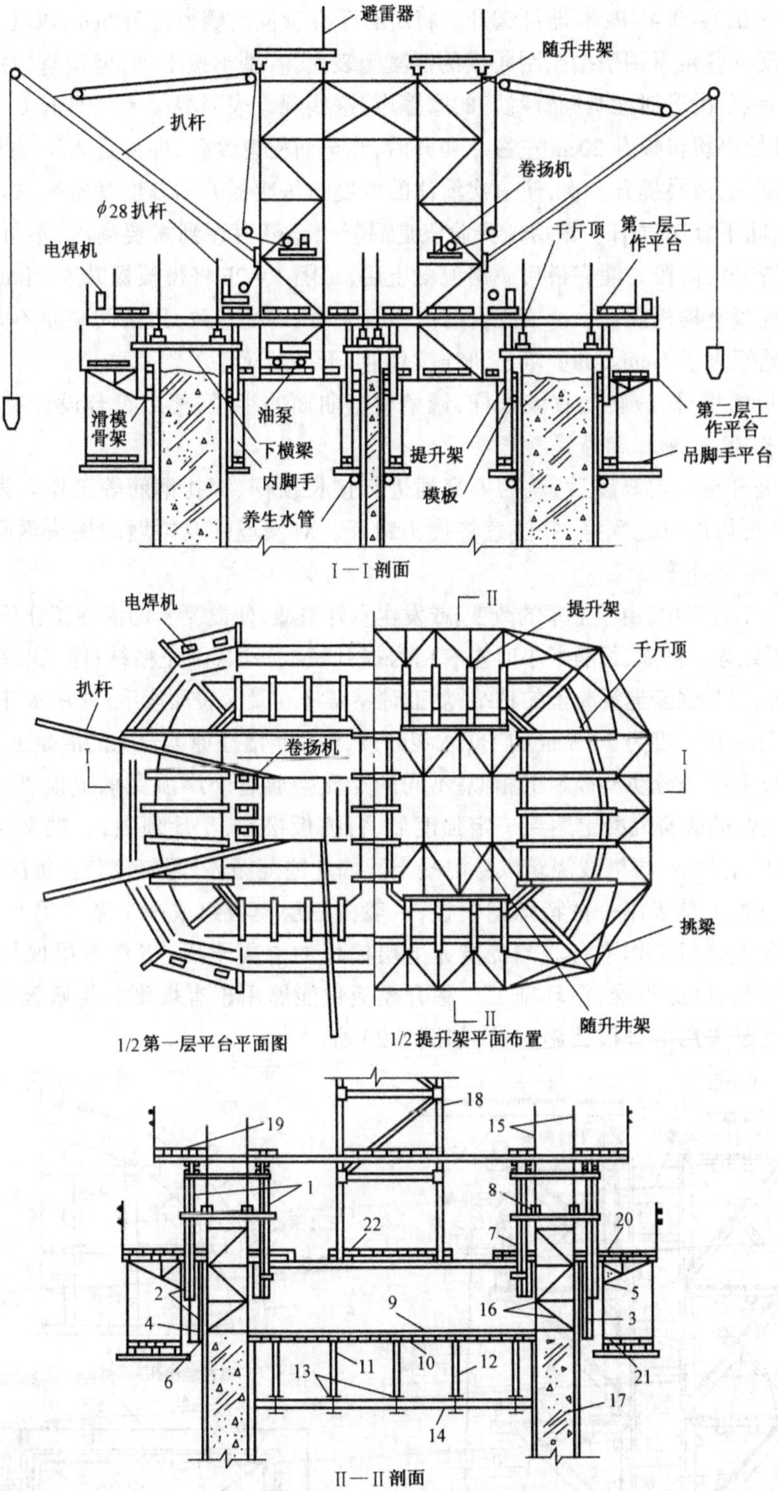

图 5-19　泸州大桥主墩滑模构造示意

1-提升架；2-滑模角钢；3-下层模板角钢；4-下层外模；5-上层模板；6-下层接长提升架立柱；7-内模板；8-液压千斤顶；9-下层外模拉杆；10-隔板混凝土底模板；11-底模木横架；12-底模立柱；13-I25 工字钢横梁；14-工字钢平撑；15-支承杆；16-加固支承杆平斜撑；17-墩身钢筋混凝土；18-随升井架；19-第一层工作平台；20-第二层工作平台；21-吊脚手平台；22-随升井架 I22 工字钢横梁

凝土强度达到0.2~0.4MPa时即可试升。将所有千斤顶同时缓慢起升5cm,以观察底层混凝土的凝固情况。现场鉴定可用手指按刚脱模的混凝土表面,若基本按不动,但留有指痕,砂浆不沾手,用指甲划过有痕,滑升时能耳闻"沙沙"的摩擦声,这些现象表明混凝土以具有0.2~0.4MPa的脱强度,可以开始再缓慢提升20cm左右。初升后,经全面检查设备,即可进入正常滑升阶段。即每灌注一层混凝土,滑模提升一次,使每次灌注的厚度与每次提升的高度基本一致。在正常气温条件下,提升时间不宜超过1h。最后滑升阶段是混凝土已经灌注到需要高度,不再继续灌注,但模板尚需继续滑升的阶段。灌完最后一层混凝土后,每隔1~2h将模板提升5~10cm,滑动2~3次后即可避免混凝土模板胶合。滑模提升时应做到垂直、均衡一致,顶架间高差不大于20mm,顶架横梁水平高差不大于5mm。并要求三班连续作业,不得随意停工。

随着模板的提升,应转动收坡丝杆,调整墩壁曲面的半径,使之符合设计要求的收坡坡度。

(四)接长顶杆、绑扎钢筋

模板每提升至一定高度后,就需要穿插进行接长顶杆、绑扎钢筋等工作。为了不影响提升时间,钢筋接头均应事先配好,并注意将接头错开。对预埋件及预埋的接头钢筋,滑模抽离后,要及时清理,使之外露。

在整个施工过程中,由于工序的改变,或发生意外事故,使混凝土的灌注工作停止较长时间,即需要进行停工处理。例如,每隔半小时左右稍为提升模板一次,以免粘结;停工时在混凝土表面要插入短钢筋等,以加强新老混凝土的粘结;复工时还需将混凝土表面凿毛,并用水冲走残渣,湿润混凝土表面,灌注一层厚度为2~3cm的1:1水泥砂浆,然后再灌注原配合比的混凝土,继续滑模施工。

爬升模板施工与滑动模板施工相似,不同的是支架通过千斤顶支承于预埋在墩壁中的预埋件上。待浇筑好的墩身混凝土达到一定强度后,将模板松开,千斤顶上顶,把支架连同模板升到新的位置,模板就位后,再继续浇筑墩身混凝土。如此往复循环,逐节爬升。每次升高约2m。

翻升模板施工是采用一种特殊钢模板,一般由三层模板组成一个基本单元,并配置有随模板升高的混凝土接料工作平台。当浇筑完上层模板的混凝土后,将最下层模板拆除翻上来拼装成第四层模板,以此类推,循环施工。翻升模板也能够用于有坡度的桥墩施工。侯月线子沟大桥高桥墩就是采用翻升模板施工的,如图5-20所示。

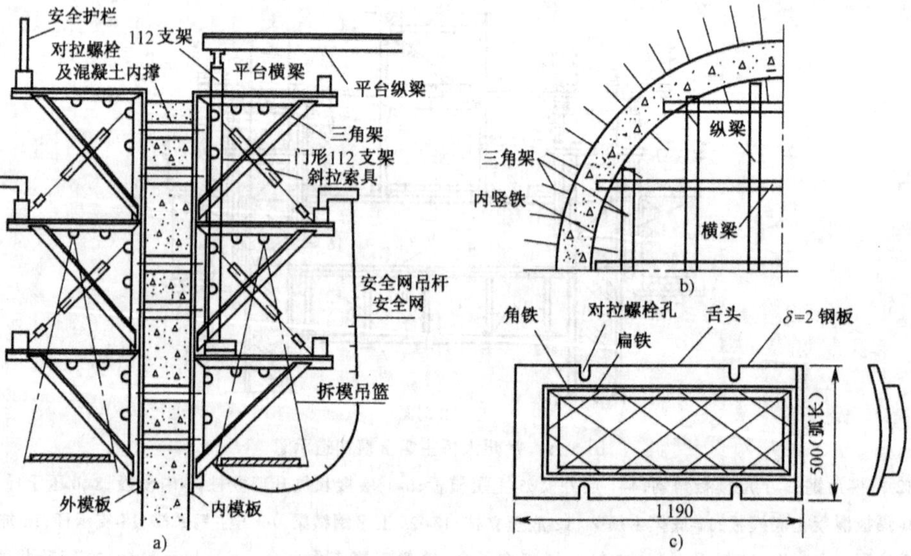

图5-20 侯月线子沟大桥翻升模板构造图(尺寸单位:mm)

a)翻模断面;b)翻模平面;c)侧面

第五节 桥台附属工程

一、桥台翼墙、锥坡施工要点

(1)锥体填土应按设计高程及坡度填足,砌筑片石厚度不够时再将土挖去,不允许填土不足,临时边砌石边填土。锥坡拉线放样时,坡顶应预先放高约 2~4cm,使锥坡随同锥体填土沉降后,坡度仍符合设计规定。

(2)砌石时放样拉线要张紧,表面要平顺,锥坡片石背后应按规定做碎石倒滤层,防止锥体土方被水浸蚀变形。

(3)锥坡与路肩或地面的连接必须平顺,以利排水,避免砌体背后冲刷或渗透坍塌。

(4)在大孔土地区,应检查锥体基底及其附近有无陷穴,并彻底进行处理,保证锥体稳定。

(5)干砌片石锥坡,用小石子砂浆勾缝时,应尽可能在片石护坡砌筑完成后间隔一段时间,待锥体基本稳定再进行勾缝,以减少灰缝开裂。

(6)锥体填土应分层夯实,填料一般以粘土为宜。锥坡填土应与台背填土同时进行,并应按设计宽度一次填足。

二、台后填土要求

(1)台后填土应与桥台砌筑协调进行。填土应尽量选用渗水土,如粘土含量较少的砂质土。土的含水量要适量,在北方冰冻地区要防止冻胀。如遇软土地基,为增大土抗力,台后适当长度内的填土可采用石灰土(掺 5% 石灰)。

(2)填土应分层夯实,每层松土厚 20~30cm,一般应夯 2~3 遍,夯实后的厚度 15~20cm,使密实度达到 85%~90%,并作密实度测定。靠近台背处的填土打夯较困难时,可用木棍、拍板打紧捣实,与路基搭接处宜挖成台阶形。

(3)石砌圬工桥台台背与土接触面应涂抹两道热沥青或用石灰三合土、水泥砂浆胶泥做不透水层作为台后防水处理。

(4)对于梁式桥的轻型桥台台后填土,应在桥面完成后,在两侧平衡地进行。

(5)台背填土顺路线方向长度,一般应自台身起,底面不小于桥台高度加 2m,顶面不小于 2m。

三、台后搭板的施工要点

(1)设置搭板是解决台后错台跳车的重要工程措施,其效果与搭板之下的路堤压缩程度和搭板长度有密切关系。

(2)桥头搭板应设置一个较大的纵坡 i_2,若路线纵坡是 i_1,则搭板纵坡应符合 $10\% \leqslant i_2 - i_1 \leqslant 15\%$,以保证在台后长度方向上的沉降分布较均匀,并逐渐减小。搭板末端顶面应与路基平齐;搭板前端顶面应留有路面面层的厚度。

(3)对台后填土应有严格的压实要求。应先清理基坑,使其尺寸符合要求。接着进行基底压实,如压路机使用困难可用小型手推式电动振动打夯机压实,并用环刀法测定压实度。基底填筑达到规定高程后,可填筑并压实二灰碎石,一般可用 12~15t 压路机压实,每层碾 6~8 遍,分层压实的厚度一般不大于 20cm,对于边角部位可用小型打夯机补压。可在填压达到搭板顶部的高程，压实或通行车辆一段时间后，再挖开浇筑搭板和枕梁。

(4)对上述填筑台后路堤材料有困难时，至少应选用透水性良好的砂性土，或掺用40%～70%的砂石料，分层厚度20～30cm，压实度不小于95%。靠近后墙部位(1.5m宽)可用小型打夯机，也可填筑块片石及级配砂砾石，用振动器振实。用透水性材料填筑时，应以干密度控制施工质量。

(5)台背填筑前应在土基上或某一合适高度设置泄水管或盲沟，并注意将泄水管或盲沟引出路基之外。

四、台后泄水盲沟施工

(1)地下水较多时，泄水盲沟以片石、碎石或卵石等透水材料砌筑，并按坡度设置，沟底用粘土夯实。盲沟应建在下游方向，出口处应高出一般水位0.2m。平时无水的干河沟应高出地面0.3m。

(2)如桥台在挖方内，横向无法排水时，泄水盲沟在平面上可在下游方向的锥体填土内折向桥台前端排水，在平面上呈L形。

(3)地下水较大时，盲沟的一般构造可参见图5-21。盲沟施工时应注意以下事项：

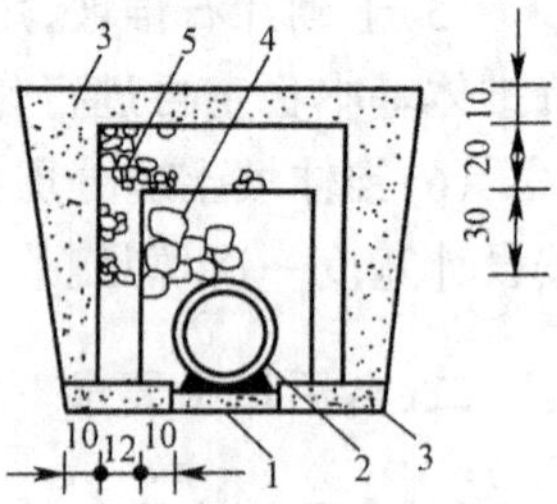

图5-21　盲沟一般构造(cm)

1-渗水管基座；2-渗水管；3-粗砂层；4-粒径2～3cm卵石；5-粒径小于2cm卵石

①盲沟所用各种填料应洁净、无杂质，含泥量应小于2%。

②各层的填料要求层次分明，填筑密实。

③盲沟应分段施工，当日下管填料应一次完成。

④盲沟滤管一般采用无砂混凝土管或有空混凝土管，也可用短节混凝土管，但应在接头处留1～2cm间隙，供地下水渗入。

⑤盲沟滤管基底应用混凝土浇筑，并与滤管密贴，纵坡应均匀，无反向坡；管节应逐节检查，不合格者不得使用。

⑥管道安装完毕后，应将管内砂浆残渣、杂物清除干净。

思考题

1.旱地上扩大基础的施工工序包括哪些内容?

2.天然地基上扩大基础施工时，基底检查内容有哪些?

3.天然地基上扩大基础施工时，基础的浇筑和基坑回填要注意哪些问题?

4.何谓桩基础?

5.就地灌注桩钻孔前必须设置护筒，护筒的作用是什么?

6.泥浆在钻孔中的重要作用是什么?

7.钻孔桩施工中，常见的钻孔事故有哪些？应如何处理?

8.钻孔灌注桩中夹泥层或断桩事故的原因主要有哪些?

9.桥梁墩台采用浆砌片石时，其砌筑工艺有哪些？具体有哪些要求?

10.现浇混凝土墩台时，为保证质量，应检查哪些内容?

11.简述装配式墩台的施工要点。

12.滑动模板的墩台施工前，应做好哪些准备工作?

13.桥台附属工程包括哪些内容？其施工要点分别是什么?

第六章 钢筋混凝土简支梁桥施工

第一节 概 述

一、就地浇筑施工

就地浇筑施工是一种古老的施工方法，它是在桥孔位置搭设支架，并在支架上安装模板，绑扎及安装钢筋骨架，预留孔道，并在现场浇筑混凝土与施加预应力的施工方法。由于施工需用大量的模板支架，以前一般仅在小跨径桥或交通不便的边远地区采用。随着桥跨结构形式的发展，出现了一些变宽的异形桥、弯桥等复杂的混凝土结构，加之近年来临时钢构件和万能杆件系统的大量应用，在其他施工方法都比较困难时，或经过比较，施工方便、费用较低时，也常在中、大跨径桥梁中采用就地浇筑的施工方法。

1.就地浇筑施工方法的特点

就地浇筑施工方法有以下几个特点：

(1)桥梁的整体性好，施工平稳，可靠，不需大型起重设备；

(2)施工中无体系转换；

(3)预应力混凝土连续梁桥可以采用强大预应力体系，使结构构造简化，方便施工；

(4)需要使用大量施工支架，跨河桥梁搭设支架影响河道的通航与排洪，施工期间支架可能受到洪水和漂浮物的威胁；

(5)施工工期长，费用高，需要有较大的施工场地，施工管理复杂。

2.就地浇筑钢筋混凝土简支梁桥的施工工序

就地浇筑的钢筋混凝土简支梁的施工工序如图6-1所示。

二、装配式梁桥的特点

一般地说，用预制安装法施工的装配式梁桥与就地浇筑的整体式梁桥相比，有如下特点：

(1)缩短施工工期。构件预制可以提早进行，在下部结构施工的同时进行预制工作，做到上、下部结构平行施工。

(2)节约支架、模板。装配式梁桥往往采用无支架或少支架施工。另外，构件在预制场或工厂内预制时采用的模板和支架易于做到尽量简便合理，并可考虑更多的反复周期使用。

(3)提高工程质量。装配式梁桥的构件在预制的过程中较易于做到标准化和机械化。

(4)需要吊装设备。主要预制构件自重，少则几吨或十几吨，一般为几十吨，这就要求施工单位有相应的吊装能力和设备。

(5)用钢量略为增大。

综上所述，装配式梁桥的造价较之整体式梁桥是高还是低的问题，要根据具体情况来具体

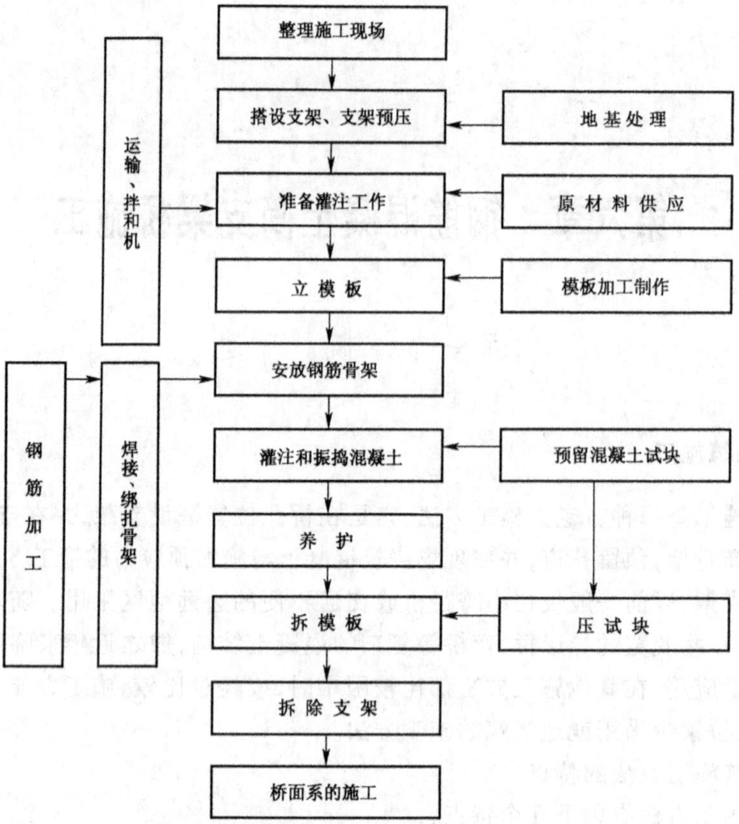

图6-1 现浇钢筋混凝土简支梁桥的施工工序

分析。当桥址地形条件下难以设立支架,且施工队伍有足够的吊装设备,桥梁的工程数量又相当大,这时采用装配式施工将是经济合理的。

第二节 施工支架与模板

一、支架类型及构造

就地浇筑混凝土梁桥的上部结构,首先应在桥孔位置搭设支架,以支承模板、浇筑的钢筋混凝土,以及其他施工荷载的重力。支架有满布式木支架、满布式钢管脚手架[图6-2a)],钢木混合的梁式支架[图6-2b)],梁支柱式支架及万能杆件拼装支架与装配式公路钢桥桁节拼装支架[如图6-2c)]等形式。

1.满布式木支架

满布式木支架常用于陆地或不通航的河道,或桥墩不高,桥位处水位不深的桥梁。其形式可根据支架所需跨径的大小等条件,采用排架式、人字撑式或八字撑式。排架式为最简单的满布式支架,主要由排架及纵梁等部件构成,其纵梁为抗弯构件,因此,跨径一般不大于4m。人字撑式和八字撑式的支架构造较复杂,其纵梁须加设人字撑式八字撑为可变形结构。因此,须在浇筑混凝土时适当安排浇筑程序和保持均匀,对称地进行,以防发生较大变形。这类支架的跨径可达8m左右。

满布式木支架的排架,可设置在枕木上或桩基上,基础须坚实可靠,以保证排架的沉陷值

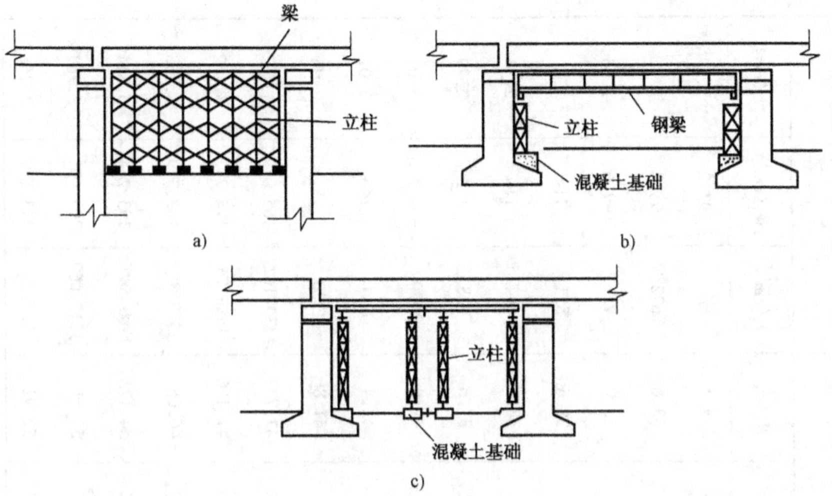

图 6-2　支架构造形式

a)支柱式;b)梁式;c)梁柱式

不超过规定。当排架较高时,为保证支架横向的稳定,除在排架上设置撑木外,尚须在排架两端外侧设置斜撑木或斜立桩。

满布式支架的卸落设备一般采用木楔、木马或砂筒等,可设置在纵梁支点处或桩顶帽木上面。

2.钢木混合支架

为加大支架跨径,减少排架数量,支架的纵梁可采用工字钢,其跨径可达 10m。但在这种情况下,支架多改用木框架结构,以加强支架的承载力及稳定性。这类钢木混合支架的构造通常为图 6-3 所示形式。所需热轧普通工字钢的各项参考数值,见表 6-1 及图 6-4。

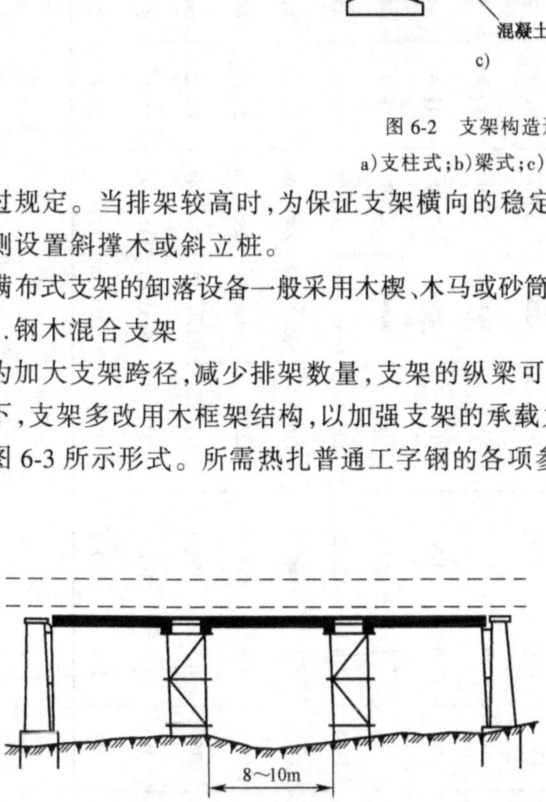

图 6-3　钢木混合支架

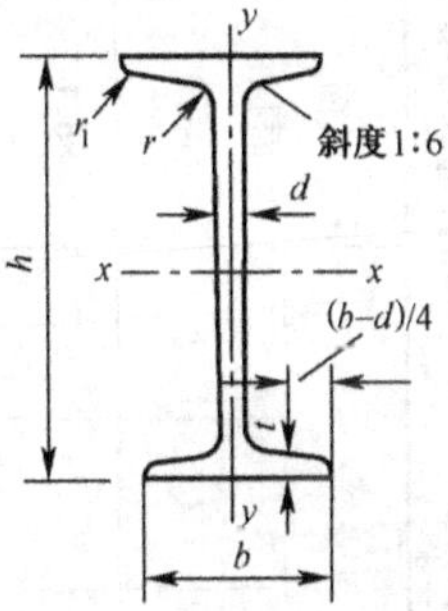

图 6-4　热轧普通工字钢截面形状

3.万能杆件拼装支架

用万能杆件可拼装成各种跨度和高度的支架,其跨度须与杆件本身长度成倍数。用万能杆件拼装的桁架的高度,可达 2m、4m、6m 或 6m 以上。当高度为 2m 时,腹杆拼为三角形;高度为 4m 时,腹杆拼为菱形;高度超过 6m 时,则拼成多斜杆的形式。

用万能杆件拼装墩架时,柱与柱之间的距离应与桁架之间的距离相同。桩高除柱头及柱脚外应为 2m 的倍数。

用万能杆件拼装的支架,在荷重作用下的变形较大,而且难以预计其数值。因此,应考虑预加压重,预压重力相当于灌注的混凝土的重力。

热轧普通工字钢(40号～63号)规格及参考数值

表6-1

型号	尺寸						截面面积 (cm^2)	理论质量 (kg/m)	参考数值						
									$x-x$				$y-y$		
	h	b	d	t	r	r_1			I_x(cm^4)	W_x(cm^3)	i_x(cm)	$l_x:S_x$	I_y(cm^4)	W_y(cm^3)	i_y(cm)
40a	400	142	10.5	16.5	12.5	6.3	86.1	67.6	21720	1090	15.9	34.1	660	93.2	2.77
40b	400	144	12.5	16.5	12.5	6.3	94.1	73.8	22780	1140	15.6	33.6	692	96.2	2.71
40c	400	146	14.5	16.5	12.5	6.3	102	80.1	23850	1190	15.2	33.2	727	99.6	2.65
45a	450	150	11.5	18.0	13.5	6.8	102	80.4	32240	1430	17.7	38.6	855	114	2.89
45b	450	152	13.5	18.0	13.5	6.8	111	87.4	33760	1500	17.4	38.0	894	118	2.84
45c	450	154	15.5	18.0	13.5	6.8	120	94.5	35280	1570	17.1	37.6	938	122	2.79
50a	500	158	12.0	20	14	7.0	119	93.6	46470	1860	19.7	42.8	1120	142	3.07
50b	500	160	14.0	20	14	7.0	129	101	48560	1940	19.4	42.4	1170	146	3.01
50c	500	162	16.0	20	14	7.0	139	109	50640	2080	19.0	41.8	1220	151	2.96
56a	560	166	12.5	21	14.5	7.3	135.25	106.2	65585.566	2342.31	22.02	47.727	1370.1627	165.079	3.182
56b	560	168	14.5	21	14.5	7.3	146.45	115.0	68512.499	2446.687	21.63	47.166	1486.75	174.247	3.162
56c	560	170	16.5	21	14.5	7.3	157.85	123.9	71439.43	2551.408	21.27	46.663	1558.389	183.339	3.158
63a	630	176	13.0	22	15	7.5	154.9	121.6	93916.18	2981.47	24.62	54.173	1700.5492	193.244	3.314
63b	630	178	15.0	22	15	7.5	167.5	131.5	98083.63	3163.98	24.20	53.514	1812.069	203.603	3.289
63c	630	180	17.0	22	15	7.5	180.1	141.0	102251.08	3298.42	23.82	52.923	1924.913	213.879	3.268

注：①本表内只列入部分型号；

②工字钢通常长度为6～19m。

万能杆件的类别、规格及容许应力，可参阅有关资料。

4.装配式公路钢桥桁节拼装支架

用装配式公路钢桥桁节，可拼装成桁架梁和塔架。为加大桁架梁孔径和利用墩台作支承，也可拼成八字斜撑以支撑桁架梁。桁架梁与桁架梁之间，应用抗风拉杆和木斜撑等进行横向联结，以保证桁架梁的稳定。横向联结系的构造，参阅有关章节。

用装配式公路钢桥桁节拼装的支架，在荷重作用下的变形很大，因此，应进行预压。

5.轻型钢支架

桥下地面较平坦，有一定承载力的梁桥，为节省木料，宜采用轻型钢支架。轻型钢支架的梁和柱，以工字钢、槽钢或钢管为主要材料，斜撑、联结系等可采用角钢。构件应制成统一规格和标准；排架应预先拼装成片或组，并以混凝土、钢筋混凝土枕木或木板作为支承基底。为了防止冲刷，支承基底须埋入地面以下适当的深度。为适应桥下高度，排架下应垫以一定厚度的枕木或木楔等。

为便于支架和模板的拆卸，纵梁支点处应设置木楔。

轻型钢支架构造示例，如图6-5所示。

6.墩台自承式支架

在墩台上留下承台式预埋件，上面安装横梁及架设适宜长度的工字钢或槽钢，即构成模板的支架。这种支架适用于跨径不大的梁桥，但支立时仍须考虑梁的预拱度，支架梁的伸缩以及支架和模板的卸落等所需条件。

7.模板车式支架

这种支架适用于跨径不大、桥墩为立桩式的多跨梁桥的施工，形状如图6-6所示。在墩柱施工完毕后即可立即铺设轨道，拖进孔间，进行模板的安装，这种方法可简化安装工序和节省安装时间。

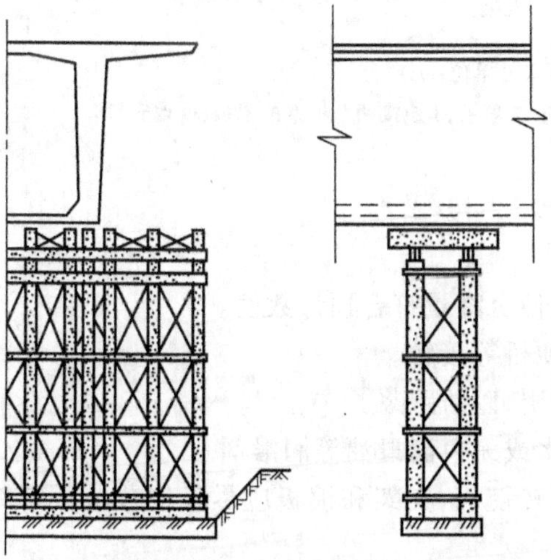

图6-5 轻型钢支架

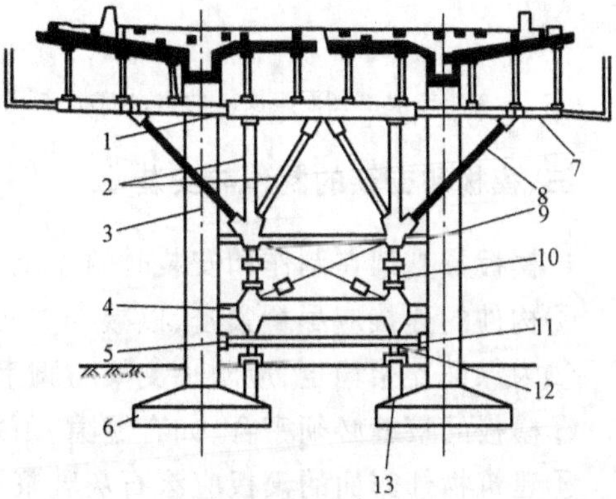

图6-6 模板车式支架

1-钢架；2-钢支撑；3-立柱；4-轮轴架；5-轨道；6-基础；7-插入式钢梁；8-斜撑；9-楔块；10-调整千斤顶；11-枕木；12-钢底梁；13-混凝土支墩

当上部构造混凝土浇筑完毕，且强度达到要求后，模板车即可整体向前移动，但移动时须将斜撑取下，将插入式钢梁节段推入中间钢梁节段内，并将千斤顶放松。

二、模板构造

跨径不大的肋板梁，其模板如图6-7a)所示，一般用木料制成。安装时，首先在支架纵梁上安装横木(分布杆件),横木上钉底板,然后在其上安装肋梁的侧面模板及桥面板的底板。肋梁的侧面模板系钉于肋木之上。桥面板底板之横木则由钉于上述肋木上之托板承托。肋木后面须钉以压板,以支承肋梁混凝土的水平压力。为减少现场的安装工作,肋梁的侧面模板及桥面板的底板(包括横木),可预先分别制成镶板块件。

当上部构造的肋梁较高时,其模板一般须采用框架式;梁的侧模及桥面板的底模,用木板或镶板钉于框架之上即可。但当梁的超高(1.5m 左右)时,梁下部混凝土的浇筑和捣实宜从侧面进行,此时,梁的一侧的模板须开窗口或分两次装钉。

框架式模板的构造示例见图 6-7b)、图 6-7c)、图 6-7d)。

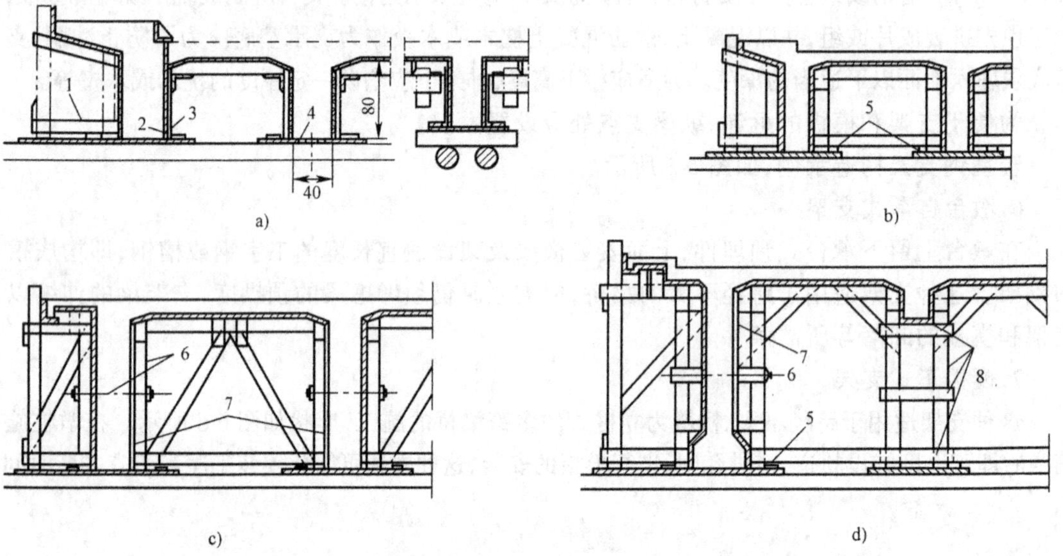

图 6-7　肋板梁模板(尺寸单位:cm)

1-小柱架;2-侧面镶板;3-肋木;4-底板;5-压板;6-拉杆;7-填板;8-连接两个框架的木板(就地安钉)

三、模板和支架的制作与安装

1.模板及支架在制作和安装时的注意事项

①构件的连接应尽量紧密,以减少支架变形,使沉降量符合预计数值。

②为保证支架稳定,应防止支架与脚手架和便桥等接触。

③模板的接缝必须密合,如有缝隙,须塞堵严密,以防跑浆。

④建筑物外露面的模板应涂石灰乳浆、肥皂水或无色润滑油等润滑剂。

⑤为减少施工现场的安装拆卸工作和便于周转使用,支架和模板应尽量制成装配式组件或块件。

⑥钢制支架宜制成装配式常备构件,制作时应特别注意构件外形尺寸的准确性,一般应使用样板放样制作。

⑦模板应用内撑支撑。内撑有钢管内撑、钢筋内撑、硬塑料胶管内撑等类型。

2.制作及安装质量要求

支架和模板制作应符合设计图纸的要求。面板可以用 4～6cm 的冷轧钢板或厚 18cm 以上的木胶合板。为增加周转次数,胶合板的面上要有高分子材料覆膜。胶合板面板不得使用脱胶空鼓、边角不齐版面覆膜不全的板材。

3.支架和模板的安装

(1)安装前按图纸要求检查支架的自制模板的尺寸与形状,合格后才准进入施工现场。

(2)安装后不便涂刷脱模剂的内侧木板应在安装前涂刷脱模剂,顶板模板安装后,布扎钢筋前涂刷脱模剂。

(3)支架结构应满足立模高程的调整要求。按设计高程和施工预拱度立模。

(4)承重部位的支架和模板,必要时应在立模后预压,消除非弹性变形和基础沉降。预压重力相当以后所浇筑混凝土的重力,当结构分层浇筑混凝土时,预压重力可取浇混凝土质量的80%。

(5)相互联接的模板,木板面要对齐,连接螺栓不要一次锁紧到位,整体检查模板线形,发现偏差及时调整后再锁紧连接螺栓,固定好支撑杆件。

(6)模板连接缝间隙大于2cm应用灰膏类填逢或贴胶带密封。预应力管道锚具处空隙大时用海绵泡沫填塞,防止漏浆。

(7)主要起重机械必须配备经过专门训练的专业人员操作,指挥人员、驾驶员、挂钩人员要统一信号。

(8)遇6级以上大风时应停止施工作业。

四、施工预拱度

1.确定预拱度时应考虑的因素

在支架上浇筑梁式上部构造时,在施工时和卸架后,上部构造要发生一定的下沉和产生一定的挠度。因此,为使上部构造在卸架后能满意地获得设计规定的外形,须在施工时设置一定数值的预拱度。在确定预拱度时应考虑下列因素:

(1)卸架后上部构造本身及活载一半所产生的竖向挠度 δ_1;

(2)支架在荷载作用下的弹性压缩 δ_2;

(3)支架在荷载作用下的非弹性变形 δ_3;

(4)支架基底在荷载作用下的非弹性沉陷 δ_4;

(5)由混凝土收缩及温度变化而引起的挠度 δ_5。

2.预拱度的计算

上部构造和支架的各项变形值之和,即为应设置之预拱度。各项变形值可按下列方法计算和确定:

(1)桥跨结构应设置预拱度,其值等于恒载和半个静活载所产生的竖向挠度 δ_1。当恒载和静载产生的挠度不超过跨径的1/1600时,可不设预拱度。

(2)满布式支架,当其杆件长度为 L、压力为 δ 时,其弹性变形为:

$$\delta_2 = \frac{\delta \cdot L}{E} \tag{6-1}$$

当支架为桁架等形式时,应按具体情况计算其弹性变形。

(3)支架在每一个接缝处的非弹性变形,在一般情况下,横纹木料为3mm;顺纹木料接缝为2mm;木料与金属或木料与圬工的接缝为1~2mm;顺纹与横纹木料接缝为2.5mm。

卸落设备砂筒内砂粒压缩和金属筒变形的非弹性压缩量,根据压力大小、砂子细度模量及筒径、筒高确定。一般20t压力砂筒为4mm;40t压力砂筒为6mm;砂子未预先压紧者为10mm。

(4)支架基底的沉陷,可通过试验确定或参考表6-2估算。

支架基底沉陷(cm) 表 6-2

土壤	枕梁	柱	
		当柱上有极限荷载时	柱的支承能力不充分利用时
砂土	0.5~1.0	0.5	0.5
粘土	1.5~2.0	1.0	0.5

3.预拱度的设置

根据梁的挠度和支架的变形所计算出来的预拱度之和,为预拱度的最高值,应设置在梁的跨径中点。其他各点的预拱度,应以中间点为最高值,以梁的两端为零,按直线或二次抛物线比例进行分配。

第三节 钢筋骨架的安装

1.骨架制作

在支架上浇筑钢筋混凝土梁时,为减少在支架上的钢筋安装工作,梁内的钢筋宜预先在工厂或桥梁工地制成平面或立体骨架;当梁的跨径较大时,可预先分段制成骨架;当不能预先制成骨架时,则钢筋的接长应尽可能预先进行。制作钢筋骨架时,须焊扎坚固,以防在运输和吊装过程中变形。

多层钢筋焊接时,可采用侧面焊缝,使之形成平面骨架,焊接缝设在弯起钢筋的弯起点处。如斜筋弯起点之间的距离较大,应在中间部分适当增加短段焊缝,以便有效地固定各层主钢筋。

2.钢筋接头

(1)直径不大于 28mm 的螺纹钢筋或光圆钢筋均可采用绑扎搭接,受拉钢筋搭接长度不小于表 6-3 中的规定;受压钢筋搭接长度,应取受拉钢筋搭接长度的 0.7 倍。

(2)钢筋接头应设置在内力较小处,并错开布置。绑扎搭接的接头数量,在同一截面内,对受拉钢筋不宜超过受力钢筋的 1/4;对受压钢筋不宜超过受力钢筋的 1/2。接头相互间的距离,如不超过钢筋直径的 30 倍时,均视为在同一截面内。

受拉钢筋绑扎接头的搭接长度 表 6-3

钢筋类型		混凝土强度等级		
		C20	C25	高于 C25
I级钢筋		35d	30d	25d
月牙纹	HRB335 牌号钢筋	45d	40d	35d
	HRB400 牌号钢筋	55d	50d	45d

注:①当带肋钢筋直径 d 不大于 25mm 时,其受拉钢筋的搭接长度应按表中值减少 5d 采用;当带肋钢筋直径 d 大于 25mm 时,其受拉钢筋的搭接长度应按表中值增加 5d 采用。

②当混凝土在凝固过程中受力钢筋易受扰动时,其搭接长度宜适当增加。

③在任何情况下,纵向受拉钢筋的搭接长度不应小于 300mm;受压钢筋的搭接长度不应小于 200mm。

④当混凝土强度等级低于 C20 时,I 级、HRB335 牌号钢筋的搭接长度应按表中 C20 的数值相应增加 10d;HRB500 钢筋不宜采用。

⑤对有抗震要求的受力钢筋的搭接长度,当抗震烈度为七度(及以上)时应增加 5d。

⑥两根不同直径的钢筋的搭接长度,以较细的钢筋直径计算。

(3)采用搭叠式电弧焊接时,钢筋端部应预先折向一侧,使两接合钢筋在搭接范围内轴线一致,以减少偏心。搭接时双面焊缝的长度不小于 5d,单面焊缝的长度不小于 10d。

(4)采用夹焊式焊接时，夹杆总面积不小于被焊钢筋的面积。夹杆长度，如用双面焊缝，应不小于 $5d$，如用单面焊缝，应不小于 $10d$。

3.钢筋骨架的拼装

用焊接的方法拼接骨架时，应用样板严格控制骨架位置。骨架的施焊顺序，宜由骨架的中间到两边，对称地向两端进行，并应先焊下部后焊上部，每条焊缝应一次成活，相邻的焊缝应分区对称地跳焊，不可顺方向连续施焊。

为保证混凝土保护层的厚度，应在钢筋骨架与模板之间错开放置适当数量的水泥砂浆垫块、混凝土垫块或钢筋头垫块，骨架侧面的垫块应绑扎牢固。

4.钢筋骨架的运输和吊装

运输预制钢筋骨架时，骨架可放在平车上或在骨架下面垫以滚轴，用绞车拖拉。运输道路可根据现场条件，或设在桥上或设在桥侧面，孔数较多时，以设在桥侧面为宜。由桥侧面运进和吊装时，侧面模板应在骨架入模后再安装。用起重机吊装骨架时，为防骨架弯曲变形，宜加设扁担梁。

5.钢筋骨架质量要求

钢筋骨架除应按规定对加工质量、焊接质量及各项机械性能进行检验外，并应检查其焊扎和安装的正确性，其允许偏差见表 6-4 和表 6-5。

加工钢筋的允许偏差 表 6-4

项　目	允许偏差(mm)
受力钢筋顺长度方向加工后的全长	±10
弯起钢筋各部分尺寸	±20
箍筋、螺旋筋各部分尺寸	±5

焊接网及焊接骨架的允许偏差 表 6-5

项　目	允许偏差(mm)	项　目	允许偏差(mm)
网的长、宽	±10	骨架的宽及高	±5
网眼的尺寸	±10	骨架的长	±10
网眼的对角线差	10	箍筋间距	0，-20

其余关于加工钢筋的允许偏差、焊接钢筋的允许偏差等详见《公路桥涵施工技术规范》(JTJ 041—2000)。

第四节　混凝土工程

原材料在进场之前，施工单位应自检，做好混凝土配合比设计，并报请监理工程师验证批准后才能进场，具体内容如下。

1.原材料的检查

(1)水泥的检查与保管

①水泥进场之前应抽取样品进行检验，并报请监理工程师检验，经监理工程师同意后才能进场，进场的水泥应按其品种、强度等级、证明文件(质保书)以及出厂时间等情况分批进行检查，验收。

②入库的水泥应按品种、强度等级、出厂日期分别堆放，并竖立标志。做到先到先用，并防

止混掺使用。

③为了防止水泥受潮，现场仓库尽量密封。包装水泥存放时应垫离地面30cm，离墙亦在30cm以上。临时露天暂存水泥时应用防雨蓬布盖严，底板需垫高。

④水泥储存时间不宜过长，以免结块降低强度。常用水泥在出厂超过三个月视为过期水泥，使用时必须重新检验确定强度等级。因为水泥在正常环境存放超过三个月强度会降低10%~20%，存放六个月，强度会降低15%~30%。

⑤受潮、结块水泥一般不得用在结构工程中。

(2)细集料

①细集料的选择

选择细集料时，应优先选择级配良好，质地坚硬，颗料洁净的河砂或海砂，当没有河砂或海砂时，也可用山砂或机制砂。无论哪一种砂均应分别检验。各项指标均满足《公路桥涵施工技术规范》要求方可使用。

②试验

对细集料进场使用前，根据规范应完成：筛分、含泥量、有机质以及压碎值试验，必要时还要进行坚固性试验。试验应按《公路工程集料试验规程》(JTJ E42—2005)的规定进行。

(3)粗集料

粗细集料对混凝土质量有较大的影响，使用干净、坚硬、具有耐久性的集料很重要。

桥梁施工粗集料的颗料级配，最好是连续级配，可以采用连续级配与单粒级配配合使用。只有特殊情况下确保混凝土不出现离析时，才可用单粒级配。

同细集料一样，选用的粗集料必须满足《公路桥涵施工技术规范》(JTJ 041—2000)中的各项指标要求，并且现场取样进行筛分、杂质含量、强度、针片状含量等试验，只有当试验结果满足规范要求才能使用。

无论是粗集料，还是细集料，在进场之前，必须报请监理抽验，填写进场材料检验申请单，经监理工程师检验合格并签证后方可进场使用。

此外，组成混凝土的材料还有水以及外加剂。人畜可用的洁净水可用来拌制混凝土。主要的外加剂类型有普通和高效减水剂、早强减水剂、缓凝减水剂、引气减水剂、抗冻剂、膨胀剂、阻锈剂和防水剂等。混合材料包括粉煤灰、火山灰质材料、粒化高炉矿渣等。混合材料的技术条件可以参考《公路桥涵施工技术规范》(JTJ 041—2000)。但应注意在预应力钢筋混凝土结构中不得使用加气剂、加气型减水剂及掺加氯化钠、氯化钙等氯盐，各组成材料中引入的氯离子一般不超过水泥用量的0.06%。

2.混凝土配合比

由于大部分桥梁施工远离城市，特别是中、小桥以及涵洞工程混凝土数量不大，基本上都是采用现场拌制混凝土，除非城市桥梁施工，采用商品混凝土(预拌混凝土)。因此工程技术人员要设计并控制好现场混凝土配合比，确保混凝土质量。

配合比的设计是依据设计图纸中混凝土强度等级进行的，在《道路建筑材料》中有详细介绍，在此不作叙述。选择配合比的原则：在具有适合作业要求的和易性范围内，应尽量减少单位用水量，并根据试验确定配合比。

由于计量、拌和、养生、浇筑以及集料的含水量等方面原因，施工现场拌制混凝土时与试验室存在着一定的差异，因此试配强度应大于设计标准强度。

另外在做配合比试验时，所有材料都应当与施工用料相同，否则试配将是无效的，为了节约水泥和改善和易性，缩短或延长凝结时间提高耐冻性，应积极使用外加剂。

3.混凝土拌制

混凝土拌制通常以机械为主，人工为辅，主要的基本工程工作量一般为机械拌制，工程中少量的塑性混凝土才人工拌制。

(1)机械拌制

靠拌和机完成，常用的机械有自落式和强制式拌和机两种。自落式拌和机用于拌和塑性混凝土，强制式拌和机用于拌和半干硬性混凝土。拌和机使用前应清扫干净，否则拌和机内部有灰浆粘着硬化，会缩短机器的正常使用寿命，影响拌和料的质量。当拌和机长久未用时，使用时应先放入一部分砂、石拌和一会，然后倒去，以除去拌和机内的锈等杂质。给拌和机喂料误差控制如下：水泥、外加剂干料±2%、粗细集料±3%、水、外加剂溶液±2%。喂料顺序应根据机器类型、集料种类等具体情况确定。对于强制式拌和机；先砂，再水泥，最后加石料，上料后提起料斗，把全部原料倒入拌和机内拌和，同时打开进水阀，等拌和机拌和至各材料混合均匀，颜色一致才出料。混凝土最短拌和时间参看相关规范。

对于大桥或特大桥以及混凝土数量较多时应设置混凝土拌和站，各种混凝土采用集中拌制，电子计量，利于混凝土的质量控制。

(2)人工拌制

速度慢，劳动强度大，仅用于小量的辅助或修补工程。

4.混凝土的运输

混凝土应以最少的转运次数，最短的距离迅速地从拌制地点运往灌注地点，避免发生离析、泌水和灰浆流失现象，坍落度前后相差不得超过30%，否则应进行二次拌制。混凝土运输时间不宜超过时间限制允许值。

(1)在桥面上运输

对于跨径不大的桥梁，可在上部结构模板上运送混凝土。用手推车或小型机动斗车运送时，须在模板上铺跳板和马凳，并随着浇筑工作的推进逐一撤除。用轻轨斗车运送时，模板上须放置混凝土短柱或铁支架，上搁纵梁、横木、面板，再铺铁轨。混凝土短柱和铁支架可留在混凝土体内。

(2)索道吊机和运输

索道吊机一般沿顺桥方向跨越全部桥跨设置，可设一条或两条索道，在桥的横向可用牵引的方法或搭设平台分送混凝土。此法适用于河谷较深或水流湍急的桥梁。

(3)在河滩上运输

当桥下为较平坦的河滩时，可用汽车或轻轨斗车进行水平运输，用吊机进行垂直和横向运输。进行水平运输(顺桥向)和垂直运输(上、下方向)时，宜用同一活底吊斗装载混凝土并将其送入模板，避免倒料。如不得已需要先将料放在平台上，然后进行分送时，应经过重新拌和后再分送与浇筑。

(4)水上运输

在较大、可通航的河流上，可在浮船上设置水上混凝土工厂和吊机以供应混凝土并将其运送到浇筑部位。当须另用小船运送混凝土时，应尽可能使用同一装载混凝土的工具。

5.混凝土的浇筑

浇筑前应会同监理工程师对模板、钢筋以及预埋件的位置进行检查，检查内容包括以下儿点。

(1)混凝土的浇筑速度

为了保证浇筑混凝土的整体性,防止在浇筑上层混凝土时破坏下层混凝土,浇筑层次的增加须有一定的速度,须使次一层的浇筑能在先浇筑的一层混凝土初凝以前完成。

(2)混凝土的浇筑顺序

在考虑主梁混凝土的浇筑顺序时,不应使模板和支架产生有害的下沉;为了使混凝土振捣密实,应采用相应的分层浇筑;当在斜面或曲面上浇筑混凝土时,一般应从低处开始。

①简支梁混凝土的浇筑

a.水平分层浇筑

对于跨径不大的简支梁桥,可在钢筋全部扎好以后,将梁和板沿一跨全长内水平分层浇筑,在跨中合龙。分层的厚度视振捣器的能力而定,一般为0.15~0.3m;当采用人工捣实时可采用0.15~0.2m。为避免支架不均匀沉陷的影响,浇筑工作应尽量快速进行,以便在混凝土失去塑性以前完成。

b.斜层浇筑

跨径不大的简支梁桥混凝土的浇筑,还可用斜层法从主梁两端对称向跨中进行,并在跨中合龙。T梁和箱梁采用斜层浇筑的顺序如图6-8a)所示。当采用梁式支架、支点不设在跨中时,应在支架下沉量大的位置先浇混凝土,使应该发生的支架变形及早完成。其浇筑顺序见图6-8b)所示。采用斜层浇筑时,混凝土的倾斜角与混凝土的稠度有关,一般为20°~25°。

较大跨径的简支梁桥,可用水平分层或斜层法先浇筑纵横梁,待纵横梁浇筑完毕后,再沿桥的全宽浇筑桥面板混凝土。在桥面板与纵横梁间应按设置工作缝处理。

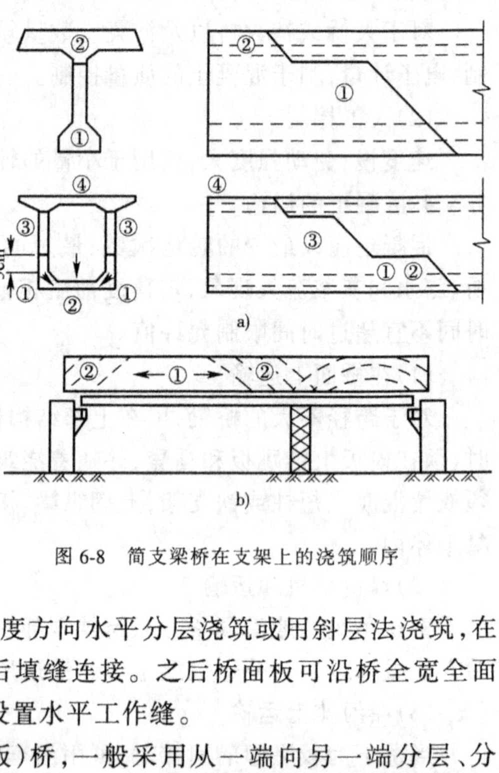

图6-8　简支梁桥在支架上的浇筑顺序

c.单元浇筑法

当桥面较宽且混凝土数量较大时,可分成若干纵向单元分别浇筑。每个单元的纵横梁可沿其长度方向水平分层浇筑或用斜层法浇筑,在纵梁间的横梁上设置工作缝,并在纵横梁浇筑完成后填缝连接。之后桥面板可沿桥全宽全面积一次浇筑完成,不设工作缝。桥面板与纵横梁间设置水平工作缝。

②空心板梁混凝土的浇筑:小跨径的连续梁(板)桥,一般采用从一端向另一端分层、分段的浇筑程序,图6-9示出了一座五跨一联钢筋混凝土连续空心板桥的混凝土浇筑顺序。该桥桥跨为5×14.68m,板厚0.8m,桥宽11.65m,板内有9个ϕ550mm的圆孔。支架采用满布式钢支架,空心板梁内模采用钢圆筒,混凝土用泵车浇筑。板分两层浇筑,并在墩顶设工作缝。浇筑顺序及工作缝的设置见图6-9。图中数字为混凝土浇筑顺序。箭头所指示为浇筑的方向。

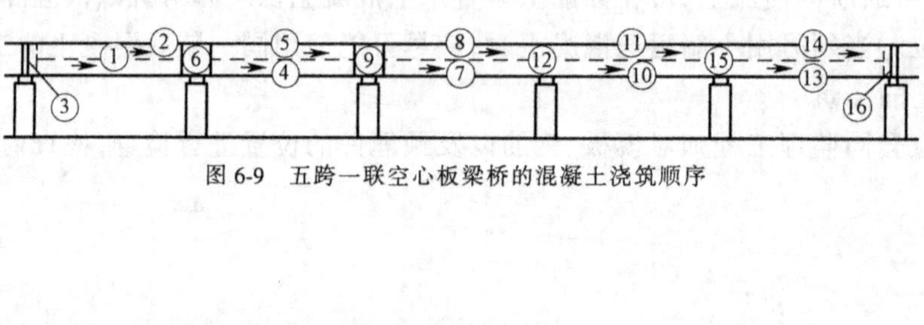

图6-9　五跨一联空心板梁桥的混凝土浇筑顺序

6.混凝土的振捣

混凝土的振捣分人工振捣(用铁钎)和机械振捣两种。人工振捣一般用于坍落度大、混凝土数量少或钢筋过密部位的振捣。大规模的混凝土浇筑,必须用机械振捣。

机械振捣设备有插入式、附着式、平板式振捣器和振动台等。平板式振捣器用于大面积混凝土施工,如桥面、基础等。附着式振捣器可设在侧模板上,但附着式振捣器是借助振动模板来振捣混凝土,故对模板要求较高,而振捣效果不是太好;常用于薄壁混凝土部分振捣,如梁肋上和空心板两侧部分。插入式振捣器常用的是软管式的,只要构件断面有足够的地方插入振捣器,而钢筋又不太密时,采用插入振捣器的振捣效果比平板式和附着式都要好。

无论何种方式,振捣时都应注意:

(1)严禁利用钢筋振动进行振捣。

(2)每次振捣的时间要严格掌握。插入式振捣器,一般只要 15 ~ 30s,平板式振捣器 25 ~ 40s。

7.混凝土养护及模板拆除

(1)混凝土的养护

混凝土浇筑完成后应及时进行养护。养护可分自然养护和蒸汽养护两种。在养护期间,应使其保持湿润,防止雨淋、日晒、受冻及受荷载的振动、冲击。以促使混凝土硬化,并在获得强度的同时,防止混凝土干缩引起的裂缝。为此,对于混凝土外露面,在表面收浆、凝固后即用草帘等物覆盖,并应经常在覆盖物上洒水,洒水养护时间不少于《公路桥涵施工技术规范》(JTJ 041—2000)所规定的时间。

当日平均气温低于 +5℃或日最低气温低于 -3℃时,应按冬季施工要求进行养护。

(2)拆除模板和落架

当混凝土强度达到设计强度等级的 25%以后,可拆除侧面模板;达到设计强度等级的 50%后,可拆除跨径 4m 以内的桥梁的模板;达到在桥跨结构静重作用下所必需的强度且不小于设计强度等级的 70%以后,可拆除各种梁的模板。

梁体的落架程序应从梁挠度最大处的支架节点开始,逐步卸落相邻两侧的节点,并要求对称、均匀、有顺序地进行;同时要求各节点应分多次进行卸落,以使梁的沉落曲线逐步加大到梁的挠度曲线。通常简支梁桥和连续梁桥可从跨中向两端进行,悬臂梁桥则应先卸落挂梁及悬臂部分,然后卸落锚跨部分。

第五节 构件的移运、堆放

一、对构件混凝土强度的要求

装配式预制构件在移运、堆放时,混凝土的强度不应低于设计对吊装所要求的强度,并且不宜低于设计强度标准值的 75%,对于预应力混凝土构件,其孔道水泥浆的强度不应低于设计要求。如无设计规定时,应不低于 30MPa。

二、构件移运前的准备工作

(1)构件拆模后应检查外形实际尺寸,伸出钢筋、吊环和各种预埋件的位置及构件混凝土的质量。如构件尺寸误差超过允许限度,伸出钢筋、吊环的预埋件位置误差超过规定,或混凝土有裂缝、蜂窝、露筋、毛刺、鼓面、掉角、榫槽等缺陷时，应修补、处理，务必使构件形状正确，表面平整，确保安装时不致发生困难。

(2)尖角、凸出或细长构件在移运、堆放时应用木板或相应的支架保护。

(3)安装时需测量高程的构件在移运前应定好标尺。

(4)分段预制的组拼构件应注上号码。

三、吊移工具的选择

构件预制场内的吊移工具设备可视构件尺寸、质量和设备条件采用A形小车、平板车、扒杆、龙门架、拖履(走板)、滚杠、聚四氟乙烯滑板、汽车吊、履带吊等工具设备，其构造、计算方法、竖立方法及使用注意事项，可参阅《公路施工手册—桥涵》(上、下册)有关章节。

四、吊运时的注意事项

(1)构件移运时的起吊点位置，应按设计的规定布置。如设计无规定时，对上下面有相同钢筋的等截面直杆构件的吊点位置，一点吊可设在离端头$0.293L$处，两点吊可设在离端头$0.207L$处(L为构件长度)。其他配筋形式的构件应根据计算决定。

(2)构件的吊环应顺直，如发现弯扭必须校正，以使吊钩能顺利套入。吊绳交角大于60°时，必须设置吊架或扁担，使吊环垂直受力，以防吊环折断或破坏吊环周边混凝土。如用钢丝绳捆绑起吊时，需用木板、麻袋等垫衬，以保护混凝土的棱角和钢丝绳。

(3)板、梁、柱构件移运和堆放时的支承位置应与吊点位置一致，并应支承牢固。起吊及堆放板式构件时，注意不得将上下面吊错，以免折断。

用千斤顶顶起构件时必须用木垛保险。构件运输时应有特制的固定支架，构件应按受力方向竖立或稍倾斜放置，注意防止倾覆。如平放，两端吊点位置必须设置垫方木，以免产生正、负弯矩超过设计要求而断裂。

(4)使用平板拖车或超长拖车运输大型构件时，车长应能满足支撑点间距要求。构件装车时须平衡放正，使车辆承重对称均匀。构件支点下即相邻两构件间，须垫上麻袋或草帘，以免损坏车辆和避免构件相互碰撞，为适应车辆在途中转弯，支点处须设活动转盘，以免扭伤混凝土。

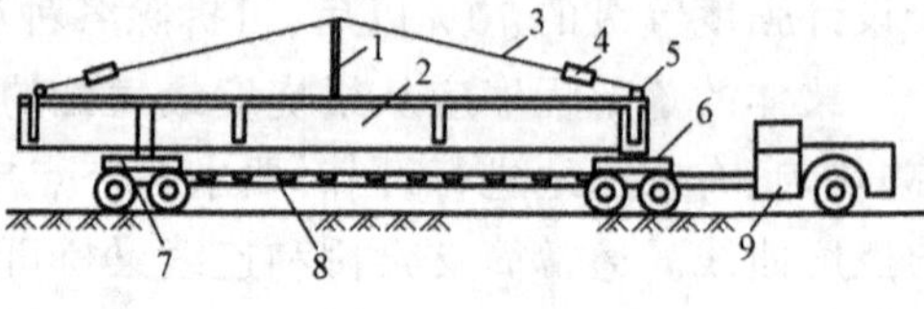

图6-10 防止构件运输时发生负弯矩措施

1-立柱；2-构件；3-钢丝绳；4-花篮螺丝；5-吊环；6、7-转盘装置；8-连接杆(可伸缩)；9-主车

如运输道路坑凹不平，颠簸厉害时，可采取如图6-10所示的措施，防止构件产生负弯矩而断裂。

构件装上平板拖车的垫木上后，与构件中部设一立柱，用钢丝绳穿过两端吊环，中间搁在立柱上，并以花篮螺丝将钢丝绳收紧，这样构件在运输途中不会发生负弯矩。为防止构件倾倒或滑移，还应另外采取固定措施。

五、成垛堆放装配式构件时的注意事项

(1)堆放构件的场地应平整压实不能积水。

(2)构件应按吊运及安装次序顺号堆放，并注意在相邻两构件之间留出适应通道。

(3)堆放构件时，应按构件刚度及受力情况平放或竖放，并保持稳定。小型构件堆放，应以其刚度较大的方向作为竖直方向。

(4)构件堆垛时应设置在垫木上，吊环应向上，标志应向外，构件混凝土养护期未满的，应继续洒水养护。

(5)水平分层堆放构件时，其堆垛高度按构件强度、地基承压力、垫木强度以及堆垛的稳定性而定。一般大型构件以2层为宜，不宜超过3层，板、桩和盖梁不宜多于6层。

(6)堆放构件须在吊点处设垫木，层与层之间应以垫木隔开，多层垫木位置应在一条垂直线上。

(7)雨季和春季冻融期间，必须注意防止地面软化下沉造成构件折裂损坏。

六、移运工具设备

以下介绍常用的移运工具设备。

1.A形小车

A形小车构造如图6-11a)所示。可用木料或钢材制作，起重运输能力约为2~10kN。

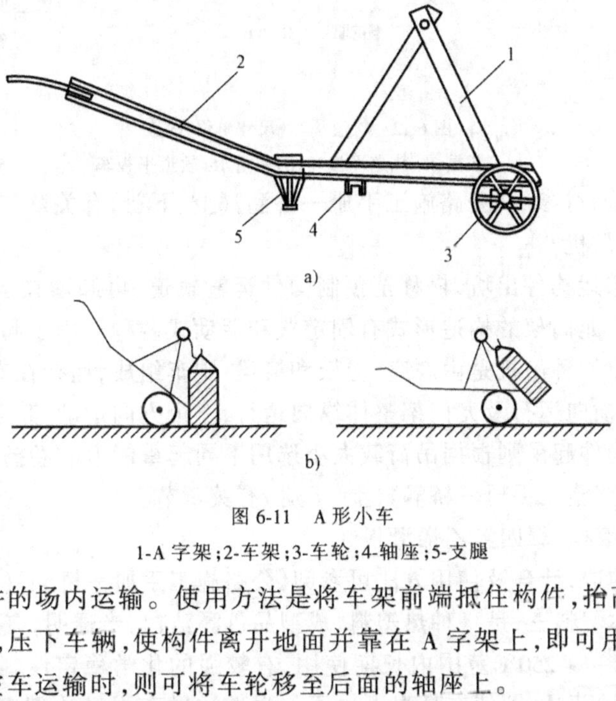

图6-11　A形小车

1-A字架；2-车架；3-车轮；4-轴座；5-支腿

适用于小型构件的场内运输。使用方法是将车架前端抵住构件，抬高车柄使A字架向前倾斜，吊钩钩住构件，压下车辆，使构件离开地面并靠在A字架上，即可用人力推动小车行走，如图6-11b)所示。空车运输时，则可将车轮移至后面的轴座上。

2.轨道平板车

轨道平板车应设有转盘装置，以便装上构件后能在曲线上安全运行。同时还应设置制动装置，以便在发生意外时能进行制动，保证安全。轨道平车的构造如图6-12所示。

轨道平板车的临时铁路线的轨距有1435mm、1000mm、750mm和600mm多种，钢轨质量从5~50kg/m不等，均视承载质量大小和设备条件而定。场内铁路线纵坡宜尽量设平坡，须设纵坡时宜控制在2%以内。

运输构件时以两辆平车装载构件，平车应设在构件前后吊点的下面。牵引钢丝绳挂在前面平车上，前后平车间应用钢丝绳连接。或从整个构件的下部缠绕一周后再引向导向滑车至绞车。这样，即使构件与平车之间稍有滑动，也不致倾覆。

3.扒杆

扒杆在场内主要作为出坑用，即把构件从预制的底座上吊移出来。各种扒杆的构造、计算

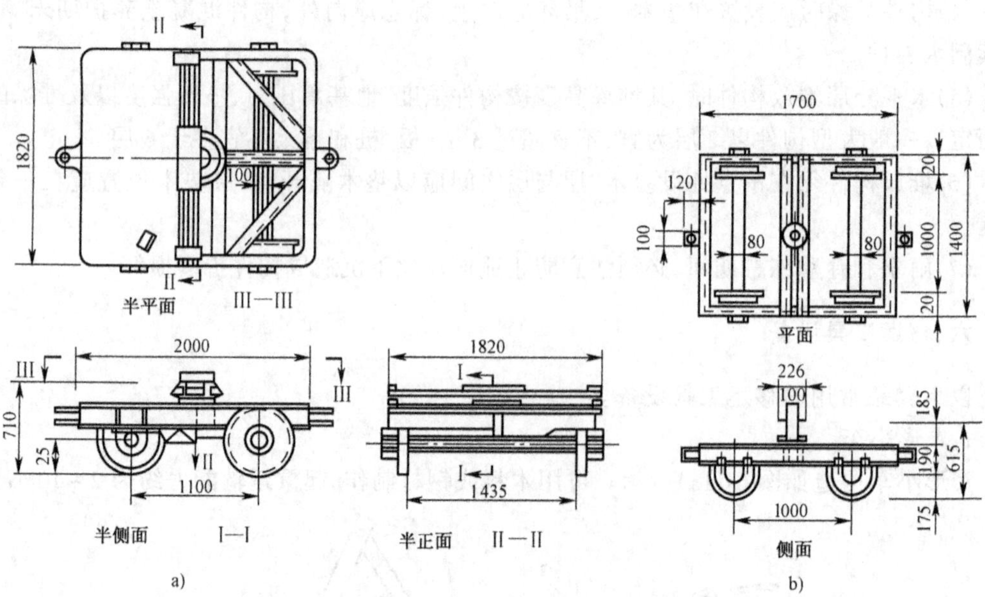

图 6-12　轨道平车(尺寸单位:mm)

a)载重 30t 轨道平板车;b)载重 15t 轨道平板车

和使用时需注意之处,可参阅《公路施工手册—桥涵》(上、下册)有关章节。

4.龙门架(龙门吊机)

用龙门架起吊移运构件出坑,横移至预制构件运输轨道,再卸落在运输平车或汽车上,较其他设备使用方便。龙门架的构造形式有固定式和活动式两种。用于起吊预制构件出坑的龙门架都采用活动式。这种吊机是由底座、腿架和横梁、跑车组成,运行在专用轨道上,操作时分构件上下升降,跑车横向运行及龙门架整体纵向运行,三个方向运动,其动力可用人力或电力。

龙门架运行及构件起吊则根据吊荷载大小选用不同起重能力的卷扬机。各种结构的龙门架的构造可参阅《公路施工手册—桥涵》(上、下册)有关章节。

5.拖履(走板)、滚杠、聚四氟乙烯滑板

拖履和滚杠的构造,计算及使用方法可参阅《公路施工手册—桥涵》(上、下册)有关章节。

聚四氟乙烯俗称塑料王,是一种热塑料,成型品色泽洁白,半透明,有腊状感觉。能耐高温和低温,可在 -180℃ ~ +250℃范围内长期使用,有较强的化学稳定性,除融熔金属钠和液氟外,能耐其他一切化学药品,即使在高温下也不与强酸浓碱和强氧化剂起作用,也不为水浸湿和泡胀。制成模压板作为滑板(简称四氟板)时其摩擦系数很低,起动阶段为 0.04,它与铸铁和钢的干摩擦和静摩擦系数也很低,而且在摩擦过程中,静摩擦和动摩擦系数很接近。它的抗压强度也很高,为 12.5 ~ 24.5MPa,表面硬度为 3.41 ~ 3.82(布氏)。

由于聚四氟乙烯具有以上的特性,国内外将其用作桥梁活动支座,用于顶推法架桥或墩台上横移大梁。在构件预制场内也可用四氟板代替走板和滚杠作为移动构件的滑板。

6.汽车、轮胎式吊机和履带式吊机

这些吊机通称运行式回转吊机。其中汽车式吊机,是把起重机构装在载重汽车底盘上,由汽车发动机供给动力,起重操纵室和行驶驾驶室是分开的。底盘两侧设有支腿,以扩大支承点,增加稳定。它的优点是机动性高,行驶速度快,可与汽车编队行驶,转移灵活方便。作业时应放下支腿,一般不宜带负荷行驶。它的缺点是要求有较好的路面及支承点。

轮胎式吊机与汽车式吊机的区别在于:前者是装在特别的轮胎盘上的回转台上,不论起质量大小，一般全机只有一台发动机；起重和行驶在一个驾驶室内操纵；行驶速度较低，一般不超过 30km/h；没有外伸支腿；可吊较小的荷重行驶，也要求较好路面。

履带式吊机由回转台和行驶履带两部分组成。在回转台上装有起重臂、动力装置、绞车和操纵室，在其尾部装有平衡重。回转台能绕中心轴线转动 360°，履带架既是行驶机构，也是起重机的支座。它的优点是起质量大，可在崎岖不平及松软泥泞的施工场地行驶，稳定性较好；缺点是行驶速度慢，一般不超过 20km/h，自重大，对路面有破坏作用。

第六节　装配式梁桥的安装

预制梁（板）的安装是预制装配式混凝土梁桥施工中的关键性工序，应结合施工现场条件、工程规模、桥梁跨径、工期条件、架设安装的机械设备条件等具体情况，从安全可靠、经济简单和加快施工速度等为原则，合理选择架梁的方法。

对于简支梁（板）的安装设计，一般包括起吊、纵移、横移、落梁（板）就位等工序，从架设的工艺来分有陆地架梁、浮吊架梁和利用安装导梁、塔架、缆索的高空架梁法等方法。《公路施工手册—桥涵》（上、下册）详细介绍了预制梁安装的十几种方法，可供参考，这里简要介绍几种常用的架梁方法的工艺特点。

必须注意的是，预制梁（板）的安装既是高空作业，又需用复杂的机具设备，施工中必须确保施工人员的安全，杜绝工程事故。因此，无论采用何种施工方法，施工前均应详细、具体地研究安装方案，对各承力部分的设备和杆件进行受力分析和计算，采取周密的安全措施，严格执行操作规程，加强施工管理和安全教育，确保安全、迅速地进行架梁工作。同时，安装前应将支座安装就位。

一、陆地架梁法

1.移动式支架架梁法

此法是在架设孔的地面上，顺桥轴线方向铺设轨道，其上设置可移动支架，预制梁的前端搭在支架上，通过移动支架将梁移运到要求的位置后，再用龙门架或人字扒杆吊装；或者在桥墩上设枕木垛，用千斤顶卸下，再将梁横移就位。见图 6-13。

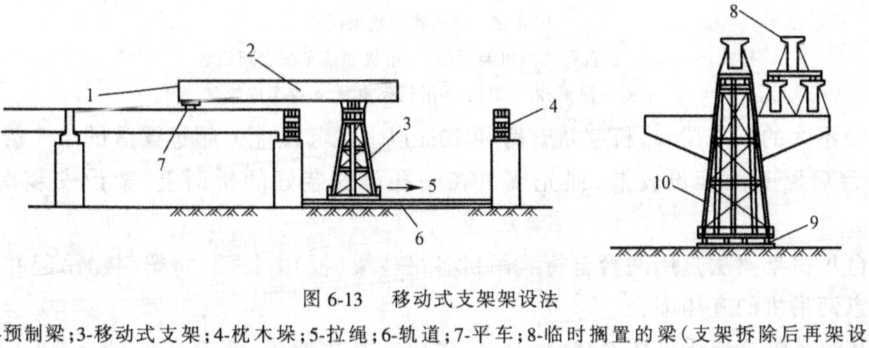

图 6-13　移动式支架架设法

1-后拉绳；2-预制梁；3-移动式支架；4-枕木垛；5-拉绳；6-轨道；7-平车；8-临时搁置的梁（支架拆除后再架设）；9-平车；10-移动式支架

利用移动支架架设，设备较简单，但可安装重型的预制梁；无动力设备时，可使用手摇卷扬机或绞磨移动支架进行架设。但不宜在桥孔下有水及地基过于松软的情况下使用，一般也不适宜桥墩过高的场合，因为这时为保证架设安全，支架必须高大，因而此种架设方法不够经济。

2.摆动式支架架梁法

本法是将预制梁(板)沿路基牵引到桥台上并稍悬出一段,悬出距离根据梁的截面尺寸和配筋确定。从桥孔中心河床上悬出的梁(板)端底下设置人字扒杆或木支架,如图 6-14 所示。前方用牵引绞车牵引梁(板)端,此时支架随之摆动而到对岸。

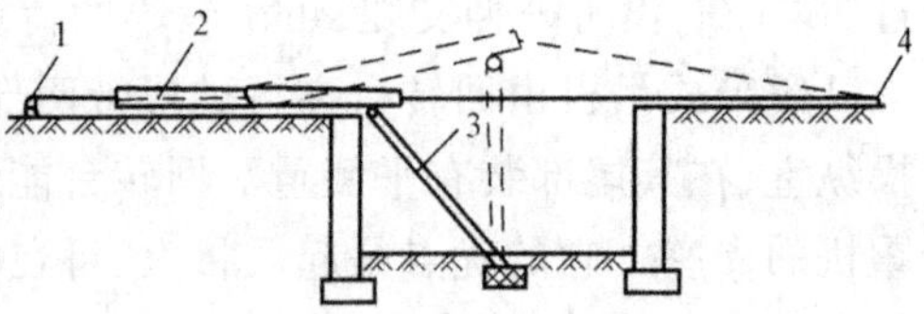

图 6-14 摆动式支架架设法

1-制动绞车;2-预制梁;3-支架;4-牵引绞车

为防止摆动过快,应在梁(板)的后端用制动绞车牵引制动。

用摆动式支架架梁法较适宜于桥梁高跨比稍大的场合。当河中有水时也可用此法架梁,但需在水中设一个简单小墩,以供立置木支架用。

3.自行式吊机架梁法

由于大型的自行式吊机的逐渐普及,且自行式吊机本身有动力、架设迅速、可缩短工期,不需要架设桥梁用的临时动力设备及不必进行任何架设设备的准备工作和不需要如其他方法架梁时所具备的技术工种,因此,一般中小跨径的预制梁(板)的架设安装越来越多地采用自行式吊机。

自行式吊机架梁可以采用一台吊机架设、两台吊机架设、吊机和绞车配合架设等方法。

当预制梁重力不大,而吊机又有相当的起重能力,河床坚实无水或少水,允许吊机行驶、停搁时,可用一台吊机架设安装。这时应注意钢丝绳与梁面的夹角不能太小,一般以 45°~60°为宜,否则应使用起重梁(扁担梁)。用一台自行式吊机架梁见图 6-15a)所示。

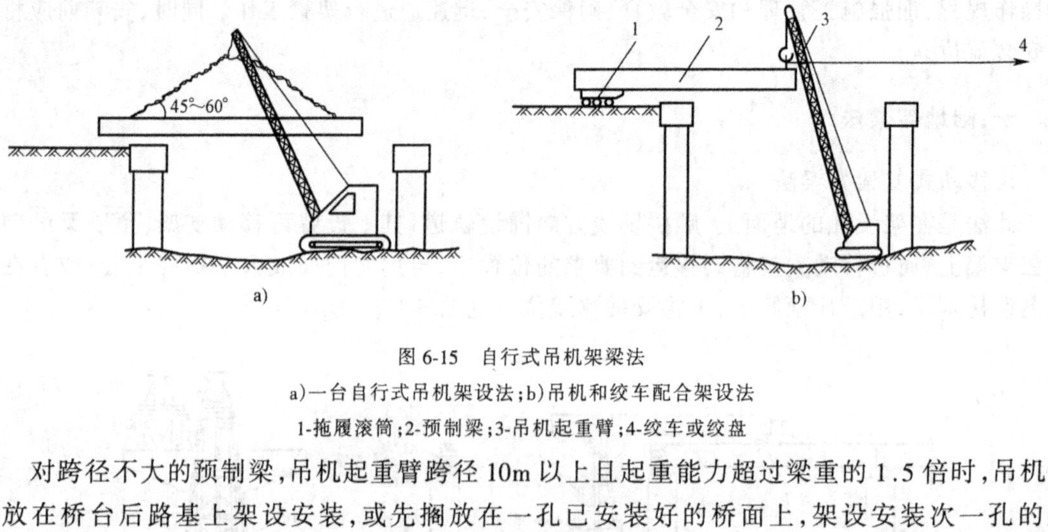

图 6-15 自行式吊机架梁法

a)一台自行式吊机架设法;b)吊机和绞车配合架设法

1-拖履滚筒;2-预制梁;3-吊机起重臂;4-绞车或绞盘

对跨径不大的预制梁,吊机起重臂跨径 10m 以上且起重能力超过梁重的 1.5 倍时,吊机可搁放在桥台后路基上架设安装,或先搁放在一孔已安装好的桥面上,架设安装次一孔的梁(板)。

用两台吊机架梁法是用两台自行式吊机各吊住梁(板)的一端,将梁(板)吊起并架设安装。此法应注意两吊机的互相配合。

吊机和绞车配合架梁见图 6-15b)示意。将梁一端用拖履、滚筒支垫,另一端用吊机吊起。前方用绞车或绞磨牵引预制梁前进。梁前进时,吊机起重臂随之转动。梁前端就位后,吊机行驶到后端,提起梁后端取出拖履滚筒,再将梁放下就位。

4.跨墩或墩侧龙门架架梁法

本法是以胶轮平板拖车、轨道平车或跨墩龙门架将预制梁运送到桥孔,然后用跨墩龙门架或墩侧高低脚龙门架将梁吊起，再横移到梁设计位置然后落梁，如此就位完成架梁工作。

搁置龙门架脚的轨道基础要按承受最大反力时能保持安全的原则进行加固处理。河滩上如有浅水，可在水中填筑临时路堤，水稍深时可考虑修建临时便桥，在便桥上铺设轨道。应与其他架设方法进行技术经济比较以决定取舍。

用本法架梁的优点是架设安装速度较快，河滩无水时也较经济，而且架设时不需要特别复杂的技术工艺，所需作业人员较少。但龙门吊机的设备费用一般较高，尤其是在高桥墩的情况时。

跨墩龙门架的架梁程序如图 6-16a)所示。预制梁可由轨道平车运送至桥孔，如两台龙门架吊机自行且能达到同步运行时，也可利用跨墩龙门架将梁吊着运送到桥孔再吊起横移落梁就位。

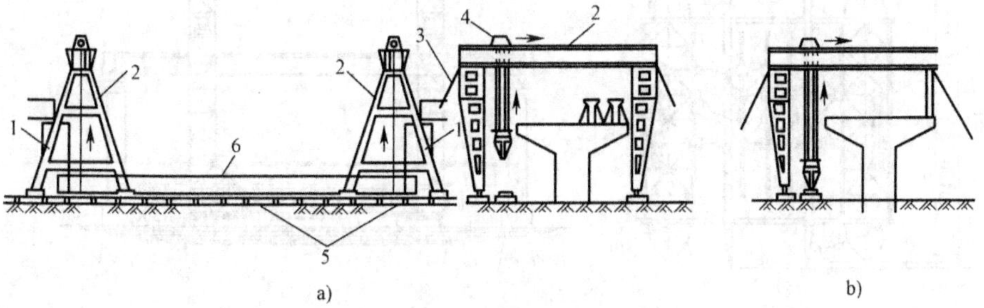

图 6-16　龙门架架梁法

a）跨墩龙门架架设；b）墩侧高低脚龙门架架设

1-桥墩；2-龙门架吊机（自行式）；3-风缆；4-横移行车；5-轨道；6-预制梁

墩侧高低脚龙门架如图 6-16b)所示，其架设程序与跨墩龙门架基本相同。但预制梁必须用轨道平车或胶轮平车拖板运送至桥孔。一孔各片梁安装完毕后，将 1 号墩的龙门架拆除运送到 3 号墩安装使用，以后如此循环使用。为了加快预制梁吊起横移就位速度，可准备三台高低脚龙门架，设置在 1、2、3 号墩侧。待第一跨各梁安装完毕，可即安装第二跨，与此同时，将 1 号墩龙门架运送到 4 号墩安装。这种高低脚龙门架较跨墩龙门架可减少一条轨道，一条腿的高度也可降低，但增加运、拆、装龙门架的工作量，并需要多准备一台龙门架。

二、浮运架梁法

浮运架梁法是将预制梁用各种方法移装到浮船上，并浮运到架设孔以后就位安装。采用浮运架梁法时，河流须有适当的水深，水深需根据梁重而定，一般宜大于 2m；水位应平稳或涨落有规律如潮汐河流；流速及风力不大；河岸能修建适宜的预制梁装卸码头；具有坚固适用的船只。浮运架梁法的优点是桥跨中不需设临时支架，可以用一套浮运设备架设安装多跨等跨径的预制梁，较为经济，且架梁时浮运设备停留在桥孔的时间很少，不影响河流通航。

浮运架梁法采用如下两种方法。

(1)预制梁装船浮运至架设孔再起吊安装就位。装梁上船一般采用引道栈桥码头，用龙门架吊着预制梁上船，如图 6-17 所示。

若装载预制梁的船本身无起吊设施，可用另外的浮吊吊装就位，或用装设在墩顶的起吊设施吊装就位。

将预制梁装载在一艘或两艘浮船中的支架枕木垛上，使梁底高度高于墩台支座顶面0.2～0.3m，然后将浮船拖运至架设孔，充水入浮船。使浮船吃水加深，降低梁底高度使预制梁安装就位。在有潮汐的河流或港湾上建桥时，可利用潮汐水位的涨落来调整梁底高程以安装就位。

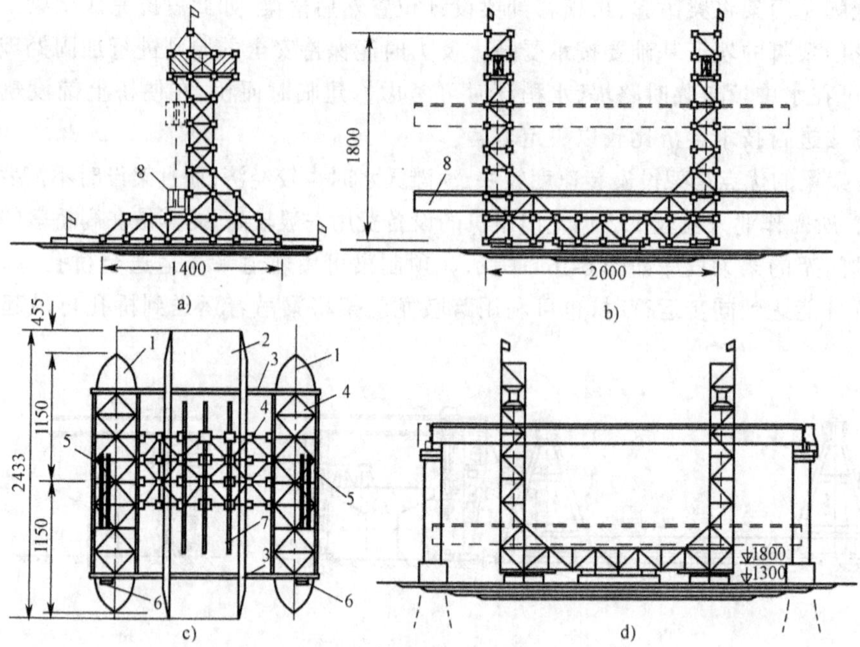

图 6-17 预制梁装船浮运架设法(尺寸单位:cm)

a)侧面;b)正面;c)平面;d)墩位安装

1-19t 浮桥船;2-80t 铁驳船;3-联结 36 号工字钢;4-万能杆件;5-吊点位置;6-5t 卷扬机;7-56 号工字钢;8-预制梁

若潮汐的水位高差不够,可在浮船中配合排水、充水解决。因此浮船应配备足够的水泵,以保证及时有效地排水和充水。在装梁时应进行水泵的性能试验。

预制梁较短、质量较小时,可装载在一艘浮船上。如预制梁较长且又重时,可装载在两艘浮船上或以多艘浮船连成两组使用。不论浮船多少,预制梁的支承处不宜多于两处,并由荷载分布确定。预制梁支承处两端伸出长度应考虑浮船进入架设孔便利,同时应考虑因两端伸出在支承外产生的负弯矩,在浇筑梁体时适当加固,防止由负弯矩而产生的裂纹、损坏发生。

(2)浮船支架拖拉架梁法

此法是将预制梁的一端纵向拖拉滚移到岸边的浮船支架上,再用如移动式支架架梁法相同方法沿桥轴线拖拉浮船至对岸,预制梁也相应拖拉至对岸,当梁前端抵达安装位置后用龙门架或人字扒杆安装就位,如图 6-18 所示。

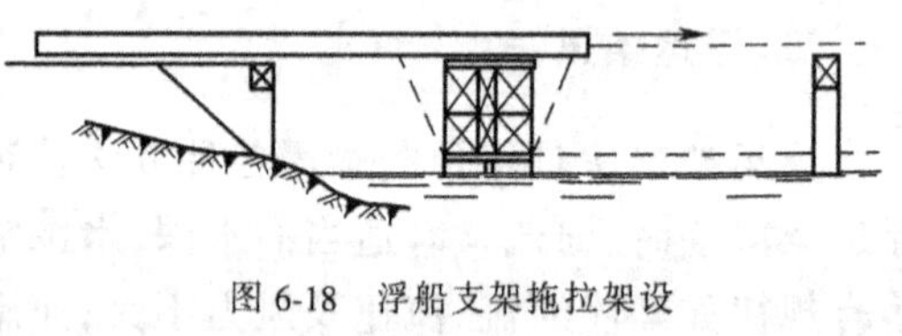

图 6-18 浮船支架拖拉架设

预制梁装船的方法,应根据梁的长度、质量、河岸的情况,选用不同的方法。对于河边有垂直驳岸、预制梁不太长又不太重时,可采用大起质量、大伸幅的轮胎式或履带式吊机将梁从岸上吊装到浮船上,或用大起质量、大伸幅的浮吊将梁从岸上吊装到浮船上。必须建栈桥码头时,可用栈桥码头将预制梁纵向拖拉上船。也可用栈桥码头横移预制梁上船,但此时必须与河岸垂直修建两座栈桥,其间距等于预制梁的长度。

用栈桥码头纵向拖拉将梁装船,栈桥码头必须与河岸垂直,栈桥上铺设轨道,轨道一端接梁预制场轨道,另一端接浮船支架上轨道。预制梁拖拉上船如图 6-19 所示。

栈桥码头宜设在桥位下游,因为向上游牵引浮船较向下游要稳当些。栈桥的高度、长度应根据河岸与水位的高差,水下河床深度、浮船最大吃水深度、浮船支架高度等因素确定。

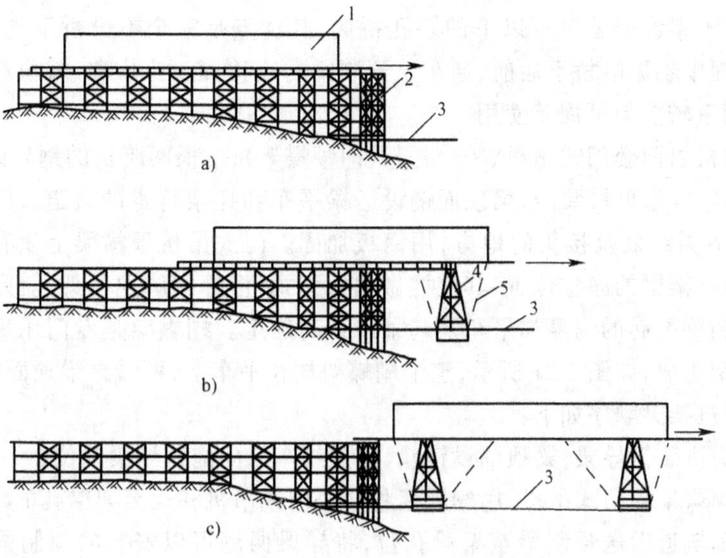

图 6-19 利用栈桥码头将预制梁纵向拖拉上船

a)预制梁已拖至栈桥上；b)预制梁已拖拉至第一艘浮船支架上；c)预制梁已拖拉至第一、二艘浮船支架上

1-预制梁；2-栈桥排架；3-水面；4-浮船支架；5-拉索

在预制梁被拖拉上第一艘浮船的过程中，随着梁移出栈桥端排架的长度增加，浮船所支承的梁重也逐渐增加。为了维持梁处于水平位置，就必须在与梁向前拖拉的同时，不断地将浮船中先充入的压舱水相应排出，以逐渐增加浮船的浮力，使浮船在载重逐渐增加时，浮船的吃水深度保持不变。因此，水泵的能力和排水速度应根据梁的质量和拖移的速度来决定。浮船可用缆索和绞车拉动或拖船牵引至架设孔。

用栈桥码头横移梁上船如图 6-20 所示。预制梁经过栈桥横向移运到两个提长塔(或龙门吊机下)之间后，就可用卷扬机将梁提长起来，然后将双艘浮船连系的浮船支架拖入，再将梁落放在浮船支架上。浮船中线宜与预制梁中线相垂直。

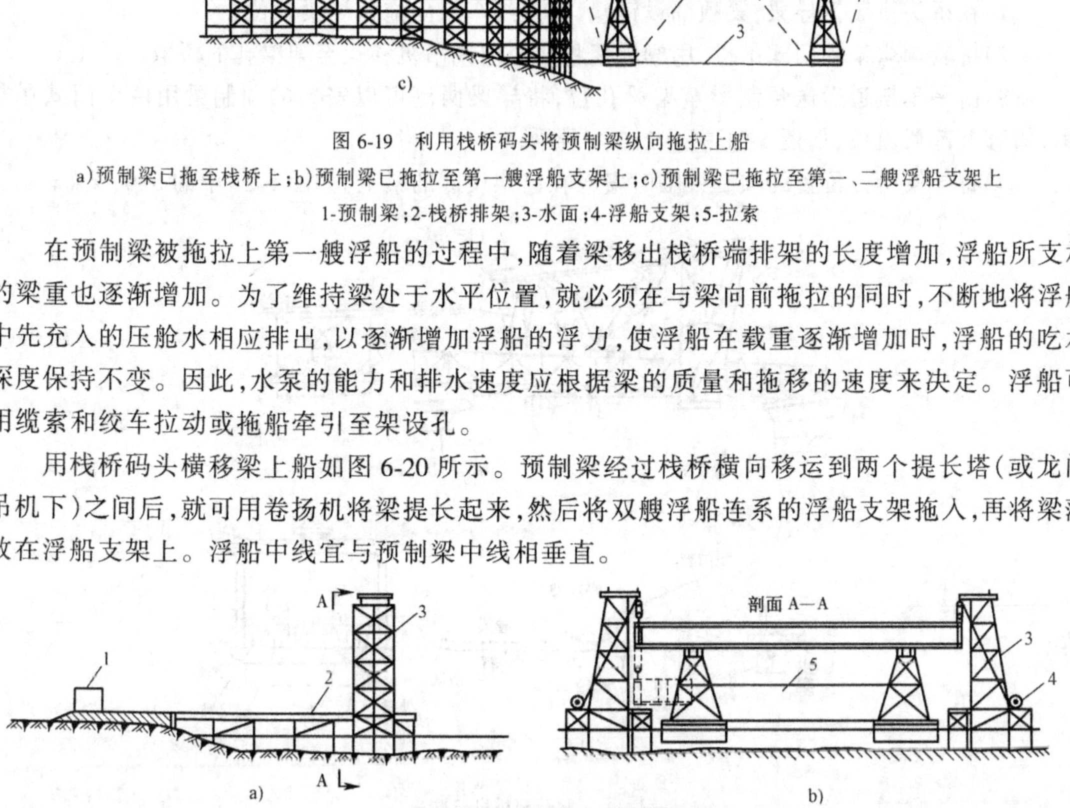

图 6-20 用栈桥码头横移预制梁上船

a)侧面；b)剖面 A—A

1-预制梁；2-栈桥；3-提升预制梁的塔架；4-卷扬机；5-两浮船支架间连系桁架

当栈桥排架较高，浮船支架高度稍低于栈桥上梁底高度时，可不必用卷扬机或龙门架提升预制梁，而采用先将浮船充水使它吃水深些，待浮船拖到梁下的预定位置后，再用水泵将浮船中压舱水排出，使浮船升高将梁托起在支架上。但完全靠充水、排水来升降浮船支架高度比较费时，可与千斤顶联合使用。但在浮船支架拖运途中，必须撤除千斤顶，以免梁发生翻倒现象。

三、高空架梁法

1.联合架桥机架梁(蝴蝶架架梁法)

此法适用于架设安装30m以下的多孔桥梁，其优点是完全不设桥下支架，不受水深流急影响，架设过程中不影响桥下通航、通车。预制梁的纵移、起吊、横移、就位都较方便。缺点是架设设备用钢量较多但可周转使用。

联合架桥机由两套门式吊机、一个托架(即蝴蝶架)、一根两跨长的钢导梁三部分组成如图6-21所示。钢导梁由贝雷装配，梁顶面铺设运梁平车和托架行走的轨道。门式吊机和工字梁组成，并在上下翼缘处及接头的地方，用钢板加固。门式吊机顶横梁上设有吊梁用的行走小车。为了不影响架梁的净空位置，其立柱做成拐脚式(俗称拐脚龙门架)。门式吊机的横梁高程，由两根预制梁叠起的高度加平车及起吊设备高确定。蝴蝶架是专门用来托运门式吊机转移的，它由角钢组成，如图6-21所示，整个蝴蝶架放在平车上，可沿导梁顶面轨道行走。

联合加桥机架梁顺序如下：

(1)在桥头拼装钢导梁，梁顶铺设钢轨，并用绞车纵向拖拉导梁就位；

(2)拼装蝴蝶架和门式吊机，用蝴蝶架将两个门式吊机移运至架梁孔的桥墩(台)上；

(3)由平车轨道运送预制梁至架梁孔位，将导梁两侧可以安装的预制梁用两个门式吊机吊，横移并落梁就位，如图6-21中1、2、3、4号梁；

(4)将导梁所占位置的预制梁临时安放在已架设好的梁上，如图6-21中的5、6号梁；

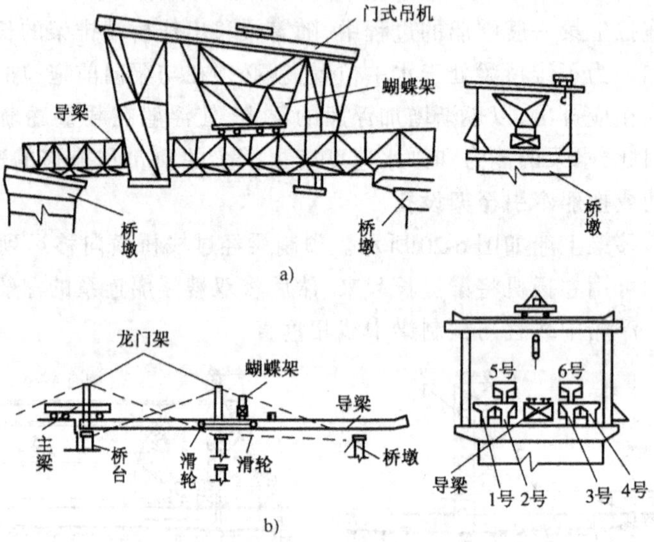

图6-21　联合架桥机架梁法

a)主梁纵移图；b)主梁横移安装图

(5)用绞车纵向拖拉导梁至下一孔后，将临时安放的梁由门式吊机架设就位，完成一孔梁的架设工作，并用电焊将各梁联结起来；

(6)在已架设的梁上铺接钢轨，再用蝴蝶架顺序将两个门式吊机托起并运至前一孔的桥墩上。

如此反复，直至将各孔梁全部架设好为止。

2.双导梁穿行式架梁法

本法是在架设孔间设置两组导梁，导梁上安设配有悬吊预制梁设备的轨道平车和起重行车或移动式龙门吊机，将预制梁在双导梁内吊着运到规定位置后，再落梁、横移就位。横移时可将两组导梁吊着预制梁整体横移，另一种是导梁设在桥面宽度以外，预制梁在龙门吊机上横移,导梁不横移,这比第一种横移方法安全。

双导梁穿行式架梁法的优点与联合架桥机法相同,适用于墩高、水深的情况下架设多孔中小跨径的装配式梁桥,但不需蝴蝶架,而配备双组导梁,故架设跨径可较大,吊装的预制梁可较重。我国用这类型的吊机架设了梁长 51m、重 1310kN 的预应力混凝土 T 形梁桥。

两组分离布置的导梁可用公路装配式钢桥桁节、万能杆件设备或其他特制的钢桁节拼装而成。两组导梁内侧净距应大于待安装的预制梁宽度。导梁顶面铺设轨道,供起重行车吊梁行走。导梁设三个支点,前端可伸缩的支承设在架桥孔前方墩桥上,如图 6-22 所示。

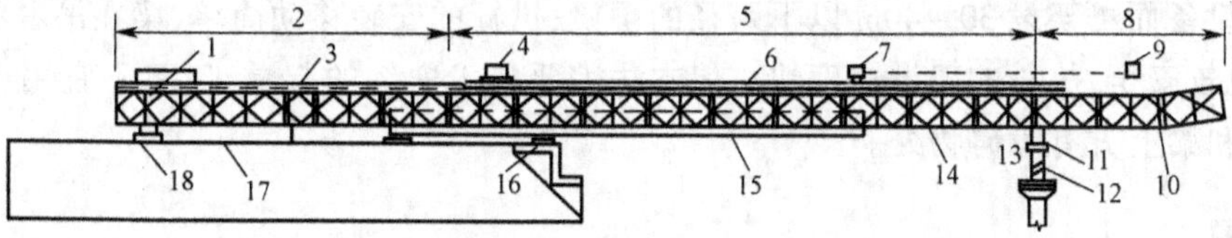

图 6-22 双导梁穿行式架梁法

1-平衡压重;2-平衡部分;3-人行便道;4-后行车;5-承重部分;6-行车轨道;7-前行车;8-引导部分;9-铰车;10-装置特殊接头;11-横移设备;12-墩上排架;13-花篮螺丝;14-钢桁架导梁;15-预制梁;16-预制梁纵向滚移设备;17-纵向滚道;18-支点横移设备

两根型钢组成的起重横梁支承在能沿导梁顶面轨道行走的平车上,横梁上设有带复式滑车的起重行车。行车上的挂链滑车供吊装预制梁用。其架设顺序如下:

(1)在桥头路堤上拼装导梁和行车,并将拼装好的导梁用铰车纵向拖拉就位,使可伸缩支脚承在架梁孔的前墩上。

(2)先用纵向滚移法把预制梁运到两导梁间,当梁前端进入前行车的吊点下面时,将预制梁前端稍稍吊起,前方起重横梁吊起,继续运梁前进至安装位置后,固定起重横梁。

(3)用横梁上的起重行车将梁落在横向滚移设备上,并用斜撑住以防倾倒,然后在墩顶横移落梁就位(除一片中梁处)。

(4)用以上步骤并直接用起重行车架设中梁。

如用龙门吊机吊着预制梁横移,其方法同联合架桥机架梁。此法预制梁的安装顺序是先安装两个边梁,再安装中间各梁。全孔各梁安装完毕并符合要求后,将各梁横向焊接联系,然后在梁顶铺设移运导梁的轨道,将导梁推向前进,安装下一孔。

重复上述工序,直至全桥架梁完毕。

3.自行式吊车桥上架梁法

在预制梁跨经不大,质量较轻且梁能运抵桥头引道上时,可直接用自行式伸臂吊车(汽车吊或履带吊)来架梁。但是,对于架桥孔的主梁,当横向尚未联成整体时,必须核算吊车通行和架梁工作时的承载能力。此种架梁方法简单方便,几乎不需要任何辅助设备,如图 6-23 所示。

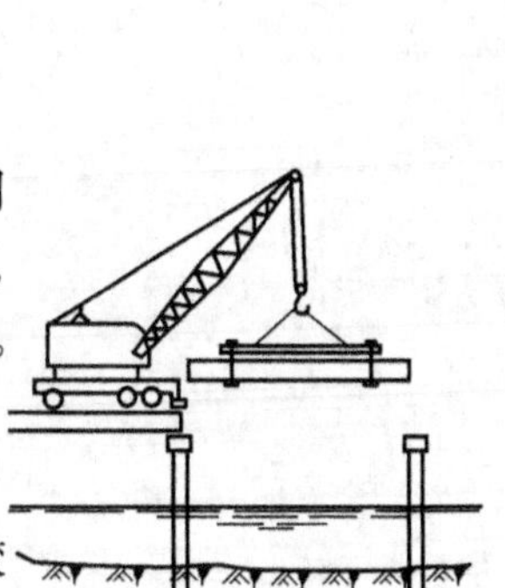

图 6-23 自行式吊车桥上架梁法

4.扒杆纵向“钓鱼”架梁法

此法是用立在安装孔墩台上的两副人字扒杆,配合运梁设备,以铰车互相牵吊,在梁下无支架、导梁支托的情况下,把梁悬空吊过桥孔,再横移落梁、就位安装的架梁法。其架梁示意图如图 6-24 所示。

用此法架梁时,必须以预制梁的质量和墩台间跨径为基础,在竖立扒杆、放倒扒杆、转移扒杆或架梁或吊着梁进行横移等各个工作阶段,对扒杆、牵引绳、控制绳、卷扬机、锚碇和其他附属零件进行受力分析和应力计算,以确保设备的安全。还须对各阶段的

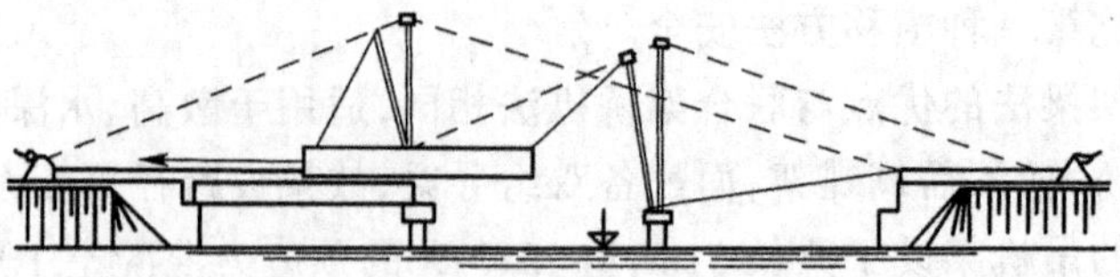

图 6-24 扒杆纵向“钓鱼”架梁法

操作安全性进行检查。

本法不受架设孔墩台高度和桥孔下地基、河流水文等条件影响；不需要导梁、龙门吊机等重型吊装设备而可架设 30～40m 以下跨径的桥梁；扒杆的安装移动简单，梁在吊着状态时横移容易，且也较安全，故总的架设速度快。但本法需要技术熟练的起重工，且不宜用于不能设置缆索锚碇和梁上方有障碍物处。

思考题

1.模板及支架在制作和安装时的注意事项是什么？
2.模板及支架在确定预拱度时应考虑哪些因素？
3.模板及支架预拱度应如何设置？
4.桥梁预制构件出坑、堆放时应注意哪些内容？
5.几种较常用的吊装方法的特点如何？描述其吊装过程。
6.双导梁穿行式架梁法原理是什么？

第七章　预应力混凝土简支梁桥施工

有关预应力的基本概念和方法、预应力筋和锚具等内容可参阅《公路施工手册—桥涵》(上、下册)有关章节。本节扼要阐述先张法和后张法的施工工艺。

第一节　先张法预应力简支梁桥的施工工艺

先张法的制梁工艺是在浇筑混凝土前张拉预应力筋,将其临时锚固在张拉台座上,然后立模浇筑混凝土,待混凝土达到规定强度(不得低于设计强度的85%)时,逐渐将预应力筋放松,这样就因预应力筋的弹性回缩通过其与混凝土之间的粘结作用,使混凝土获得预压应力。其先张法施工工艺基本流程如图7-1。

先张法生产可采用台座法或机组流水法。采用台座法时,构件施工的各道工序全部在固定台座上进行。采用机组流水法时,构件在移动式的钢模中生产,钢模按流水方式通过张拉、浇筑、养护等各个固定机组完成每道工序。机组流水法可加快生产速度,但需要大量钢模和较高的机械化程度,且需配合蒸汽养护,因此只用于工厂内预制定型构件。台座法不需复杂机械设备,施工适用性强,故应用较广。下面着重介绍台座、预应力筋的制备、张拉工艺及预应力筋放松等问题。

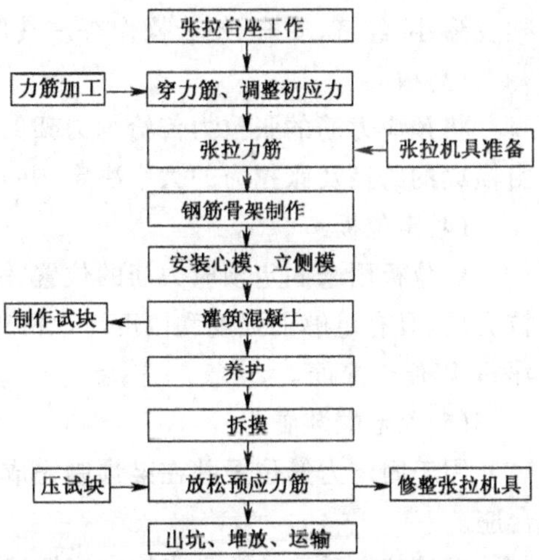

图7-1　先张法施工工艺基本流程

一、台座

台座是先张法施加预应力的主要设备之一,它承受预应力筋在构件制作时的全部张拉力。张拉台座必须在受力后不倾覆、不移动、不变形。张拉台座类型:按构造形式分为框架式、槽式和墩式;按受力形式分轴心压柱式、偏心压柱式和无压柱式;按使用分可拆装配式和固定式;按材料分钢筋混凝土式、钢筋混凝土和型钢组合式及钢管混凝土式等。

墩式和槽式张拉台座的形式与构造见图7-2。台座的长度和宽度根据施工现场的实际情况和生产板梁的数量决定,长度一般为50~120m。台座主要由底板、承力架(支承架)、梁、定位板和固端装置几部分组成,见图7-2。

(1)底板

有整体式混凝土台面或装配式台面两种,作为预制构件的底模。其宽度由制作预应力构件的宽度决定。

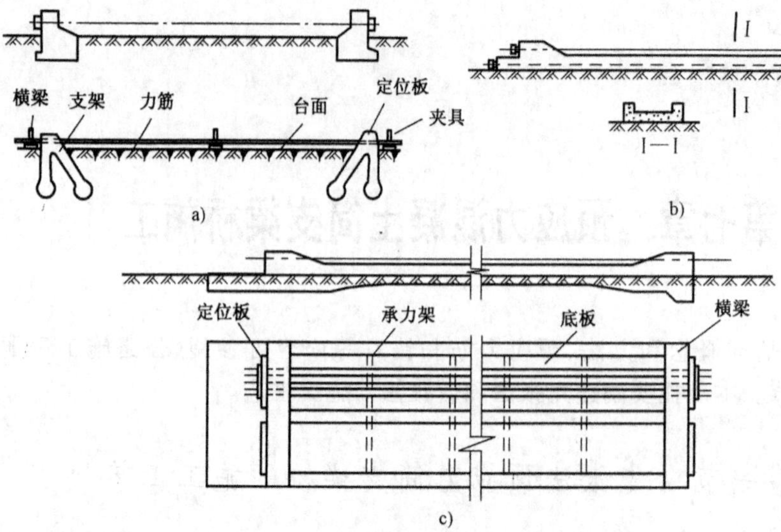

图 7-2　张拉台座的形式与构造

a)墩式台座；b)槽式台座；c)台座构造示意

(2)承力架或支承架

台座的主要受力结构，是台座的支承架。它要求承受全部张拉力，在制造时，要保证承力架变形小、经济、安全、便于操作等。其形式很多，如框架式、墩式、槽式等。

(3)横梁

将预应力筋的张拉力传给承力架的横向构件，常用型钢或钢筋混凝土制作。其断面尺寸由横梁的跨径及张拉力的大小决定，并且应保证刚度和稳定的要求。

(4)定位板

定位板用来固定预应力筋的位置，一般是用钢板制成，连接在横梁上，它必须保证承受张拉力后，具有足够的强度和刚度。孔的位置按照梁体预应力筋的位置设置，孔径比力筋大 2~4mm，以便于穿筋。

(5)固定端装置

用于固定力筋位置并在梁预制完成后放松力筋，它设在非张拉端，仅用于一端张拉的先张台座。

现将较多采用的几种张拉台座简述如下。

1.框架式台座

此类台座由纵梁(压柱)、横梁、横系梁组成框架，承受张拉力。一般是采用钢筋混凝土在现场整体浇筑。其中横梁也可采用装配式型钢组合梁，现场只浇筑混凝土纵梁和系梁。底板应选择在硬地基上，若有局部软土则需进行地基处理，压实整平地基后铺设砾石(碎石)层，浇筑混凝土底板。底板高程要严格控制，要求底板平整、光滑，可直接作底模板。

2.墩式台座

一般分重力式和桩式两类，见图 7-2。横梁直接和墩或桩基连成整体共同承受张拉力。台座底板的制作和要求与框架式台座相同。

墩式台座构造简单，造价偏低；缺点是稳定性较差，变形较大。重力式台座须具有足够强度和刚度，抗倾覆系数不应小于 1.5，抗滑系数不应小于 1.3。当预制板梁的数量较少、张拉吨位较小时，应选用墩式台座。

3.拼装式钢管混凝土台座

具有施工迅速、方便、重复使用、节省造价的特点,常用于铁路桥梁。

它以钢管混凝土作为压柱,压柱每节长4.5m,节间用法兰盘连接,每节质量2.4t。压柱的两端采用型钢主柱和型钢框架装片石压重的平衡体,与压柱连接组成台座承力架。主柱和平衡体都可以拆卸。主柱质量8t,是最重的构件。台座构造见图7-3。

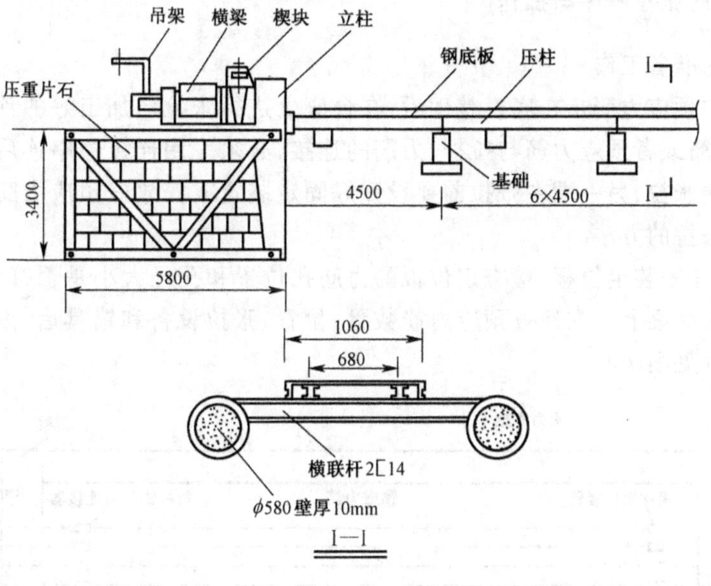

图7-3　钢管混凝土台座(尺寸单位:mm)

二、模板与预应力筋制作要求

1.模板制作要求

先张法预应力板梁施工,模板的制作除满足一般要求外,还有如下要求:

(1)将先张台座的混凝土底板作为预制构件的底模,要求地基不产生非均匀沉陷,底板制作必须平整光滑、排水畅通,预应力筋放松,梁体中段拱起,两端压力增大,梁位端部的底模应满足强度要求和重复使用的要求。

(2)端模预应力筋孔的位置要准确,安装后与定位板上对应的力筋孔要求均在一条中心线上。由于施工中实际上存在偏差,力筋张拉时筋位有移动,制作时端模力筋孔径可按力筋直径扩大2~4mm,力筋孔水平向还可做成椭圆形。

(3)先张法制作预应力板梁,预应力钢筋放松后板梁压缩量为1‰左右,为保证梁体外形尺寸,侧模制作要增长1‰。

2.预应力筋制作要求

(1)预应力筋下料长度按计算长度、工作长度和原材料试验数据确定,采用钢绞线和粗钢筋,在台座张拉端和锚固端尽量用拉杆和连接器代替预应力筋,减少预应力筋工作长度;长度为6m及小于6m先张构件的钢丝成组张拉时,下料长度的相对误差不得大于2mm。

(2)先张法预应力的粗钢筋,在冷拉或张拉时,通过连接器和锚具进行,可采用墩头钢筋和开孔的垫板,代替锚具或夹具,节省钢材。

(3)先张法墩头锚的钢丝墩头强度不应低于钢丝标准抗拉强度的90%。

(4)穿钢绞线。将下好料的钢绞线运到台座的一端,后张梁的钢绞线是用拉束的方法穿孔，而先张法梁钢绞线是向前推方法穿束。

钢绞线穿过端模及塑料套管后在其前端安引导工具，以利于钢绞线沿直线前进。引导工具就是一个钢管，前头做成圆锥形状。穿束前各孔眼应统一编号，对号入座，防止穿错孔眼。

当预应力筋为粗钢筋时，则该粗钢筋可在绑钢筋架的同时放入梁体。

三、预应力筋张拉程序与操作

1.张拉前的准备工作

先张法梁的预应力筋是在底模整理后，在台座上进行张拉已加工好的预应力筋。对于长线台座，预应力筋或者预应力筋与拉杆、力筋的连接，必须先用连接器串连后才能张拉。先张法通常采用一端张拉，另一端在张拉前要设置好固定装置或安放好预应力筋的放松装置。但也有采用两端张拉的方法。

张拉前，应先安装定位板，检查定位板的力筋孔位置和孔径大小是否符合设计要求，然后将定位板固定在横梁上。在检查预应力筋数量、位置、张拉设备和锚具后，方可进行张拉。先张法的张拉布置见图 7-4。

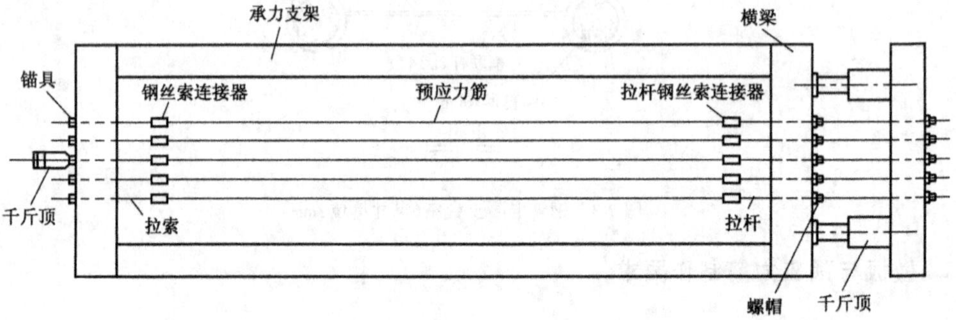

图 7-4　先张法张拉台座布置图

2.张拉工艺

先张法施加预应力工艺是在预制构件时，先在台座上张拉力筋，然后支模浇筑混凝土使构件成型的施工方法。

先张法张拉预应力筋，分单根张拉和多根张拉，以及单向张拉和双向张拉。单根张拉设备比较简单，吨位要求小，但张拉速度慢，张拉的顺序应不致使台座承受过大的偏心力。多根张拉一般需有两个大吨位千斤顶，张拉速度快。数根预应力筋张拉时，必须使它们的初始长度一致，张拉后每根力筋的应力均匀。因此可在预应力筋的一端选用螺丝杆锚具和横梁、千斤顶组成张拉端，另一端选用墩粗夹具为固定端，这样可以利用螺丝端杆的螺帽调整各根力筋的初始长度。如果力筋直径较小，在保证每根力筋下料长度精确的情况下，可两端采用镦粗夹具。将多根张拉固定端的镦粗夹具改为夹片锚具(如 OBM 锚)，用小型穿心式张拉千斤顶先单根施加部分拉力，同时使每根预应力筋均匀受力，然后在另一端多根张拉到位，就是双向张拉。双向张拉速度快，预应力筋拉力均匀。此外多根张拉必须使两个千斤顶与预应力筋对称布置，两个千斤顶油路串通，同步顶进。

(1)张拉程序

先张法预应力筋张拉的程序依钢筋的类型而异。可参照表 7-1 规定进行。

(2)断丝、断筋

先张法预应力筋张拉程序 表 7-1

预应力筋种类	张拉程序
钢筋	0→初应力→$1.05\sigma_{con}$(持荷 2min)→$0.9\sigma_{con}$→σ_{con}(锚固)
钢丝、钢绞线	0→初应力→$1.05\sigma_{con}$(持荷 2min)→0→σ_{con}(锚固)
	对于夹片式等具有自锚性能的锚具: 普通松弛力筋 0→初应力→$1.03\sigma_{con}$(锚固) 低松弛力筋 0→初应力→σ_{con}(持荷 2min 锚固)

注:①表中 σ_{con} 为张拉时的控制应力值,包括预应力损失值;

②超张拉数值超过 12.8.3 条规定的最大超张拉应力限值时,应按该条规定的限制张拉应力进行张拉;

③张拉钢筋时,为保证施工安全,应在超张拉放张至 $0.9\sigma_{con}$ 时安装模板、普通钢筋及预埋件等。

张拉时预应力筋的断丝、断筋数量,不得超过表 7-2 的规定。

先张法预应力筋断丝限制 表 7-2

项次	类别	检查项目	控制数
1	钢丝、钢绞线	同一构件内断丝数不得超过钢丝总数的比例	1%
2	钢筋	断筋	不容许

3.一般操作

(1)调整预应力筋长度

采用螺丝杆锚具,拧动端头螺帽,调整预应力筋长度,使每根预应力筋受力均匀。

(2)初始张拉

一般施加 10%的张拉应力,将预应力筋拉直,锚固端和连接器处拉紧,在预应力筋上选定适当的位置刻画标记,作为测量延伸量的基点。

(3)正式张拉

①一端固定,一端单根张拉。张拉顺序由中间向两侧对称进行,如横梁、承力架受力安全也可从一侧进行。单根预应力筋张拉吨位不可一次拉至超张拉应力。

②一端固定,一端多根张拉。千斤顶必须同步顶进,保持横梁平行移动,预应力筋均匀受力。分级加载拉至超张拉应力。

③一端单根张拉,一端多根张拉。先张拉单根预应力筋,由延伸量和油表压力读数双控制施加 30% ~ 40%的张拉力,同时使预应力筋受力均匀,先顶锚锚固一端,再张拉多根预应力筋至超张拉应力。

(4)持荷

按预应力筋的类型选定持荷时间 2 ~ 5min,使预应力筋完成部分徐舒,完成量约为全部量的 20% ~ 25%,以减少钢丝锚固后的应力损失。

(5)锚固

补足或放松预应力筋的拉力至控制应力。测量、记录预应力筋的延伸量,并核对实测值与理论计算值,其误差应在 ±6%范围内,如不符合规定,则应找出原因及时处理。张拉满足要求后,锚固预应力筋,千斤顶回油至零。

四、预应力混凝土配料与浇筑

1.预应力混凝土配料

预应力混凝土配料除符合普通混凝土有关规定外,尚应符合如下要求。

(1)配制高强度等级的混凝土应选择级配优良的配合比，在构件截面尺寸和配筋允许下，尽量采用大粒径集料、强度高的集料；含砂率不超过0.4；水泥用量不宜超过500kg/m^3，最大不超过550kg/m^3；水灰比不超过0.45；一般可采用低塑性混凝土，坍落度不大于3cm，以减少因徐变和收缩所引起的预应力损失。

(2)在拌和料中可掺入适量的减水剂(塑化剂)，以达到易于浇筑、早强、节约水泥的目的，其掺入量可由试验确定，也可参考经验值。拌和料不得掺入氯化钙、氯化钠等氯盐及引气剂，亦不宜掺用引气型减水剂。从混凝土的各种组成材料引进混凝土中的氯离子总含量(折合氯盐含量)不宜超过水泥用量的0.1%，当大于0.1%、小于0.2%时，宜采取防锈措施；对于干燥环境中的小型构件，氯离子含量可提高一倍。值得注意：由于混凝土掺加减水剂后效果显著，目前用于建造预应力混凝土桥梁的高强度混凝土几乎鲜有不掺加减水剂的。但对它的使用不能掉以轻心，使用不当将会严重影响混凝土的质量。

(3)水、水泥、减水剂用量应准确到±1%；集料用量准确到±2%。

(4)预应力混凝土所用的一切材料，必须全面检查，各项指标均应合格。

预应力混凝土选配材料总的发展趋势是提高强度，减轻自重，主要途径是采用多孔的轻质集料。国外用于主体承重结构的C30～C60预应力轻质混凝土的重度为16～20kN/m^3，以轻质混凝土(可较普通混凝土轻20%～30%)修桥可大量减小恒载内力，减少圬工，节省造价。

改善预应力混凝土物理力学性能的另一个重要途径是发展研制改性混凝土。目前研制的主要有下列两种。

(1)纤维混凝土

在混凝土中掺入钢纤维、抗碱玻璃纤维或合成纤维，可以大幅度地提高混凝土的抗拉强度、断裂韧性，对混凝土的抗压强度、弹性模量的提高亦有作用。

(2)聚合物混凝土

它研制的配料是有机聚合物与无机材料复合的新型材料，如浸渍混凝土，它不仅可将强度提高200%～400%，还可以增进混凝土的耐久性和耐腐蚀性。

目前在桥梁工程上也有配制试用新材料混凝土的，采用改性混凝土达到超高强度，优越性大，经济效益显著。

2.预应力混凝土浇筑

混凝土浇筑前除按操作规程检查外，对先张构件还应检查台座受力、夹具、预应力筋数量、位置及张拉吨位是否符合要求等。

混凝土浇筑除按正常操作规程办理外，还应注意以下事项：

①尽量采用侧模振捣工艺。

②先张构件使用振捣棒振捣时应避免触及力筋，防止发生受振滑移和断筋伤人事故，并不得触及冲气胶管。

③浇筑混凝时防止冲气胶管上浮和偏位，随时检查定位箍筋和压块固定情况。

④先张构件用蒸气养护，开始时恒温温度应按设计规定执行，不得任意提高，以免造成不可补救的预应力损失。待混凝土强度达到10MPa时，可适当提高温度，但不得超过60℃。

五、预应力筋放松

当混凝土达到设计规定的放松强度之后，可在台座上放松受拉预应力筋(称为“放张”)，对预制梁施加预应力。当设计无规定时，一般应在大于混凝土设计强度标准值的85%时进行。

预应力筋放松的速度不宜太快，以砂箱放松为宜，如采用千斤顶重新张拉法放松，所施加的应力值不得超过原张拉时的控制应力；对钢丝可采用逐根切割、切断、锯断或剪断的方法放松，切断位置宜在两台座之间的中部。当采用单根放松时，应分阶段，对称相互交错地进行，每根预应力筋严禁一次放完，以免最后放松的预应力筋自行崩断。现将几种常见的放松方法介绍如下。

1.砂箱放松法

放松的装置在预应力筋张拉前放置在非张拉端。张拉前将砂箱(图7-5)活塞全部拉出，箱内装满干砂，使其顶着横梁。张拉时箱内砂被压实，承受横梁反力。放松预应力筋时，打开出砂口，让砂慢慢流出，活塞缩回，逐渐放松预应力筋。

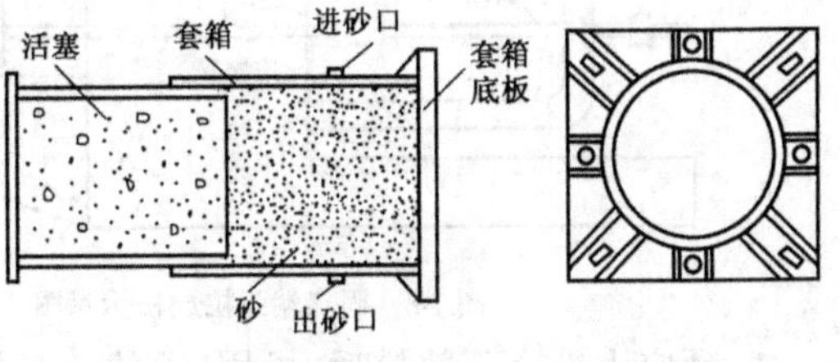

图7-5　砂箱

2.千斤顶放松法

如图7-6所示，在台座固定端的承力架与横梁之间张拉前就安放两个千斤顶，待混凝土达到规定放松强度后，即可让两千斤顶同步回程，使拉紧的力筋慢慢回缩，将力筋放松。

3.张拉放松法

(1)在张拉端利用连接器、拉杆、双螺帽放松预应力筋，如图7-7所示。施加应力不应超过原张拉时的控制应力，之后将固定在横梁定位板前的双螺帽慢慢旋动，同一组放松的预应力筋螺帽旋动的距离应相等，然后再将千斤顶回油。张拉，放松螺帽，回油，反复进行，慢慢放松预应力筋。

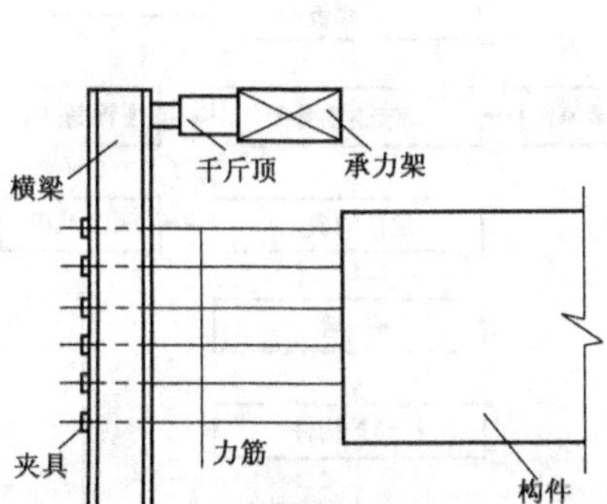

图7-6　千斤顶放松张拉力的位置示意图

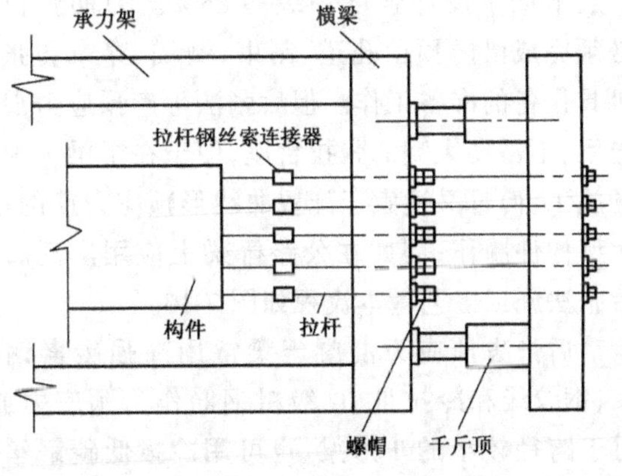

图7-7　张拉端张拉放松示意图

(2)在台座固定端设置螺杆和张拉架，张拉架顶紧横梁让预应力筋锚固在张拉架上，如图7-8所示，放松时，再略微拉紧力筋，让其伸长大些，然后拧松螺帽，再将千斤顶回油，力筋就慢慢回缩，张拉力即被释放。

4.滑楔放松法

张拉前将三块钢制U形滑楔放在台座横梁与螺帽之间，如图7-9所示在中间滑楔上设置螺杆、螺丝顶住预应力筋。张拉完后，旋松螺丝，因反力作用，而使中间滑楔向上滑动，将预应力筋慢慢放松。

5.手工法

即采用各种手工机具将预应力筋沿构件端部锯断或剪断，此法费工费时。

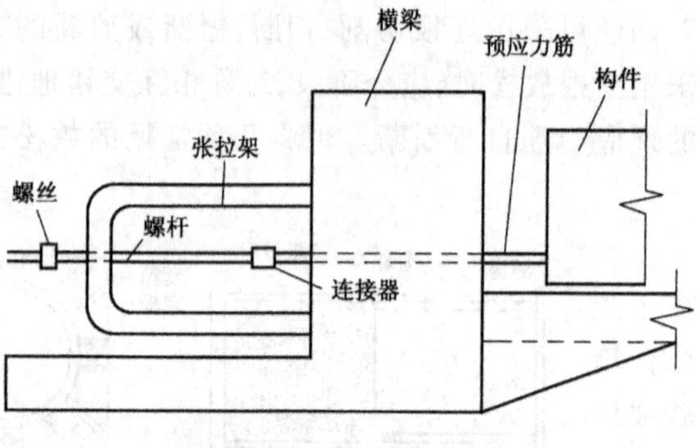

图 7-8　固定端张拉放松示意图

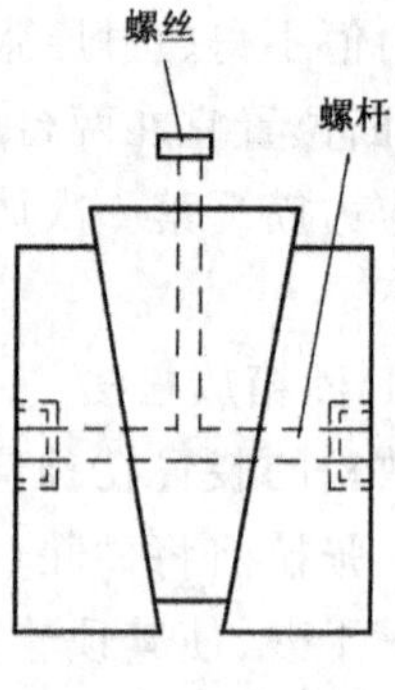

图 7-9　滑楔

预应力筋全部放松后，可用"乙炔—氧气"烧割或砂轮切割外露钢筋，切割时要防止烧伤端部混凝土，切割后的外露端头，应用砂浆封闭或涂刷防蚀材料，防止生锈。

长线台座上预应力筋的切割顺序，宜由放张端开始，逐次切向另一端。

第二节　后张法预应力简支梁桥的施工工艺

后张法施工工艺是先浇筑留有预应力筋孔道的梁体，待混凝土达到规定强度后，再在预留孔道内穿入预应力筋进行张拉锚固(有时预留孔道内已事先埋束，待梁体混凝土达到规定强度后，再进行预应力筋张拉锚固)。最后进行孔道压浆并浇筑梁端封头混凝土。

后张法梁施加预应力时，构件的混凝土强度一般不低于设计强度等级的 85%。力筋张拉前必须完成梁内预留孔道、制束、制锚、穿束和张拉机具设备的准备工作。但后张法生产预应力混凝土梁，不需要大型的张拉台座，便于在桥梁工地现场施工，而且又适宜于配置曲线形预应力筋的重、大型构件制作，因此在公路桥梁上应用广泛。其后张法施工工艺基本流程如图 7-10。

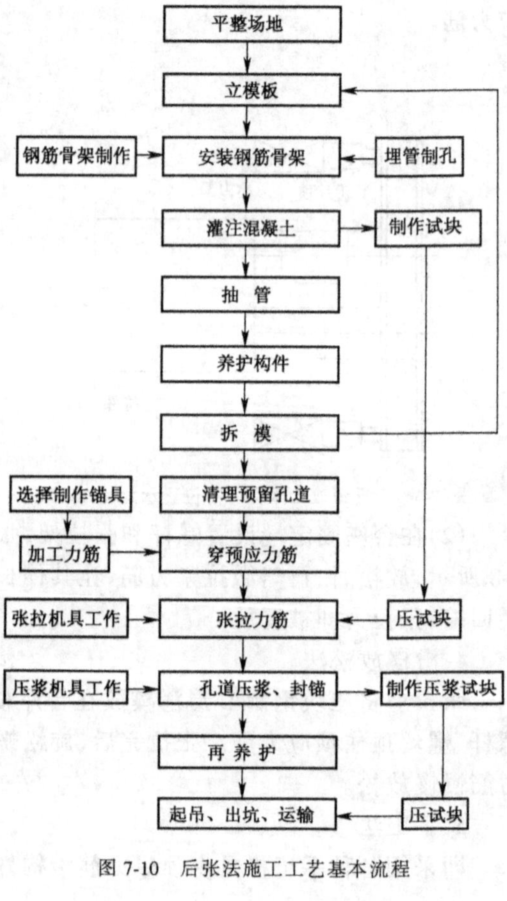

图 7-10　后张法施工工艺基本流程

后张法预应力混凝土梁常用高强碳素钢丝束，钢绞线和冷拉Ⅲ、Ⅳ级粗钢筋作为预应力筋。对于跨径较小的 T 形梁，也可用冷拔低碳钢丝作为预应力筋。

一、预应力钢筋加工

1. 预应力粗钢筋的加工

直径为 12 ~ 32mm 的预应力筋的加工要经过下料、对焊、冷拉、时效及端头镦粗或轧丝加工等工序。

钢筋下料时，应按钢筋的计算长度，工作长度和原材料的试验数据确定下料长度，做到合理配料，尽量减少接头数目。

钢筋的下料长度可按下式计算：

$$L = \frac{l}{1 + \delta_1 - \delta_2} + n \cdot b + L_0 \tag{7-1}$$

式中：L——下料长度；

l——计算长度；

δ_1——冷拉伸长率，一般为 2% ~ 4%；

δ_2——弹性回缩率，一般为 0.45%；

n——接头数目；

b——焊接损耗预留量，每个接头的预留量与钢筋直径有关，可取 25 ~ 35mm；

L_0——工作长度，先张法梁的工作长度视台座情况。采用轧丝锚时取 0.15m，两端张拉取 0.2m。

由于受到冶金生产和运输上的限制，目前生产的粗钢筋长度最长为 12m，因此常需对焊接长后使用。为了保证接头处的各项力学性能指标不低于原材料，焊接质量应严格控制。目前多采用二次闪光对头焊接，其对接焊接的轴线偏差不得大于 2mm 或钢筋直径的 1/10。

在常温下，将热扎钢筋进行拉伸，使其拉伸控制应力超过屈服强度，但小于抗拉极限强度，可以提高钢材的屈服强度。冷拉时最好采用同时控制钢筋应力和延伸率，即所谓"双控"，并以应力控制为主，延伸率控制为辅。在没有测力设备的情况下，可仅单一地控制其延伸率，称为"单控"。单控操作简单，双控操作除需冷拉设备外，还需测力设备。但双控对冷拉质量控制更有保证。需要焊接的钢筋，必须先进行焊接，冷却至正常温度后即可进行冷拉。钢筋冷拉应按操作规程要求进行。

钢筋进行冷拉后，屈服强度提高但脆性增加，为此钢筋冷拉后应进行时效处理。时效的作用是将冷拉后的钢筋置于一定的温度下经过一段时间，使由冷拉引起的钢材晶格的歪曲得到一定程度的恢复，消除钢筋的内应力，使钢筋的屈服强度、抗拉强度比冷拉完成时有所提高，钢筋的弹性模量得到恢复，这就是冷拉时效。钢筋时效的时间与温度有关，有条件时可采用人工时效，即将冷拉后的钢筋在 1000℃的恒温下保持 2h 左右，否则可采用自然时效，当自然气温在 20 ~ 30℃时，至少应放置 24h。无论如何，都应保证预应力的实际强度不低于设计取用的相应强度。

钢筋端头的镦粗及轧丝可在冷拉之前进行，也可在冷拉以后加工。先张法预制板梁的粗钢筋，在冷拉或张拉时，通过连接器和锚具进行，采用镦头钢筋和开孔的垫板可代替锚具或夹具。

粗钢筋采用成束张拉时，应将下料好的钢筋梳理顺直，按适当间隔用铅丝绑扎牢固，防止扭花、弯曲，并在钢筋束两端适当距离内放置空心衬芯(弹簧芯或钢管)并绑扎牢固，使钢筋束端截面和锚具孔对应，以利装锚。

2.高强钢筋

直径为 6 ~ 10mm 的高强钢筋，以盘圆供应，施工中可免去冷拉工序和对焊接长等加工工作，有利于施工。

3.高强钢丝和钢绞线的成束

国产高强钢丝单根直径有 ϕ^s3 ~ ϕ^s7mm，强度有 1470 ~ 1670MPa，甚至可提供 ϕ^s7mm、1770MPa 的高强度、低松弛钢丝。钢绞线有 9.0、12.0、15.0mm 三种直径，其强度为 1470 ~ 1860MPa，如 ϕ^j15mm 的钢绞线，它是由 6 根 ϕ^s5mm 钢丝为边缘，围绕一根直径为 5.15 ~ 5.20mm 的钢丝绞捻而成。

高强钢丝和钢绞线经过下料，编束后用于预应力混凝土板、梁的纵向预应力筋。

高强钢丝的来料一般为盘圆，打开后基本呈直线状，无须整直即可下料。如在自由放置的情况下，任意 1m 长范围内弯曲矢高大于 5mm 时，需要进行整直后使用。

预应力钢丝、钢绞线的下料长度，应通过计算确定，计算时应考虑构件长度(或台座长度)、锚夹具长度、千斤顶长度、焊接接头或镦头预留量、冷拉伸长量、弹性回缩量、张拉伸长量和外露长度等。采用锥形锚具，双作用千斤顶张拉钢丝时，钢丝的下料长度取用预制梁的预留孔道长度加上每张拉端 0.7～0.8m 的工作长度。采用钢丝束镦头锚具时，同束钢丝下料长度的相对差值，当钢丝束长度≤20m 时，不宜大于 1/3000；当钢丝束长度 > 20m 时，不宜大于 1/5000。长度为 6m 及小于 6m 的先张法构件的钢丝成组张拉时，下料长度的相对差值不得大于 2mm。

钢丝成束时，先用梳丝板(图 7-11)将其理顺，然后每隔 1.0～1.5m 衬以长 3～4cm 的螺旋衬圈或短钢管，并在衬圈处用 2 号铁丝缠绕 20～30 道，绑扎的铁丝扣应弯入钢丝束内，以免影响穿束。成束时要保持钢丝一端齐平再向另一端进行。绑束完成后，应按设计编号堆放，并挂牌表示，以防错乱，搬运钢束时，支点间跨度不得大于 3m，两端悬出不得大于 1m。

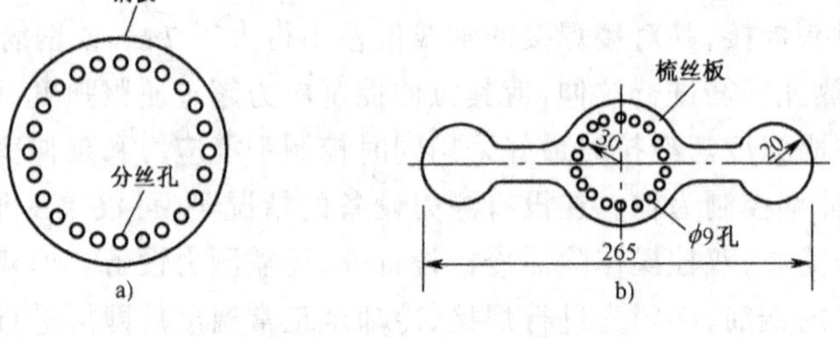

图 7-11　梳丝板的构造(尺寸单位：mm)

钢绞线、钢丝、热处理钢筋及冷拉 Ⅳ 级钢筋的下料，宜采用切割机或砂轮锯，不得使用电弧切割下料。钢绞线切割时，应将切口两端各 30～50mm 处用铅丝绑扎，切断后将切口焊牢以免松散。钢绞线在编束前应进行预拉，或在梁上张拉前进行。钢绞线成束的编扎方法与钢丝束相同。

预应力混凝土板、梁中的构造钢筋或普通受力钢筋的加工与普通钢筋相同。对于高、窄、长的钢筋骨架，可分段、分片预制成骨架或钢筋网，在施工现场再装配成整体。

二、预留孔道

梁内预留孔道是通过在浇筑梁体混凝土前，按梁内预应力筋的设计位置先安放制孔器。待梁体混凝土待到一定强度时，抽拔出制孔器(当为抽拔式制孔器时)，并通过检查而形成。

制孔器有埋置式和抽拔式两类。埋置式制孔器主要有铁皮管和铝合金波纹管两种，抽拔式制孔器(俗称抽拔管)常用的有橡胶抽拔管、金属伸缩抽拔管和钢管等。后者目前较少用。

埋置式制孔器在梁体制成后留在梁内，形成孔道壁，对预应力筋的摩阻力小，但加工成本高，不能重复使用，金属材料耗用量大。铁皮管用薄铁皮制作，安放时分段连接。这种制孔器制作时费工、速度慢、接缝和接头处又易漏浆，给以后穿束和张拉造成困难。铝合金波纹管由制管机卷制而成，横向刚度大，不易变形和漏浆，纵向也便于弯成各种线形，与梁混凝土的粘结也较好，故较多适用。

抽拔式制孔器，在梁体混凝土浇筑前，安放在力筋的设计位置上，等终凝后将其拔出，梁体内即具有孔道。用这种方法制孔的最大优点是制孔器能够周转使用，省料而经济，在过去应用较广，目前由于波纹管的普及，已较少用。

橡胶抽拔管分夹布胶管和钢丝网胶管两种。通常选用具有 5～7 层夹布的高压输水(气)

管制成，要求管壁牢固，耐磨性能好，能承受5kN以上的工作拉力，并且弹性恢复性能好，有良好的挠曲适应性。预应力混凝土T梁的预留孔道长度一般不大于25m，而橡胶管的出厂长度却不到25m，考虑到制孔器安装和抽拔的方便，故常采用专门的接头。接头要牢固严密，防止浇筑混凝土时脱节或进浆堵塞。为增加胶管的刚度和控制位置的准确，需在橡胶管内放一圆钢筋（称芯棒），芯棒直径应较胶管内径小8～10mm，长度较胶管长1～2m，以便于先抽拔芯棒。对于曲线孔道，宜由两段胶管在跨中对接，对接接头处套一段长0.3～0.5m的铁皮管，抽拔胶管时从梁的两端进行，铁皮管则留在梁内。橡胶抽拔管接头见图7-12所示。

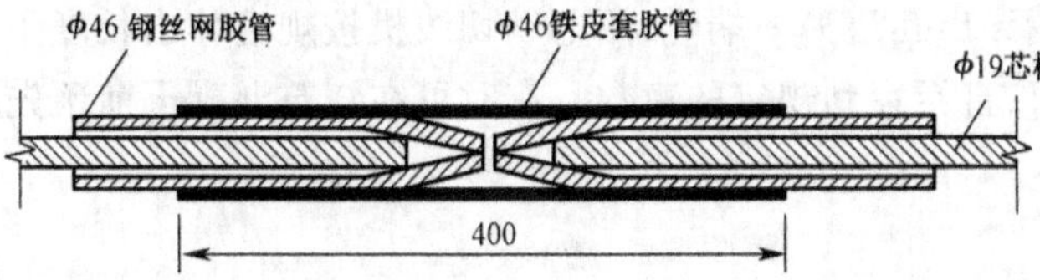

图7-12　橡胶制孔器接头（尺寸单位：mm）

胶管内如利用充气或充水来增加刚度，管内压力不得低于500kPa，充气（水）后胶管的外径应符合要求的孔道直径。

金属伸缩抽拔管是一种用金属丝编织成的可伸缩网管，具有压缩时直径增大而拉伸时直径减小的特性。为了防止漏浆和增强刚度，网套内可衬以普通橡胶衬管和插入圆钢或ϕ5mm钢丝束芯棒。

钢管制孔器是用表面平整光滑的钢管焊接制成，焊接接头应磨平。钢管制孔器抽拔力大，但不能弯曲，仅适用于短而直的孔道。在梁体混凝土浇筑完毕后要定时转动钢管以利抽拔。

无论采用何种制孔器，都应按设计规定或施工需要预留排气、排水和灌浆用的孔眼。

制孔器的抽拔可由人工逐根进行抽拔，也可用机械（电动卷扬机或手摇铰车）分批进行抽拔。抽拔制孔器的顺序宜先拔下层胶管，后拔上层胶管；先拔早浇筑的半根梁，后拔晚浇筑的半根梁；抽拔时先拔芯棒，后拔管。

梁体混凝土浇筑完后，何时进行抽拔制孔器，这是决定能否顺利进行抽拔和保证成孔质量的关键问题。如抽拔过早，则混凝土容易塌陷而堵塞孔道；如抽拔过迟，则可能拔断胶管。因此，制孔器的抽拔要在混凝土初凝之后与终凝之前，待其抗压强度达到4000～8000kPa时方为合适。根据经验，制孔器的抽拔时间可参考表7-3或按下式估计：

$$H = \frac{100}{T} \tag{7-2}$$

式中：H——混凝土浇筑完毕抽拔制孔器的时间（h）；

T——预制梁所处的环境温度（℃）。

由于确定可能抽拔时间的幅度较大，在施工中也可通过试验来掌握其规律。

制孔器抽拔时间表　　表7-3

环境温度（℃）	抽拔时间（h）
30以上	3
30～20	3～5
20～10	5～8
10以下	8～12

三、穿束

当梁体混凝土强度达到设计强度的85%以上时，才可进行穿束张拉，穿束前，可用空压机吹风等方法清除孔道内的污物和积水，以确保孔道畅通。一般可采用人工直接穿束，也可借助一根 $\phi5$ 长钢丝作为引线，用卷扬机牵引较长的束筋进行穿束工作。穿束时钢丝束从一端穿入预留孔道。钢丝束在孔道两端头伸出的长度应大致相等。目前，穿钢绞线束的新方法是用专门的穿束机，将钢绞线从盘架上拉出后从孔道的一端快速地（速度为3～5m/s）推送入孔道，当戴有护头的束前端穿出孔道另一端时，用电动切线机按规定伸出长度予以截断，再将新的端头戴上护头穿第二束，直至穿到规定的束数。有时可在浇筑混凝土前预先埋束。

四、力筋的张拉

1.张拉前的准备工作

力筋张拉前必须对千斤顶和油压表进行校验，计算与张拉吨位相应的油压表读数和钢丝伸长量，确定张拉顺序和清孔、穿束等工作，并完成制锚工作。预应力筋的张拉记录格式可参考表7-4。

预应力张拉记录

构件名称：　　　　张拉混凝土强度　　　　张拉日期　　　　表7-4

千斤顶编号	标定日期	摩擦系数	油压表编号	初应力读数	超张拉油表读数	安装油表读数	顶塞油表读数	张拉部位及直、弯束示意图

钢束编号	张拉断面编号	千斤顶编号	记录项目	张拉							总伸长量（mm）	滑、断丝（断筋）情况	处理情况
				初读数	第一行程	第二行程	超张拉	回·油	安装应力	小缸读数锚塞回缩			
			油表读数							小缸			
			伸长量							回缩			
			油表读数							小缸			
			伸长量							回缩			
			油表读数							小缸			
			伸长量							回缩			
			油表读数							小缸			
			伸长量							回缩			
			油表读数							小缸			
			伸长量							回缩			
			油表读数							小缸			
			伸长量							回缩			

张拉负责人：　　　　值班：　　　　油泵司机：　　　　记录：

2.张拉程序

后张法预制梁,当跨径或长度等于或大于25m时,宜用两端同时张拉的工艺,只有短构件可用单端张拉,非张拉端用固定锚具。

后张法梁的预应力筋张拉程序,依力筋种类与锚具类型不同而异。可参照表7-5规定进行。

后张法预应力筋张拉程序 表7-5

预应力筋		张拉程序
钢筋、钢筋束		0→初应力→1.05σ_{con}(持荷2min)→σ_{con}(锚固)
钢绞线束	对于夹片式等具有自锚性能的锚具	普通松弛力筋 0→初应力→1.03σ_{con}(锚固) 低松弛力筋 0→初应力→σ_{con}(持荷2min锚固)
	其他锚具	0→初应力→1.05σ_{con}(持荷2min)→σ_{con}(锚固)

3.两次张拉工艺

预应力梁在混凝土强度达到设计强度之前,如达到设计强度的60%以上,先张拉一部分力筋,对梁体施加较低的预压应力,使梁体能承受自重荷载,提前将梁移出生产梁位。因为混凝土强度早期发展快,后期强度增长慢,所以采取早期部分施加应力,可大大缩短生产台座周期,加快施工进度。预制梁移出生产台座后,继续进行养护,待达到混凝土设计强度后,进行其他力筋的张拉工作。预应力梁进行早期张拉力筋的根数、位置和锚头局部承压应力均需通过验算后确定。

4.张拉要点

应尽量减小力筋与孔道摩擦,以免造成过大的应力损失或使构件出现裂缝、翘曲变形。力筋的张拉顺序应按设计规定进行,若无规定时,应综合以下两方面因素核算确定:其一避免张拉时构件截面呈过大的偏心受力状态,应使已张拉的合力线处在受压区内,边缘不产生拉应力;其二应计算分批张拉的预应力损失值,分别加到先张拉的力筋控制应力值σ_{con}内,但σ_{con}不能超过有关规定,否则应在全部张拉后进行第二次张拉,补足预应力损失。对于长度大于或等于25m的直线和曲线预应力筋应在两端张拉,若设备不足时可先张拉一端,后张拉另一端。长度小于25m但仍较长的直线预应力筋,也尽量采用两端张拉。张拉时,两端千斤顶升降速度应大致相等,测量伸长的原始空隙、伸长值、插垫等工作应在两端同时进行,千斤顶就位后,应先将主油缸少许充油,使之蹬紧,让预应力筋绷直,在预应力筋拉至规定的初应力时,应停车测原始空隙或画线作标记;为减少压缩应力损失,插垫应尽量增加厚度,并将插口对齐,实测σ_{con}值时的空隙量减去放松后的插垫厚度应不大于1mm,插垫可在张拉应力大于σ_{con}时进行。在任何情况下,预应力筋的σ_{con}最大张拉应力的规定。两端同时张拉成束预应力筋时,为减小应力损失,应先压紧一端锚塞,并在另一端补足至σ_{con}值后,再压紧锚塞。

5.滑丝和断丝处理

在张拉过程中,由于各种原因会引起预应力筋断丝或滑丝,使预应力筋受力不均,甚至使构件不能建立足够的预应力。因此需要限制预应力筋的断丝和滑丝数量,其控制数参见表7-6的规定。

为此要做好如下工作。

(1)加强对设备、锚具、预应力筋的检查

后张法预应力筋的断丝、滑丝限制

（钢丝、钢绞线、钢筋）　　表 7-6

项　次	类　别	检 查 项 目	按制数
1	钢丝束、钢绞线束	每束钢丝断丝或滑丝	1 根
		每束钢绞线断丝或滑丝	1 丝
		每个断面断丝之和不超过该断面钢丝总数的比例	1%
2	单根钢筋	断筋或滑移	不允许

注：①钢绞线断丝是指钢绞线内钢丝的断丝；

②断丝包括滑丝失效的钢丝；

③滑移量是指张拉完毕锚固后部分钢丝或钢绞线向孔道内滑移的长度。

①千斤顶和油表需按时进行校正，保持良好的工作状态，保证误差不超过规定；千斤顶的卡盘、楔块尺寸应正确，没有磨损勾槽和污物以免影响楔紧和退楔。

②锚具尺寸应正确，保证加工精度。锚环、锚塞应逐个地进行尺寸检查，有同符号误差的应配套使用。亦即锚环的大小两孔和锚塞的粗细两端，都只允许同时出现正误差或同时出现负误差，以保证锥度正确。

③锚塞应保证规定的硬度值，当锚塞硬度不足或不均时，张拉后有可能产生内缩过大甚至滑丝。为防止锚塞端部损伤钢丝，锚塞头上的导角应做成圆弧状。

④锚环不得有内部缺陷，应逐个进行电磁探伤。锚环太软或刚度不够均会引起锚塞内缩超量。

⑤预应力筋使用前应按规定检查：钢丝截面要圆，粗细、强度、硬度要均匀；钢丝编束时应认真梳理，避免交叉混乱；清除钢丝表面的油污锈蚀，使钢丝正常楔紧和正常张拉。

⑥锚具安装位置要准确：锚垫板承压面，锚环、对中套等的安装面必须与孔道中心线垂直；锚具中心线必须与孔道中心线重合。

(2)严格执行张拉工艺防止滑丝、断丝

①垫钣承压面与孔道中线不垂直时，应当在锚圈下垫薄钢板调整垂直度。将锚圈孔对正垫板并点焊，防止张拉时移动。

②锚具在使用前须先清除杂物，刷去油污。

③楔紧钢束的楔块其打紧程度务求一致。

④千斤顶给油、回油工序一般均应缓慢平稳进行。特别是要避免大缸回油过猛，产生较大的冲击振动，易发生滑丝。

⑤张拉操作要按规定进行，防止钢丝受力超限发生拉断事故。

⑥在冬季施工时，特别是在负温条件下钢丝性能会发生变化（钢丝伸长率减少，弹性模量提高，锚具变脆变硬等），故冬季施工较易产生滑丝与断丝。建议预应力张拉工作应在正温条件下进行。

(3)滑丝与断丝的处理

滑丝与断丝现象发生在顶锚以后，处理方法除按本章第二节的有关叙述外，尚可采用如下方法。

①钢丝束放松。将千斤顶按张拉状态装好，并将钢丝在夹盘内楔紧。一端张拉，当钢丝受力伸长时，锚塞稍被带出。这时立即用钢钎卡住锚塞螺纹（钢钎可用 ϕ5mm 的钢丝、端部磨尖

制成,长 20~30cm)。然后主缸缓慢回油,钢丝内缩,锚塞因被卡住而不能与钢丝同时内缩。主缸再次进油,张拉钢丝,锚塞又被带出。再用钢钎卡住,并使主缸回油,如此反复进行至锚塞退出为止。然后拉出钢丝束更换新的钢丝束和锚具。

②单根滑丝单根补拉。将滑进的钢丝楔紧在卡盘上,张拉达到应力后顶压楔紧。

③人工滑丝放松钢丝束。安装好千斤顶并楔紧各根钢丝。在钢丝束的一端张拉到钢丝的控制应力仍拉不出锚塞时,打掉一个千斤顶卡盘上钢丝的楔子,迫使 1~2 根钢丝产生抽丝。这时锚塞与锚圈的锚固力就减小了,再次拉锚塞就较易拉出。

6.安全操作注意事项

①张拉现场应有明显标志,与该工作无关的人员严禁入内。

②张拉或退楔时,千斤顶后面不得站人,以防预应力筋拉断或锚具、楔块弹出伤人。

③油泵运转有不正常情况时,应立即停车检查。在有压情况下,不得随意拧动油泵或千斤顶各部位的螺丝。

④作业应由专人负责指挥,操作时严禁摸踩及碰撞力筋,在测量伸长及拧螺母时,应停止开动千斤顶或卷扬机。

⑤冷拉或张拉时,螺丝端杆、套筒螺丝及螺母必须有足够长度,夹具应有足够的夹紧能力,防止锚具夹具不牢而滑出。

⑥千斤顶支架必须与梁端垫板接触良好,位置正直对称,严禁多加垫块,以防支架不稳或受力不均倾倒伤人。

⑦在高压油管的接头应加防护套,以防喷油伤人。

⑧已张拉完而尚未压浆的梁,严禁剧烈振动,以防预应力筋裂断而酿成重大事故。

五、孔道压浆和封锚

后张法预应力梁力筋(束)张拉之后,需要进行孔道压浆和封锚,才算完成梁的预制工作。

(1)压浆目的

压浆的目的是使梁内预应力筋(束)免于锈蚀,并使力筋(束)与混凝土梁体相粘结而形成整体。因此水泥浆不能含有腐蚀性混合体,并应在施加预应力后,宜尽可能早些进行灌浆作业。水泥浆应具有如下适当的性质:

①为使灌浆作业容易进行,灰浆应具有适当的稠度;

②没有收缩,而应具有适当的膨胀性;

③应具有规定的抗压强度和粘着强度。

(2)压浆工艺

压浆是用压浆机(拌和机加水泥泵)将水泥浆压入孔道,并使孔道从一端到另一端充满水泥浆,且不使水泥浆在凝结前漏掉。为此需在两端锚具上或锚具附近的预制梁上设置连接带阀压浆嘴的接口和排气孔。

一般在水泥浆中掺加塑化剂(或掺铝粉),以增加水泥浆的流动性。使用铝粉能使水泥浆凝固时的膨胀稍大于体积收缩,因而使孔道能充分填满。

压浆前应将孔道冲洗洁净、湿润,并用吹风机排除积水,然后从压浆嘴慢慢地、均匀地压入水泥浆,这时另一端的排气孔有空气排出,直至有水泥浆流出为止,再关闭压浆和出浆口的阀门。

压浆时,对曲线孔道和竖向孔道应由最低点的压浆孔压入,由最高点的排气孔排气和泌水。比较集中和附近的孔道,宜尽量连续压浆完成,以免串到邻孔的水泥浆凝固堵塞孔道,不能连续压浆时,后压浆的孔道应在压浆前用压力水冲洗畅通。

压浆后应从检查孔抽查压浆的密实情况,如有不实,应及时处理和纠正。压浆过程中及压浆后48h内,结构混凝土温度不得低于+5℃,否则应采取保温措施。当气温高于35℃时,压浆宜在夜间进行。

施锚后压浆前须将预应力筋(束)露于锚头外的部分(张拉时的工作长度)截除。当采用分阶段张拉力筋时,应在各阶段分别制取试件,并用标准养护方法及与梁体同条件养护两种方法鉴定其强度。

(3)压浆注意事项

①水泥浆应在管道内畅通无阻,因此浇筑之前管道应畅通,不塌陷、不堵塞。

②拌和水泥浆应注意检查配合比、计量的准确性、材料往拌和机掺放的顺序、拌和时间、水泥浆的流动性。

③水泥浆进入压浆泵之前,应通过筛子,压浆时压浆泵应缓慢进行,检查排气孔的水泥浆浓度,尤其在排气孔关闭之后,泵的压力应达到0.5MPa以上,并要保持一定时间。

④压浆作业不能中断,应连续地进行。还要检查有没有忘记应灌注的管道。

⑤寒冷季节压浆时,做到压浆前管道周围的温度在5℃以上,水泥浆的温度在10~20℃之间,尽量减小水灰比。

⑥为了避免高温引起水泥浆的温度上升和水泥浆的硬化,一般夏季中午不得进行压浆施工。在夏季压浆前,应先将管道用水湿润,应尽量避免使用早强硅酸盐水泥,外加材料最好具有缓凝性,水泥浆一经拌和,就应尽早在短时间内结束作业,防止铝粉过早膨胀。

(4)封锚

压浆后将锚具周围冲洗干净并凿毛,设置钢筋网并浇筑封锚混凝土。

封锚混凝土的强度等级应符合设计要求,一般不宜低于梁体混凝土强度等级的80%,并不宜低于C30。封端混凝土必须严格控制梁体长度。长期外露的金属锚具,应采取防锈措施。

六、与张拉有关的计算

1.钢丝束镦头锚张拉锚固时钢丝下料长度计算

按预应力筋张拉后螺母位于锚杯中部进行计算,如图7-13所示。

$$L = l + 2h + 2\delta - K(H - H_1) - \Delta L - C \quad (7\text{-}3)$$

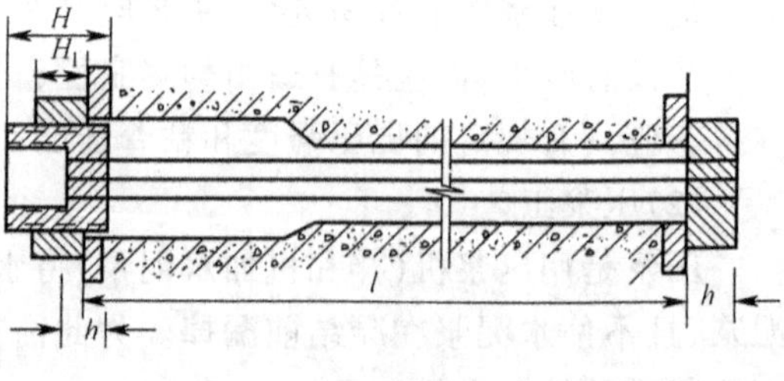

图7-13 钢丝下料长度计算简图

式中:l——孔道长度,按实际测量;

h——锚杯底厚或锚板厚度;

δ——钢丝镦头预留量,取10mm;

K——系数,一端张拉时取0.5,两端张拉时取1.0;

H——锚杯高度;

H_1——螺母厚度;

ΔL——钢丝束张拉伸长值;

C——张拉时构件混凝土弹性压缩值。

2.钢绞线、钢丝束夹片锚张拉锚固时钢绞线下料长度计算

钢绞线下料长度 = 孔道净长 + 构件两端的预留长度

预留长度——固定端为锚板或锚杯厚度加30mm,张拉端见表7-7。

YCW型千斤顶的最小操作空间及钢绞线预留长度 表7-7

千斤顶型号		YCW—100	YCW—150	YCW—250	YCW—350
最小空间	B(mm)	1300	1350	1400	1500
	C(mm)	200	200	280	300
千斤顶外径 D(mm)		250	310	380	450
钢绞线预留长度 A(mm)		650	680	680	700

3.精轧螺纹钢筋下料长度

精轧螺纹钢筋下料长度,当采用一端张拉时,可按式(7-4)计算。

$$L = l + 2(h + l_1) + l_2 + l_3 \tag{7-4}$$

式中:l——构件预留孔道长度;

h——垫板厚度;

l_1——螺母厚度;

l_2——钢筋露出螺母的长度,取20mm;

l_3——张拉端千斤顶螺纹套筒拧入长度,取80mm。

4.预应力筋伸长值的计算与要求

(1)后张法预应力筋理论伸长值及预应力筋平均张拉力的计算

$$\Delta L = \frac{\overline{P} \times L}{A_Y \times E_g} \tag{7-5}$$

$$\overline{P} = P \times \frac{[1 - e^{kL + \mu\theta}]}{kL + \mu\theta} \tag{7-6}$$

式中:ΔL——预应力理论伸长值(cm);

$\overline{P}$——预应力筋的平均张拉力(N);

L——从张拉端到计算截面孔道长度(cm);

A_Y——预应力筋截面面积(mm^2);

E_g——预应力筋的弹性模量(MPa);

P——预应力筋张拉端的张拉力(N);

k——孔道每米局部偏差对摩擦的影响系数,参见表7-8;

θ——从张拉端到计算截面曲线孔道部分切线的夹角之和(rad);

μ——预应力筋与孔道壁的摩擦系数,参见表7-8。

公式(7-5)、式(7-6)考虑了孔道曲线及局部偏差的摩阻影响。当为直线孔道及不考虑局部偏差的摩阻影响时,预应力筋伸长值可简化如下:

①当孔道为直线时,$\theta = 0$,可简化为:

$$\Delta L = \frac{P}{kA_y + E_g}(1 - e^{-kL}) \tag{7-7}$$

②当孔道为直线且无局部偏差的摩阻时,$P = \overline{P}$,可简化为:

$$\Delta L = \frac{\overline{P} \times L}{A_y + E_g} \tag{7-8}$$

关于公式的说明:

预应力筋的弹性模量(E_g)取值是否正确,对理论伸长值的影响较大,据有关单位的测试资料表明,一般取 $E_g = 2\times10^5$MPa 较妥。对于重要工程,应提前测试。

预应力筋的张拉 P,按下式计算:

$$P = \sigma_K \times A_G \times n \times \frac{1}{1000} \times b \tag{7-9}$$

式中:P——预应力筋的张拉力(kN);

σ_K——预应力筋的张拉控制应力(MPa);

A_G——每根预应力筋的截面面积(mm^2);

n——同时张拉预应力筋根数;

b——超张拉系数,不超拉时为 1.0。

预应力筋的张拉控制应力应符合设计要求,且不宜超过表 7-9。

系数 k 及 μ 值表 表 7-8

项次	孔道成型方式	k	μ 值	
			钢丝束、钢绞线、光面钢筋	变形钢筋
1	预埋铁皮管道	0.003	0.35	0.4
2	橡胶管抽芯成型	0.0015	0.55	0.6
3	钢管抽芯成型	0	0.55	0.6
4	预埋波纹管道	0.0006 ~ 0.001	0.16 ~ 0.19(钢绞线)	

最大张拉应力 表 7-9

预应力钢材类别	最大张拉应力
冷拉 II ~ IV 级钢筋	$0.95R_Y^b$
热处理钢筋、消除应力钢丝、钢绞线、冷拉钢丝	$0.8R_Y^b$
冷拉钢丝	$0.75R_Y^b$

注:R_Y^b 为钢材的极限抗拉强度标准值。

(2)实际伸长值的量测及计算方法

预应力筋张拉前,应先调整到初应力 σ_0(一般取控制应力的 10% ~ 25%)再开始张拉和测量伸长值。实际伸长值除张拉时量测的伸长值外,还应加上初应力时的推算伸长值,对于后张法尚应扣除混凝土结构在张拉过程中产生的弹性压缩值。实际伸长值总量 ΔL 的计算公式如下:

$$\Delta L = \Delta L_1 + \Delta L_2 - C \tag{7-10}$$

式中:ΔL_1——从初应力至最大张拉应力间的实测伸长值;

ΔL_2——初应力 σ_0 时推算伸长值,

$$\Delta L_2 = \frac{\sigma_0}{E_g} \times L \tag{7-11}$$

C——混凝土构件在张拉过程中的弹性压缩值,一般情况下 C 值也可略而不计。

思考题

1.简述先张法预应力混凝土简支梁桥的施工工艺过程。

2.简述后张法预应力混凝土简支梁桥的施工工艺过程。

3.简述常见的几种先张法预应力筋放松方法。

4.后张法中孔道压浆的目的是什么?

5.孔道压浆应注意哪些事项?

第八章　预应力混凝土连续梁桥施工

第一节　概　　述

预应力混凝土连续梁桥在施工过程中常常会出现体系转换，因此施工阶段的应力与变形必须在结构设计中即予以考虑。不同的施工方法，在施工各阶段的内力也不同，有时结构的控制设计出现在施工阶段。所以，对于连续梁桥，其设计与施工是不能也无法截然分开的，结构设计必须考虑施工方法、施工内力与变形；而施工方法的选择应符合设计的要求，形成设计与施工互相制约、相互配合、不断发展的关系。

回顾混凝土连续梁桥的发展，可以清楚地看到：施工技术的发展对桥梁的跨径、桥梁的线形、截面形式等方面起着重要作用。初期的混凝土连续梁桥采用搭设支架就地浇筑的施工方法，桥梁的跨径多为30～40m，由于施工工期长，并耗用大量木材，因而建造连续桥梁数量很少。20世纪60年代初期，悬臂施工方法从钢桥引入预应力混凝土桥后，使预应力混凝土连续梁桥得到了迅速发展。它可以不用或少用支架，不影响河道通航，将桥梁逐段悬臂施工，其跨越能力已达到200m以上，因而扩大了混凝土连续梁桥的适用范围。连续梁桥因具有跨径大、造型协调、行车条件优越等特点，使预应力混凝土连续梁桥在近20年来的桥梁方案竞争中常常取胜。

随着桥梁结构的发展，对施工方法提出了各种不同的要求，从而促进了施工方法的发展来满足各种结构的需要。当桥梁的跨径主要考虑经济分孔，一般为30～50m时，常采用等截面，这在施工上需要连续多跨施工，则要求施工快速、简便，使用一套机具设备连续作业。基于以上要求，出现了逐孔架设法、移动模架法等施工方法。同时就一种施工方法而言，也有多种情况适应不同的要求。如逐孔架设法，既有分节段拼装的逐孔施工，又有整孔预制吊装的逐孔施工；既可使用大型起重机具，又可仅需简易起重设备的方法，可以根据不同要求进行选择。移动模架法是采用大型施工设备，就地逐跨完成桥梁施工。在桥位上完成模板、钢筋、混凝土浇筑、张拉工艺、养生等一系列工作后纵移施工设备连续施工。它相当于将桥梁的预制厂移到桥位，在高空中施工。因此，移动模架法有“活动预制厂”之称。它对于大型桥梁工程的施工走向工厂化、机械化、自动化和标准化，而不需移运、吊装工序，是一种有益的尝试。

顶推法施工用于建造预应力混凝土连续梁桥，使这种桥梁获得了更强的生命力。顶推法仅采用少量的施工设备，来完成大桥的施工，而且能保证预制质量，易于施工管理，并对周围环境不产生噪声。近年来，采用顶推法施工的预应力混凝土连续梁桥也有了一定数量，并在不断提高其适用性。随着科学技术的发展和对施工的不同要求，还会出现更多的、适应各种不同条件的施工方法。

预应力混凝土连续梁桥的施工方法很多，不同的施工方法所需机具设备、劳力不同，施工的组织、安排和工期也不一样，为了便于阐述，对比较相近的方法作适当的归并。至于施工方法的选择,应根据桥梁的设计、施工现场、环境、设备、经验等因素决定。可以说绝对相同的施工方法与施工组织是不存在的。因此必须结合具体情况,切忌生搬硬套。施工方法的选择是否合理将影响整个工程造价,涉及施工质量和工期。当今的桥梁工程建设,施工起着更加重要的作用。本章将分别介绍有支架就地浇筑施工、逐孔架设法、移动模架法和顶推法,其中的悬臂施工方法在本书第九章将有详细论述,本章不再讲解。

第二节　有支架就地浇筑施工

在支架上就地浇筑施工是古老的施工方法,以往多用于桥墩较低的中、小跨连续梁桥。它的主要特点是桥梁整体性好,施工简便可靠,对机具和起重能力要求不高。对预应力混凝土连续桥来说,结构在施工中不出现体系转换问题。但这种施工方法需要大量施工脚手架,且施工周期长。

近年来,随着钢脚手架应用和支架构件趋于常备化以及桥梁结构的多样化发展,如变宽桥、弯桥的强大预应力系统的应用,在长大跨径桥梁中,采用有支架就地浇筑施工可能是经济的,因此扩大了应用范围。尽管如此,相对其他施工方法,采用有支架就地浇筑施工的桥梁总数并不多,因此在选择施工方法时,要通过比较综合考虑。

一、支架

(一)支架的形式

支架按其构造分为立柱式、梁式和梁—立柱式,见图 8-1。立柱式构造简单,用于陆地或不通航河道以及桥墩不高的小跨径桥梁。梁式支架根据跨径不同采用 I 形钢梁、钢板梁或钢桁梁,一般 I 形钢用于跨径小于 10m 的桥梁,钢板梁用于跨径小于 20m 的桥梁,钢桁梁用于跨径大于 20m 的桥梁。梁可以支承在墩旁支架上,也可在桥墩上预留托架或支承在桥墩处横梁上。梁—立柱式支架在大跨桥上使用,梁支承在桥梁墩台以及临时支架或临时墩上,形成多跨连续支架。图 8-2 示出支架及模板的横截面布置及曲线桥支架的平面布置。支架除支承模板、就地浇筑施工外,还要设置卸落设备,待梁施工完成后,落架脱模。曲线桥梁的支架采用折线形支架和调节伸臂长度来适应平面曲线的要求。

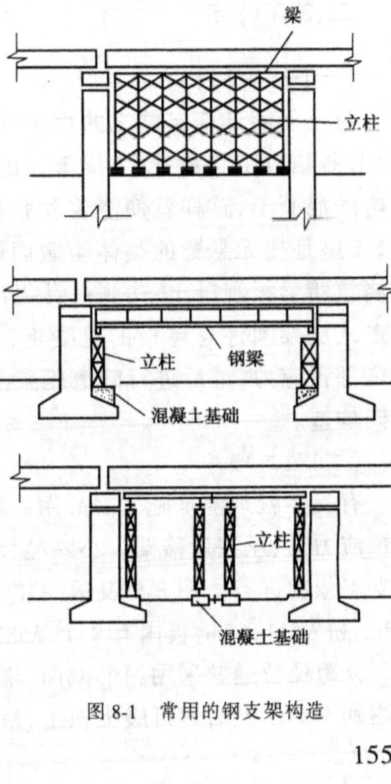

图 8-1　常用的钢支架构造

(二)对支架的要求

(1)支架虽是临时结构,但它要承受桥梁的大部分恒重,因此必须有足够的强度、刚度,保证就地浇筑的顺利进行。支架的基础要可靠,构件结合紧密并加装纵、横向连接杆件,使支架成为整体。

(2)在河道中施工的支架要充分考虑洪水和漂浮物的影响,除对支架的结构构造有所要求外,在安排施工进度时尽量避免在高水位情况下施工,如鲁布尔廷根阿勒桥就分了两个施工区,分别在 1977 年和 1978 年进行施工。

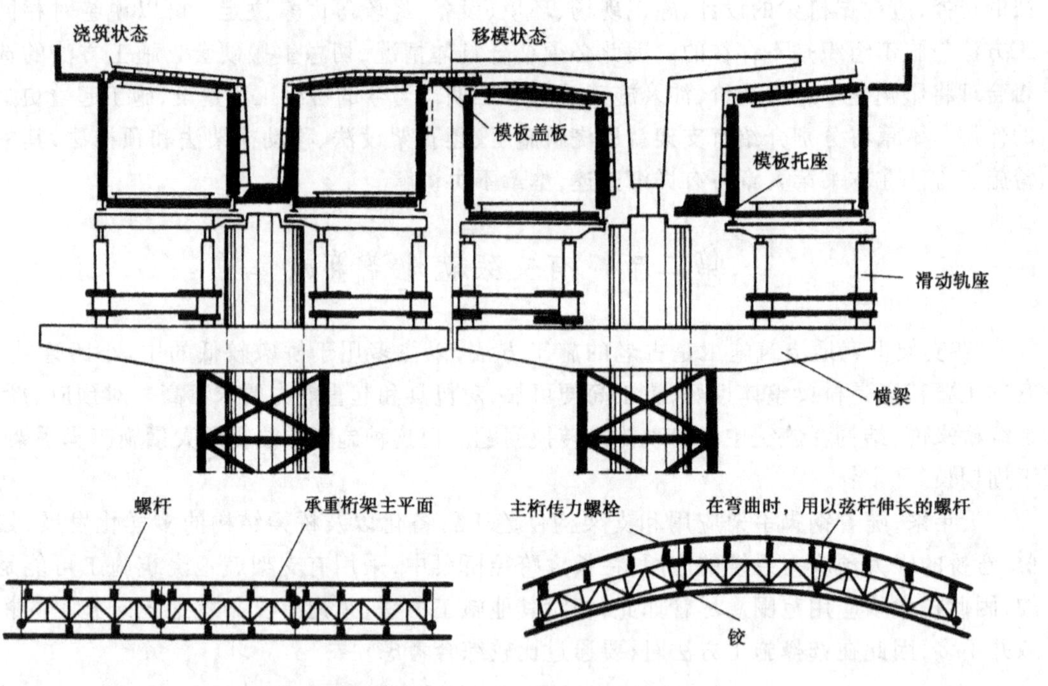

图 8-2　支架、模板的横向布置及曲线桥支架的平面布置

(3)支架在受荷后有变形和挠度，在安装前要有充分的预估和计算，并在安装支架时设置预拱度，使就地浇筑的主梁线形符合设计要求。如阿勒桥支架的桁梁，跨中预留拱度 50mm，与实际挠度基本符合。

(4)支架的卸落设备有木楔、砂筒和千斤顶等数种，卸架时要对称、均匀，不应使主梁发生局部受力的状态。

二、施工特点

(一)施工框图

有支架就地浇筑施工的程序可大致由图 8-3 框图表示。但在某些桥上，为减轻支架的负担，节省临时工程数量，主梁截面的某些部分在落架后利用主梁自身支承，继续浇筑第二期结构的混凝土，这样就使浇筑和张拉的工序重复进行。如阿勒桥的支架梁是按槽形梁设计的，支座是按无悬臂的整体箱截面设计的，28d 龄期的抗压强度为 38.6～63.5MPa，腹板拆模后浇筑箱梁板混凝土，达到设计强度后，施加最终预应力的 50%，落低支架后在箱梁上使用行走式支架灌注悬臂板的混凝土，每周灌注 3 个 6m 长的节段，待所有悬臂板施工完毕后施加全部预应力，最后进行管道压浆工作。图 8-4 示出在已经完成的梁上浇筑桥面板混凝土的支架构造。

(二)施工顺序

有支架就地浇筑施工需采用一联同时搭设支架，按照一定的程度一次完成浇筑工作，待张拉预应力筋、压浆后移架。小跨径板梁桥一般采用从一端向另一端浇筑的施工顺序，先梁身，后支点依次进行。图 8-5 表示一座 5 跨连续空心板梁的施工顺序，该桥为 5 × 14.68m，桥厚 0.8m，桥宽 11.65m，板内有 9 个 ϕ550mm 圆孔。

大跨径桥通常采用箱形截面，施工时常分段进行。一种是水平层施工法，即先浇筑底板，待达到一定强度后进行腹板施工，最后浇筑顶板。当工程量较大时，各部位亦可分数次浇筑。

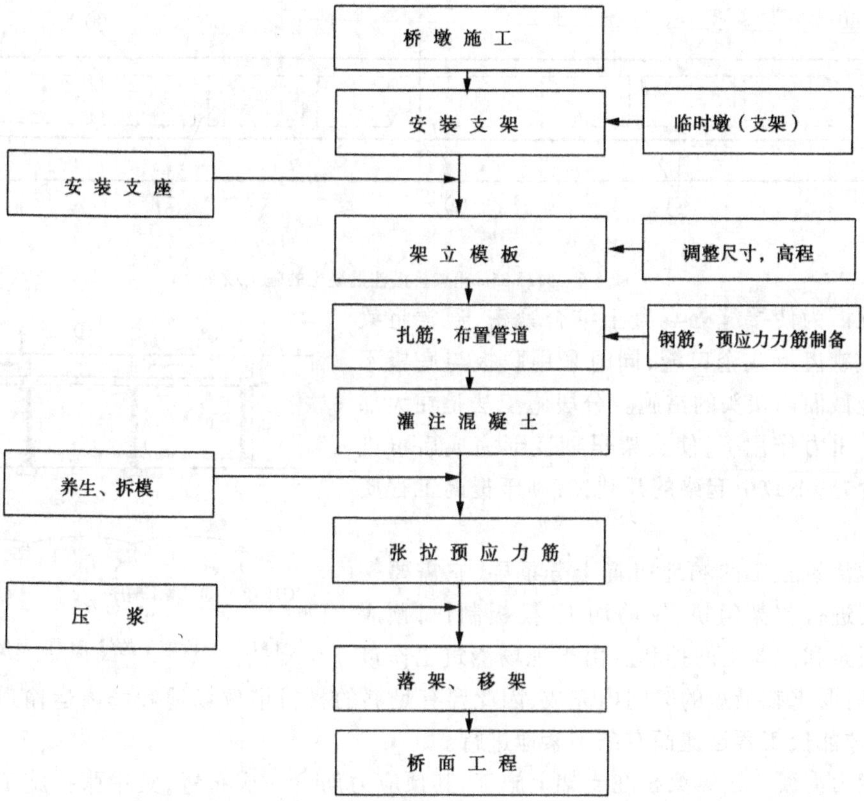

图 8-3 就地灌注施工一般程序

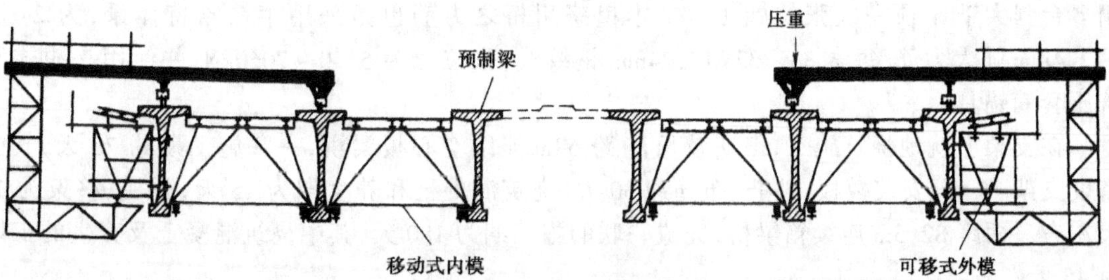

图 8-4 灌筑桥面板结构的支架构造

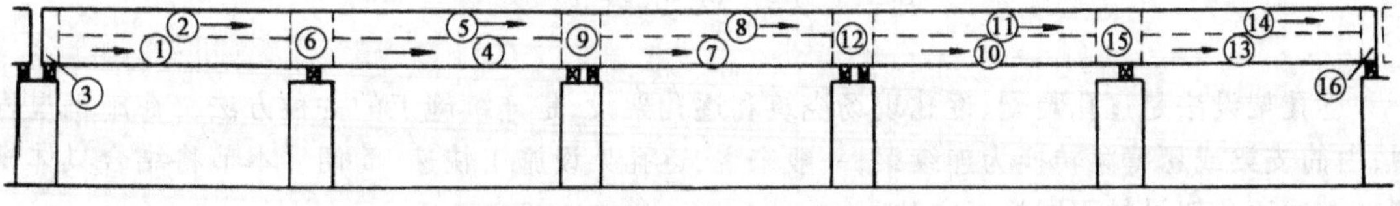

图 8-5 5 跨连续空心板梁桥的支架构造

如日本鬼怒川桥，为两跨 85m 单箱单室连续梁桥，其施工程序见图 8-6 所示。在浇筑混凝土时，两跨对称进行，这样支架受力较小，变形也容易控制。其中⑩、⑪两部分是在力筋张拉完成后再浇筑。另一种是分段施工法，根据施工能力每隔 20 ~ 25m 设置连接缝，该连接缝一般设在弯矩较小的区域，接缝长 1m 左右，待各段混凝土浇筑完成后，最后在接缝处施工合龙。图 8-7 示出跨中设置两个支承的梁—支柱式支架上分段施工的顺序、合龙段位置和支承梁预拱度的

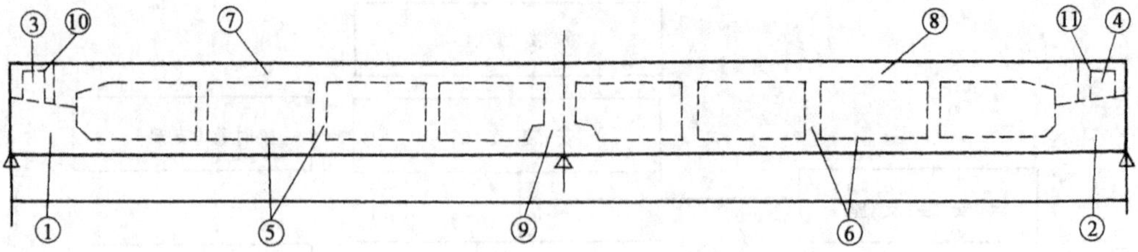

图 8-6　两跨 85m 箱梁桥灌注混凝土的施工顺序

设置情况。为使接缝处混凝土结合紧密，通常将梁的腹板做成齿形或企口缝，同时采用腹板与底板不在同一竖截面内接头的措施。分段施工法是在大部分混凝土重力作用下，使支架早期变形完成后再进行梁体合龙，不致引起梁的开裂，有利于提高工程质量。

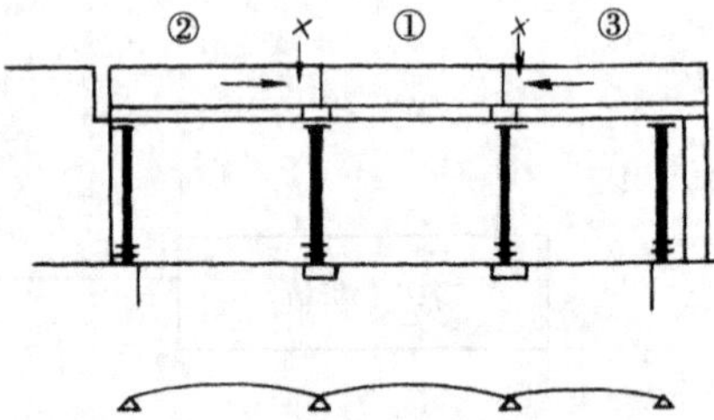

图 8-7　分段施工的施工顺序及接缝位置

就地浇筑施工的场地布置十分重要，它需要一定的场地进行支架组拼，钢筋加工，模板制作，预应力筋的组索和混凝土的拌和。由于现场浇筑工作量较大，同时要求在最短的时间内完成，因此要有足够的材料堆放场地和场内运输道路，只有合理布局，才能使工程迅速而有条不紊地进行。

预应力混凝土连续梁桥在支架上施工，其预应力筋可一次布置，集中张拉施工，因此便于采用大型力筋，如莱昂哈特体系、VSL 体系等。我国通惠铁路连续梁桥采用莱昂哈特体系集中布筋，力筋在套管中排成 18 层 13 列，共计 234 根 7ϕ3mm 钢绞线，每端总张拉力为 25100kN，使用多台强大千斤顶一次张拉施工。日本鬼怒川桥之力筋也是采用莱昂哈特体系，为 24 层 ϕ12.4mm 强大力筋，每索 33 ~ 37ϕ15.24mm 钢绞线，张拉力为 5640 ~ 7060kN，并使用夹钳式和挤压套筒锚具。

在支架上就地浇筑施工，工期较长，5 跨 68m 连续空心板梁桥，一联施工期约 70 天，其中搭设支架 15 天，安装模板、扎筋、布筋约 30 天，浇筑混凝土和养生期为 15 天，脱模、移架为 10 天左右。两跨 82.5m 连续箱梁桥，完成一联的施工期为 180 天，其中浇筑混凝土及养生的工期为 45 天左右。

第三节　逐孔架设法

逐孔架设法是逐孔装配、逐孔现场浇筑和逐孔架设，是连续施工的一种方法。在施工过程中，由简支梁或悬臂梁转换为连续梁，一般来说，逐孔架设施工快速、简便。本节将结合具体桥例来阐述逐孔架设的不同施工方法。

一、用临时支承组拼预制节段逐孔施工

美国长礁桥由 101 跨 36m 和两个边跨 35.6m 组成，为 8 跨一联预应力混凝土连续梁桥。每跨由 7 块预制节段组成，节段高 2.1m，长 5.4m，宽 11.8m。节段的腹板处有齿键，顶板和底板有企口缝，使接缝剪应力传递更加均匀并便于节段拼装就位。由于采用了体外索，即预应力筋设置在箱内，以聚乙烯套管作为防腐保护，因此节段间采用干接缝。

节段组拼在钢桁梁上进行，钢桁梁的9个角点临时钢柱和钢梁支承在V形墩的下横撑上，每个角点设液压千斤顶调整高程。为了便于节段在钢桁梁上移动，在每一节段下面放有聚四氟乙烯板，它与钢桁梁上的不锈钢轨形成的滑动面上滑动组拼。钢桁梁的预拱度，按箱梁4413kN全部加载后，上弦杆呈水平状态设置，同时还准备了附加垫件，用于临时调整节段高程。当桁梁就位调整高度后，将从驳船运来的预制节段由吊车安装，如图8-8所示。随后在前一跨墩块与安装跨第一节段间安装一块152mm厚的混凝土块，填充接缝空隙，经初预应力定位后就地浇筑封闭接缝。当接缝混凝土达到一定强度后，张拉预应力筋。该桥的施工程序如图8-9框图。

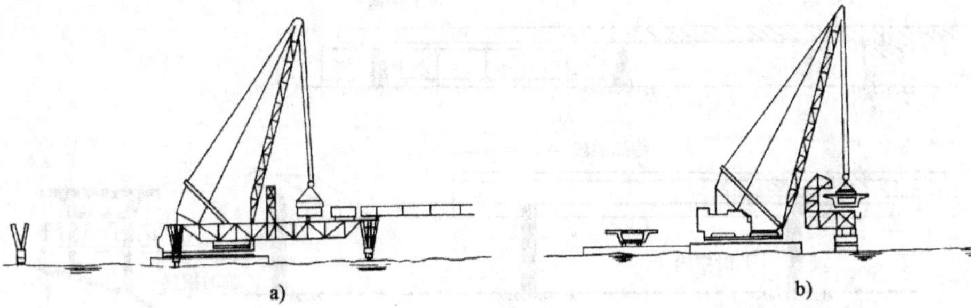

图8-8　在桁梁上组拼预制节段

钢桁架重833.6kN，在跨中装有小悬臂，由浮吊进行整孔装拆，十分方便，钢桁架拆、运、装完毕仅用3h，如图8-9所示。由于该桥为等截面梁，预制节段生产速度为每周14块(两跨梁)，平均安装速度3跨/周，即每周完成108m。

科威特的巴比延桥全长2383m，由11联预应力混凝土组合桁式连续梁组成，标准跨径40.16m。该桥梁的腹板为三角形框架，比一般混凝土箱梁节省材料20%~30%。标准跨分10段预制，中间部分有8段，每段长4.65m，重833.6kN，两端墩上段1.84m，重617.8kN。预制节段宽度为桥全宽18m。节段的制作需分两次预制，第一次预制中间节段所需的三角形框架和墩上节段所需的斜撑，第二次预制再把上述预制件浇筑在顶底板中。墩上节段的中间节段采用长短线配合，以每联为单元进行组合预制，考虑到二百多米长一联的架桥精度需要，对墩上段的定位精度控制在5mm以内。节段结合面设有多组企口缝，用于定位和传递剪力。该桥主要预应力筋与长礁桥相同，设置在混凝土构件的体外，预应力筋外面用聚乙烯套管保护，安装完工后，在管内压注膨胀砂浆。因此，施工时，节段采用干接缝拼装。

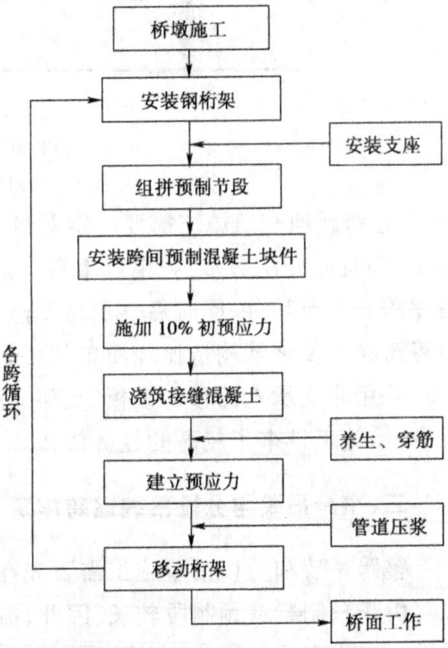

图8-9　在钢桁梁上逐跨组拼施工框图

二、使用移动支架逐跨现浇施工

逐跨现浇施工与在支架上现浇施工的不同点在于逐孔现浇施工仅在一跨梁上设置支架，

当预应力筋张拉结束后移到下一跨施工，而在支架上现场施工通常在一联桥跨上布设支架连续施工，因此前者在施工过程中有体系转换的问题，混凝土徐变对结构产生次内力。

移动支架常用落地式及梁式，如图 8-10 所示。落地式用于岸上桥跨或桥墩较低的情况，梁式支架的承重梁支承在锚固于桥墩的横梁上，也可支承在已施工完成的梁体上。现浇施工的接头最好设在弯矩较小的部位，常取在离桥墩 $L/5$ 距离以外。

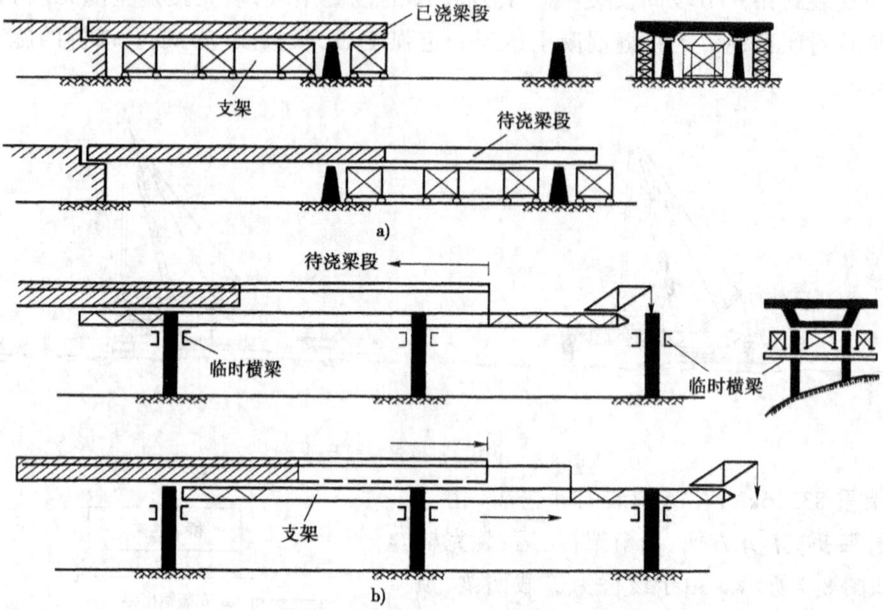

图 8-10　使用移动支架逐孔现浇施工

a)落地式支架；b)梁式支架

逐跨就地浇筑施工需要一定数量的支架，但比起支架现场浇筑施工所需的支架数量要少得多，而且周转次数多，利用效率高。施工速度也比在支架上现场浇筑快得多，但相对预制梁段逐跨施工要长些，同时后支点位于悬臂端产生较大的施工弯矩。因此这种施工方法，只适用中等跨径以及结构构造比较简单的桥梁。

采用非支承式的移动模板、支架逐跨现浇施工，近年来发展很快，机械化、自动化的程度也很高，给施工带来了较高的经济效益。

三、整跨吊装与分段吊装逐跨施工

整跨吊装和分段吊装施工需要先在工厂或现场预制整跨梁或分段梁，再进行逐跨架设施工。由于预制梁或预制段较长，因此，需要在预制时先进行第一次预应力筋的张拉，拼装就位后进行二次张拉。因此，在施工过程中也需由简支梁或悬臂过渡到连续梁的体系转换。吊装的机具有桁式吊、浮吊、龙门起重机、汽车吊等多种，可根据起吊质量、桥梁所在位置以及现有设备和掌握机具的熟练程度等因素决定。图 8-11 示出使用桁式吊逐跨架设的施工方案。

广东省广珠公路某桥，采用整跨吊装，按先简支后连接的方法施工。该桥全长 643.64m，主桥为 5 跨一联预应力混凝土连续梁桥，分跨为 $42.5+3\times54+42.5$，桥面宽度 14.5m，采用六梁式 T 形梁截面，梁高 2.5m，主梁间距 2.4m，其中预制梁宽 1.9m，各梁之间留有 0.5m 翼缘板作为现浇湿接缝，以加强上部结构的整体性。简支梁在现场预制，采用纵向分段，斜向分层，由一端向另一端连续浇筑施工，待达到设计强度后进行第一次张拉和压浆工作，54m 跨每片梁重

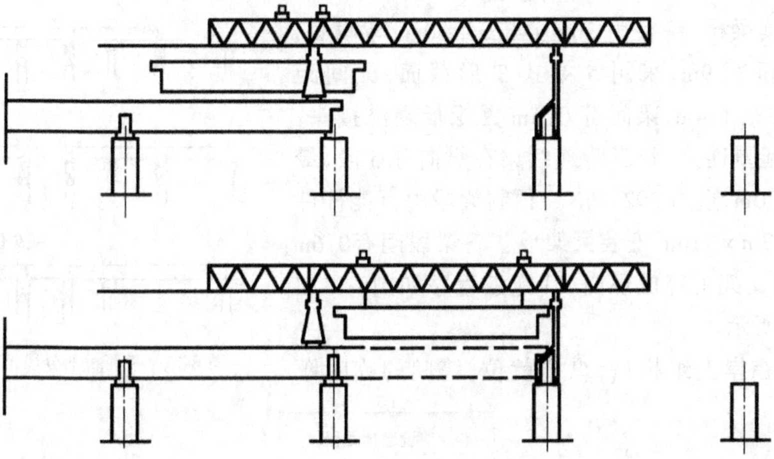

图 8-11　用桁式吊逐跨吊装施工

1700kN，采用 4900kN 浮吊船分批安装。其施工程序是首先安装第 1、第 2、第 3 跨预制简支梁，安装前在桥墩承台上设置两个临时支座，为了不使卸落梁时污染橡胶支座，在硫磺砂浆与橡胶支座之间放一层塑料布。临时支座与永久支座的构造图如图 8-12 所示。当 3 跨简支梁就位

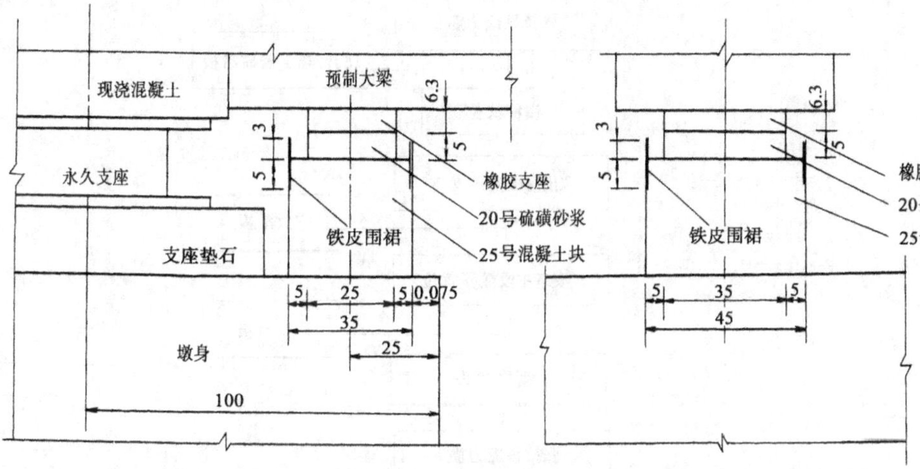

图 8-12　整跨架设的临时支座和永久支座(尺寸单位：cm)

调整后，现浇主梁接头混凝土，张拉二期预应力筋，拆除临时支座，使结构转换为 3 跨连续梁。在每片主梁从一岸向跨中方向进行整体化施工之后，继续架设第 4、第 5 跨简支梁，并从另一岸开始进行两跨连续梁的转换施工。最后在 3 跨连续梁和两跨连续梁之间合龙，成为 5 跨一联连续梁。在每片主梁形成 5 跨连续梁后，现浇横梁和桥面板的湿接头，将各梁连成整体，再进行桥面和人行道、栏杆的施工。

日本旧岛湾大桥也是一座采用整跨吊装的连续梁桥。该桥全长 931.04m，由两跨一联的预应力混凝土连续箱桥和 6 跨一联的钢箱连续梁桥组成。预应力混凝土梁分跨为 2 × 71.4m，钢梁的分跨为 75m + 100m + 2 × 130m + 100m + 75m，桥面宽 13.5m，采用按桥全宽纵向分段预制，组拼成整跨，大型浮吊整跨架设。该桥预制梁的接头位置设在离支点 $L/5$ 处弯矩较小的部位，对连续梁的支点受力是有利的，同时在施工中不需再用临时支座，简化施工，节省材料。采用大型整体结构逐跨架设，需要有相当大的起重设备。

上海莲西大桥是采用分段吊装的预应力混凝土连续梁桥，该桥全长 280m，主桥为 3 跨一

联预应力连续梁桥，跨径为30m+40m+30m，等截面，梁高1.8m，桥宽9m，采用5梁式T形截面，梁间距1.9m，预制梁宽1.4m，梁间有0.5m翼缘板现浇接头。根据当地的起重能力，将三跨连续梁在纵向分5段，最大分段梁长20m，重力392.3kN。预制梁段由万能杆件拼装的2m×2m×116m安装梁架设。各梁段间有0.6m现浇接头，在支架上完成现浇，其施工程序如图8-13和图8-14框图所示。

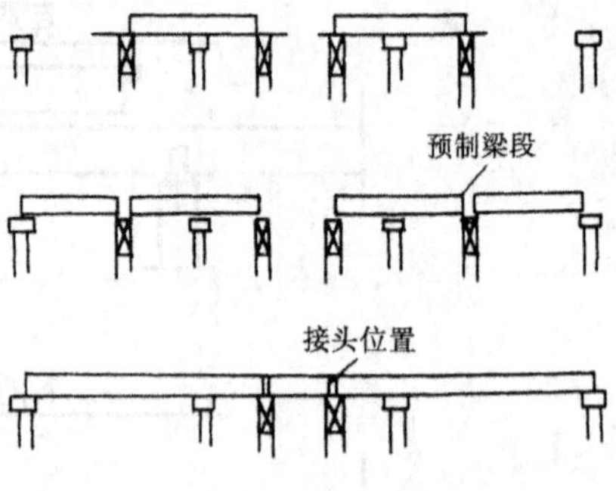

图8-13　莲西桥的分段吊装施工程序

安装梁在岸上组拼后，纵拖就位，跨间的临时墩

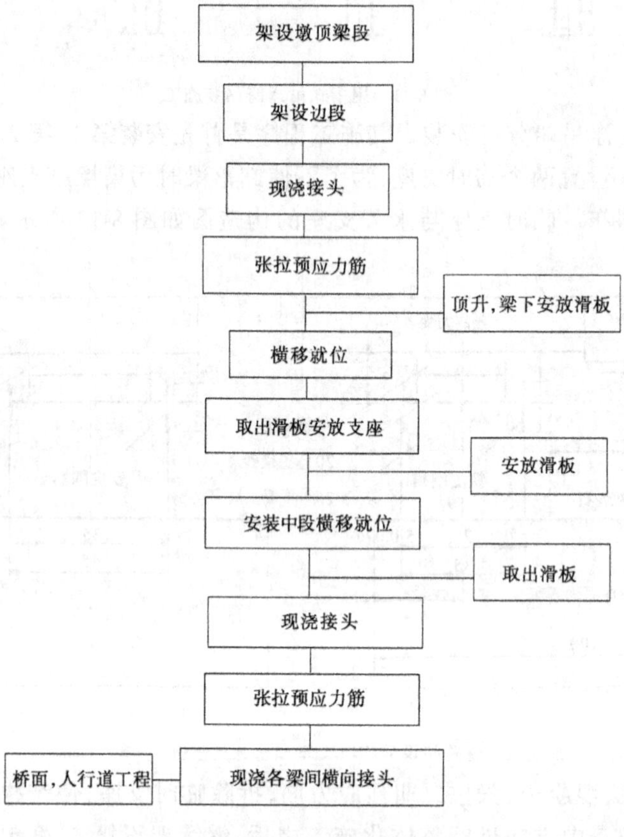

图8-14　分段吊装施工框图

既作安装梁纵移的临进支承，又作为梁段接头的支架和横移主梁用。整个施工经历了简支梁—单悬臂梁—连续梁的体系转换过程。

逐跨架设施工的三种典型方法，它们的共同特点是需要一定的辅助设备或较强大的起重设备。在逐跨施工过程均要有体系转换，通常由简支梁或悬臂梁转化为连续梁，对于多跨连续梁还要经历不同跨数连续梁的转换。因此，在施工过程中梁的各截面内力是随着施工进程而不断变化的。逐跨架设相对其他方法，它的施工速度比较快(特别是横向整体的整跨架设施工，速度最快)，但起重能力要求最大，要解决快速和起重能力的矛盾，则可以纵向分段，横向分段或纵、横向同时分段。分段愈小，起重能力要求愈低，但接头的工作量愈大，整体性就要采取必要的构造和施工措施来保证。在当今起重能力逐步提高的情况下，不宜采用纵横向同时分段的方式，以避免过多的现浇接头。此外，逐跨架设施工由于受到辅助设备和较强大的起重能力的限制,桥梁的跨径不宜过大,以中等跨径的长桥最为合适,经济效益较高。这三种施工方法都有其各自的特点,见表8-1。

逐跨架设各种施工方法的比较 表8-1

施工方法 / 项目	逐跨拼装施工	移动支架逐跨现浇施工	整跨或分段架设	
			有现浇接头	无现浇接头
临时支架	需要	相对数量较多	可能需要	不需
临时支座	不需	不需	可能需要	不需
现浇接头	可能需要接缝	不需	可能需要	不需
二次张拉	不需	不需	需要	需要
起重能力	一般要求 <980.7kN	无特殊要求	有一定要求 490.3~4903kN	要求980.7~29420kN
预制要求	精度高,场地要大	要求材料堆放地	场地要大	精度高,场地大
施工难易	精度要求高	比较方便	比较方便	要求较高
施工速度	快	较慢	较快	最快
对结构要求	等截面梁	等截面梁	宜等截面T、I梁	无特殊要求
桥梁跨越对象	河道、海湾、山谷、跨线	宜跨线	跨河跨线	跨河跨线
适用跨径	30~50m	<50m	30~60m	30~100m
桥梁长度	宜用于长桥	宜用于长桥	可用于长桥	宜用于长桥

合理选择施工程序是十分重要的。在桥例中,对一联桥跨大多数采取在中间跨或中间墩上合龙的施工程序,预制节段或梁段的运输有从纵向沿着已建成的桥跨运到桥位,也有从桥位下面竖直吊装就位的。在考虑施工程序时,要便于构件的预制、堆放和尽量减少搬运,要有一个合理的生产线使施工保持连续性。此外,由于连续梁的徐变次内力和温度应力与施工程序有关,因此要考虑几种可能的方案,选取施工过程中结构内力最小的施工程序。逐跨架设把接头位置设在弯矩较小的部位,对结构的受力和变形是十分有利的,故近年来在国内外桥梁施工中常被采用。

第四节 移动模架法

近20年来,高架桥得到了很大的发展,它的特点是桥长跨多,桥梁的跨径为30~50m。为适应这类桥梁的快速施工、节省劳力、减轻劳动强度和少占施工场地特点,而利用机械化程度高的支架和模板逐跨移动、现浇混凝土施工,这就是移动模架法。常用的移动模架可分为移动悬吊模架和活动模架两种。

一、移动悬吊模架施工

移动悬吊模架的形式很多,但其基本结构都包括三部分:承重梁、从承重梁伸出的肋骨状的横梁和支承主梁的移动支承,见图8-15。承重梁通常采用钢梁,长度大于两倍跨径,是承受施工设备自重、模板系统重力和现浇混凝土重力的主要构件。承重梁的后段通过可移式支承落在已完成的梁段上,它将荷载传给桥墩(或直座落在墩顶),承重梁的前端支承在桥墩上,工作状态呈单臂梁。承重梁除起承重作用外,在一孔梁施工完成后,作为导梁与悬吊模架一起纵移至下一施工跨,承重梁的移位以及内部运输由数组千斤顶或起重机完成,并通过中心控制操作。

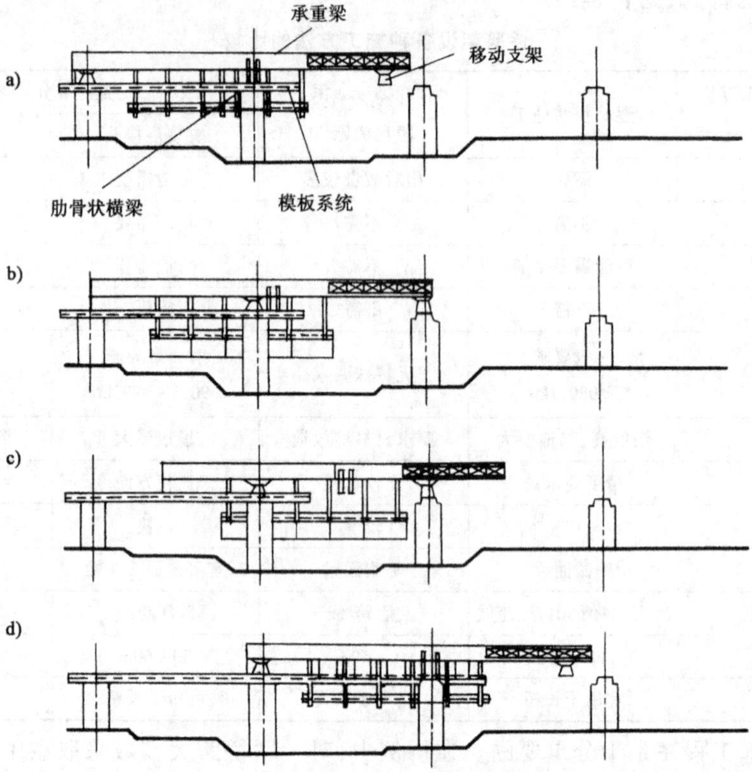

图 8-15 移动悬吊模架的施工程序

a)施工完成;b)放模板,移承重梁;c)前移;d)就位,安装模板

从承重梁两侧悬臂的许多横梁覆盖板梁全宽,它由承重梁上左右各用 2~3 组钢索拉住横梁,以增加其刚度。横梁的两端垂直向下,到主桥的下端再成水平状态,形成下端开口的框架并将主梁包在内部。当在模板支架上进行混凝土浇筑时,模板依靠下端的悬臂梁和锚固在横梁上的吊杆和定位千斤顶固定模板浇。当模架需要运送时,放松千斤顶和吊杆,模板固定在下端悬臂上,并转动该梁的前端(有一段是可动部分),使模架可顺利地通过桥墩,如图 8-16 所示。

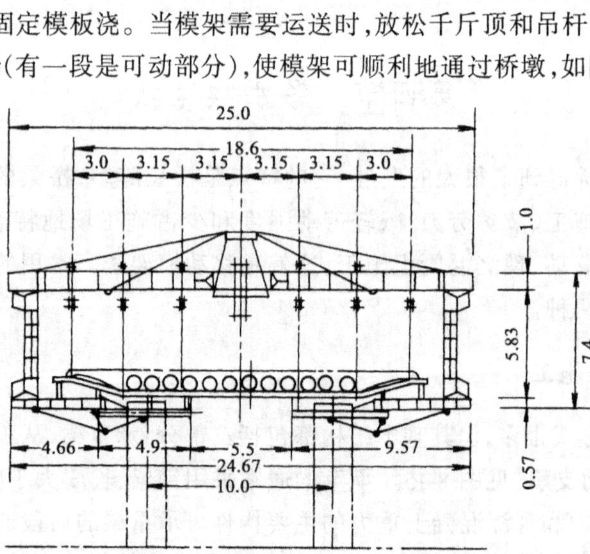

图 8-16 移动悬吊模架的横截面构造(尺寸单位:m)

模架的支承系统由活动支承 R_1、R_2、R_3 和后端支承组成，移动时要放下后端支承，将 R_1、R_2、R_3 活动支承前移，之后提升后端支承，利用 R_2、R_3 上的穿心式千斤顶将承重梁前移，经过几次反复，将承重梁移至新的施工位置，如图 8-17 所示。

日本有一座高架桥，全长 930m，基本体系也是三跨连续空心板梁桥，跨径 24.5～29m，梁高 1.1m，桥宽 18～19m，桥墩为双柱式墩，采用移动悬吊模架施工。该桥的特点在于桥梁平面为 $R=240$m（最小半径）的曲线桥，施工是通过调整悬吊模架的位置和高度来实现。材料和机具设备通过已完成的桥面利用轨道龙门吊车从预制加工厂运至施工现场，浇筑梁体的混凝土通过导管输送到需要的位置。由于具有较高的机械化、自动化和良好的施工环境，不仅保证施工质量，而且可减少 30% 的劳动力，一跨梁的施工周期约为 11 天。但它需要一整套大型的施工设备，因此，设备周转使用的次数愈多，其经济效益愈高。

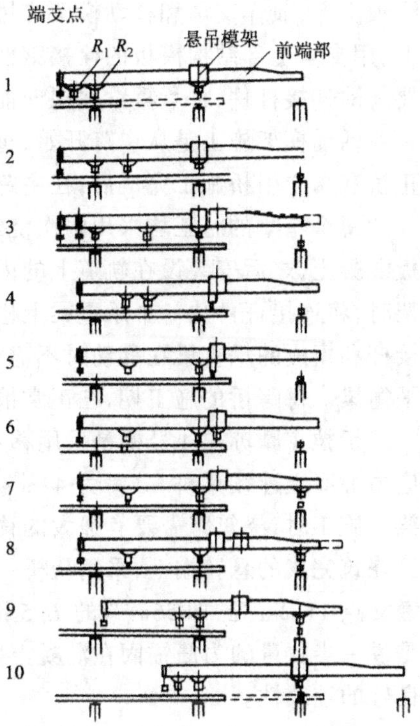

图 8-17　移动悬吊模架施工时的支承系统

二、活动模架施工

活动模架的构造形式较多，其中的一种构造形式由承重梁、导梁、台车和桥墩托架等构件组成。在混凝土箱形梁的两侧各设置一根承重梁，以支撑模板和承受施工重力。承重梁的长度要大于桥梁跨径，浇筑混凝土时承重梁支承在桥墩托架上。导梁主要用于运送承重梁和活动模架，因此需要有大于两倍桥梁跨径的长度，当一跨梁施工完成后进行脱模卸架，由前方台车（在导梁上移动）和后方台车（在已完成的梁上移动），沿纵向将承重梁和活动模架运送至下一跨，承重梁就位后导梁再向前移动，如图 8-18 所示。日本东北新干线第一上北川双线

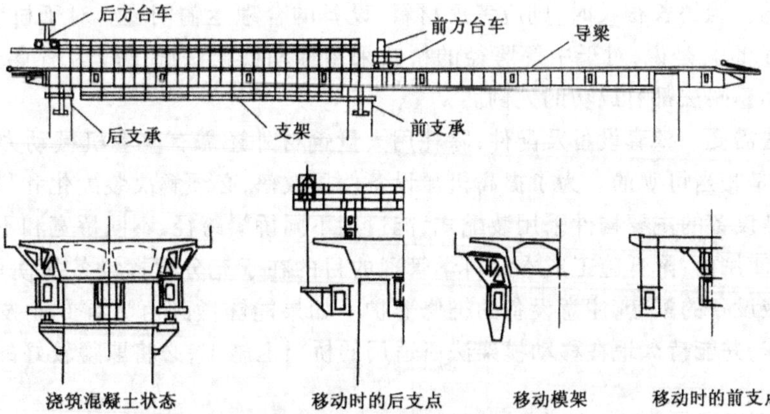

图 8-18　活动模架的构造

铁路桥采用活动模架施工，该桥共 33 跨，由 32 跨跨径 31～3m 和一跨 49m 简支梁桥组成。其中 32 跨均采用活动横架施工。承重梁长 37.75m，导梁长选用 74m，均为钢箱截面，全部活动模架的重力约 2940kN。混凝土运送仍从桥跨一岸运至施工现场，混凝土浇筑完成后采用蒸气养

生,并在三天后张拉预应力筋,平均每跨梁的施工周期为 15 天,全部上部结构施工期为 23 个月。

活动模架的另一种构造形式是采用两根长度大于两倍跨径的承重梁分设在箱梁顶面的翼缘板下方,兼作支承和移动模架之用,因此不需要再设导梁。两根承重梁置于墩顶的临时横梁上,用支承上部结构模板的栓接钢框架将两个承重梁连接起来,移动时为了跨越桥墩前进,需要解除连接杆件,将承重梁逐根向前移动。

活动模架施工是从岸跨开始,每次施工接缝设在下一跨的 13m 处($L/5$ 附近)连续施工,当正桥和两岸引桥施工完成后,在主跨设置临时墩现场浇筑连接段使全桥合龙。

每个箱梁的施工均采用两次浇筑施工法,当承重梁定位后,用螺旋千斤顶调整外模,浇底板混凝土,之后安装设在轨道上的内模板,浇筑腹板及顶板混凝土。在一跨施工结束需移动模架时,将连接杆件从一个承重梁上松开半边,撤除纵向缆索后将承重梁逐根纵移,由于附有连接杆和模板的承重梁在移动时不稳定,为了达到平衡,在承重梁的另一侧设有外托架和混凝土平衡梁。每跨桥的施工期,在正常情况下,需要 4 周时间。

伊拉克摩苏尔 4 号桥是采用移动模架逐跨现浇的实例。该桥全长 648m,为 12 跨一联预应力混凝土连续梁桥,分跨为 44m + 10 × 56m + 44m,桥宽 31.3m,采用分离式单箱单室等截面梁。施工时,浇筑跨需要有强大的移动式支承,模架的前支点设在前主桥墩上,后支点则设在已浇筑完成的悬臂端上,采用从桥一端向另一端逐跨施工程序。每跨混凝土接头设在距离桥墩支点 11.2m 处,即 56m 跨的 $L/5$ 部位。预应力筋一半数量的接头设在距支点 6.2m 处,也就是说一半数量的力筋锚固在混凝土接头部位,另一半力筋接头相隔 5m,保证混凝土与力筋有良好的连续性。

采用移动模架法施工,无论哪一种形式,其共同的特点在于高度机械化,其模板、钢筋、混凝土和张拉工艺等整套工序均可在模架内完成。同时由于施工作业是周期进行,且不受气候和外界因素干扰,不仅便于工程管理,又能提高工程质量,加快施工速度。根据国外 20 余座使用移动模架法施工的桥梁统计,从构造上看,大多数的桥为外形等截面梁桥,箱梁截面在支点位置可设置横隔梁;另外从桥长和跨径方面分析,大多数桥长均超过 200m,常用 400 ~ 600m,也有超过 1000m 的。当桥长很长时,则应考虑材料、设备的合理运输问题。对于桥梁的跨径,多数为 23.5 ~ 45m,也就是说,对于中等跨径的桥梁采用移动模架法施工较为适宜。此外,对于弯桥和坡桥移动模架法都有成功的先例。

移动模架法需要一整套设备及配件,除耗用大量钢材外还需有整套机械动力设备和自动装置,一次投资是相当可观的。为了提高机械设备使用效率,必须解决装配化和科学管理的问题。装配化就是设备的主要构件采用装配式,能适用不同桥梁跨径、不同桥宽和不同形状的桥梁,扩大设备的使用面,降低施工成本。科学管理的目的在于充分发挥设备的使用能力,因此必须要做到机械设备的配套,注意设备的维修养护。如果能够做到由具有专业技术水平的施工队伍固定操作,并能持久地在移动模架法所适用的桥梁上施工,必将取得较好的经济效益。

第五节　顶　推　法

一、概述

预应力混凝土连续梁桥采用顶推法施工在世界各地颇为盛行。顶推法的施工原理是沿桥纵轴方向的台后开辟预制场地,分节段预制混凝土梁身,并用纵向预应力筋连成整体,然后通过水平液压千斤顶施力,借助不锈钢板与聚四氟乙烯模压板特制的滑动装置,将梁逐段向对岸顶进,就位后落架,更换正式支座完成桥梁施工。

我国于1974年首先在狄家河铁路桥采用顶推法施工,该桥为4×40m预应力混凝土连续梁桥;1977年修建了广东东莞县的40m+54m+40m三跨一联的万江桥;之后湖南望城沩水河桥使用柔性墩多点顶推施工的连续梁桥,为我国采用顶推法施工创造了成功的经验,有力地推动了我国预应力混凝土连续梁桥的发展,至今又有多座连续梁桥采用顶推法施工完成。

顶推法施工不仅用于连续梁桥(包括钢桥),同时也可用于其他桥型。如简支梁桥,也可先连续顶推施工,就位后解除梁跨间的连续;拱桥的拱上纵梁,可在立柱间顶推施工;斜拉桥的主梁采用顶推法等。

迄今,世界各国采用顶推法施工的大桥约有近200座。推荐的顶推跨径为42m,不设临时支墩也无其他辅助设施的最大顶推跨径为63m。顶推法施工的最大跨径是前联邦德国的沃尔斯(Worth)桥,该桥为3跨连续梁,全长404m,最大跨径168m,其间采用两个临时支墩,顶推跨径56m。

预应力混凝土连续梁桥的上部结构采用顶推法施工的顺序可大致用图8-19表示,这一施工框图主要反映我国目前采用顶推法施工的主要工序。

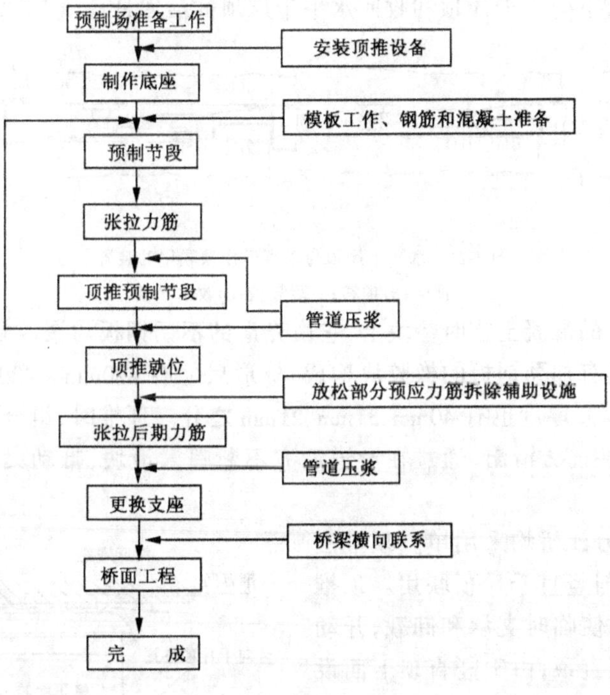

图8-19　顶推施工程序图

连续梁桥的主梁采用顶推法施工,其施工概貌见图8-20。

二、单点顶推

顶推的装置集中在主梁预制场附近的桥台或桥墩上,前方墩各支点上设置滑动支承。顶推装置又可分为两种:一种是由水平千斤顶通过沿箱梁两侧的牵动钢杆给预制梁一个顶推力;另一种是由水平千斤顶与竖直千斤顶联合使用,顶推预制梁前进,如图8-21所示。它的施工

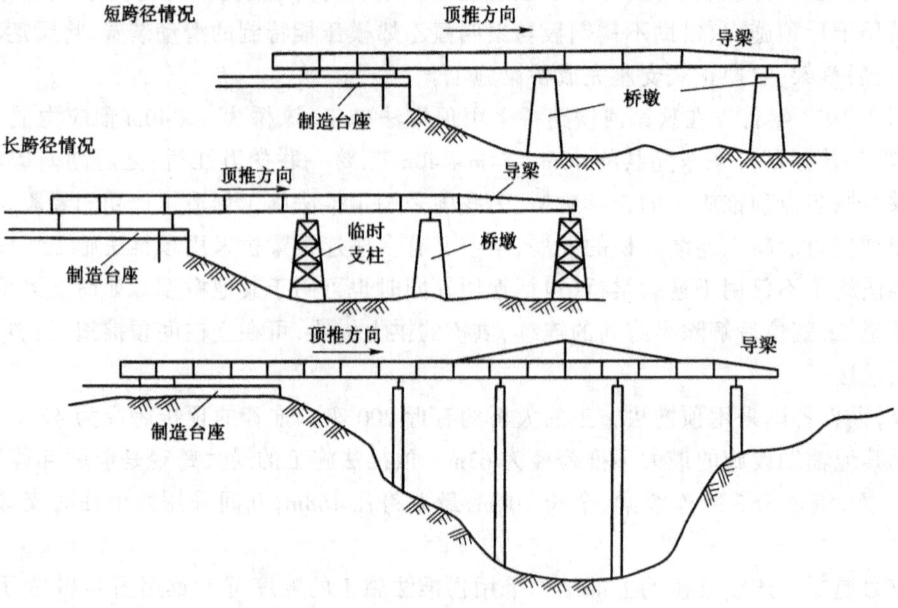

图 8-20　顶推法施工概貌

程序为顶梁、推移、落下竖直千斤顶和收回水平千斤顶的活塞杆。

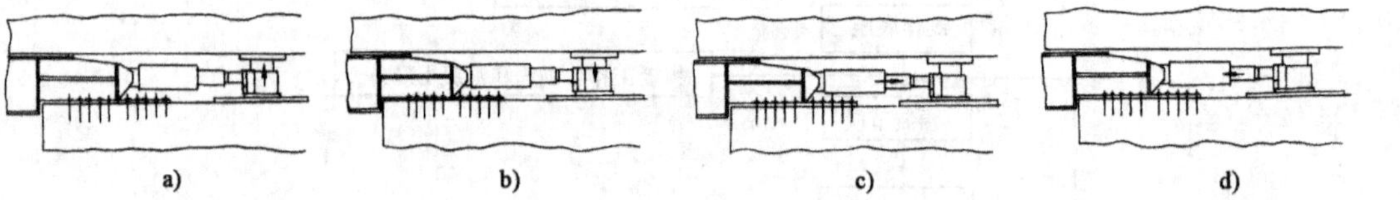

图 8-21　水平千斤顶与垂直千斤顶联用的装置

a)顶梁；b)推移；c)落竖顶；d)收水平顶

滑道支承在墩上的混凝土临时垫块上，它由光滑的不锈钢板与聚四氟乙烯滑块组成，其中的滑块由四氟板与具有加劲钢板的橡胶块构成，外形尺寸有 420mm × 420mm、200mm × 400mm、500mm × 200mm 等数种，厚度也有 40mm、31mm、21mm 之分。顶推时，组合的聚四氟乙烯滑块在不锈钢板上滑动，并在前方滑出，通过在滑道后方不断喂入滑块，带动梁身前进，如图 8-22 所示。

我国狄家河桥、万江桥均采用单点顶推法施工，将水平千斤顶与竖直千斤顶联用。顶推时，升起竖直顶活塞，使临时支承和卸载，开动水平千斤顶去顶推竖直顶，由于竖直顶下面设有滑道，顶的上端装有一块橡胶板，即竖直千斤顶在前进过程中带动梁体向前移动。当水平千斤顶达到最大行程时，降下竖直顶活塞，带动竖直顶后移，回到原来位置，如此反复不断地将梁顶推到设计位置。

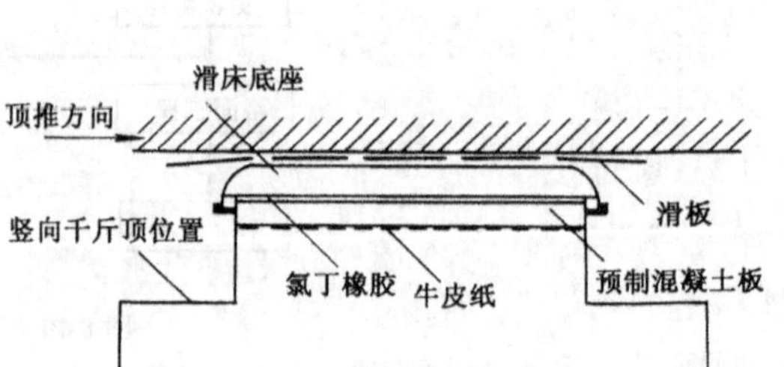

图 8-22　顶推使用的滑道装置

1991 年建成的杭州钱塘江二桥，是一座公铁两用并列桥。主桥两侧的铁路引桥均为三联预应力混凝土连续梁桥，每联分别为 7 × 32m、8 × 32m 及 9 × 32m，最大联长 288m，采用单点顶推法施工。顶推设备采用四台大行程水平穿心式千斤顶，设置在牵引墩的前侧托架上，顶推是通过梁体顶、底板预留孔内插入强劲的钢锚柱，由钢横梁锚信四根拉杆，牵引梁体前进，见图8-23，当千斤顶回油时，需拧紧拉杆上的止退螺母，为保证施工安全，在牵引墩的后侧安装两个专供防止梁体滑移的制动架。

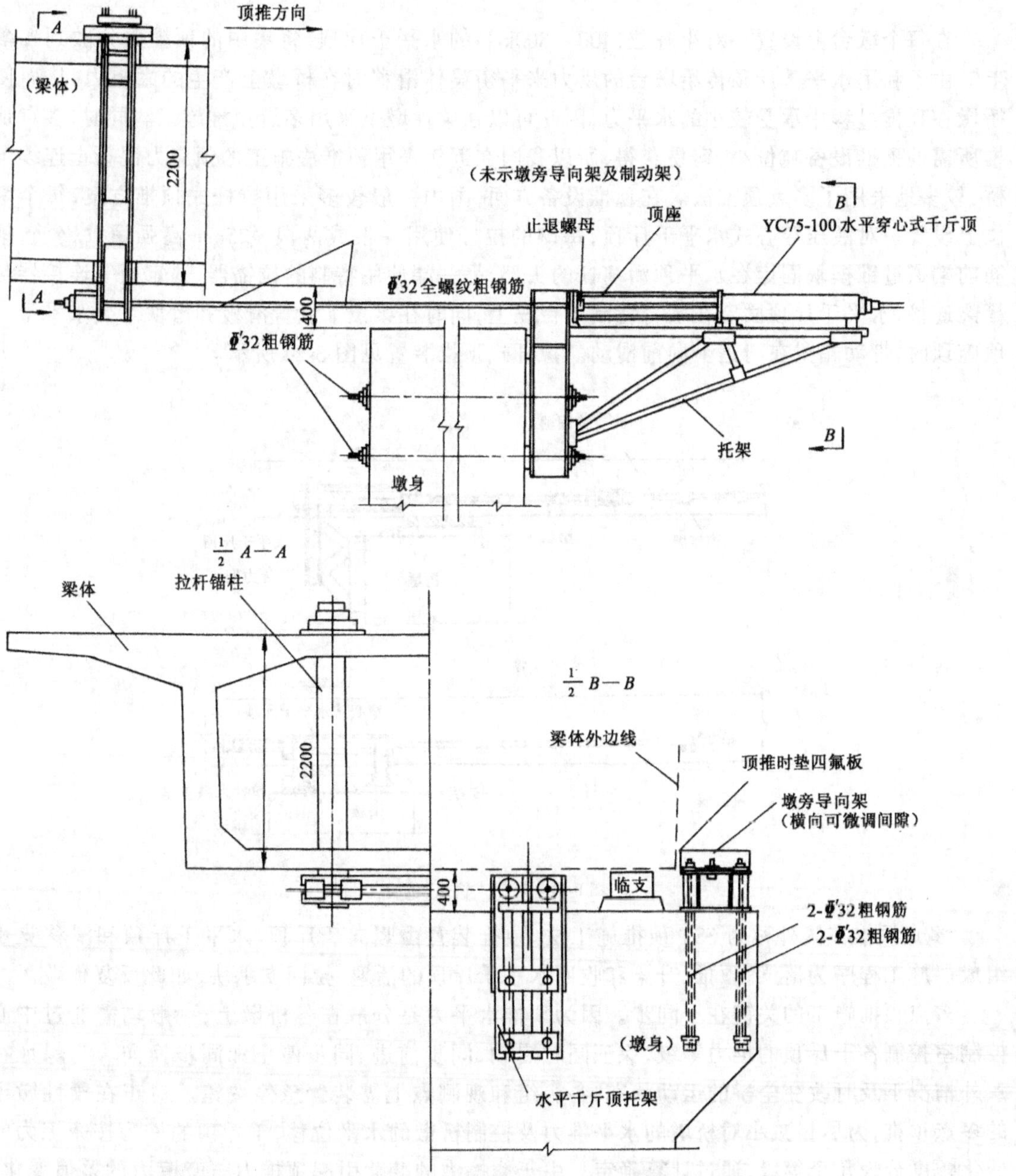

图8-23　单点顶推设备(尺寸单位:mm)

国外单点顶推法称TL顶推施工法，是德国的Taktshiebe Verba中的Taktshiebe与Leonhardt的两个大写字母组成。在TL施工的桥梁取得不少成果，如著名的卡罗尼河桥，全长在500m左右，上部结构顶推重力约为98100kN，采用两台2943kN水平千斤顶单点顶推最大顶力为3924kN。在前苏联，已普遍采用连续滑动装置来代替人工喂入滑块，这种装置保证固定的聚四氟乙烯板连续滑动,其构造似坦克的履带,同时在梁下设置钢板,每块钢板的滑动面为不锈钢板,另一面则带动主梁前进,这样的滑动装置施工十分方便。我国在西延线刘家沟车站的三线桥上,于1991年也曾使用履带式滑块,空腹式滑道,实现了不间断顶推施工,顶推速度1.2m/d。

三、多点顶推

在每个墩台上设置一对小吨位(400～800kN)的水平千斤顶,将集中的顶推力分散到各墩上。由于利用水平千斤顶传给墩台的反力来平衡梁体滑移时在桥墩上产生的摩阻力,从而使桥墩在顶推过程中承受较小的水平力,因此可以在柔性墩上采用多点顶推施工。同时,多点顶推所需的顶推设备吨位小,容易获得,所以我国在近年来用顶推法施工的预应力混凝土连续梁桥,较多地采用了多点顶推法。在顶推设备方面,国内一般较多采用拉杆式顶推方案,每个墩位上设置一对液压穿心式水平千斤顶,每侧的拉杆使用一根或两根 ϕ25mm 高强螺纹钢筋,钢筋前端通过锥楔块固定在水平顶活塞杆的头部,另一端使用特制的拉锚器、锚定板等连接器与箱梁连接,水平千斤顶固定在墩身特制的台座上,同时在梁位下设置滑板和滑块。当水平千斤顶施顶时,带动箱梁在滑道上向前滑动。拉杆式顶推装置见图8-24所示。

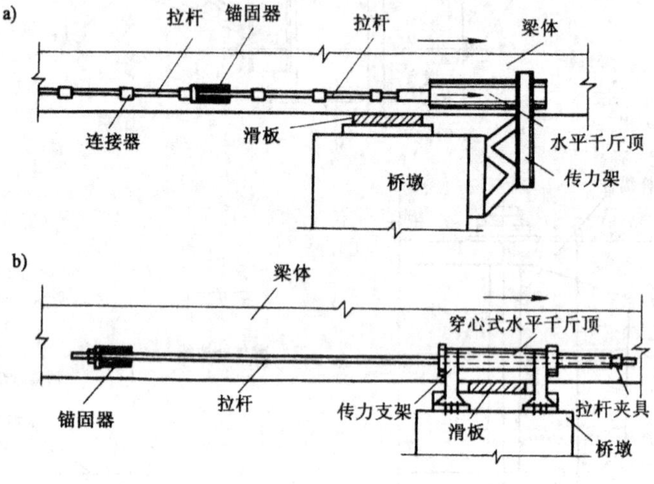

图8-24 拉杆式顶推装置

多点顶推在国外称为SSY顶推施工法,顶推装置由竖向千斤顶、水平千斤顶和滑移支承组成。施工程序为落梁、顶推、升梁和收回水平千斤顶的活塞,拉回支承块,如此反复作业。

多点顶推施工的关键在于同步。因为顶推水平力是分散在各桥墩上,一般均需通过中心控制室控制各千斤顶的推力等级,保证同时启动、同步前进、同步停止和同步换向。为保证在意外情况下及时改变全桥的运动状态,各机组和观测点上需装置急停按钮。对于在柔性墩上的多点顶推,为尽量减小对桥墩的水平推力及控制桥墩的水平位移,千斤顶的推力按摩擦力的变化幅度分为几个等级,通过计算确定。由于摩擦力的变化引起顶推力与摩擦力的差值变化,每个墩在顶推时可能向前或向后位移,为了达到箱梁匀速前进,应控制水平差值及桥墩位移,施工时在控制室随时调整推力的级数,控制千斤顶的推力大小。由于千斤顶传力时间差的影响,将不可避免地引起桥墩沿桥纵向摆动,同时箱梁的悬出部分可能上下振动,这些因素对施工极其不利,要尽量减少其影响,做到分级调压,集中控制,差值限定。

多点顶推法与集中单点顶推比较,可以免去大规模的顶推设备,能有效地控制顶推梁的方向偏离,顶推时对桥墩的水平推力可以减到很小,便于结构采用柔性墩。在弯桥采用多点顶推时,由各墩均匀施加顶力,同时能顺利施工。采用拉杆式顶推系统,免去在每一循环顶推过程中用竖向千斤顶将梁顶起使水平千斤顶复位,简化了工艺流程,加快顶推速度。但多点顶推需要较多的设备,操作要求也比较高。

多联桥的顶推,可以分联顶推,通联就位,也可联在一起顶推。两联间的结合面可用牛皮纸或塑料布隔离层隔开,也可采用隔离剂隔开。对于多联一并顶推时,多联顶推就位后,可根据具体情况设计解联、落梁及形成伸缩缝的施工方案。如两联顶推,第二联就位后解联,然后第一联再向前顶推就位,形成两联间的伸缩缝。

四、其他分类的施工方法概述

(一)设置临时滑动支承顶推施工

顶推施工的滑道是在墩上临时设置的,待主梁顶推就位后,更换正式支座。我国采用顶推法施工的数座连续梁桥均为这种方法。国外也有采用当主梁在滑道上顶推完成后,使用横移法就位。

在安放支座之前,应根据设计要求检查支座反力和支座的高度,同时对同一墩位的各支座反力按横向分布要求进行调整。安放支座也称落梁,对于多联梁可按联落梁,如一联梁跨较多时也可分阶段落梁,这样施工简便,又可减少所需千斤顶数量。更换支座是一项细致而复杂的工作,往往一个支座高度变动1mm,其他支座反力变化相当显著。据广东某桥的顶推资料:支座高程变化10mm,45m跨的支座反力变动402kN,支点弯矩变化5552kN·m。因此,在调整支座前要周密计划,操作时统一指挥,做到分级、同步。

(二)使用与永久支座兼用的滑动支承顶推施工

这是一种使用施工时的临时滑动支承与竣工后的永久支座兼用的支承进行顶推施工的方法。它将竣工后的永久支座安置在桥墩的设计位置上,施工时通过改造作为顶推施工时的滑道,主梁就位后不需要进行临时滑动支座的拆除作业,也不需要用大吨位千斤顶将梁顶起。

国外把这种施工方法定名为RS施工法(Ribben Sliding Method)。它的滑动装置由RS支承、滑动带、卷绕装置组成。RS支承的构造见图8-25所示,RS顶推装置的特点是采用兼用支承,滑动带自动循环,因而操作工艺简单,省工、省时,但支承本身的构造复杂,价格较高。

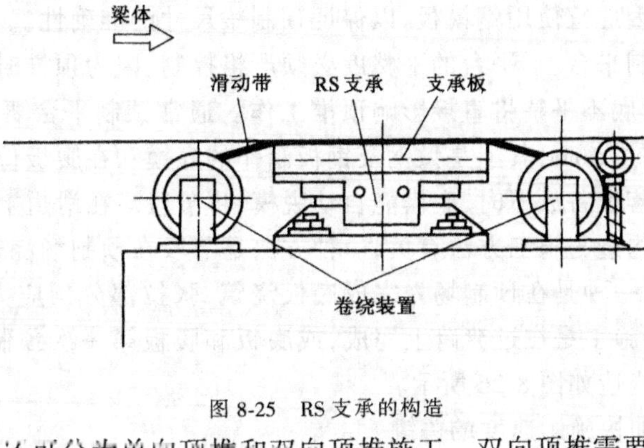

图8-25 RS支承的构造

此外,顶推法施工还可分为单向顶推和双向顶推施工。双向顶推需要从两岸同时预制,因此要有两个预制场,两套设备,施工费用要高。同时,边跨顶推数段后,主梁的倾复稳定需要得到保证,常采用临时支柱、梁后压重、加临时支点等措施解决。双向顶推常用于连续梁中跨跨径较大而不宜设置临时墩的三跨桥梁。此外,在 $L>600\text{m}$ 时,为缩短工期,也可采用双向顶推施工。

五、顶推施工中的几个问题

(一)确定分段长度和预制场布置

顶推法的制梁有两种方法,一种是在梁轴线的预制场上连续预制逐段顶推;另一种是在工厂制成预制块件,运送到桥位连接后进行顶推,在这种情况下,必须根据运输条件决定节段的长度和质量,一般不超过5m,同时增加了接头工作,需要起重、运输设备,因此,以现场预制为宜。

预制场是预制箱梁和顶推过渡的场地,包括主梁节段的浇制平台和模板、钢筋和钢索的加工场地,混凝土拌和站以及砂、石、水泥的运入和运输路线用地。预制场一般设在桥台后,长度需要有预制节段长的三倍以上。如果路已建好,可以把钢筋加工、材料堆放场地安排得更合理一些。顶推过渡场地需要布置千斤顶和滑移装置。因此它又是主梁顶推的过渡跨。主梁节段预制完成后,要将节段向前顶推,空出浇筑平台继续浇筑下一节段。对于顶出的梁段要求顶推后无高程变化,梁的尾端不能产生转角,因此在到达主跨之前要设置过渡跨,并通过计算确定分跨和长度,如沩水桥设置了9.5m+11.4m两过渡跨。如果在正桥之前有引桥跨,则可利用引桥作为顶推的过渡跨,如柳州二桥就是用引桥作过渡跨。当顶推过渡段内有多个中间支承时,很难做到各支承高程呈线性关系,梁段的尾段不产生转角,因此主梁在台座段和前方第一跨内可能由于上述原因产生顶推拼接的次内力,在施工内力计算时应予以考虑。

主梁的节段长度划分主要考虑段间的连接处不要设在连续梁受力最大的支点与跨中截面,同时要考虑制作加工容易,尽量减少分段,缩短工期。因此一般常取每段长10~30m。同时根据连续梁反弯点的位置,参考国外有关设计规范,连续梁的顶推节段长度应使每跨梁不多于2个拼接缝。

(二)节段的预制工作

节段的预制对桥梁施工质量和施工速度起决定作用。由于预制工作固定在一个位置上进行周期性生产,所以完全可以仿照工厂预制桥梁的条件设临时厂房、吊车,使施工不受气候影响,减轻劳动强度,提高工效。

1.模板工作——保证预制质量的关键

箱梁模板由底模、侧模和内模组成。一般来说,采用顶推法施工梁体多选用等截面,模板可以多次周转使用。因此宜使用钢模板,以保证预制梁尺寸的准确性。

底模板安置在预制平台上,平台的平整度必须严格控制,因为顶推时的微小高差就会引起梁内力的变化,而且梁底不平整将直接影响顶推工作。通常预制平台要有一个整体的框架基础,要求总下沉量不超过5mm,其上是型钢及钢板制作的底模和在腹板位置的底模滑道。在底模和基础之间设置卸落设备放下时,底模能自动脱模,将节段落在滑道上。

节段预制的模板构造与施工方法有关,一种方法是节段在预制场浇筑完成后,张拉预应力筋并顶推出预制场;另一种是在预制场先完成底板浇筑,张拉部分预应力筋后即推出预制场,而箱梁的腹板、顶板的施工是在过渡跨上完成,或底板和腹板第一次预制,顶板部分第二次预制。二次预制的模板构造如图8-26所示。

2.预制周期——加快施工速度的关键

根据统计资料得知,梁段预制工作量占上部结构总工作量的55%~65%,加快预制工作的速度对缩短工期具有十分重要的意义。为达到此目的,除在设计上尽量减少梁段的规格外,

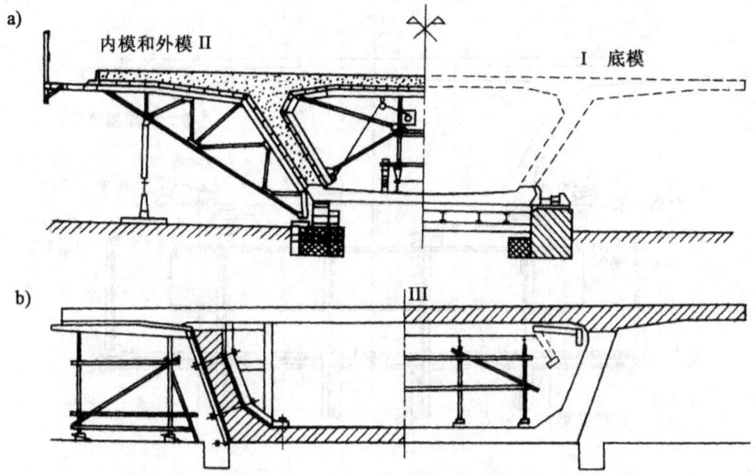

图 8-26 二次预制的模板构造

在施工上应采取一定的措施加快预制周期。目前国内外的预制梁段周期为 7 ~ 15 天，预制工作的标准周期见表 8-2，为缩短预制周期，在预制时可以考虑采取如下施工措施。

预制工作标准周期　　表 8-2

工作内容 \ 天数	1	2	3	4	5	6	7
整理底模、安装侧模	——						
安装底板钢筋	——						
浇筑底板混凝土		——					
安装内模板及外侧板，安装腹板、顶板钢筋		——	——				
浇筑腹板、顶板混凝土				——			
养　生					——	——	
拆　模						——	
张拉先期力筋						——	
降低底模，顶推预制节段							——

(1)组织专业化施工队伍，在统一指挥下实行岗位责任制；

(2)采用墩头锚、套管连接器，前期钢索采用直索，加快张拉速度；

(3)在混凝土中加入减水剂，增加施工和易性，提高混凝土的早期强度；

(4)采用强大振捣，大型模板安装，提高机械化和装配化的程度。

(三)顶推施工中的横向导向

为了使顶推能正确就位，施工中的横向导向是不可少的。通常在桥墩台上主梁的两侧各安置一个横向水平千斤顶，千斤顶的高度与主梁的底板位置齐平，由墩(台)上的支架固定千斤顶位置。在千斤顶的顶杆与主梁侧面外缘之间放置滑块，顶推时千斤顶的顶杆与滑块的聚四氟乙烯板形成滑动面，顶推时由专人负责不断更换滑块。顶推时的横向导向装置见图 8-27。

横向导向千斤顶在顶推施工中一般只控制两个位置，一个是在预制梁段刚刚离开预制场的部位，另一个设置在顶推施工最前端的桥墩上，因此梁前端的导向位置将随着顶推梁的前进不断更换位置。当施工中发现梁的横向位置有误而需要纠偏时，必须在梁顶推前进的过程中

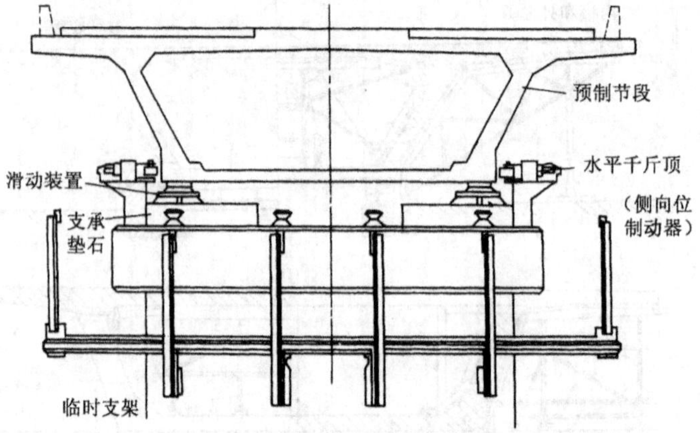

图 8-27　顶推施工的横向导向设施

进行调整。对于曲线桥，由于超高而形成单面横坡，横向导向装置应比直线处强劲，且数量要增加，同时应注意在顶推时，内外弧两侧前进的距离不同，要加强控制和观测。

六、施工中的临时设施

通过计算机得知，连续梁顶推施工的弯矩包络图与营运状态的弯矩包络图相差较大，为了减小施工中的内力，扩大顶推法施工的使用范围，同时也从安全施工（特别在施工初期，不致发生倾覆失稳）和方便施工出发，在施工过程中使用一些临时设施，如导梁（鼻梁）、临时墩、接索、托架及斜拉索等结构。

（一）导梁

导梁设置在主梁的前端，为等截面或变截面的钢桁梁或钢板梁，主梁前端装有预埋件与钢导梁栓接。导梁在外形上，底缘与箱梁底应在同一平面上，前端底缘呈向上圆弧形，以便于顶推时顺利通过桥墩。

导梁的结构需要进行受力状态分析和内力计算，导梁的控制内力是位于导梁与箱梁连接处的最大正、负弯矩和下弦杆（或下缘）承受的最大支点反力。国内外的实践经验表明：导梁的长度一般取用顶推跨径的 0.6～0.7 倍，较长的导梁可以减小主梁悬臂负弯矩，但过长的导梁也会导致导梁与箱梁接头处负弯矩和支反力的相应增加；导梁过短（$0.4L$），则要增大主梁的施工负弯矩值。合理的导梁长度应是主梁最大悬臂负弯矩与营运阶段的支点负弯矩基本相近。

导梁的抗弯刚度和质量，必须在容许应力（强度）范围内使架设时作用在主梁上的应力最小。通过计算机和分析表明：当导梁长度为顶推跨径的 2/3 时，假设导梁的抗弯刚度不变，如果顶推梁悬臂伸出长度在跨中位置时，则在支点位置的主梁出现最大负弯矩，其值与主梁的抗弯刚度与导梁的抗弯刚度比$\frac{E_c I_c}{E_b I_b}$有关，与主梁重力与导梁重力比$\frac{q_c}{q_b}$有关，当两者抗弯刚度比在 5～20 范围内，重力比在 2.5～5.8 范围内变化时，顶推梁中的弯矩在 10% 范围内变化。如导梁的刚度过小，主梁内就会引起多余应力；刚度过大则支点处主梁负弯矩将剧增。图 8-28 所示为在顶推过程中，主梁与导梁不同的刚度比下，主梁顶推经过墩 B 点时主梁对应截面的弯矩变化。为使导梁前端到达支点 C 之前的弯矩 M_B 与导梁前端达到 X_{max} 支点 B 处的 M_{max} 比较接近，则主梁刚度与导梁刚度的最佳比值在 9～15 之间。此外，在设计中要考虑动力系数,使结构有足够的安全储备。

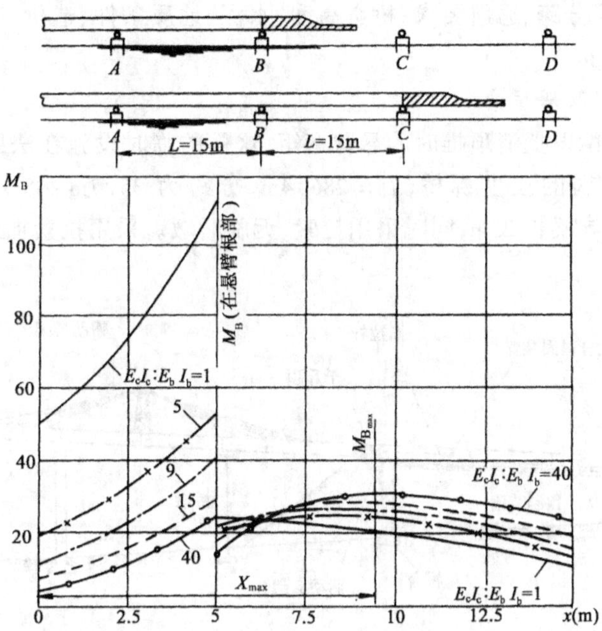

图 8-28 经过桥墩 B 点,顶推梁在该截面弯矩的变化

由于导梁在施工中正负弯矩反复出现,连接螺栓易松动,在顶推中每经历一次反复均需检查和重新拧紧。施工时要随时观测导梁的挠度。根据施工经验,实测挠度往往大于计算挠度。有的甚至大到一倍,主要原因是滑块压缩量不一致、螺栓松动、混凝土收缩及温度变化等影响。这样将会影响导梁顶推进墩。解决的办法是在导梁的前端设置一个竖向千斤顶,通过不断地将导梁端头顶起进墩,这一措施被认为是行之有效的。

顶推施工通常均设置前导梁,也可增设尾导梁。对于大桥引桥采用顶推施工时,导梁在处于主桥相接的位置时,需不断拆除部分导梁,完成顶推就位,也可在即将就位时,将导梁移至箱梁顶,然后继续顶推到位。

曲线桥顶推施工也可设置导梁,导梁的平面线形呈圆曲线;当曲线半径较小时,也可采用折线形导梁。

(二)临时墩

临时墩由于仅在施工中使用,因此符合要求的前提下,要造价低,便于拆装。钢制临时墩因在荷载作用和温度变化变形较大而较少采用,目前用得较多的是用滑升模板浇筑的混凝土薄壁空心墩、混凝土预制板或预制板拼砌的空心墩或混凝土板和轻便钢架组成的框架临时墩。临时墩的基础依地质和水深诸情况决定,可采用打桩基础等。为了减小临时墩承受的水平力和增加临时墩的稳定性,在顶推前将临时墩与永久墩用钢丝绳拉紧。也可采用在每墩上、下游各设一束钢索进行张拉,效果较好,施工也很方便。通常在临时墩上不设顶推装置而仅设置滑移装置。

施工时是否设置临时墩需在总体设计中考虑,要确定桥梁跨径与顶推跨径之间的合理关系。如卡罗尼河桥,分跨时考虑在中跨内设置一个临时墩。该桥的顶推跨径选用 45m,而桥梁的跨径为 48m + 2 × 96m + 48m,因此,在设计中可以通过设置临时墩来调整顶推跨径,从而扩大了顶推法的使用范围。但顶推法施工绝大数为等截面梁,过分加大跨径将是不经济的,目前在大跨径内最多设两个临时墩。使用临时墩要增加桥梁的施工费用，但是可以节省上部结构材料用量，需要从桥梁分跨、通航要求、桥墩高度、水深、地质条件、造价、工期和施工难易等因素来综合考虑。

（三）拉索、托架及斜拉索

用拉索加劲主梁以抵消顶推时的悬臂弯矩，这样的临时设施在法国和意大利建桥中使用并获得成功。如法国的波里佛桥，$L = 286.4m$，分跨为 $35.7m + 5 \times 43m + 35.7m$，桥宽 $= 13.34m$，采用单箱，导梁长25m，同时采用拉索，无临时墩。采用拉索加劲的一般布置见图8-29所示。

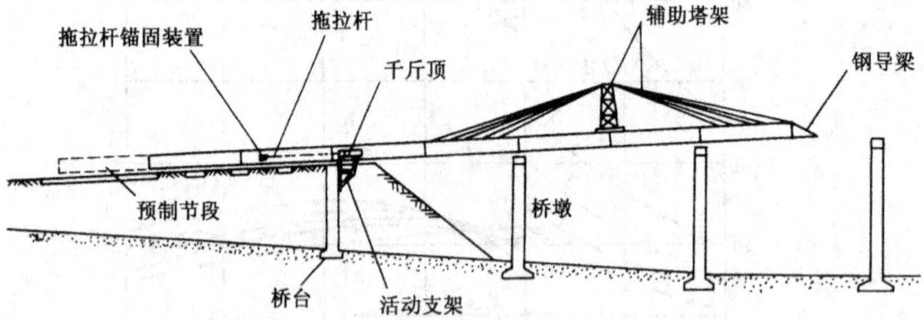

图8-29 用拉索加劲的顶推法施工

拉索系统由钢制塔架、连接构件，竖向千斤顶和钢索组成，设置在主梁的前端。拉索的范围为两倍顶推距径左右，塔架的集中竖向力。在顶推过程中，箱梁内力不断变化，因此要根据不同阶段的受力状态调节索力，这项工作由设在塔架下端的两个竖向千斤顶来完成。

在桥墩上设托架用以减小顶推跨径和梁的受力。如前苏联的西德维纳河桥，桥长 $L = 231m$，分跨为 $33m + 51m + 63m + 51m + 33m$，导梁长30m。该桥在主墩的每侧设有10.4m的托架，使顶推跨径减小为42.2m，施工后托架与主梁连成整体，形成连续撑架桥。

斜拉索在顶推时用于加固桥墩，特别对于具有较大纵坡和较高桥墩的情况下，采用斜拉索可以减小桥墩的水平力，增加稳定性。这种加固方法宜在水不太深或跨山谷的桥梁上采用。

顶推法施工适合于中等跨径的多跨桥梁，近年来采用顶推法施工的桥梁跨径达50m，可不设临时墩。实践试验表明：当使用单向顶推时，桥梁的总长在500～600m比较适当。推荐的顶推跨径为42m。

思考题

1.有支架就地浇筑施工时，对支架的要求是什么？

2.试比较逐孔架设施工的三种典型方法。

3.简述移动模架法施工的基本原理。

4.连续梁桥的顶推施工有何特点？

5.顶推法施工中的临时设施主要有哪些？其作用分别是什么？

第九章　悬臂施工法

第一节　概　　述

悬臂施工法也称为分段施工法。悬臂施工法是以桥墩为中心向两岸对称的、逐节悬臂接长的施工方法。预应力混凝土桥梁采用悬臂施工法是从钢桥悬臂拼装发展而来。悬臂施工法最早主要用于修建预应力T形刚构桥，由于悬臂施工方法的优越性，后来被推广用于预应力混凝土悬臂梁桥、连续梁桥、斜腿刚构桥、桁架桥、拱桥及斜拉桥等。随着桥梁事业的发展，尤其近年来采用悬臂施工法在国内外大跨径预应力混凝土桥梁中得到广泛采用。据资料统计，1952年以来，国内外100m以上大跨径桥梁中，采用悬臂浇筑法施工占80%左右，采用悬臂拼装法施工占20%左右。本章主要介绍悬臂施工的施工特点。

(1)预应力混凝土连续梁及悬臂梁桥采用悬臂施工时需进行体系转换，即在悬臂施工时，梁墩采取临时固结，结构为T形刚构，合龙前，撤消梁墩临时固结，结构呈悬臂梁受力状态，待结构合龙后形成连续梁体系。设计时应对施工状态进行配束验算。

(2)桥跨间不需搭设支架，施工不影响桥下通航或行车。施工过程中，施工机具和人员等重力均全部由已建梁段承受，随着施工的进展，悬臂逐渐延伸，机具设备也逐步移至梁端，需用支架作支撑。所以悬臂施工法可应用于通航河流及跨线立交大跨径桥梁。

(3)多孔桥跨结构可同时施工，加快施工进度。

(4)悬臂施工法充分利用预应力混凝土承受负弯矩能力强的特点，将跨中正弯矩转移为支点负弯矩，使桥梁跨越能力提高，并适合变截面桥梁的施工。

(5)悬臂施工用的悬拼吊机或挂篮设备可重复使用，施工费用较省，可降低工程造价。

第二节　悬臂浇筑法施工

悬臂浇筑(简称悬浇)采用移动式挂篮作为主要施工设备，以桥墩为中心，对称向两岸利用挂篮浇筑梁段混凝土，待混凝土达到要求强度后，张拉预应力束，再移动挂篮，进行下一节段的施工。悬臂浇筑每个节段长度一般2~6m，节段过长，将增加混凝土自重及挂篮结构重力，同时还要增加平衡重及挂篮后锚设施；节段过短，影响施工进度。所以施工时应根据设备情况及工期，选择合适的节段长度。悬臂浇筑法施工是桥梁施工中难度较大的施工工艺，需要一定的施工设备及一支熟悉悬臂浇筑工艺的技术队伍。由于80%左右的大跨径桥梁均采用悬臂浇筑法施工，通过大量实桥施工，使悬臂浇筑施工工艺日趋成熟。下面按悬浇施工程序、0号块施工、梁墩临时固结、施工挂篮、浇筑梁段混凝土、结构体系转换、合龙段施工及施工控制等几个方面进行较详细介绍。

一、悬臂浇筑施工程序

悬臂浇筑施工时，梁体一般要分四部分浇筑，如图 9-1 所示。I 为墩顶梁段（又称 0 号块），II 为由 0 号块两侧对称分段悬臂浇筑部分，III 为边跨在支架上浇筑部分，IV 为主梁在跨中合龙段。主梁各部分的长度视主梁形式和跨径、挂篮的形式及施工周期而定。0 号块一般为 5～10m，悬浇分段一般为 3～5m，支架现浇段一般为 2～3 个悬臂浇筑分段长，合龙段一般为 1～3m。

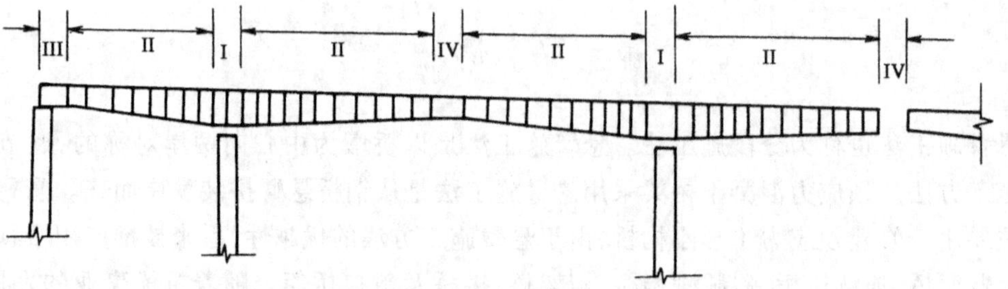

图 9-1　悬臂浇筑分段示意图

I-墩顶梁段，II-0 号块两侧对称分段悬臂浇筑，III-支架浇筑梁段，IV-主梁跨中合龙段

施工程序一般如下：

(1)在墩顶托架上浇筑 0 号块并实施墩梁临时固结系统。

(2)在 0 号块上安装悬臂挂篮，向两侧依次对称地分段浇筑主梁至合龙段。

(3)在临时支架或梁端与边墩间临时托架上支模板浇筑现浇梁段。当现浇梁段较短时，可利用挂篮浇筑；当与现浇相接的连接桥是采用顶推施工时，可将现浇梁段锚固在顶推梁前端施工，并顶推到位。此法不需要支撑，省料省工。

(4)主梁合龙段可在改装的简支挂篮托架上浇筑。多跨合龙段浇筑顺序按设计或施工要求进行。

二、悬臂梁段 0 号块施工

0 号块结构复杂，预埋件、钢筋、各向预应力钢束及其孔道、锚具密集交错，梁顶面有纵横坡度，端面与待浇段密切相连，务必精心施工。视其结构形式及高度，一般分 2～3 层浇筑，先底板、再腹板、后顶板。

施工程序如下：

(1)安装墩顶托架平台；

(2)浇筑支座垫石及临时支座；

(3)安装永久盆式橡胶支座；

(4)安装底、侧钢梁及降落木楔或千斤顶；

(5)安装底板部分堵头模板；

(6)托架平台试压；

(7)调整模板位置及高程；

(8)绑扎底板和腹板的伸入钢筋；

(9)安装底板上的竖向预应力管道和预应力筋；

(10)监理工程师验收；

(11)浇筑底板第一层混凝土；

(12)混凝土养护；

(13)绑扎腹板、横隔梁钢筋；

(14)安装腹板纵向、横隔梁横向预应力管道和预应力筋；

(15)安装全套模板；

(16)监理工程师验收；

(17)浇筑腹板横隔板；

(18)混凝土养护；

(19)拆除部分内模后，安装顶板模；

(20)安装顶板端模；

(21)绑扎顶板底层钢筋网及管道定位筋；

(22)安装顶板纵向预应力管道及横向预应力管道和预应力筋；

(23)安装顶板上层钢筋网；

(24)监理工程师验收；

(25)浇筑顶板混凝土；

(26)纵向胶管抽拔；

(27)管孔清理及混凝土养生；

(28)拆除顶、底板端模；

(29)两端混凝土连接面凿毛；

(30)混凝土强度达到设计要求强度后张拉竖、横向预应力筋；

(31)竖、横向预应力管道压浆；

(32)拆除内模、侧模和底模；

(33)拆除墩顶托架平台。

若墩梁刚性固结时，可省去(2)、(3)施工程序。

现将以上主要程序施工和结构构造要点分述如下。

1.施工托架

采用悬臂浇筑法施工时，墩顶0号块梁段采用在托架上立模现浇，并在施工过程中设置临时梁墩锚固、使0号块梁段能承受两侧悬臂施工时产生的不平衡力矩。施工托架可根据承台形式、墩身高度和地形情况，分别支承在承台、墩身或地面上。它们可采用万能杆件、贝雷桁架(或装配式公路钢桁架)，六四军用桁架及型钢等组成，也可采用钢筋混凝土构件作临时支撑。常用施工托架有扇形托架(图9-2)、高墩托架(图9-3)、墩顶预埋牛腿托架平台(图9-4)、临时墩及型钢结构支承平台(图9-5)等。托架的顶面尺寸，视拼装挂篮的需要和拟浇梁段的长度而定，横桥间的宽度一般应比箱梁底板宽出1.5~2.0m，以便设立箱梁边肋的外侧模板。托架顶面(或增设垫梁)应与箱梁底面纵向线形的变化一致。托架可在现场整体拼装，亦可分部在邻近场地或船上拼装再运吊就位整体组装。托架总长度视拼装挂篮的需要而决定。横桥自托架宽度要考虑箱梁外侧主模的要求。托架顶面应与箱梁底面纵向线形一致。

由于考虑到在托架上浇筑梁段0号块混凝土，托架变形对梁体质量影响很大，在作托架设计时，除考虑托架强度要求外，还应考虑托架的刚度和整体性。由于托架弹性、杆件连接处有缝隙、地基有沉降等因素，可能使托架下沉，引起混凝土梁段出现裂缝，因此采用万能杆件、贝雷梁、板梁、型钢等作托架时，在混凝土浇筑以前，可采取预压、抛高或调整等措施，以减少托架变形，并检验托架是否安全。上海吴淞大桥采用扇形钢筋混凝土立柱作托架支撑于承台上，并设置竖向预应力索作梁墩临时锚固用，减小了托架变形。

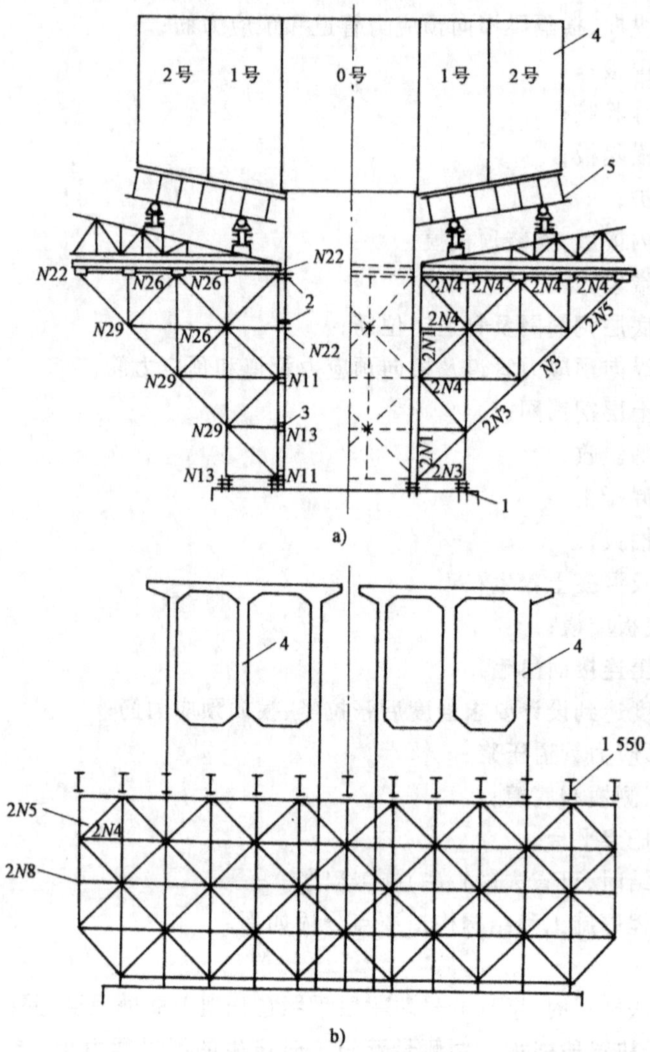

图 9-2 扇形托架

a)顺桥向；b)横桥向

1-ϕ18 预埋螺栓；2-预埋钢筋；3-硬木；4-箱梁；5-底模垫梁(mm)

2. 支座

(1)支座垫石

垫石是永久支座的基石。由于支座安装平整度和对中精度要求高，因此垫石四角及平面高差应小于 1mm，为此垫石分两层浇筑。首层浇筑高程比设计高程低 15cm。第二层应利用带微调整器的模板，控制浇筑高程比设计高程稍高，再利用整平器及精密水准仪量测，反复整平混凝土面。在安装支座前凿毛垫石，铺 2～3cm 厚与墩身等强的砂浆，砂浆浇筑高程较设计高程略高(3mm)，然后安放支座就位，用锤振击，使符合设计高程，偏差不得大于 1mm；水平位置偏差不得大于 2mm。

(2)临时支座

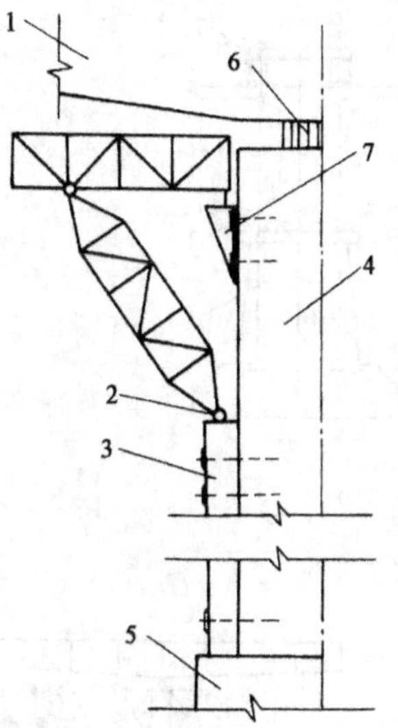

图 9-3　高墩托架

1-箱梁；2-圆柱形铰；3-承托槽钢；4-墩身；5-承台；6-支座；7-预埋牛腿

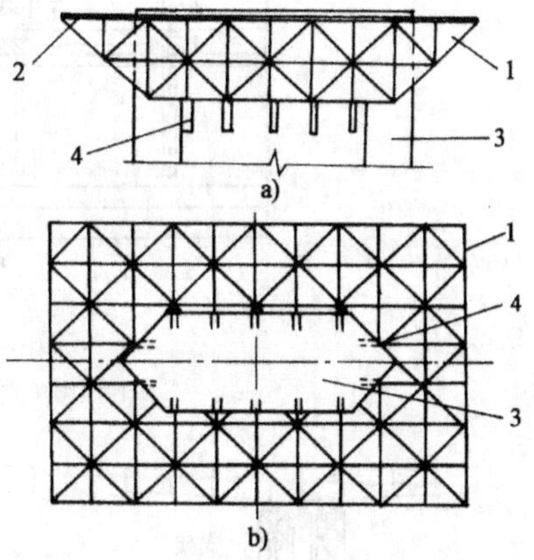

图 9-4　墩顶预埋牛腿托架平台

a)顺桥向；b)平面

1-万能杆件托架；2-平台面层结构；3-桥墩；4-预埋牛腿支点

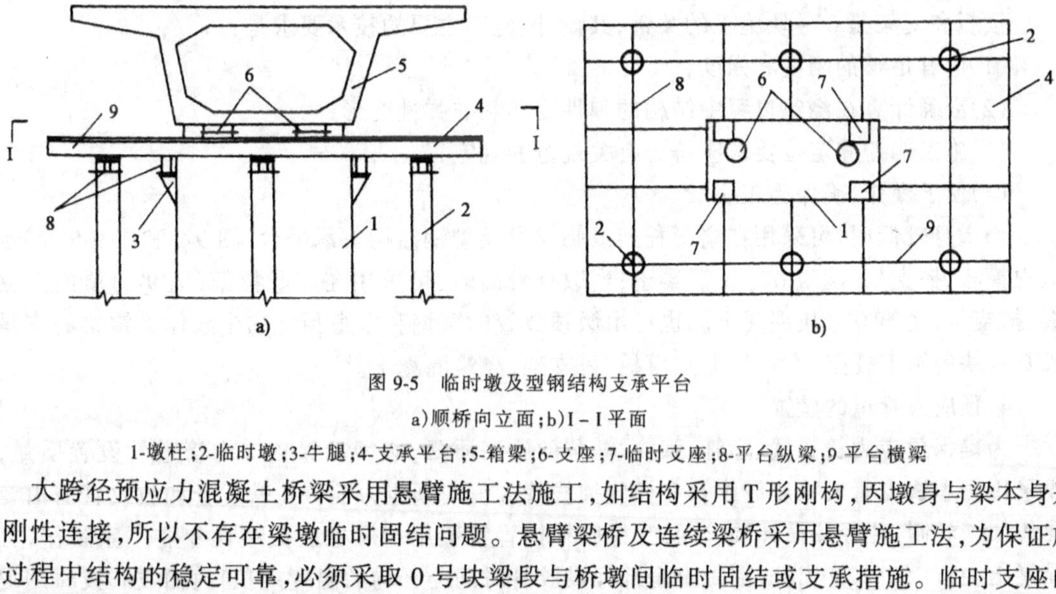

图 9-5　临时墩及型钢结构支承平台

a)顺桥向立面；b)I－I 平面

1-墩柱；2-临时墩；3-牛腿；4-支承平台；5-箱梁；6-支座；7-临时支座；8-平台纵梁；9-平台横梁

大跨径预应力混凝土桥梁采用悬臂施工法施工，如结构采用 T 形刚构，因墩身与梁本身采用刚性连接，所以不存在梁墩临时固结问题。悬臂梁桥及连续梁桥采用悬臂施工法，为保证施工过程中结构的稳定可靠，必须采取 0 号块梁段与桥墩间临时固结或支承措施。临时支座的作用是在施工阶段临时固结墩、梁，承受施工时由墩两侧传来的悬浇梁段荷载，在梁体合龙后便于拆除和体系转换。

临时固结措施或支承措施有下列几种形式：

①临时支座一般采用 C40 混凝土，并用塑料包裹的锚固钢筋穿过混凝土预埋在梁底和墩顶中，其布置见图 9-6。

②在桥墩一侧或两侧加临时支承或支墩，见图 9-7。

③将 0 号块梁段临时支承在扇形或门式托架的两侧。

④临时支承可用 10～20cm 厚夹有电阻丝的硫磺砂浆层、砂筒或混凝土块等卸落设备，以便体系转换时，较方便地解除临时支承，见图 9-7。

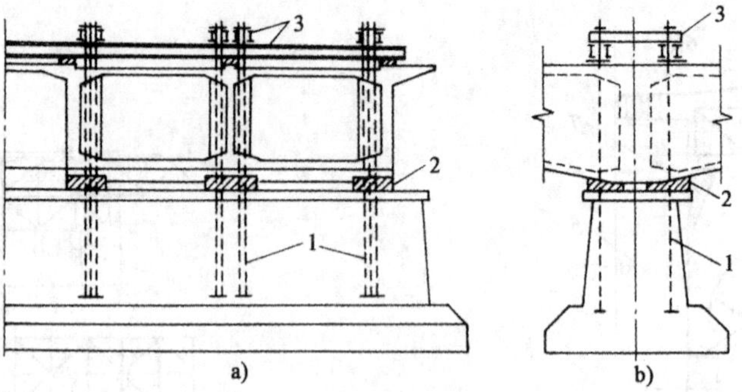

图 9-6　0 号块与桥墩的临时固结

1-预埋临时锚固用预应力筋;2-支座;3-工字钢

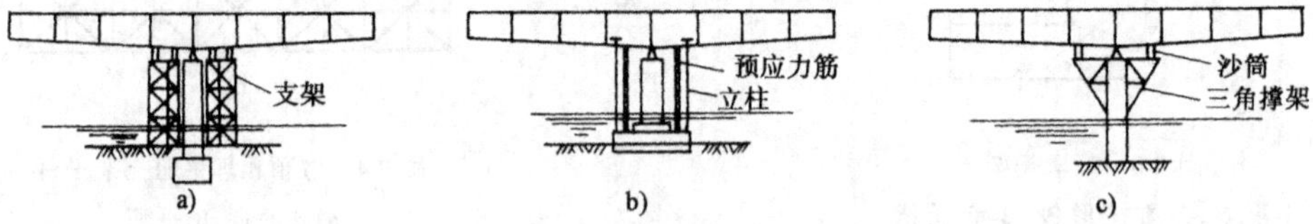

图 9-7　临时支承措施

3.0 号块模板和支架

模板和支架是 0 号块施工的关键,其设计、施工主要的技术要求是:

(1)应有足够的刚度和强度;

(2)准确计算在浇筑过程中结构的弹性变形和非弹性变形;

(3)施工偏差和定位要求应符合有关规范的规定;

(4)便于操作,确保施工质量。

当墩身较低时,可采用在扇形托架或临时墩及型钢结构支承平台(图 9-2 和图 9-5 等)顶面上立模板、搭支架,浇筑 0 号块混凝土;当墩身较高时,可采用在高墩托架(图 9-3)顶面上立模板、搭支架,浇筑 0 号块混凝土。也可由墩顶放置的型钢和墩身预埋的牛腿作贝雷梁的支承形成 0 号块的施工托架,在托架上立模板、搭支架,浇筑混凝土。

4.预应力管道的设置

为确保预应力筋布置、穿管、张拉、灌浆的施工质量,必须确保预应力管道的设置质量,一般采用预埋铁皮管或铁皮波纹管和橡胶抽拔管。三向预应力筋管孔铁皮管和波纹管需由专用设备加工卷制,孔径按设计要求而定,橡胶抽拔管管壁用多层橡胶夹布在专业厂家制作,宜在混凝土浇筑 150～200℃·h(混凝土全部埋设胶管时间与平均的温度乘积)内抽拔。拔时用尼纶绳锁住外露胶管,启动卷扬机拖拔,视设置管的长度和阻力一次可抽拔 5～8 根。为避免抽拔时塌孔,宜将波纹管与胶管相间布置。采用架立钢筋固定管道的坐标位置。浇筑后的铁皮管和抽拔管后的管道,必须用小于内径 10mm 的梭形钢锤清孔,以便清除异物、补救塌孔,保证力筋穿孔畅通。

5.预应力混凝土施工

预加应力的施工,详见第八章有关叙述。

三、施工挂篮

挂篮是悬臂浇筑施工的主要机具。挂篮是一个能沿着轨道行走的活动脚手架,挂篮悬挂在已经张拉锚固的箱梁梁段上，悬臂浇筑时箱梁梁段的模板安装、钢筋绑扎、管道安装、混凝土浇筑、预应力张拉、压浆等工作均在挂篮上进行。当一个梁段的施工程序完成后，挂篮解除后锚，移向下一梁段施工。所以挂篮既是空间的施工设备，又是预应力筋未张拉前梁段的承重结构。

(一)挂篮形式

1.挂篮分类

作为施工梁段的承重结构，同时又是施工梁段的作业现场，随着施工技术的不断改进，挂篮已由过去的压重平衡式发展成现在通用的自锚平衡式。自锚式施工挂篮结构的形式主要有桁架式、斜拉式两类。

桁架式挂篮按其构成部件的不同，可分为万能杆件挂篮、贝雷梁(或装配式公路钢桁梁组合式)和挂篮、型钢组合桁架组合式等。按桁架构成形状的不同，又可分为平行桁架式、平弦无平衡重式、弓弦式、菱形式等多种，见图 9-8。

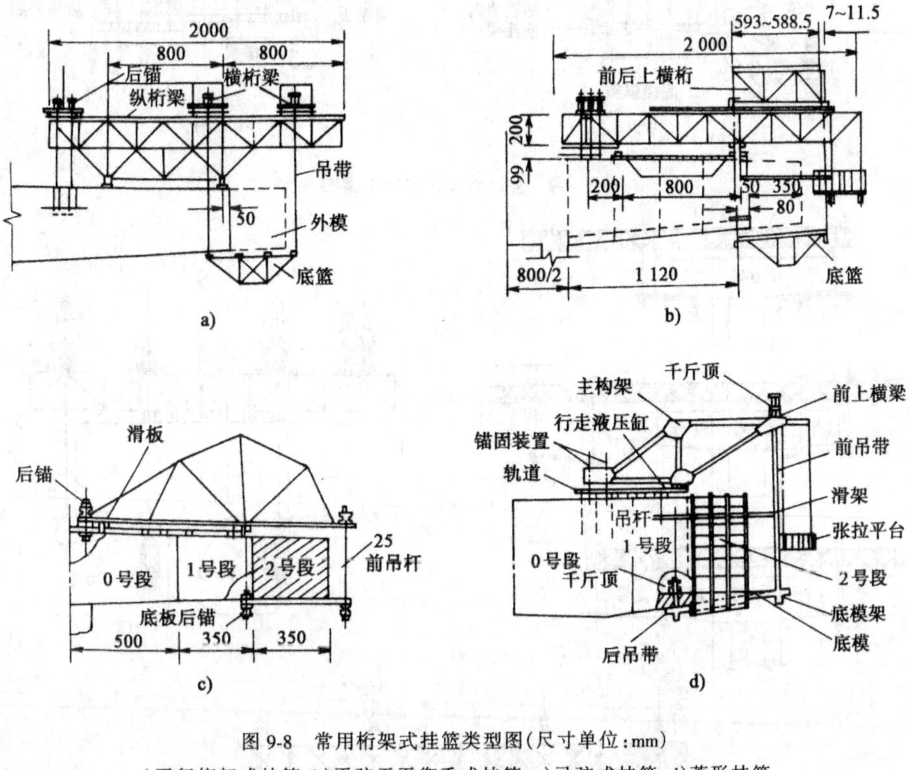

图 9-8　常用桁架式挂篮类型图(尺寸单位:mm)

a)平行桁架式挂篮;b)平弦无平衡重式挂篮;c)弓弦式挂篮;d)菱形挂篮

斜拉式挂篮也叫轻型挂篮。随着桥梁跨径越来越大，为了减轻挂篮自重，以达到减少施工节段增加的临时钢丝束，在桁架式挂篮的基础上研制了斜拉式挂篮，见图 9-9。

我国公路桥梁悬浇施工的部分挂篮类型，见表 9-1。

2.挂篮的主要构造

挂篮主要构造见图 9-10 。

(1)主纵桁梁

主纵桁梁是挂篮悬臂承重结构，可由万能杆件或贝雷桁架(或装配式公路钢桁架)组拼或采用钢板或大号型钢加工而成。

(2)行走系统

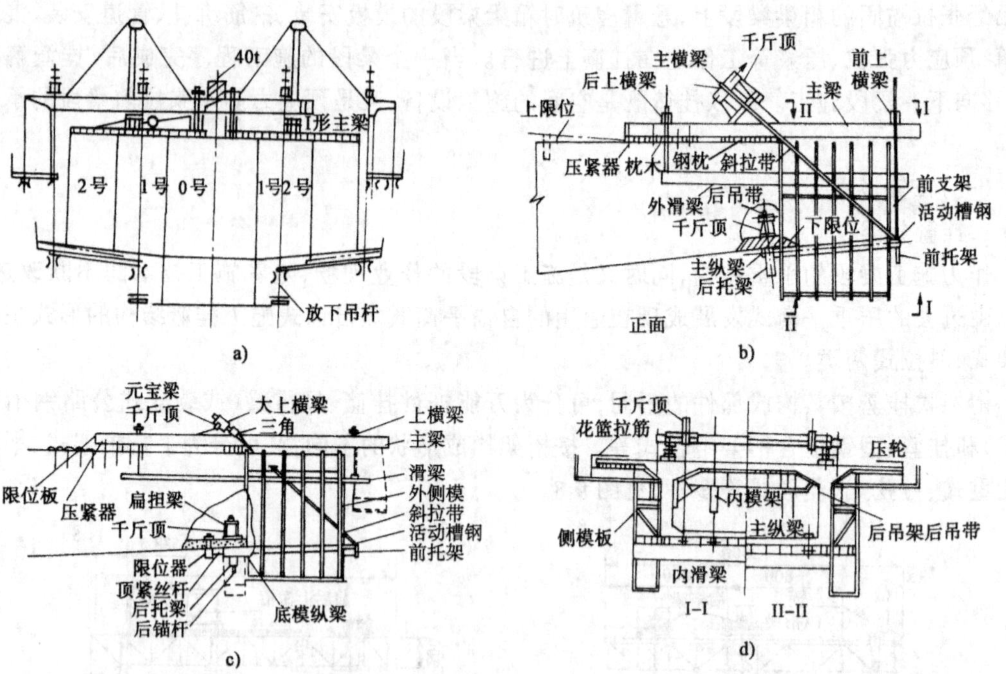

图 9-9 常用斜拉式挂篮类型图

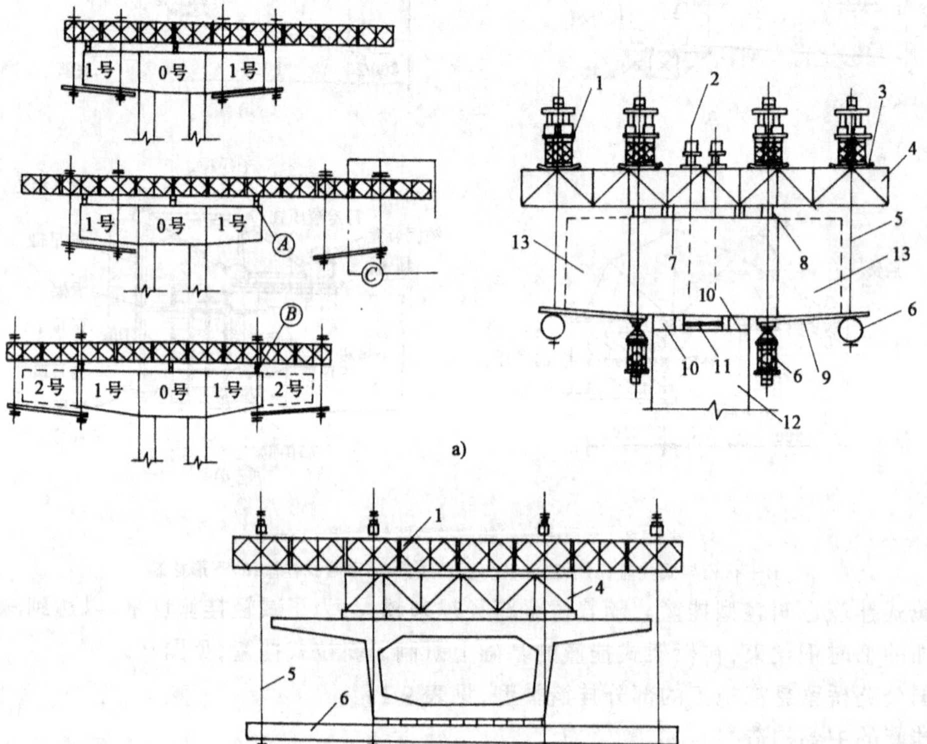

图 9-10

①挂篮纵横桁梁系布置图；a)挂篮施工纵断面；b)挂篮施工正面

1-主横桁梁；2-后铺点；3-行走滑板；4-主纵桁梁；5-吊杆；6-底篮横梁（钢量）；7-后支点；8-前支点；9-底模；10-临时固定支座；11-永久支座；12-桥墩；13-待浇梁段

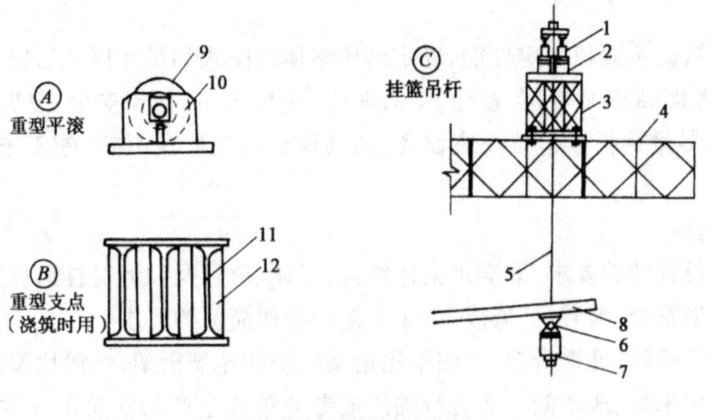

②挂篮接长和移动示意图

图 9-10 挂篮主要构造图

1-千斤顶;2-型钢横梁;3-组合贝雷(型钢)横桁梁;4-组合贝雷纵桁梁;5-挂篮吊杆;6-底篮模架活动铰;7-吊杆底端横梁;8-底篮纵梁;9-钢滚筒;10-滚筒支架;11-工字钢;12-加劲板

行走系统包括支腿和滑道及拖移收紧设备。采用电动卷扬机牵引,通过圆棒滚动或在已铺设的上、下滑道上移动。滑道要求平整光滑,摩阻力小,拆装方便,能反复使用。目前大多采用上滑道覆一层不锈钢薄板,下滑道用槽钢,内设聚四氟乙烯板,行走方便、安全、稳定性好。

(3)底篮

底篮直接承受悬浇梁段的施工重力,供立模板、绑扎钢筋、浇筑混凝土、养生等工序用,由下横桁梁和底模纵梁及吊杆(吊带)组成。主要横梁可用万能杆件或贝雷桁架或型钢、钢管构成,底模纵梁用多根 24 ~ 30 号槽钢或工字钢;吊杆一般可用帖 ϕ32mm 的精轧螺纹钢筋或 16Mn 钢带。

(4)后锚系统

后锚是主纵桁梁自锚平衡装置,由锚杆压梁、压轮、连接件、升降千斤顶等组成,目的是防止挂篮在行走状态及浇筑混凝土梁段时倾覆失稳。系统结构按计算确定,混凝土浇筑前,应按设计锚力的 0.6、1.0、1.5 倍分别用千斤顶检验锚杆。

(二)挂篮设计与选择

1.挂篮的设计

挂篮的合理设计是保证施工质量、加快施工进度的重要因素。在设计中要求挂篮的质量小、结构简单、受力明确、运行方便、坚固稳定、变形小、装拆方便,并尽量利用当地现有构件。

(1)设计时首先须确定悬浇的分段长度。分段长,节段数量少,挂篮周转次数少,施工速度加快,但结构庞大,需要的施工设备相应增大;分段短,节段多,挂篮周转次数多,施工速度较慢,但结构较轻,相应的施工设备费用较小。因此悬浇长度应根据施工条件权衡利弊综合考虑确定。我国近来修建 T 构的分段长度一般约 3 ~ 5m。

(2)设计时,应考虑各项实际可能发生的荷载情况,进行最不利的荷载组合。设计荷载大体有以下几种:①挂篮自重;②模板支架自重(包括侧模、内模、底模和端模等);③振动器自重和振动力,千斤顶和油泵及其他有关设备自重;④施工人群荷载;⑤最大节段混凝土自重等。

(3)挂篮横断面布置,一般取决于桥梁宽度和箱梁横断面形式。当桥梁横断面为单箱时,全断面用一个挂篮施工;当桥梁横断面为双箱时,一般采用两个挂篮分别施工,最后在桥面板处用现浇混凝土连接;有时为了加速施工,如上海市金山大桥采用大型宽体桁架式挂篮,双箱一次灌注施工。

(4)验算挂篮的抗倾覆稳定性能，确定结构整体的图式和尺寸以及后锚点的锚力等。选择挂篮形式主要考虑结构简单、自重轻、受力明确、变形较小、行走安全、装拆方便等方面因素。在一般情况下，尽量选择本单位现有设备，达到保证施工质量，加速施工进度，投资较省的目的。

2.挂篮的选择

(1)满足梁段设计的要求，即满足梁体结构、形体、质量及设计对挂篮质量的要求；

(2)满足施工安全、高质量、低成本、短工期和操作简便的要求；

(3)采用万能杆件、贝雷桁架、六四军用桁架组拼的挂篮桁架，一般比型钢加工制作的挂篮成型快、设备利用率高、成本低。而自行加工或专业单位生产的挂篮虽一次性投入成本大，但常有节点少、变形小、质量轻、结构完善、施工灵活和适用性强的优点。

(三)挂篮的安装

(1)挂篮组拼后，应全面检查安装质量，并做载重试验，以测定其各部位的变形量，并设法消除其永久变形。

(2)在起步长度内梁段浇筑完成并获得要求的强度后，在墩顶拼装挂篮。有条件时，应在地面上先进行试拼装，以便在墩顶熟练有序地开展拼装挂篮工作。拼装时应对称进行。

(3)挂篮的操作平台下应设置安全网，防止物件坠落，以确保施工安全。挂篮应全封闭；四周设围护；上下应有专用扶梯，方便施工人员上下挂篮。

(4)挂篮行走时，须在挂篮尾部压平衡重，以防倾覆。浇筑混凝土梁段时，必须在挂篮尾部将挂篮与梁进行锚固。

(四)挂篮试压

为了检验挂篮的性能和安全，并消除结构的非弹性变形，应对挂篮试压。试压通常采用试验台加压法、水箱加压法等。

1.试验台加压法

新加工的挂篮可用试验台加压法检测桁架受力性能和状况。试验台可利用桥台或承台和在岸边梁中预埋的拉力筋锚住主桁梁后端，前端按最大荷载计算值施力，并记录千斤顶逐级加压变化情况，测出挂篮弹性变形和非弹性变形参数，用作控制悬浇高程依据，见图 9-11。

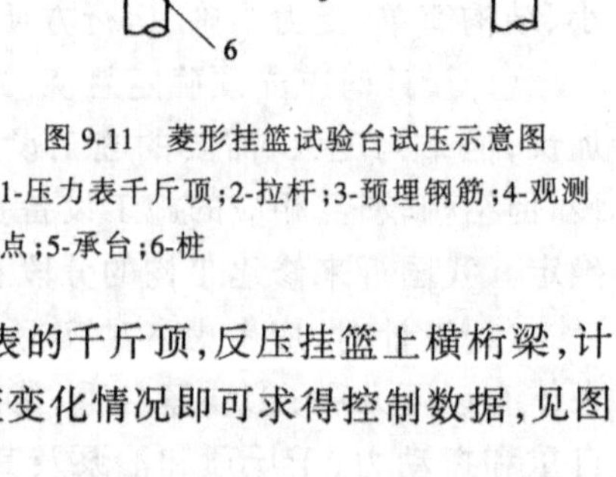

图 9-11 菱形挂篮试验台试压示意图

1-压力表千斤顶；2-拉杆；3-预埋钢筋；4-观测点；5-承台；6-桩

2.水箱加压法

对就位待浇混凝土的挂篮，可用水箱试压法检查挂篮的性能和状况。加压的水箱一般设于前吊点处，后吊杆穿过紧靠墩顶梁段边的底篮和纵桁梁，锚固于横桁梁上，或穿过已浇箱梁中的预留孔，锚于梁体。在后吊杆的上端装设带压力表的千斤顶，反压挂篮上横桁梁，计算前后施加力后，分级分别进行灌水和顶压，记录全过程挂篮变化情况即可求得控制数据，见图 9-12。

(五)浇筑混凝土时消除挂篮变形的措施

每个悬浇段的混凝土一般可二次或三次浇筑完成(混凝土数量少的也可采用一次浇筑完成)，为了使后浇混凝土不引起先浇混凝土的开裂，需要消除后浇混凝土引起挂篮的变形，一般可采取如下的几种措施。

1.箱梁混凝土一次浇筑法

箱梁混凝土的浇筑采用一次浇筑，并在底板混凝土凝固前全部浇筑完毕。也就是要求挂篮的变形全部发生在混凝土塑性状态之间，避免裂纹的产生。但需在浇筑混凝土前预留准确的下沉量。

2.水箱法

水箱法的布置参见图9-12。浇筑混凝土前先在水箱中注入相当于混凝土质量的水，在混凝土浇筑过程中，逐步放水使挂篮的负荷和挠度基本不变。

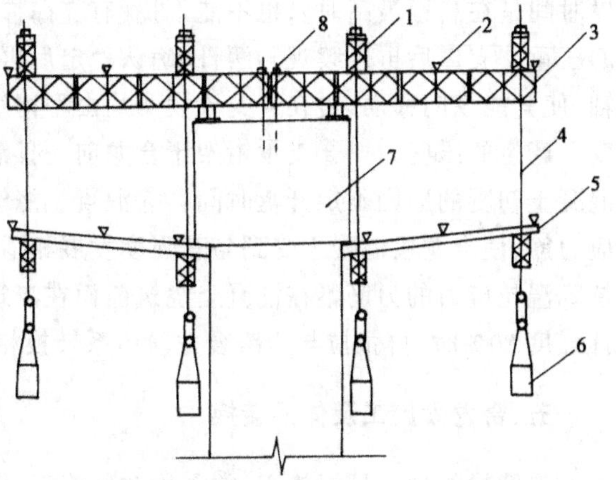

图9-12　挂篮水箱法试压示意图

1-横桁梁；2-观测点；3-纵桁梁；4-吊杆；5-底篮；6-水箱；7-墩顶梁段；8-后锚固

3.抬高挂篮的后支点法

浇筑混凝土前将模板前端设计高程抬高10～30mm，预留第一次浇筑混凝土的下沉量，同时用螺旋式千斤顶顶起挂篮后支点，使之高于滑道或钢轨顶面，(一般顶高约20～30mm)。在浇筑第一次混凝土时千斤顶不动，浇筑混凝土质量使挂篮的下沉量与模板的抬高量相抵消。在浇筑第二次混凝土时，将千斤顶分次下降，并随即收紧后锚系的螺栓，使挂篮后支点逐步贴近滑道面或轨道面。随着后支点的下降，以前支点为轴的挂篮前端必然上升一数值，此数值应正好与第二次混凝土质量使挂篮所产生的挠度相抵消，保证箱梁模板不发生下沉变形。此法需用设备很少，较水箱法简单，但需顶起量合适，顶起量应由实测确定。

斜拉式挂篮因其总变形小，一般可在浇筑混凝土前预留下沉量，不必在浇筑过程中进行调整。也可试用某桥的施工实践，将挂篮底模承重横梁采用直径1～1.2m加劲钢管，管内与水泵及卸水管连通，使加卸载控制灵活。在梁段混凝土浇筑过程中，逐渐卸水，保持挂篮的负荷和挠度基本不变。

四、支架现浇梁段施工

边跨支架上的现浇部分，可在墩旁搭设临时墩支承平台，一般采用万能杆件、贝雷架等拼装，在其上分段浇筑。当与采用顶推法施工的连接桥相接时，可把现浇梁段临时固结在顶推梁上，到位后再进行梁的连接。其步骤如下：

设置临时桩基——浇筑钢筋混凝土承台——加宽边墩混凝土承台和设置预埋件——拼装扇形全幅万能杆件支架——搭设型钢平台——加载试压——安装现浇底模和侧模，底模下设木楔调整块——测量底板高程(包含预抬量)和位置——绑扎底腹板钢筋及竖向预应力筋——安装底板纵向预应力管道——装端模和腹板模——自检及监理工程师验收——浇筑底板和腹板混凝土——养生待强——装内顶模——绑扎顶板底钢筋——安装纵向及横向预应力管道——绑扎顶板顶层钢筋——自检及监理工程师验收——浇筑顶板混凝土——养生凿毛——拆除端头模板——张拉竖向预应力筋和顶板横向预应力筋——拖移外侧模——拆除箱内模板。

在桥梁合龙时，现浇梁段经预压后支架的变形已相对稳定，但悬臂端受气候影响在三个方向均可能产生较大变形。所以在预应力筋张拉之前，尤其是混凝土浇筑初期，这些变形可能导致合龙段混凝土开裂，施工工艺应保证合龙段适应这些变形，避免裂缝出现。跟踪观测要点包括：①选择日间悬臂高程最高时(一般在一日之清晨)用支撑撑住悬臂端使其不能上翘(楔紧支撑时间是在高程最高时)，也不能下挠(有支撑撑住)，这样既避免了竖向相对位移又无需庞大的压重。支撑后再连续观测两日，确认稳定后再进行其余工序。②端部现浇段的支架下装滚轴，使其能纵向移动，再在合龙段设两片由型钢组成的桁架，构成刚性支承以抵抗悬臂端伸长变形产生的压应力。③支承桁架于合龙前一日清晨焊接完毕。④按开始进入日低温稳定区时混凝土初凝的原则确定开盘时间。⑤混凝土浇筑的次日，温度回落前，张拉部分顶板和底板预应力筋，使合龙段混凝土受到与其强度发展相适应的预压应力，以抵抗次日降温收缩应力。抵抗降温拉应力的力筋不在混凝土浇筑前而在浇筑次日温度回落前张拉。⑥混凝土强度达到设计强度80%时，再张拉与边跨合龙段体系转换相应的预应力筋。

五、合龙段施工及体系转换

连续梁的分段悬浇施工，常采用对称施工，但在一定条件下也可用不对称施工。全梁施工过程是从各墩顶0号段开始至该T构的完成，再将各T构拼接而形成整体连续梁。这种T构的拼接就是合龙。合龙是连续梁施工和体系转换的重要环节，合龙施工必须满足受力状态的设计要求和保持梁体线形，控制合龙段的施工误差。

利用连续梁成桥设计的负弯矩预应力筋为支承，是连续梁分段悬浇施工的受力特点。悬臂浇筑过程中各独立T构的梁体处于负弯矩受力状态，随着各T构的依次合龙，梁体也依次转化为成桥状态的正负弯矩交替分布形式，这一转化就是连续梁的体系转换。因此，连续梁悬浇施工的过程就是其应力体系转换的过程，也就是悬浇时实行支座临时固结、各T构的合龙、固结的适时解除、预应力的分配以及分批依次张拉的过程。通常多跨连续梁合龙段施工的顺序为先各边跨，再各次边跨，最后为中跨。次边跨和中跨合龙段施工的原则和要求类似边跨合龙施工，中跨合龙段因温差引起的变形变位大，由此产生的应力也大，对合龙临时连续约束的设施亦有更高要求。

六、施工控制

不论悬浇还是悬拼，都是属于自架设方式施工，且已成结构的状态(包括受力、变形)具有不可调整性，所以施工控制主要采用预测控制法。主要体现在施工控制模拟结构分析、施工监测(包括结构变形与应力监测等)、施工误差分析以及后续施工状态预测几个方面。施工成败的关键在于临时锚固的可靠性，施工过程中的应力、变形与高程满足要求以及体系转换的实施。

对于分节段悬臂浇筑施工的桥梁来说，施工控制就是根据施工监测所得的结构参数真实值进行施工阶段计算，确定出每个悬浇节段的立模高程，并在施工过程中根据施工监测的成果对误差进行分析、预测和对下一立模高程进行调整，以此来保证成桥后桥面线形、合龙段两悬臂端高程的相对偏差不大于规定值以及结构内力状态符合设计要求。

悬臂浇筑的施工控制计算除了必须满足与实际施工方法相符合的基本要求外，还要考虑诸多相关的其他因素。

1.施工方案

由于施工桥梁的恒载内力与施工方法和架设程序密切相关，施工控制计算前应首先对施工方法和架设程序作一番较为深入地研究，并对主梁架设期间的施工荷载给出一个较为精确的数值。

2.计算图式

悬臂浇筑一般要经过墩梁固接——悬臂施工——合龙——解除墩梁固接——合龙的过程,在施工过程中结构体系不断地发生变化,因此在各个施工阶段应根据符合实际状况的结构体系和荷载状况选择正确的计算图式进行分析、计算。

3.非线性影响

非线性对中小跨连续梁桥、连续刚构桥的影响可以忽略不计,但对大跨径则有必要考虑非线性的影响。

4.预加应力影响

预加应力直接影响结构的受力与变形,施工控制中应在设计要求的基础上,充分考虑预应力的实际施加程度。

5.混凝土收缩、徐变的影响

连续梁桥、连续刚构桥必须计入混凝土收缩、徐变对变形的影响。

6.温度

温度对结构的影响是复杂的,通常的做法是对季节性温差在计算中予以考虑,对日照温差则在观测中采取一些措施予以消除,减少其影响。

7.施工进度

施工控制计算需按实际的施工进度以及确切的预计合龙时间分别考虑各个部分的混凝土徐变变形。

在主梁的悬臂浇筑过程中,梁段立模高程的合理确定,是关系到主梁线形是否平顺,设计是否合理的一个重要问题。如果确定立模高程是考虑因素比较符合设计,而且加以正确的控制,则最终桥面线形较好;如果考虑的因素与实际情况不符合,控制不力,将会导致桥面与设计线形有较大的偏差。

众所周知,立模高程并不等于设计中桥梁建成后的高程,总要有一定的预拱度,以抵消施工中产生的各种变形。其计算公式如下:

$$H_{lmi} = H_{sji} + \sum f_{1i} + \sum f_{2i} + f_{3i} + f_{4i} + f_{5i} + f_{gl} \tag{9-1}$$

式中:H_{lmi}——i 节段立模高程(节段上某确定位置);

H_{sji}——i 节段设计高程;

$\sum f_{1i}$——由各节段自重在 i 节段产生的挠度之和;

$\sum f_{2i}$——由张拉各节段预应力在 i 节段产生的挠度之和;

f_{3i}——混凝土收缩、徐变在 i 节段引起的挠度;

f_{4i}——施工临时荷载在 i 节段引起的挠度;

f_{5i}——使用荷载在 i 节段引起的挠度;

f_{gl}——挂篮变形值,是根据挂篮加载试验,综合各测试结果,最后绘制出挂篮荷载—挠度曲线,进行内插而得。

预计高程的计算公式:

$$H_{yji} = H_{lmi} - f_{gl} - f_i \tag{9-2}$$

式中:H_{yji}——i 节段预计高程值;

f_i——块件浇筑完成后,i 节段的下挠值。

悬臂浇筑必须对称进行,并确保轴线和挠度达到设计要求和在允许误差范围内。

(1)成桥后线形(高程):±50mm;

(2)合龙相对高差：± 30mm；

(3)轴线按《公路桥涵施工技术规范》(JTJ 041—2000)执行。

在施工过程中，梁体不得出现受力裂缝。出现裂缝时，应查明原因，若缝宽超过 0.15mm 必须经过处理后方可继续施工。同时必须确保梁体接头质量，线形平顺，梁顶面平整，每跨无明显折变。相邻块件的接缝平整密实，色泽一致，棱角分明，无明显错台。混凝土表面平整密实，蜂窝麻面的面积不超过该面面积的 0.5%，深度不超过 10mm。箱室内的建筑垃圾必须清理干净。

七、悬臂浇筑梁段混凝土注意事项

(1)挂篮就位后，安装并校正模板吊架，此时应对浇筑预留梁段混凝土进行抛高，以使施工完成的桥梁符合设计高程。抛高值包括施工期结构挠度，因挂篮重力和临时支承释放时支座产生的压缩变形等。

(2)模板安装应核准中心位置及高程，模板与前一段混凝土面应平整密贴。如上一节段施工后出现中线或高程误差需要调整时，应在模板安装时予以调整。

(3)安装预应力预留管道时，应与前一段预留管道接头严密对准，并用胶布包贴，防止灰浆渗入管道。管道四周应布置足够定位钢筋，确保预留管道位置正确，线形和顺。

(4)浇筑混凝土时，可以从前端开始，应尽量对称平衡浇筑。浇筑时应加强振捣，并注意对预应力预留管道的保护。

(5)为提高混凝土早期强度，以加快施工速度，在设计混凝土配合比时，一般加入早强剂或减水剂。上海地区一般采用 SN—2 减水剂。混凝土梁段浇筑一般 5 ~ 7 天一个周期。为防止混凝土出现过大的收缩、徐变，应在配合比设计时按规范要求控制水泥用量。

(6)梁段拆模后，应对梁端的混凝土表面进行凿毛处理，以加强接头混凝土的连接。

(7)箱梁梁段混凝土浇筑，一般采用一次浇筑法，在箱梁顶板中部留一窗口，混凝土由窗口注入箱内，再分布到底模上。当箱梁断面较大时，考虑梁段混凝土数量较多，每个节段可分二次浇筑，先浇筑底板到肋板倒角以上，待底板混凝土达一定强度后，再支内模，浇筑肋板上段和顶板。其接缝按施工缝要求进行处理。

(8)箱梁梁段分次浇筑混凝土时，为了不使后浇混凝土的重力引起挂篮变形，导致先浇混凝土开裂，要有消除后浇混凝土引起挂篮变形的措施。

第三节　悬臂拼装法施工

悬臂拼装法(简称悬拼)是悬臂施工法的一种，它是利用移动式悬拼吊机将预制梁段起吊至桥位，然后采用环氧树脂胶和预应力钢丝束连接成整体。采用逐段拼装，一个节段张拉锚固后，再拼装下一节段。悬臂拼装的分段，主要决定于悬拼吊机的起重能力，一般节段长 2 ~ 5m。节段过长则自重大，需要悬拼吊机起重能力大，节段过短则拼装接缝多，工期也延长。一般在悬臂根部，因截面积较大，预制长度比较短，以后逐渐增长。悬拼施工适用于预制场地及运吊条件好，特别是工程量大和工期较短的梁桥工程。

悬拼和悬浇均利用悬臂原理逐段完成全联梁体的施工，悬浇是以挂篮为支承主段浇筑，悬拼是以吊机逐段完成梁体拼装。实践表明，悬拼和悬浇与支架施工等施工方法相比除有许多共同优点外，悬拼还有以下特点：

(1)进度快。传统的悬浇法灌注一节段梁周期在天气好时也需要 1 周左右；而采用悬拼法，梁体节段的预制可与桥梁下部构造施工同时进行,平行作业缩短了施工工期,且拼装速度快。

(2)制梁条件好,混凝土质量高。悬拼法将大跨度梁化整为零,在地面施工,预制场或工厂化的梁体节段预制有利于整体施工的质量,操作方便、安全。悬浇的混凝土有时会因达不到强度而造成事故,处理起来较麻烦,延误了工期,损失较大。采用悬拼法,节段梁在地面有足够的时间,可以想办法弥补工程施工中的不足。

(3)收缩、徐变量少。预制梁段的混凝土龄期比悬浇成梁的长,从而减少悬拼成梁后混凝土的收缩和徐变。

(4)线形好。节段预制采用长线法,长线法是在按梁底曲线制作的固定底模上分段浇筑混凝土的方法,能保证梁底线形。

(5)适合多跨梁施工。当桥梁跨度越大,桥跨越多,则越能体现悬拼法的优越性,也就越经济。

悬拼按照起重吊装的方式的不同可分为:浮吊悬拼、牵引滑轮组悬拼、连续千斤顶悬拼、缆索起重机(缆吊)悬拼及移动支架悬拼等。悬拼的核心是梁的吊运与拼装,梁体节段的预制是悬拼的基础。

悬拼施工工序主要包括梁体节段的预制、移位、堆放、运输;梁段起吊拼装;悬拼梁体体系转换;合龙段施工。

一、梁段预制

1.预制方法

悬拼施工是将梁沿纵轴向根据起吊能力分成适当长度的节段,在工厂或桥位附近的预制场进行预制,然后运到桥位处用吊机进行拼装。节段预制的质量直接关系着梁段悬拼施工的质量和速度,因此预制时应严格控制梁段断面和形体的精确度,并充分注意预制场地的选择与布置;台座和模板支架的制作;工艺流程的拟订以及养护和储运的每一环节。梁段预制的方法通常有长线浇筑或短线浇筑的立式预制和卧式预制。

(1)长线预制

长线预制是在预制厂或施工现场按桥梁底缘曲线制作固定台座,在台座上安装底模进行节段混凝土浇筑工作。组成T构半悬臂或全悬臂的诸梁段均在固定台座上的活动模板内浇筑且相邻段的应相互贴合浇筑,缝面浇前涂抹隔离剂,以利脱模。长线预制需要较大的场地,台座两侧常设挡土墙,内填不沉降的砂石加20cm混凝土封顶并涂抹高强找平砂浆,其上加铺一层镀锌铁皮,待砂浆未达到要求强度前用铁钉固定。其底座的最小长度应为桥孔跨径的一半。底座的形成有多种方法,它可以利用预制场的地形堆筑土胎,经加固夯实后铺砂石层并在其上面做混凝土底板;盛产石料的地区可用石砌圬工筑成所需的梁底缘的形状;在地质情况较差的预制场地,可采用打短桩基础,在桩基础上搭设排架形成梁底缘曲线。排架可用木材或型钢组成。图9-13为长线预制台座的构造。

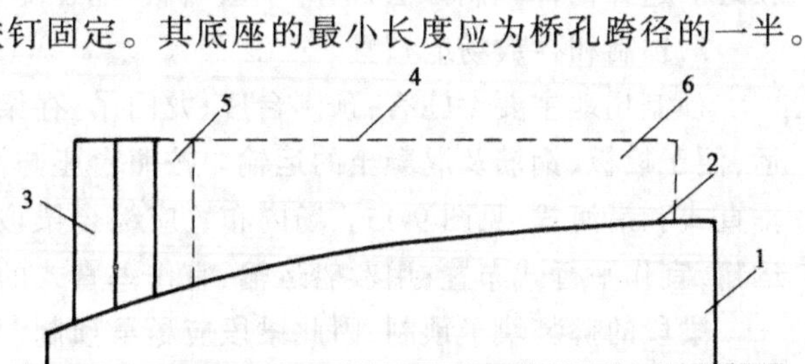

图9-13 长线法台座

1-长线台座;2-梁底线形;3-预制梁段;4-梁顶线形;5待浇梁段;6-待浇梁段位置

梁体节段的预制一般在底板上进行。模板常采用钢模,每段一块,以便于装拆使用。为加快施工进度,保证节段之间密贴,常采用先浇筑奇数节段,然后利用奇数节段混凝土的端面弥合浇筑偶数节段。也可以采用分阶段的预制方法。当节段混凝土强度达到设计强度70%以上后,可吊出预制场地。

(2)短线预制

短线预制是在固定台位且能纵移的模板内浇筑,由可调整内、外部模板的台车与端梁来完成的,当第一节段混凝土浇筑完成后,在其相对位置上安装下一节段模板,并利用第一节段混凝土的端面作为第二节段的端模完成第二节段混凝土的浇筑工作。这种方法适合节段的工厂化生产预制,设备可周转使用,台座仅需3个梁段长,但节段的尺寸和相对位置的调整要复杂一些。短线台座除基础部分外,多采用钢料加工制作。图9-14为短线预制台座的构造。此法亦称活动底座法。

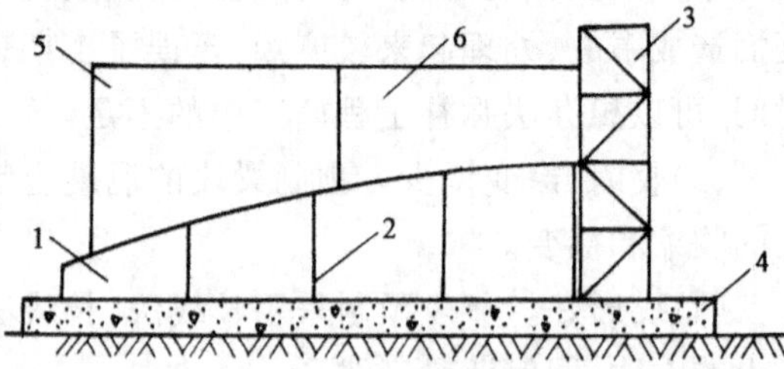

图9-14 短线法台座

1-短线台座;2-可调底模;3-封闭式端模;4-基础;5-配筑梁段;6-待浇梁段

(3)卧式预制

当主梁为桁架梁时,具有较大的桁高和节段长度,且桁架的桁杆截面尺寸不大时,常采用卧式预制。卧式预制,要有一个较大的地坪。地坪的高低要经过测量,并有足够的强度,不致产生不均匀沉陷。对相同尺寸的节段还可以在已预制完成的节段上安装模板进行平卧叠层预制,两层构件间常用塑料布或涂机油等方法分隔。桁架梁预制节段的起吊、翻身工作要求操作细致,并注意选择吊点和吊装机具。

可以看出:由于长线台座可靠,因而成桥后梁体线形较好,长线的台座使梁段存贮有较大余地;但占地较大,地基要求坚实,混凝土的浇筑和养护移动分散。短线预制场地相对较小,浇筑模板及设备基本不需移动,可调的底、侧模便于平、竖曲线梁段的预制;但要求精度高,施工严,周转不便,工期相对较长。

无论是立式预制还是卧式预制,都要求相邻节段之间接触紧密,故必须以前面浇筑完成的节段的端面作为后来浇筑节段的端模,同时必须采用隔离剂使节段出坑时相互容易从接缝处脱离。常用隔离剂可分:(1)薄膜类,如塑料硬薄膜;(2)油脂类,如较好机油,可掺少量黄油,以增加粘度,且浇筑后混凝土表面不能变黑;(3)皂类,如烷基苯磺酸钠,虽成本较高,但使用效果较好。这种构件预制方法,国外一般叫做“配合浇筑”法。

2.预制和存放场地布置

预制场地主要设施有:预制台座、龙门吊、存梁台、拌和站。布设时应便于梁段的移动和吊运,便于模板、钢筋及混凝土的运输。按照台座与河流及桥位的关系,场地布局可分为平行式、垂直式和沿河式,见图9-15。场内布置应综合梁段制作、运输、拼吊方式选择。用缆索起重机运输,宜作平行式布置;用驳船运输,宜作垂直式的长线布置或平行式的短线布置。

梁段的拼装快于预制,因此梁段应尽早预制,与下部构造同步施工时,应布置足够的存梁区。区位宜设在待吊的一端。存梁台基础宜采用片石浆砌,上置枕木作支承,确保地基承载力,硬地基上可直接铺枕木支承。严防发生沉塌事故或支承不当损坏梁段。为了便于底板的检修,支承宜高于地面50cm以上。

3.拼接接合

梁段拼接有全断面铰接、部分铰接与部分湿接及湿接三种形式。两梁段全横断面靠环氧树脂粘结构成全断面铰接,计算时假定为剪力铰。部分铰接与部分湿接是腹板为铰接,顶板及

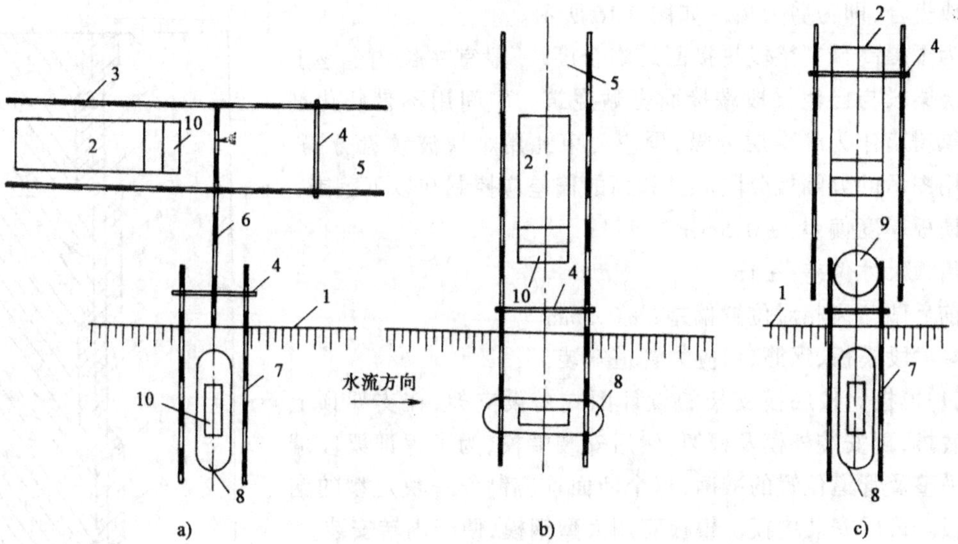

图 9-15 预制场平面布置图

a)平行式;b)垂直式;c)垂直式附块件转向设施

1-河岸线;2-预制台座;3-轻便轨道;4-龙门吊机;5-存梁场;6-运梁轨道;7-栈桥;8-运梁驳船;9-块件转向转盘;10-预制块件

底板通过伸出钢筋连接再现浇混凝土。湿接是相邻梁段间浇筑一段 10 ~ 20cm 宽的混凝土作为接头的连接缝,用以调整随后梁段(基准梁段)的位置,使准确地控制其后续梁段的安装精度。

全断面铰接与部分铰接二者特点见表 9-1。

全断面铰接与部分断面铰接比较表 表 9-1

施工项目 \ 断面情况	全断面铰接	部分断面铰接
悬拼速度	快	较慢
施工工序	少	多
树脂用量	多	少
特种水泥用量	无	多
孔道串浆	易	不易
施工调整	难	易
成桥整体性	略差	较好

为了弥补湿接缝混凝土的收缩和早强,采用早强微膨胀混凝土浇筑。20℃左右温度,24h 可达到设计强度。

全断面铰接、部分铰接的接缝,拼装前即在接触面涂抹多功能环氧树脂,以保证连接面的水密性和利用树脂的厚度找平。

为了使预制节段在拼装时能准确而迅速地安装就位,在节段预制时在顶板均衡设置定位器(也称定位销)。有的定位器不仅能起到固定位置的作用,而且能承受剪力。这种定位装置称抗剪楔或防滑楔。节段预制时,除注意预埋定位器装置外,尚须注意按正确位置预埋孔道形成器和吊点装置(吊环或竖向预应力粗钢筋)等。同时为了提高梁段拼接面的抗剪强度,拼接面做成齿合,即为剪力齿。如图 9-16 所示。

为了提高预制梁段拼接面的吻合度,一般宜在长线台座上将待浇梁段与已浇梁段端接面密贴浇筑。中间用不带硬化剂的环氧树脂作为隔离层分隔,预应力束孔用金属波纹管分隔。也可用图示的分隔板分隔。拼和面的偏差应控制在以下范围:

模板厚度偏差:±0.5mm

齿板尺寸偏差:±1mm

前后凹凸齿相对位置偏差:±0.5mm

4.梁段模板、钢筋、预应力管道安装

(1)模板。按底模支架的设计图式搭设支架,在支架顶上安装底模,再安装外模及框架,然后安装端模,为了保证梁段端面的平整及管道位置的准确,每个断面均应制作一块定型的钢端模板。最后安装内模。模板宜用大型钢模,便于周转安装。

(2)钢筋。钢筋应分块制作成型。对于腹板及齿板钢筋,先定位绑扎成骨架,用吊机吊运至预制台座上安装。底板及顶板钢筋采用现场绑扎。

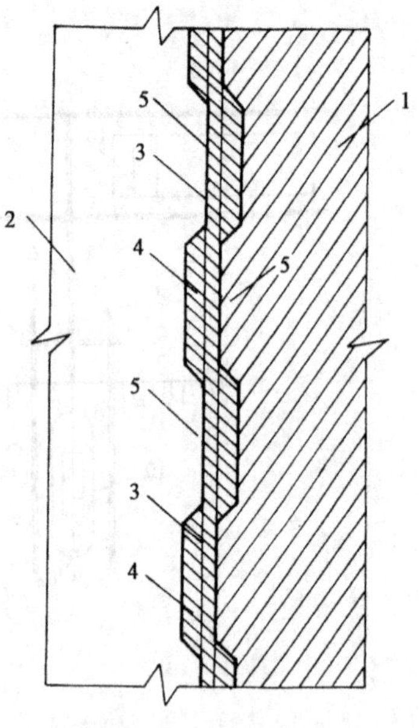

图 9-16 预制梁段拼接面剪力齿示意图
1-已浇箱梁;2-待浇箱梁;3-钢或木制板;4-凹齿;5-凸齿

(3)预应力管道。在底板、顶板钢筋布设好后,进行管道布置。先在底板钢筋上每隔 80cm 按管道高度焊一道钢筋支架,其后通过端模上预先开好的孔将波纹管穿入,调直后与支架绑扎固定。对于湿接缝的断面,相邻梁段需连接的管道,均应在端头接以长度为 50cm 的连接管以利以后管道的驳接。对于铰接缝的断面,须连通的两管道的内部加以长度为 30cm、外径与管道内径相吻合的纺锤形的圆木连通管道,防止浇筑混凝土过程中水泥砂浆流入而堵塞管道。

对于设锚头的位置,须将锚垫板牢固地固定在端模上,并注意锚垫板面的角度符合设计要求,波纹管垂直于锚固平面。

对于竖向预应力钢筋的安设,应先将预应力钢筋按设计长度下好料后,套以波纹管,其后,安装好死锚端的螺旋筋,紧固小螺母、锚垫板及工作螺母后,按设计位置在腹板钢筋内安装固定。安装压浆管,并密封波纹管下端以免漏浆。最后在梁顶张拉端安装排气管,套以锚下螺旋筋,安装固定锚垫板。

关于梁段混凝土的浇筑,按本章第二节悬浇的有关规定办理。

二、梁段移运、存放和整修

梁段吊运除满足《公路桥涵施工技术规范》(JTJ 041—2000)及设计规范有关要求外,还应满足悬拼施工的特殊要求。

1.移运前准备工作

(1)在梁段顶面标定纵轴线和测控点,便于悬拼时监控。

(2)测定梁段施工中顶板上测控点的高程,以作悬拼时分析梁高、转角及扭转的依据。

(3)拆模后应及时注明梁段所属墩号、梁段编号、吊拼方向及混凝土浇筑日期。

(4)准备存放场地,检查吊运的机具设备。

(5)对与浇筑梁段现场同条件养护的试件试压,以确保梁段吊运强度。

2.梁段脱模

脱模时间可参照《公路桥涵施工技术规范》(JTJ 041—2000)中承重模板等规定办理。底模及相邻梁段结合面需作特殊处理。

(1)底模处理

预制底座面层宜铺一层厚3~5mm在全底座上连为整体的钢板,并与底座底板预埋件连接,或铺一层镀锌铁皮,再在模板上涂刷隔离层剂。

(2)相邻梁段结合面的分隔处理

结合面宜用不掺乙胺而掺丙酮稀释的环氧树脂涂抹,效果较好。

(3)梁段脱模

由于梁段的质量较大(一般最大可能达70t以上),且须消除梁段混凝土与底模粘结和梁段之间的粘结,起吊前须在底板四角处设置4个起重能力500kN的千斤顶,将梁段顶起脱离底模,然后用起重机(或龙门吊)把脱离底模的梁段吊离预制台座。

3.梁段吊点设置

吊点一般设在腹板附近,有以下4种方式可供参考。

(1)如图9-17a),在翼板下腹板两侧留孔,用钢丝绳与钢棒穿插起吊。

(2)如图9-17b),直接用钢丝绳捆绑。

(3)如图9-17c),在腹板上预留孔穿过底板,用精扎螺纹钢穿过底板锚固起吊。

(4)如图9-17d),在腹板上埋设吊环。

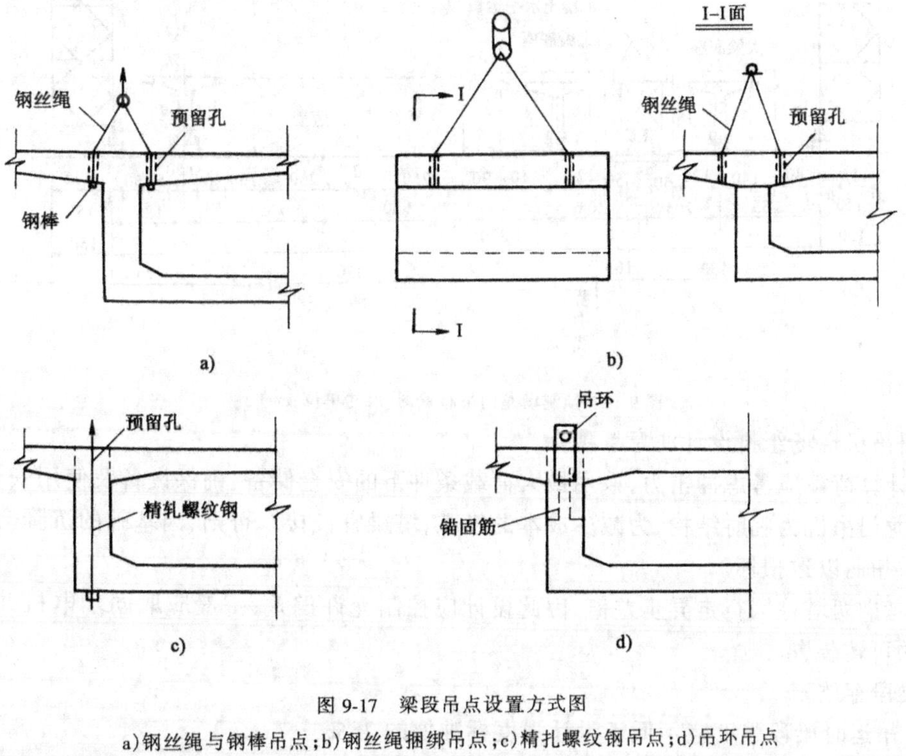

图9-17 梁段吊点设置方式图

a)钢丝绳与钢棒吊点;b)钢丝绳捆绑吊点;c)精扎螺纹钢吊点;d)吊环吊点

吊点设置应绝对可靠,考虑动载和冲击安全系数宜大于5。对图9-17a)、c)、d)三种设置方式,由于底板等自重经腹板传至吊点,腹板将承受拉力,应先张拉一部分腹板竖向预应力筋。为改善吊梁的受力状态,应尽量降低吊点的高度,宜采用如图9-18所示的连接吊具。

4.龙门吊机设置

龙门吊机一般用万能杆件或贝雷架组拼,结构形式诸多,视起吊重力、跨径及设备等因素

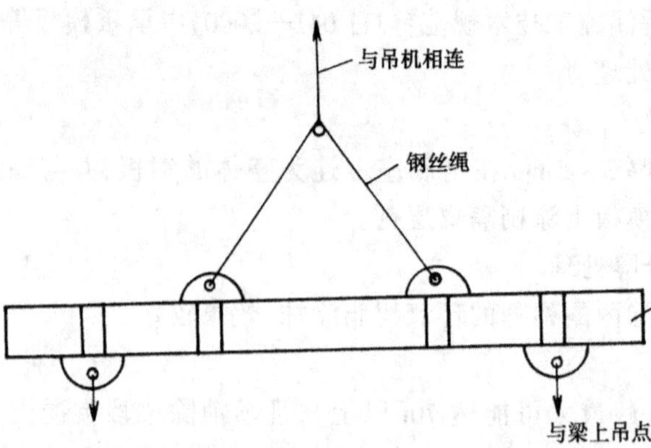

图 9-18 连接吊具示意图

而定。现场布置如图 9-19 所示。

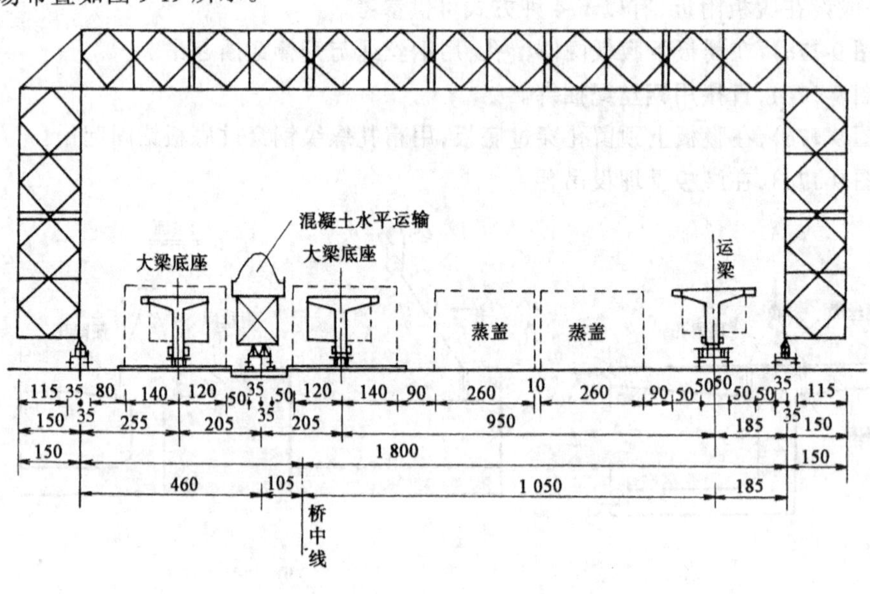

图 9-19 预制场龙门吊布置图(尺寸单位:cm)

龙门吊机现场组拼设计注意事项:

(1)计算荷载应考虑冲击力,取用最大荷载条件下的安全储备,确保设备及使用安全。

(2)龙门吊机为临时结构,为减少成本的投入,塔梁宜铰接。否则,因基础的沉降会使龙门结构严重扭曲以致损坏。

(3)考虑两塔柱因行走异步差值,因此设计应控制允许偏差,一般应取同步电机并设异步发生时的可转装置。

5.梁段存放

(1) 吊运时梁段强度应不低于设计强度标准值的 75%。

(2)一般宜单层放置,不得多于 2 层,且应防止梁段堆放的不合理受力。

(3)存梁宜用枕木支垫,梁面成水平搁置。

(4)梁段吊离台座后,应及时清除梁段上的隔离剂,以免影响拼合施工。

6.梁段整修

存放期间应做好以下准备:

(1)湿接缝两结合面必须凿毛,并修补预制缺陷。

(2)清洗铰接面隔离剂后,应将突出端面的混凝土凿平整,切忌沾染油污而影响树脂粘结。

(3)在铰接面涂上一层环氧浆液,浆液由A、B两种配料复合而成,A配料由6101树脂、丙酮和三丁脂组成,其配比分别为6.67:6.67:1,B配料由无水乙二胺、水泥(填料)和三丁脂组成,其配比分别为0.53:2:1(A、B配料均以三丁脂为1单位计算),将分别调配好的A、B配料复合即成粘剂。

(4)检查各锚头垫板是否与预应力孔道垂直,否则应加焊楔形板纠正。

(5)检查相邻段孔道接头是否正位,错位超过允许偏差的要分别对两孔道各凿掉1/2偏差,直至满足穿束要求。

(6)压水检查孔道有无串孔。若有串孔时应对串孔进行有效补救。

①串孔较为严重的应压浆处理,即将串孔附近管道穿入比孔道小2~3mm胶管,留有1~2个孔道穿入钢管,压到各孔道沿胶管壁出浆为止。抽拔胶管。待水泥浆凝固后须再压水检查,如仍有串孔,应再补压浆直至不串孔为止。

②串孔不严重时,可用补孔专用工具蘸环氧树脂浆液沿孔壁来回涂抹,直至环氧浆液将孔壁裂缝封闭。

③面积较大的串孔,可先凿开患处,再用高强度混凝土或高强度水泥砂浆或环氧树脂砂浆,补浇时可用抽拔管或铁皮管作模成孔。

三、梁段运输

梁段运输有水、陆、栈桥及缆吊等各种形式。陆上运输、水上运输及栈桥运输和缆索起重机运输参见本书有关章节。缆吊运输应注意以下几点。

(1)非垂直起吊时,应加横移索。横移索连于吊点,不可连在其他部位。吊离地面或障碍物后,放松横移索恢复正位再拆除横移索。

(2)下坡时,应匀速放索,严禁飞车。

(3)吊运时严防碰撞和触及他物。

(4)应均匀下降,严禁松升制动放飞车和急落冲击损坏梁体。

(5)及时检查起吊索、牵引索,发现隐患应及时处理。用慢速卷扬机控制拉索。

(6)固定指挥、操作人员,指挥者应注视吊点,指挥及时、正确、果断,统一信号。严禁吊物下站人和随吊带人。

梁体节段自预制底座上出坑后,一般先存放于存梁场,拼装时节段由存梁场移至桥位处的运输方式,一般可分为场内运输、装船和浮运三个阶段。

1.场内运输

当存梁场或预制台座布置在岸边,又有大型悬臂浮吊时,可用浮吊直接从存梁场或预制台座将节段吊放到运梁驳船上浮运。当预制底座垂直于河岸时,存梁场往往设于底座轴线的延长线上,此时,节段的出坑和运输一般由预制场上的龙门吊机担任,节段上船也可用预制场的龙门吊机。当预制底座平行于河岸时,场内运输应另备运梁平车进行。栈桥上也必须另设起重吊机,供吊运节段上船。节段的运输,当预制场与栈桥距离较远时,应首先考虑采用平车运输。起运前要将节段安放平稳,底面坡度不同的节段要使用不同厚度的楔形木来调整。节段用带有花篮螺丝的缆索保险。

当采用无转向架的运梁平车时,运输轨道不能设平曲线,纵坡一般应为平坡。当地形条件限制时，最大纵坡也不得大于1%。下坡运行时，平车后部要用钢丝绳牵引保险，不得溜放。节段的起吊应该配有起重扁担。每块箱梁四个吊点，使用两个横扁担用两个吊钩起吊。如用一个主钩以人字千斤起吊时，还必须配一根纵向扁担以平衡水平分力。

2.装船

梁段装船在专用码头上进行。码头的主要设施是施工栈桥和节段装船吊机。栈桥的长度应保证在最低施工水位时驳船能进港起运，栈桥的高度要考虑在最高施工水位时栈桥主梁不应被水淹，栈桥宽度要考虑到运梁驳船两侧与栈桥之间需有不少于0.5m的安全距离。栈桥起重机的起重能力和主要尺寸(净高和跨度)应与预制场上的吊机相同。

3.浮运

浮运船只应根据节段质量和高度来选择，可采用铁驳船、坚固的木趸船、水泥驳船或用浮箱装配。为了保证浮运安全，应设法降低浮运重心。开口舱面的船应尽量将节段置于船舱底板。必须置放在甲板面上时，要在舱内压重。

节段的支垫应按底面坡度用碎石子堆成，满铺支垫或加设三角形垫木，以保证节段安放平稳。节段一般较大，还需以缆索将节段系紧固定。

四、悬臂拼装

(一)悬拼方法

预制节段的悬臂拼装可根据现场布置和设备条件采用不同的方法来实现。当靠岸边的桥跨不高且可在陆地或便桥上施工时，可采用自行式吊车、门式吊车来拼装。对于河中桥孔，也可采用水上浮吊进行安装。如果桥墩很高，或水流湍急而不便在陆上、水上施工时，就可利用各种吊机进行高空悬拼施工。

1.浮吊拼装法

重型的起重机械装配在船舶上，全套设备在水上作业就位方便，40m的吊高范围内起重力大，铺助设备少，相应的施工速度较快，但台班费用较高。一个对称干接悬拼的工作面，一天可完成2~4段的吊拼。其施工主要工序如图9-20所示。

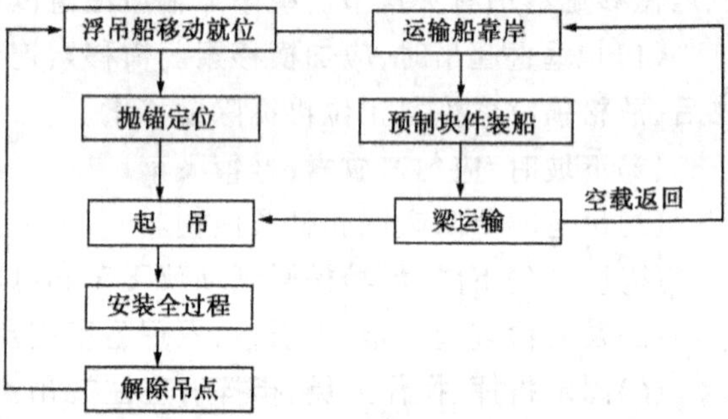

图9-20　浮吊悬拼施工工序

2.悬臂吊机拼装法

悬臂吊机由纵向主桁架、横向起重桁架、锚固装置、平衡重、起重系、行走系和工作吊篮等部分组成，如图9-21所示。

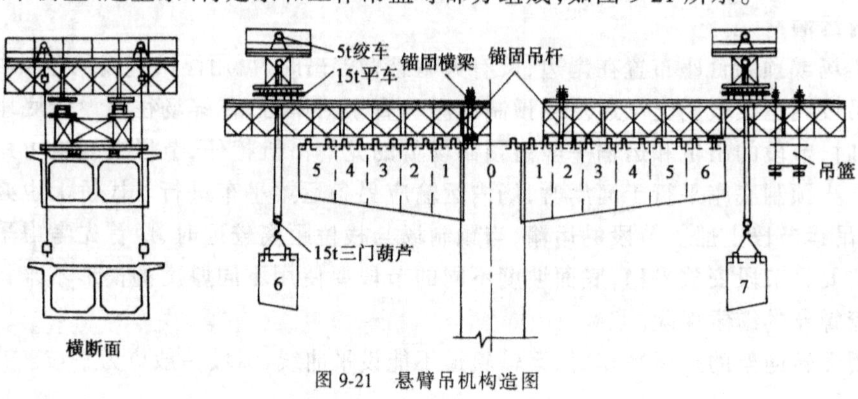

图9-21　悬臂吊机构造图

纵向主桁为吊机的主要承重结构，可由贝雷片、万能杆件、大型型钢等拼制。一般由若干桁片构成两组，用横向联结系联成整体，前后用两根横梁支承。

横向起重桁是供安装起重卷扬机直接起吊箱梁节段之用的构件。多采用贝雷架、万能杆件及型钢等拼配制作。纵向主桁的外荷载就是通过横向起重桁传递给它的。横向起重桁支承在轨道平车上，轨道平车搁置于铺设在纵向主桁上弦的轨道上，起重卷扬机安置在横向起重桁上弦。

图 9-22 为贝雷桁架拼装悬拼吊机拼梁段示意图。

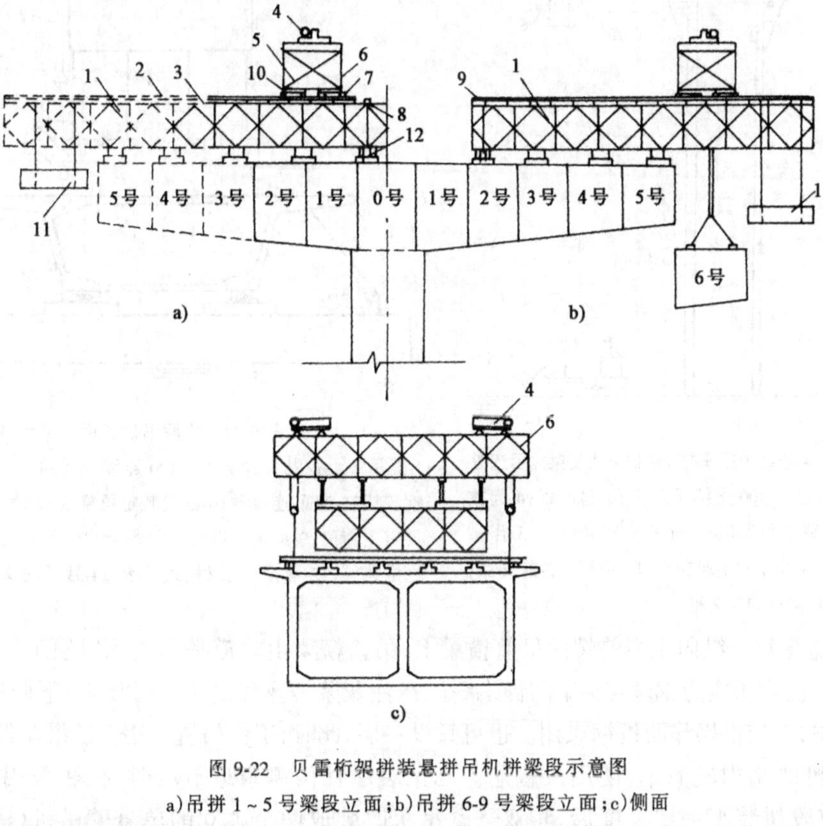

图 9-22　贝雷桁架拼装悬拼吊机拼梁段示意图

a)吊拼 1～5 号梁段立面；b)吊拼 6-9 号梁段立面；c)侧面

1-吊机桁梁；2-钢轨；3-枕木；4-卷扬机；5-撑架；6-横向桁梁；7-平车；8-锚固吊环；9-工字钢；10-平车之间用角钢联结成整体；11-工作吊篮；12-锚杆

图 9-23 为贝雷桁架连续千斤顶拼装悬拼吊机拼梁段示意图和图 9-24 为梁段吊装正面示意图。连续千斤顶或卷扬机滑轮组作业设备简单，占用面积小、质量轻，适应性强，千斤顶起重力与吊重力之比约为 1:100。当 0 号梁段顺桥向的长度不能满足起步长度或采用吊机悬吊 1 号梁段时，需在墩侧设立托架。

设置锚固装置和平衡重的目的是防止主桁架在起吊节段时倾覆翻转，保持其稳定状态。对于拼装墩柱附近节段的双悬臂吊机，可用锚固横梁及吊杆将吊机锚固于零号块上。对称起吊箱梁节段，不需要设置平衡重。单悬臂吊机起吊节段时，也可不设平衡重，而将吊机锚在节段吊环上或竖向预应力筋的螺丝端杆上。

起重系一般是由电动卷扬机、吊梁扁担及滑车组等组成。作用是将由驳船浮运到桥位处的节段提升到拼装高度以备拼装。滑车组要根据起吊节段的重量来选用。

吊机的整体纵移可采用钢管滚筒在木走板上滚移，由电动卷扬机牵引。牵引绳通过转向滑车系于纵向主桁前支点的牵引钩上。横向起重桁架的行走采用轨道平车，用倒链滑车牵引。

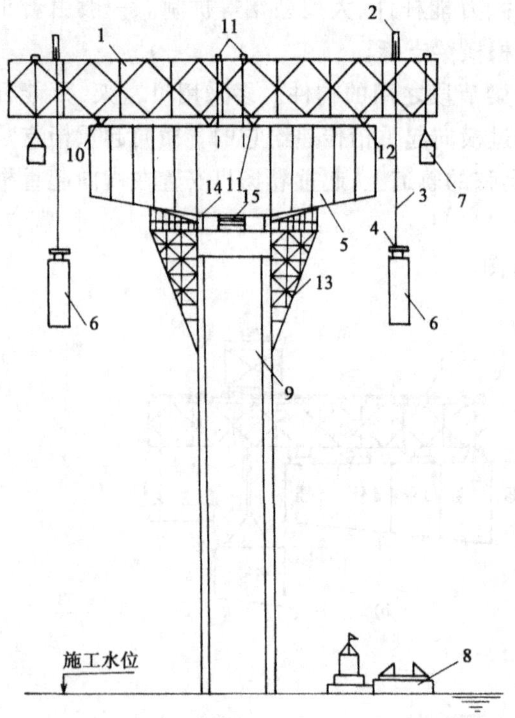

图 9-23　贝雷桁架连续千斤顶拼装悬拼吊机拼梁段示意图

1-贝雷纵梁；2-ZLD－100 连续千斤顶；3-起吊索；4-起重连接器；5-已安装定位梁段；6-待吊安装梁段；7-工作吊篮；8-运梁驳船；9-桥墩；10-前支点；11-锚筋；12-前支点；13-托架；14-临时支座；15-支座

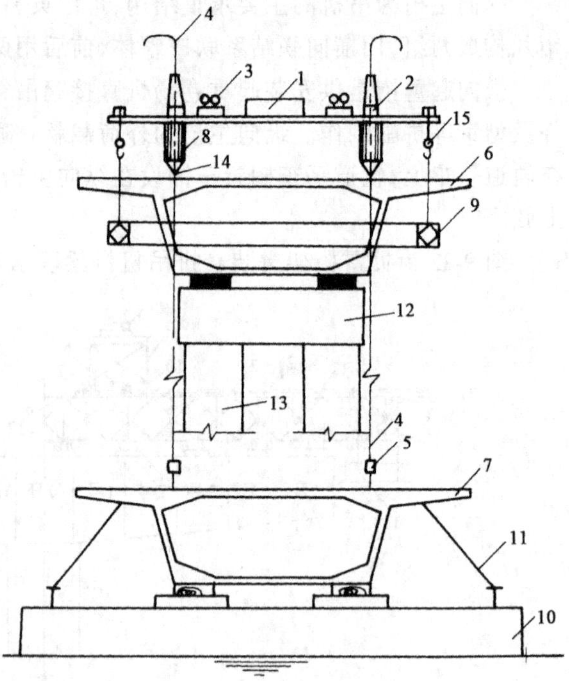

图 9-24　梁段吊装正面示意图

1-提吊中心控制台；2-ZLD－100 连续千斤顶；3-油泵；4-9×ϕ15 钢绞线；5-起重连接器；6-已安装定位梁段；7-待吊安装梁段；8-贝雷主桁梁；9-贝雷梁组合工作吊篮；10-运梁段船只；11-梁段稳定风缆；12-墩帽；13-双柱式桥墩；14-悬梁前支点；15-升降手拉葫芦

工作吊篮悬挂于纵向主桁前端的吊篮横梁上，吊篮横梁由轨道平车支承以便工作吊篮的纵向移动。工作吊篮供预应力钢丝穿束、千斤顶张拉、压注灰浆等操作之用。可设上、下两层，上层供操作顶板钢束用，下层供操作肋板钢束用。也可只设一层，此时，工作吊篮可用倒链滑车调整高度。

这种吊机的结构较简单，使用最普遍。当吊装墩柱两侧附近节段时，往往采用双悬臂吊机的形式，当节段拼装至一定长度后，将双悬臂吊机改装成两个独立的单悬臂吊机(图 9-21)。但在桥的跨径不太大，孔数也不多的情况下，有的工地就不拆开墩顶桁架而在吊机两端不断接长进行悬拼，以免每拼装一对节段就将对称的两个单悬臂吊机移动和锚固一次。

当河中水位较低——运输箱梁节段的驳船船底高程低于承台顶面高程，驳船无法靠近墩身时，双悬臂吊机的设计往往要受安装一号节段时的受力状态所控制。为了不增大主桁断面以节约用钢量，对这种情况下的双悬臂吊机必须采取特别措施，例如斜撑法和对拉法。

斜撑法即以临时斜撑增加纵向主桁的支点以改善主桁的受力状况。斜撑的下端支于墩身牛腿上，上端与主桁加强下弦杆铰接。当节段从驳船上吊起并内移至安全距离以后，将节段临时搁置于承台上的临时支架上，再以千斤顶顶起吊机，除去斜撑，继续起吊节段，内移就位。

用此法起吊节段安全可靠，但增加了起吊工序和材料用量。

对拉法即将横向起重桁架放置于起吊安全距离内，将节段直接由船上斜向起吊，两横向起重桁架用钢丝绳互相拉住以平衡因斜向起吊而产生的水平分力，防止横向起重桁架向悬臂端滚移。对拉法不需附加任何构件，起吊程序简单，但必须确保节段与承台不致相撞。这个方法一般使用在起吊钢丝绳的斜向角度很小的情况下。

3.连续桁架(闸式吊机)拼装法

连续桁架悬拼施工可分移动式和固定式两类。移动式连续桁架的长度大于桥的最大跨径,桁架支承在已拼装完成的梁段和待拼墩顶上,由吊车在桁架上移运节段进行悬臂拼装。固定式连续桁架的支点均设在桥墩上,而不增加梁段的施工荷载。

图 9-25 表示移动式连续桁架,其长度大于两个跨度,有三个支点。这种吊机每移动一次可以同时拼装两孔桥跨结构。

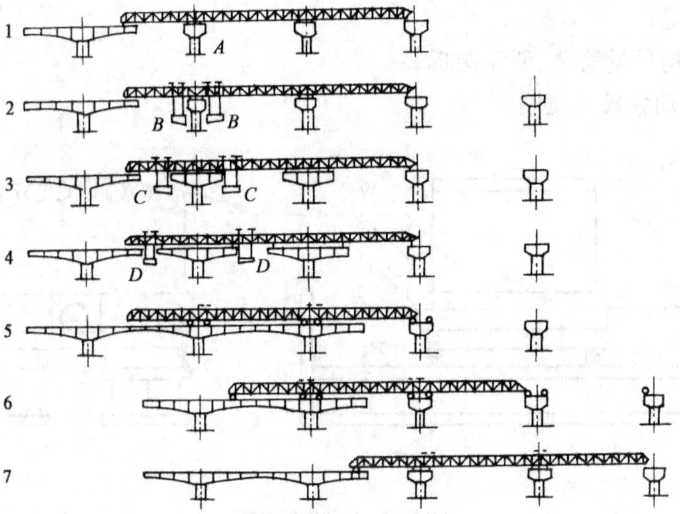

图 9-25 移动式连续桁架拼装示意图

4.缆索起重机(缆吊)拼装法

缆吊无须考虑桥位状况,且吊运结合,机动灵活,作业空间大,在一定设计范围内缆吊几乎可以负责从下部到上部,从此岸到彼岸的施工作业,因此缆吊的利用率和工作效率很高。其缺点是一次性投入大,设计跨度和起吊能力有限,一般起吊能力不宜大于 500kN,而一般混凝土预制梁段的重力多达 500kN,目前我国使用缆吊悬拼连续梁都是由两个独立单箱单室并列组合的桥型,为了充分利用缆吊的空间特性,特将预制场及存梁区布设在缆吊作用面内。缆吊进行拼合作业时增加风缆和临时手拉葫芦,以控制梁段即位的精度。缆机运吊结合的优势,大大缩短了采用其他运吊方式所需的转运时间,可以将梁段从预制场直接吊至悬拼结合面。施工速度可达日拼 2 个作业面 4 段,甚至可达 3 个作业面 6 段。

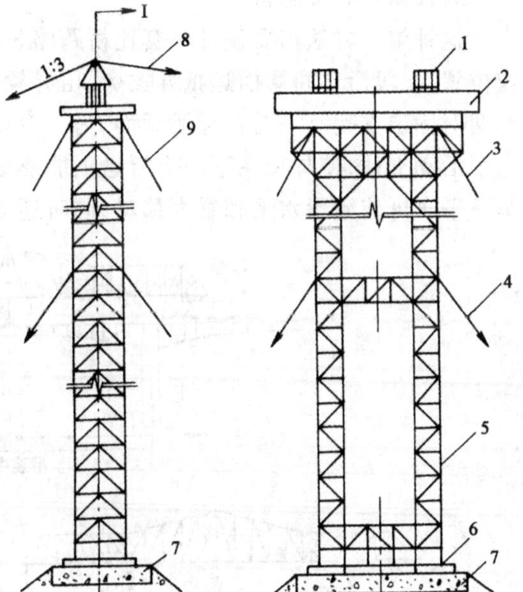

图 9-26 缆索起重机塔柱图

a)正面图;b)I-I 剖面图

1-索鞍;2-型钢;3-八字风缆;4-八字腰风缆;5-万能杆件墩柱;6-铰接;7-基础;8-主索;9-风缆

图 9-26 为缆索起重机塔柱图。

缆吊悬拼可采用伸臂吊机、缆索吊机、龙门吊机、人字扒杆、汽车吊、履带吊、浮吊等起重机进行拼装。根据吊机的类型和桥孔处具体条件的不同,吊机可以支承在墩柱上、已拼好的梁段上或处在栈桥上、桥孔下。

不管是利用现有起重设备或专门制作,悬臂吊机需满足如下要求:

①起重能力能满足起吊最大节段的需要;

②吊机便于作纵向移动,移动后又能固定于一个拼装位置;

③吊机处在一个位置上进行拼装时,能方便地起吊节段作竖向提升和纵、横向移动,以便调整节段拼装位置;

④吊机的结构尽量简单,便于装拆。

图 9-27 为移动索鞍示意图。

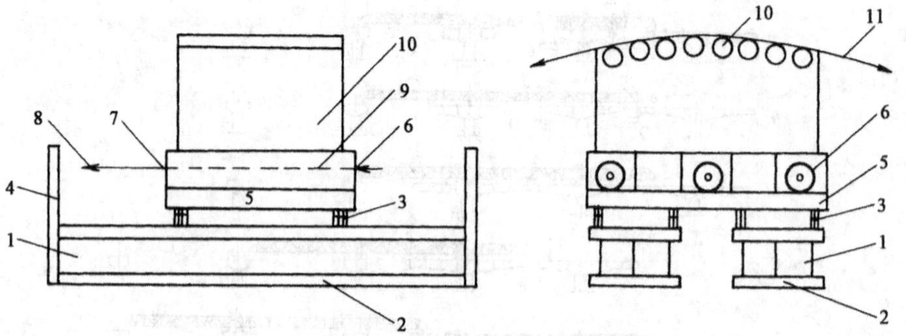

图 9-27　移动索鞍示意图

1-移动纵梁;2-不锈钢板;3-固定圈;4-挡板;5-底座钢板;6-锚固点;7-精轧螺纹钢筋;8-进千斤顶;9-型钢;10-索鞍;11-缆索

5.移动式导梁悬拼

这种施工方法需要设计一套比桥跨略长的可移动式导梁,如图 9-28 所示。安装在悬拼工作位置,梁段沿已拼梁面运抵导梁旁,由导梁运到拼装位置用预应力拼合在悬臂端上。导梁设有两对固定支架。一对在导梁后面,另一对设在中间,梁段可以从支柱中间通过。导梁前端有一个活动支柱,使导梁在下一个桥墩上能形成支点。导梁下弦杆用来铺设轨道以支承运梁平车。平车可使梁段水平和垂直移动,同时还能使其转动 90°。施工可分三阶段进行。

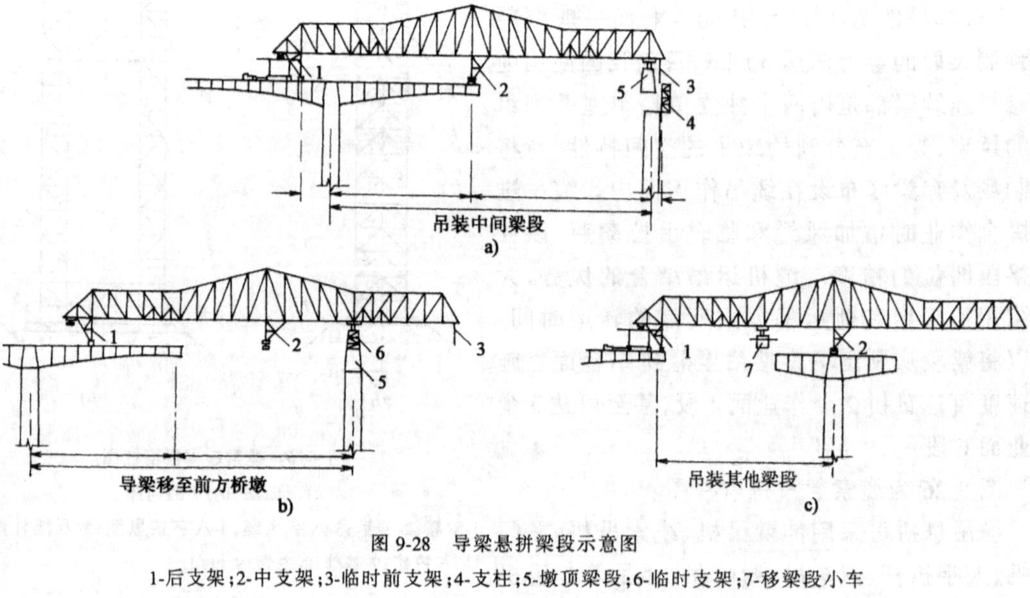

图 9-28　导梁悬拼梁段示意图

1-后支架;2-中支架;3-临时前支架;4-支柱;5-墩顶梁段;6-临时支架;7-移梁段小车

(1)吊装墩顶梁段

导梁放在三个支点上，即后支架上，靠近已悬拼端头的中支架和借助临时支柱而与装在下一桥前方的前支柱相接成第三支点。

(2)导梁前移

通过后支架的滚动和前支架的滑轮装置，使导梁向前移动。

(3)吊装其他梁段

拼装其他梁段时，导梁由后支架和中间支架支承。中间支架锚固在墩顶梁段上，后支架锚固在已建成的悬臂梁端。

(二)拼装施工

1.支座临时固结或设置临时支架

为了确保连续梁分段悬拼施工的平衡和稳定，常与悬浇方法相同，将T构支座临时固结。当临时固结支座不能满足悬拼要求时，一般考虑在墩两侧或一侧加临时支架。悬拼完成，T构合龙(合龙要点与悬浇相同)，即可恢复原状，拆除支架。

梁段拼装过程中的接缝有湿接缝、干接缝和胶接缝等几种。不同的施工阶段和不同的部位采用不同的接缝形式。

图9-29为缆吊悬拼时设置临时支架示意图。

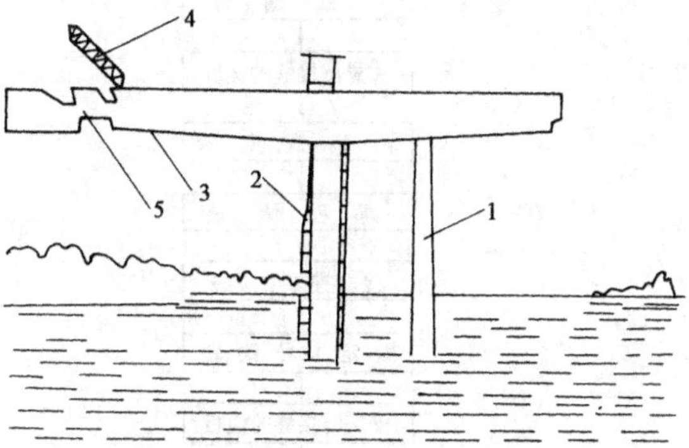

图9-29　缆吊悬拼时设置临时支架示意图

1-临时钢管桩支墩；2-桥墩；3-已拼梁段；4-缆吊横梁；5-待拼梁段

2.接缝处理和拼装程序

一号块和调整块用湿接缝拼装。

一号梁段即墩柱两侧的第一个节段，一般与墩柱上的0号块以湿接缝相接。一号块是T型刚构两侧悬臂箱梁的基准节段，是全跨安装质量的关键。T构悬拼施工时，防止上翘和下挠的关键在于一号块定位准确，因此，必须采用各种定位方法确保一号块定位的精度。定位后的一号块可由吊机悬吊支承，也可用下面的临时托架支承。为便于进行接缝处管道接头操作、接头钢筋的焊接和混凝土振捣作业，湿接缝一般宽0.1～0.2m。

1号节梁段拼装和湿接缝处理的程序如图9-30所示。

跨度大的T形刚构桥，由于悬臂很长，往往在伸臂中部设置一道现浇箱梁横隔板，同时设置一道湿接缝。这道湿接缝除了能增加箱梁的结构刚度外，也可以调整拼装位置；在拼装过程中，如拼装上翘的误差很大，难以用其他办法补救时，也可以增设一道湿接缝来调整。但应注意，增设的湿接缝宽度必须用凿打节段端面的办法来提供。

1号梁段安装的允许偏差见表9-2。

1号梁段安装的允许偏差(mm)　　表9-2

高　程	中　线	平面位置长度	扭转高差	转角高差
±1	±1	1	1	0.5/m

湿接缝铁皮管的对接，是一项施工工艺很高且很复杂的技术。在对接中往往不易处理，常会出现铁皮管长度、直径与接缝宽度不相称，预留管道位置不准确，管孔串浆、排气的三通铁皮管错乱等现象。施工时应特别注意以上特点。

3.其他节段用胶接缝或干接缝拼装

其他梁段吊上并基本定位后(此时接缝宽约10~15cm),先将临时预应力筋穿入,安好连接器,再开始涂胶及合龙,张拉临时预应力筋,使固化前胶接缝的压应力不低于0.3MPa,这时可解除吊钩。

胶接缝拼装梁段程序如图9-31所示。

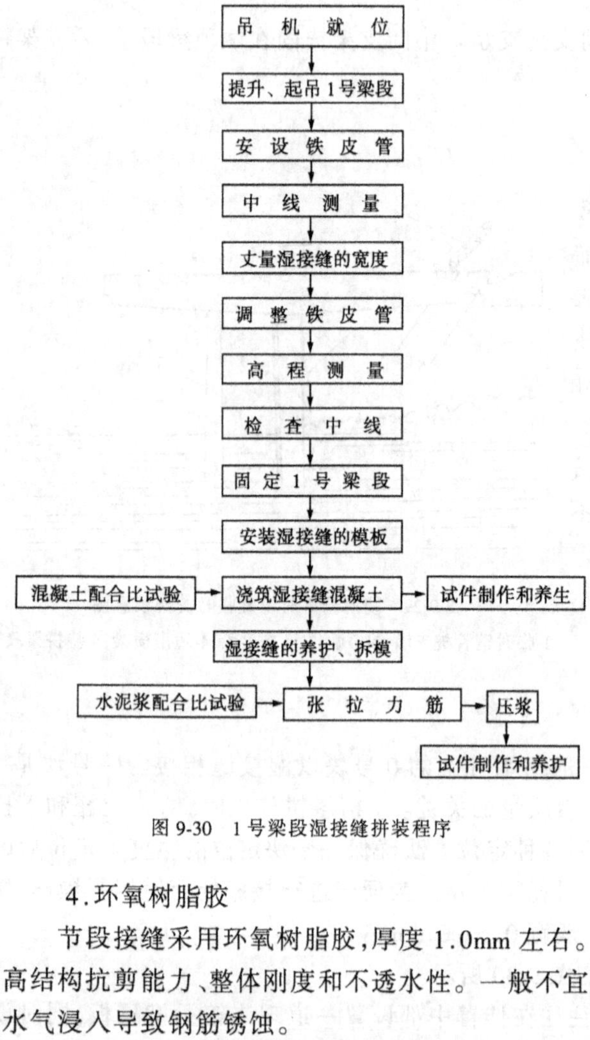

图9-30 1号梁段湿接缝拼装程序

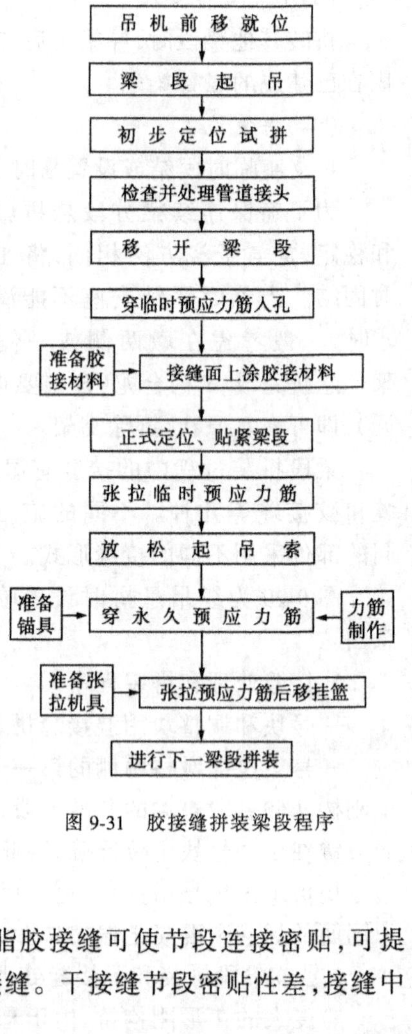

图9-31 胶接缝拼装梁段程序

4.环氧树脂胶

节段接缝采用环氧树脂胶,厚度1.0mm左右。环氧树脂胶接缝可使节段连接密贴,可提高结构抗剪能力、整体刚度和不透水性。一般不宜采用干接缝。干接缝节段密贴性差,接缝中水气浸入导致钢筋锈蚀。

环氧树脂胶的配方应通过试验决定,并随化学工业的迅猛发展,产品换代,应及时作市场调查,采用性能最好的产品。环氧树脂胶由环氧树脂、固化剂、增塑剂、稀释剂、填料等组成。填料一般用高强度等级水泥、洁净干燥砂。

一般对接缝混凝土面先涂底层环氧树脂底胶(环氧树脂底层胶由环氧树脂、固化剂、稀释剂按试验决定比例调配)然后再涂加入填料的环氧树脂胶。环氧树脂胶随用随配调制。

(三)穿束及张拉

1.穿束

T形刚构桥纵向预应力钢筋的布置有两个特点:①较多集中于顶板部位。②钢束布置对称于桥墩。因此拼装每一对对称于桥墩节段用的预应力钢丝束,均须按锚固该对节段所需长度下料。

明槽钢丝束通常为等间距排列，锚固在顶板加厚的部分（这种板俗称“锯齿板”）。加厚部分预制时留有管道（图 9-32）。穿束时先将钢丝束在明槽内摆放平顺，然后再分别将钢丝束穿入两端管道之内。钢丝束在管道两头伸出长度要相等。

暗管穿束比明槽难度大。经验表明，60m 以下的钢丝束穿束一般均可采用人工推送。较长钢丝束穿入端，可点焊成箭头状缠裹黑胶布。60m 以上的长束穿束时可先从孔道中插入一根钢丝与钢丝束引丝连接，然后一端以卷扬机牵引，一端以人工送入。

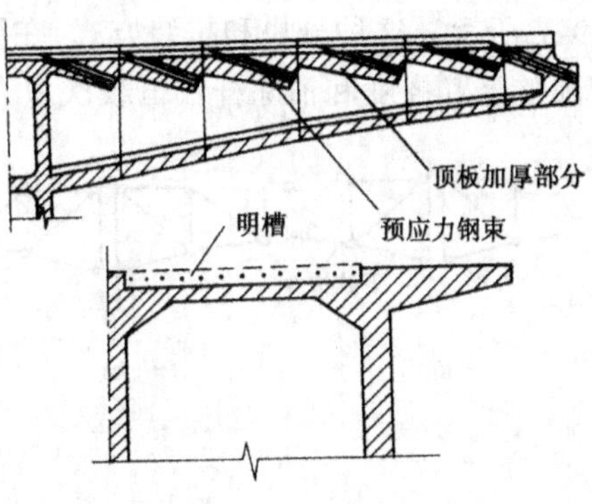

图 9-32　明槽钢丝束布置图

2.张拉

钢丝束张拉前要首先确定合理的张拉次序，以保证箱梁在张拉过程中每批张拉合力都接近于该断面钢丝束总拉力重心处。

钢丝束张拉次序的确定与箱梁横断面形式、同时工作的千斤顶数量、是否设置临时张拉系统等因素关系很大。在一般情况下，纵向预应力钢丝束的张拉次序按以下原则确定：

(1)对称于箱梁中轴线，钢束两端同时成对张拉；

(2)先张拉肋束，后张拉板束；

(3)肋束的张拉次序是先张拉边肋，后张拉中肋(若横断面为三根肋，仅有两对千斤顶时)；

(4)同一肋上的钢丝束先张拉下边的，后张拉上边的；

(5)板束的次序是先张拉顶板中部的，后张拉边部的。

每一束的张拉程序参见第八章的后张法预制工艺。

(四)压浆

管道压浆的目的是为了保证预应力筋不受腐蚀。目前的工艺是先用高压水检查管道的畅通、匹配面的密贴情况以及封端情况后再进行正式压浆，直到出浆口出浓浆。封闭出浆口持压几分钟，以保证水泥浆尽量充满管道。

压浆是在局部封锚后进行的，尚未进行封端，封锚水泥砂浆极易收缩开裂，造成压浆时漏浆，直接影响持压效果；且水泥浆在管道内会产生收缩，使压浆质量难以控制。故除了保证封端质量外，若在水泥浆中加入适量微膨胀剂，选取合适的配合比，则既能使压浆工作能顺利进行，又能使凝固后的水泥浆尽量充满管道，尽可能地排出管道内的水和空气，避免力筋受蚀。

值得提出的是，在正式压浆前，必须检查管道畅通及渗漏情况，在压浆时，若从一端压不通，须及时处理，不得从另一端补压了事。

五、预应力悬臂桁架梁的悬拼

预应力悬臂桁架梁和桁架 T 构具有与箱梁 T 构桥基本相同的特点。不同的是因 T 形单元的悬臂由桁架构件组成，结构自重较小，耗钢较少，跨越能力较大，施工时拼装构件划分方案较多，悬拼方法更易适应不同吊装能力和进度的要求。

(一)纵向分块和拼装方案

1.杆件拼装

当跨径较大时，桁架的单根杆件重力就较大，尤其是靠近根部节间的上弦和下弦特别重而且大，故可按杆件分别预制，然后拼装成整体。这时一般采用斜拉杆式桁架，拼装顺序如图

9-33所示。这种分块和拼装方式,在国外采用时一般先将结点做成临时铰,以便在拼装过程中调整悬臂挠度和消除杆端恒载次应力。完工前将结点铰封死。

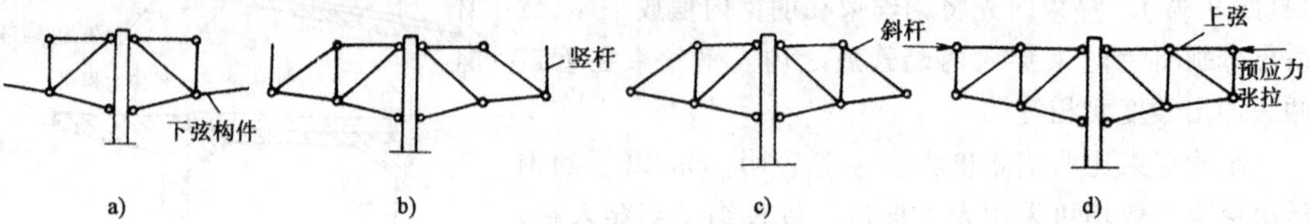

图 9-33　按杆件分块时拼装示意图

a)吊装下弦;b)立竖杆;c)安装斜杆;d)吊装上弦杆施加预应力

2.三角形节段拼装

将每一节间的下弦、斜杆和前竖杆(或前斜杆)预制成三角形构件,上弦杆预制成单独构件。这时一般采用斜压杆式或三角形式桁架,拼装顺序如图9-34所示。古巴扎扎河桥则是先将所有三角形节段用钢索悬挂拼出,然后现浇上弦杆和桥面板,最后统一张拉上弦预应力索。

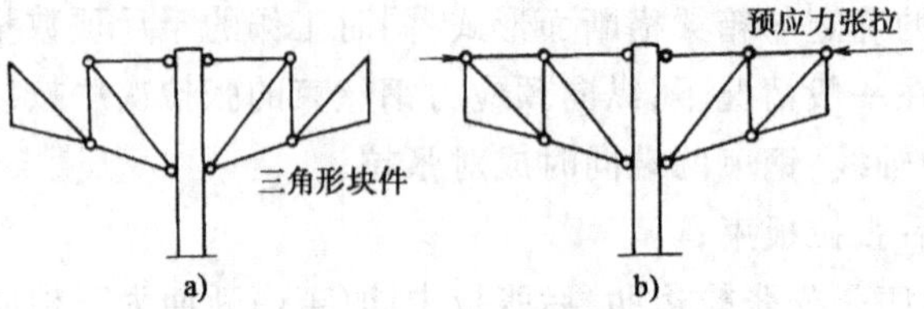

图 9-34　按三角形分块的拼装示意图

a)吊装三角形块体;b)吊装上弦施加预应力

3.节间节段拼装

将桁架片沿竖杆中线分割,预制构件呈四边形(图9-35)。这时适宜采用斜压杆式桁架。拼装时将节段沿拼接缝涂胶合龙后即可进行预应力张拉。

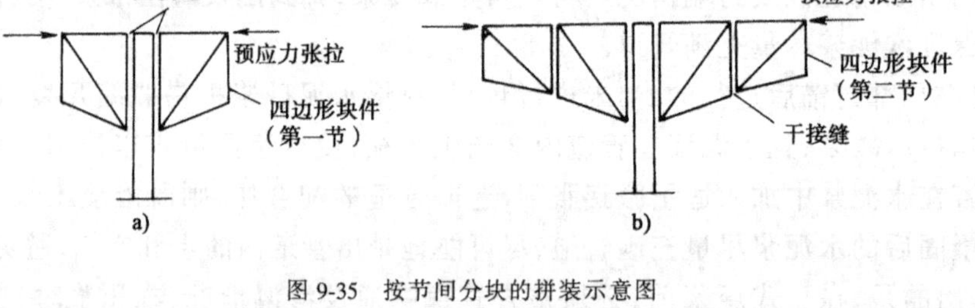

图 9-35　按节间分块的拼装示意图

a)拼装第一节块件;b)拼装第二节块件

4.桁架节段拼装

将桁架分成若干段,每段包含一个以上的节间,沿竖杆中线分割或沿结点附近杆段上分割,进行节段预制和拼装(图9-36)。

以上四种方案中,后两种主要在国内建造的桥梁上采用。国外在一座桥上往往仅采用一种分块和拼装方式,国内则多采用两种以上的分块拼装方案。湖北黄陵矶大桥主孔的两个T形单元的根部节间由上弦构件和三角形构件组成,拼装时构件由悬臂吊机临时支承,定位后处

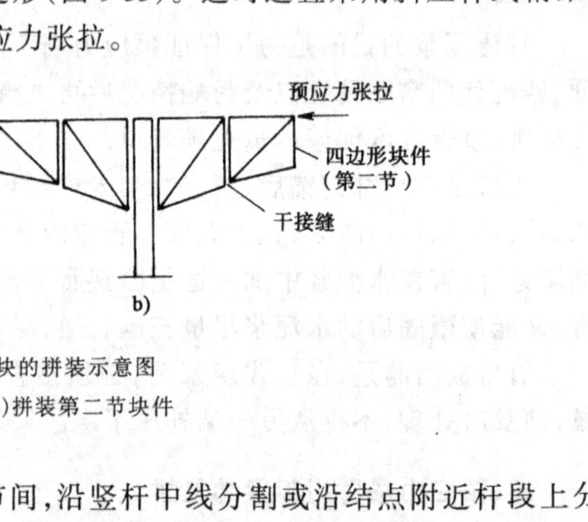

图 9-36　按节段分块的拼装示意图

理湿接缝(图9-37)。第二和第三节间分别为一个节段,其后是包含两个节间的节段,后是包含两个节间和端牛腿的节段。

(二)横向组拼方式

在桥的横断面方向上,也有不同的组成方式。有由两片以上平行的桁架片节段用横向联结系联成整体后再拼装的,也有各片节段挨次平行拼装然后用横向联结系构件联成整体的,也有在拼装的过程中将上、下弦分别横向联成整体的板而腹杆采用较细的构件。

预应力悬臂桁架梁利用布置在上弦构件的预应力筋(束)悬拼。预应力筋(束)一般为明槽筋(束)。构件之间的接缝或接头除根部第一节间与墩顶间采用湿接缝定位外,其他一般为胶接缝。需调整悬拼挠度时也可设湿接缝。调整挠度处理方法与箱梁T构同。

预应力桁架T构悬拼用的吊机设备种类也与预应力箱梁T构悬拼时相同。

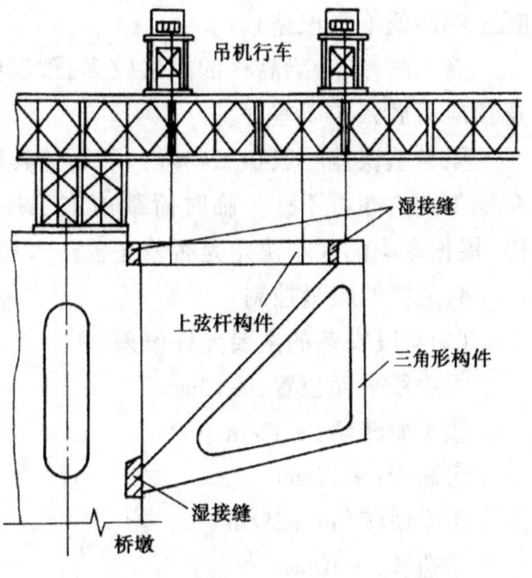

图9-37　第一节拼装定位后湿接缝处理示意图

六、合龙段施工

用悬臂施工法建造的连续刚构桥、连续梁桥和悬臂桁架拱,则需在跨中将悬臂端刚性连接、整体合龙。这时合龙段的施工常采用现浇和拼装两种方法。现浇合龙段预留1.5~2m,在主梁高程调整后,现场浇筑混凝土合龙,再张拉预应力索筋,将梁连成整体。节段拼装合龙对预制和拼装的精度要求较高,但工序简单,施工速度快。箱梁T构在跨中合龙时初期常用剪力铰,使悬臂能相对位移和转动,但挠度连续。现在箱梁T构和桁架T构的跨中多用挂梁连接。预制挂梁的吊装方法与装配式简支梁的安装同(详见第七章)。但需注意安装过程中对两边悬臂加荷的均衡性问题,以免墩柱受到过大的不均衡力矩。有两种方法:①采用平衡重;②采用两悬臂端部分分批交替架梁,以尽量减少墩柱所受的不平衡力矩。

七、施工控制

(一)悬拼质量控制

1.预制场测量

建立基准三角网,选用平行于桥轴线的一直线作为控制中线,在预制场台座外控制中线放样。在梁段预制后,移运前,用控制中线在顶面上放出梁中线,并用最大的可能间距放出两条与中线垂直的横线。并在横线上测量4个固定点(每根横线取2个点)的高程,测定记录横线间距及4点高程值,供安装时使用。

2.中线控制

悬拼时梁段的中线可能因为平面位移与平面转角而产生误差,为减小平面位移误差的叠加和传递,安装时可通过中线适当错位纠正。每次错位调节小于3mm为宜。

转角误差因梁段一般较短,中线上难以反映,可测量两梁段上横线是否平行判断。转角容许误差由合龙中线最大偏差确定。加以调整的办法是在一侧的腹板加垫金属板或刷厚环氧树脂。

3.梁的高程控制

梁应按修正后的设计高程控制，修正后的高程已计入预制梁高误差（被测点梁的高度及混凝土的高低不平误差）。

施工时，影响梁高程的因素较多：预制梁高误差、梁自重误差、临时荷载、安装时立面转角及预应力筋张拉误差等。

梁自重误差一般在 ±4% 内，可不计其影响。混凝土徐变因总的悬拼时间短，预制时间长，在施工期内亦可不计。临时荷载由施工控制。预应力筋张拉引起的高程变化可通过计算求得，根据影响的大小决定是否修正。

4.悬拼的质量控制

(1)梁段安装的主要允许偏差

①中线平面位置：±10mm

②平面转角：±1°/m

③高程：±10mm

④立面转角：±1°/m

⑤扭转：±10mm

⑥湿接缝后第一梁段中线：±2mm

⑦湿接缝后第一梁段顶面高程：±2mm

(2)悬臂合龙的主要允许偏差

①悬臂合龙的中线：±50mm

②悬臂合龙的相对高程：±50mm

(二)悬拼线形控制

悬拼的各梁段连接后梁顶或梁底中心的连线称为梁顶或梁底的线形，相关的预拱度计算和施工控制测量工作即称为线形控制。桥梁的线形不顺，首先有损外观；如线形控制不严，合龙段有不允许的高差，将影响穿束工作，且增大钢束张拉阻力；桥中线误差，将增大梁的扭矩。桥的跨度越大，线形控制的重要性就越趋突出。

要控制好线形，应该把握以下环节。

1.节段预制

当采用长线法预制节段时，台座可按半个“T”或整个“T”制作。台座的基础须按一定的允许承载力设计，避免制梁时台座的沉降影响预制线形。台座的底模高程应是可调的，以便制梁时进行必要的高程（梁底线形）调整。应对台座高程进行精确测量。

2.正确计算线形高程

根据设计图、施工组织设计及预制线形，可以得到预计的各种计算参数值，并提前进行预拱度及挠度的理论计算，得到各节段块制造与施工安装高程。节段预制完以后，需称重，比较实际质量与设计质量，确定梁体自重误差对悬拼线形的影响。在计算高程时，要注意连续梁一般是逐孔逐跨推进式施工，在确定后一节段的施工安装高程前，须考虑前一节段的高程，因其高程会受到相邻节段张拉合龙跨底板束等的影响，张拉底板束时，悬臂前端高程会减少。

3.正确测量，总结规律

在每一节段梁定位前后都要对线形（高程、中线）等进行精确测量，及时汇集监控数据并进行分析，总结规律，为下一节段悬拼控制提供参数，以便调整其控制高程。测量最好定时进行（以早晨为好），以减少温度影响。因为箱梁受日照影响，沿梁高或上、下游的温度梯度是非线性的，若不定时、适时测量，如测量时的温差太大，会引起悬臂的温差变形，测量数据可能会对施工产生误导作用。

4.控制1号块线形

悬拼法施工的0号块一般是在墩顶灌注。1号块以后的节段是在地面上用长线法预制。1号块位于悬臂的根部，其他块在其延长线上，它的安装精度对以后的悬拼线形影响极大。0号块与1号块之间采用湿接头是十分必要的，有利于精确控制1号块的线形。安装中主要通过调整1号块的安装线形进行线形的调整，必须严格控制其高程、中线的位置，尽量减少悬拼时的纠偏工作。

5.线形调整

由于各种原因，实际线形总是偏离设计线形，要求安装时随时调整。调整分两种：一是根据已安装T构实测资料，修正1号块的安装高程；另一种是1号块以后的纠偏。纠偏工作必须及时进行，因为对采用长线法预制的拼装块只能作微量纠偏，且若不及时纠偏，线形误差会越来越大，造成纠偏困难，且不易保证接合面的质量。纠偏可采用以下措施：

(1)垫铜片或石棉网。使节段块向有利方向偏转。石棉网经环氧树脂净浆浸透，以便粘贴。宽度在10cm左右，以控制最大预留缝的胶量和厚度的均匀性；厚度可根据计算求得，一次调整石棉网厚度不宜大于5mm。

(2)利用临时张拉束。临时张拉可采取张拉一部分力筋，或在箱梁内壁设置临时张拉齿块。在各临时张拉束上施加不同的力，挤出匹配面上多余的环氧树脂胶泥，也可以达到纠偏的目的。实践证明，其操作相对方便，效果也较明显。纠偏时，一次不宜太多，不仅要注意安装块的中心线与高程，更要注意其倾斜度，使纠偏工作顺利进行，避免反复纠偏，以确保合龙段的中心线与高程的精确性。

思考题

1.悬臂施工法的施工特点是什么？

2.悬臂浇筑法施工的施工程序是什么？

3.悬臂浇筑法施工的0号块施工程序是什么？

4.悬臂浇筑法施工中临时固结措施或支承措施有哪几种形式？

5.悬臂浇筑法施工中挂篮的设计的要求是什么？

6.悬臂浇筑法施工中挂篮试压的要求是什么？

7.悬臂浇筑法施工中浇筑混凝土时消除挂篮变形的措施是什么？

8.悬浇施工时，何为体系转换？

9.悬浇施工需采取哪些措施来保证合龙段的质量？

10.悬臂浇筑梁段混凝土时需注意哪些要点？

11.悬浇施工时，各节段施工高程由哪些因素控制？

12.悬拼施工时，块件整修的内容有哪些？

13.悬拼施工的块件拼装方法有哪些？各有何特点？

14.悬拼施工时，合龙段施工有何特点？

15.悬拼施工时，为控制和纠正安装误差，可采哪些措施？

16.悬拼施工的施工控制包含哪些内容？

17.悬拼施工时，体系转换过程的工艺要求有哪些？

第十章　圬工和钢筋混凝土拱桥施工

第一节　拱桥的有支架施工

当拱桥的跨径不大、拱圈净高较小或孔数不多时,可以采用就地浇筑方法来进行拱圈施工。就地浇筑方法可分为两种:拱架浇筑法和悬臂浇筑法。本节主要陈述拱桥的有支架施工要点。

一、拱架

(一)拱架的结构类型

拱架的种类很多,按其使用材料可分为木拱架、钢拱架、扣件式钢管拱架、斜拉式贝雷平梁拱架、竹拱架、竹木混合拱架、钢木组合拱架以及土牛胎拱架等多种形式;按结构形式可分为排架式、撑架式、扇形式、桁架式、组合式、叠桁式、斜拉式等。

(二)拱架的构造

1.木拱架

木拱架一般有排架式、撑架式、扇形式、叠桁式及木桁架式等。前四种在桥孔中间设有或多或少的支架统称满布式拱架,最后一种可采用三铰木桁架形式,在桥孔中完全不设支架。拱架的弧形木立柱等主要杆件和木桁架的各种杆件,应采用材质较强、无损伤、无腐烂及湿度不大的木材。拱架制作安装时,拱架尺寸和形状要符合设计要求,立柱位置准确且保持直立,各杆件连接接头要紧密,支架基础要牢固,高拱架应特别注意他的横向稳定性。拱架全部安装完成后,应全面检查,确保结构牢固可靠。

如图10-1为满布式木拱架节点构造。

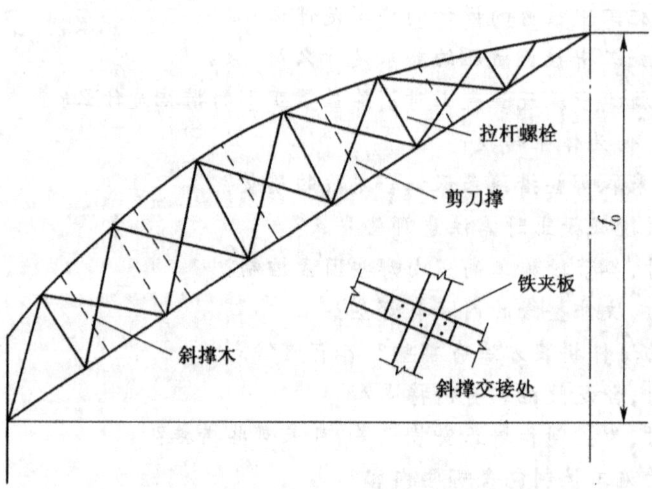

图10-1　满布式木拱架节点构造图

如图 10-2 为三铰木桁拱架示意图。

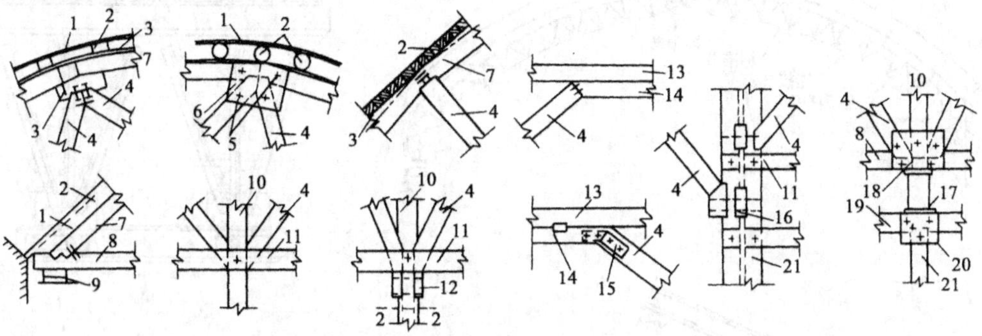

图 10-2　三铰木拱架

1-模板；2-横梁；3-填木；4-斜撑；5-螺栓；6-铁（木）板；7-弓形木；8-拉梁；9-卸架设备；10-立柱；11-水平夹木；12-垫木；13-纵梁；14-托梁；15-夹板；16-键；17-砂筒；18-夹板；19-帽木；20-桩或柱；21-框架立柱

支架基础必须稳固，承重后应能保持均匀沉降且下降量不得超过设计范围。基础为石质时，将表土挖去，立柱根部岩面应凿低、凿平。基础为密实土时，如施工期间不会被流水冲刷，可采用枕木或铺砌石块做支架基础；如基础施工期间可能被流水冲刷或为松软土质时，需采用桩基、框架结构或其他加固措施施工。如采用夯填碎石补强，砂砾土用水泥固结，再在其上浇混凝土基座作为支架基础等措施。

拱架可就地拼装，也可根据起吊设备能力预拼成组件后再进行安装。

2.钢拱架与钢木组合拱架

(1)工字梁钢拱架

工字梁钢拱架可采用两种形式：一种是有中间木支架的钢木组合拱架；一种是无中间木支架的活用钢拱架。

钢木组合拱架是在木支架上用工字钢梁代替木斜梁，以加大斜梁的跨度，减少支架用量。工字钢梁顶面可用垫木垫成拱模弧形线。但在工字梁接头处应适当留出间隙，以防拱架承落实顶死。钢木组合拱架的支架常采用框架式，如图 10-3 所示。

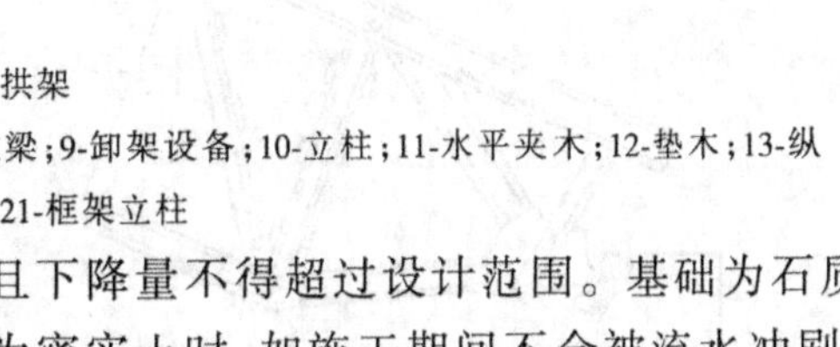

图 10-3　钢木组合拱架

工字梁活用钢拱架，构造简单，拼装方便，且可重复使用，其构造形式见图 10-4 所示，它适用于施工期间需保持通航、墩台较高河水较深或地质条件较差的桥孔。

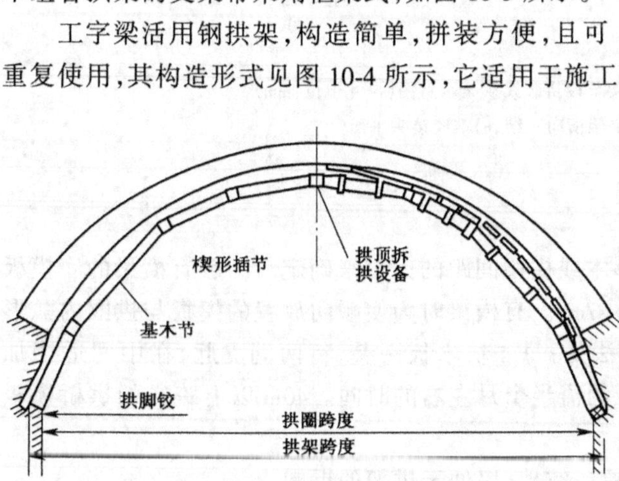

图 10-4　工字梁活用钢拱架

(2)钢桁架拱架

钢桁架拱架的结构类型通常有常备拼装式桁架型拱架、装配式公路钢桁架节段拼装式拱架、万能杆件拼装式拱架、装配式公路钢桁架或万能杆件桁架与木拱盔组合的钢木组合拱架。

如图 10-5 为常备拼装式桁架拱架示意图。

如图 10-6 为装配式公路钢桁架节段拼装式拱架示意图。

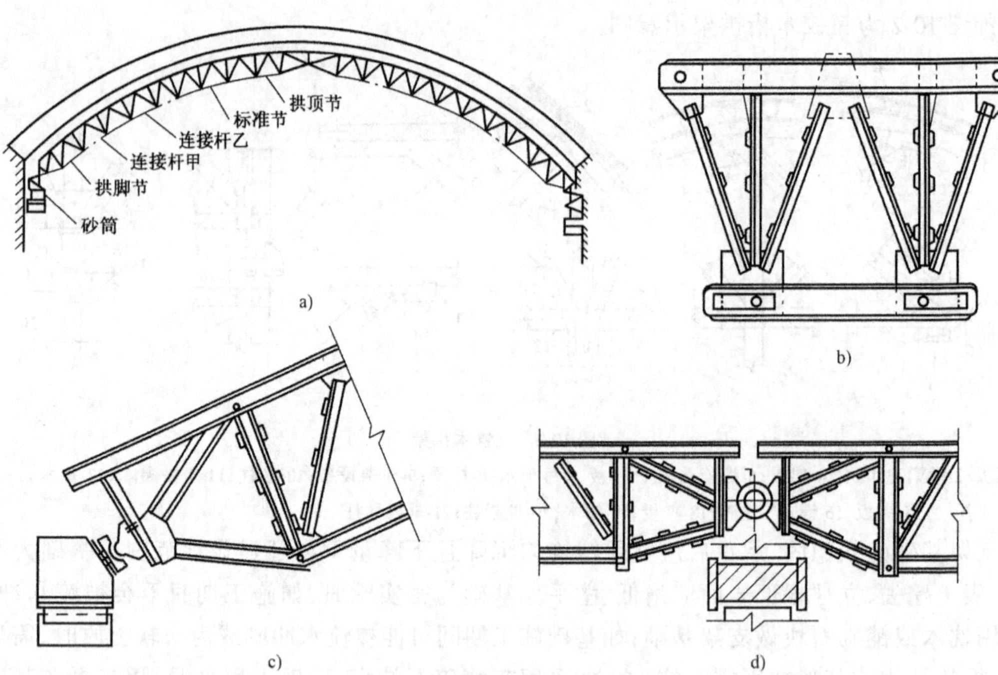

图 10-5　常备拼装式桁架拱架示意图

a)常备拼装式；b)标准节；c)拱脚节；d)拱顶节

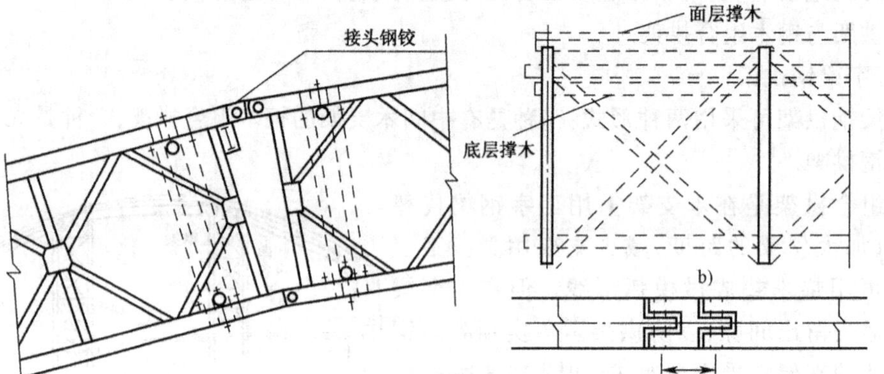

图 10-6　装配式公路钢桁架节段拼装式拱架示意图(尺寸单位：mm)

a)桁节联结；b)拱架横向联结；c)钢铰接头平面

3.拱圈模板

(1)板拱模板

板拱拱圈模板(底模)厚度应根据弧形木或横梁间距的大小来确定。一般有横梁的底模板厚度为 4～5cm，直接搁在弧形木上时为 6～7cm。有横梁时为使顺向放置的模板与拱圈内弧形圆顺一致，可预先将木板压弯。压弯的方法是：每 4 块木板一叠，将两端支起，在中间适当加重，使木板弯至正弯矩符合要求为止，施压约需半个月左右的时间。40m 以上跨径的拱桥模板可不必事先压弯。

石砌板拱拱圈的模板，应在拱顶处预留一空档，以便于拱架的拆卸。

模板顶面高程误差不应大于计算跨径的 1/1000，且不应超过 3cm。

(2)肋拱拱肋模板

拱肋模板如图 10-7 所示。其底模与混凝土或钢筋混凝土板拱拱圈底模基本相同。拱肋之间及横撑间的空档也可不铺底模。

拱肋侧面模板,一般应预先按样板分段制作,然后拼装在底模上,并用拉木、螺栓拉杆及斜撑等固定。安装时,应先安置内侧模板,等钢筋入模后再安置外侧模板。模板宜在适当长度内设一道变行缝(缝宽约 2cm),以避免在拱架沉降时模板间相互顶死。

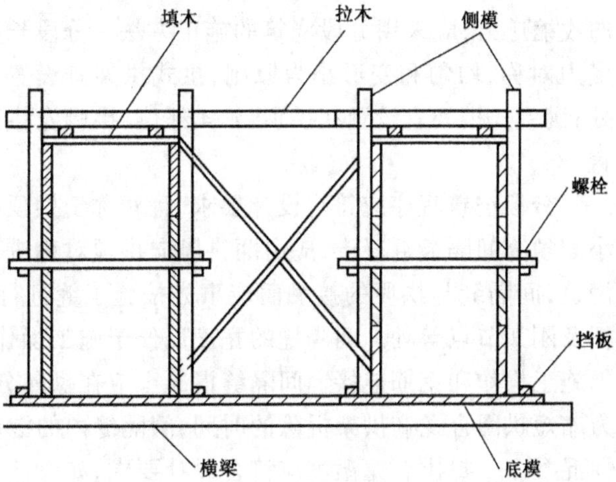

图 10-7 肋拱拱肋模板横截面

拱肋间的横撑模板与上述侧模构造基本相同,处于拱轴线较陡位置时,可用斜撑支撑在底模板上。

二、拱桥的有支架施工

(一)现浇混凝土拱桥

1.施工工序

现浇混凝土拱桥施工工序一般分三阶段进行。

第一阶段:浇筑拱圈(或拱肋)及拱上立柱的底座;

第二阶段:浇筑拱上立柱、联结系及横梁等;

第三阶段:浇筑桥面系。

前一阶段的混凝土达到设计强度的 75%以上才能浇筑后一阶段的混凝土。拱架则在第二阶段或第三阶段混凝土浇筑前拆除,但必须事先对拆除拱架后拱圈的稳定性进行验算。若设计文件对拆除拱架另有规定,应按设计文件执行。

双曲拱桥的拱波,应在拱肋强度或其间隔缝混凝土强度达到设计强度 75%后开始砌筑。

2.拱圈或拱肋的浇筑

(1)浇筑流程

满堂式拱架浇筑流程:支架设计→基础处理→拼设支架→安装模板→安装钢筋→浇筑混凝土→养护→拆模→拆除支架。满堂式拱架宜采用钢管脚手架、万能杆件拼设;模板可以采用组合钢模、木模等。

拱式拱架浇筑流程:钢结构拱架设计→拼设拱架→安装模板→安装钢筋→浇筑混凝土→养护→拆模→拆除拱架。拱式拱架一般采用六四式军用梁(三角架)、贝雷架拼设。

(2)连续浇筑

跨径小于 16m 的拱圈(或拱肋)混凝土,应按拱圈全宽度、自两端拱脚向拱顶对称地连续浇筑,并在拱脚处混凝土初凝前全部完成。如预计不能在限定时间内完成,则须在拱脚处预留一个隔缝并最后浇筑隔缝混凝土。

薄壳拱的壳体混凝土,一般从四周向中央进行浇筑。

(3)分段浇筑

大跨径拱桥的拱圈(或拱肋)(跨径≥16m),为避免拱架变形而产生裂缝以及减少混凝土的收缩应力,应采用分段浇筑的施工方法。分段长度一般为6～15m。分段长度应以能使拱架受力对称、均匀和变形小为原则,拱式拱架宜设置在拱架受力反弯点、拱架结点、拱顶及拱脚处;满堂式拱架宜设置在拱顶、$L/4$ 部位、拱脚及拱架节点等处。各段的接缝面应与拱轴线垂直。

分段浇筑程序应符合设计要求,且对称于拱顶进行,使拱架变形保持对称均匀和尽可能地小。填充间隔缝混凝土,应由两拱脚向拱顶对称进行。拱顶及两拱脚间隔缝应在最后封拱时浇筑,间隔缝与拱段的接触面应事先按施工缝进行处理。间隔缝的位置应避开横撑、隔板、吊杆及刚架节点等处。间隔缝的宽度以便于施工操作和钢筋连接为宜,一般为50～100cm,以便于施工操作和钢筋连接。间隔缝混凝土应在拱圈分段混凝土强度达到75%设计强度后进行;为缩短拱圈合龙和拱架拆除的时间,间隔缝内的混凝土强度可采用比拱圈高一等级的半干硬性混凝土。封拱合龙温度应符合设计要求,如设计无规定时,一般宜在接近当地的年平均温度或在5～15℃之间进行。

(4)箱形截面拱圈(或拱肋)的浇筑

大跨径拱桥一般采用箱形截面的拱圈(或拱肋),为减轻拱架负担,一般采取分环、分段的浇筑方法。分段的方法与上述相同。分环的方法一般是分成二环或三环。分二环时,先分段浇筑底板(第一环),然后分段浇筑肋墙、隔墙与顶板(第二环)。分三环时,先分段浇筑底板(第一环),然后分段浇筑肋墙、隔墙(第二环),最后分段浇筑顶板(第三环)。

分环分段浇筑时,可采取分环填充间隔缝合龙和全拱完成后最后一次填充间隔缝合龙两种不同的合龙方法。图10-8为箱形截面拱圈采用分环分段浇筑施工程序。

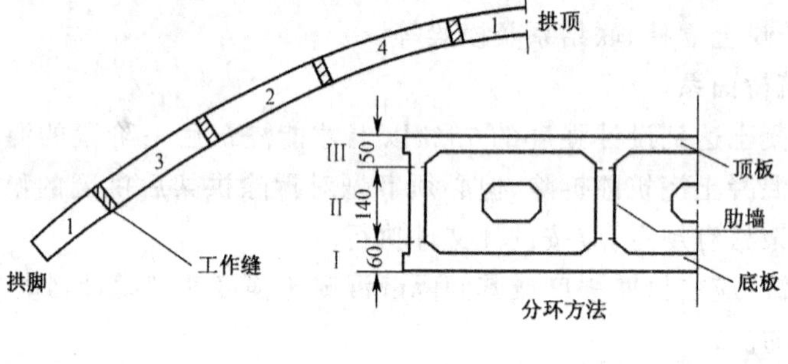

图10-8　箱形截面拱圈分环、分段浇筑的施工程序示意图(尺寸单位:cm)

3.卸拱架及注意事项

采用就地浇筑施工的拱架,卸拱架的工作相当关键。拱架拆除必须在拱圈砌筑完成后20～30天左右,待砂浆砌筑强度达到设计强度的75%后方可拆除。此外还必须考虑拱上建筑、拱背填料、连拱等因素对拱圈受力的影响,尽量选择对拱体产生最小应力的时候卸落拱架。为了能使拱架所支承的拱圈重力能逐渐转给拱圈自身来承受,拱架不能突然卸除,而应按一定的程序进行。

(二)石(混凝土砌块)拱桥拱圈砌筑

1.砌筑材料

(1)拱圈及拱上建筑可按设计要求采用粗料石、块石、片石(或乱石)、粘土砖或混凝土预制砌块等。一般可在砌筑时,选择较规则和平整的同类石料稍经加工后作为镶面。如有镶面要求时,应按规定加工镶面石。各种砌块和镶面石的强度要求详见《公路桥涵施工技术规范》(JTJ 041—2000)的有关规定。

(2)拱圈砌缝可用砂浆或小石子混凝土砌筑、填塞。

砌筑拱圈用的砂浆，一般宜为水泥砂浆。小桥涵拱圈可使用水泥石灰砂浆。砂浆强度等级应符合设计规定。砂浆必须具有良好的和易性；砂浆应随拌随用，保持适宜的流动性。砂浆中使用的水泥、砂、水等材料质量应符合混凝土工程相应材料的质量标准。

小石子混凝土的配合比设计、材料规格和质量检验标准，应符合《公路桥涵施工技术规范》(JTJ 041—2000)有关规定。小石子混凝土拌和料应具有良好的和易性和保水性。为改善小石子混凝土拌和料的和易性和保水性并节约水泥，可通过试验在拌合料中掺入一定数量的减水剂或粉煤灰等混合材料。

2.拱圈基本砌筑方法

(1)粗料石拱圈

拱圈砌筑应按编号顺序取用石料。砌筑时砌缝砂浆应铺填饱满。对于较平的砌缝，应先坐浆再放拱石挤砌，以利用石料自重将砂浆压实。侧面砌缝可填塞砂浆，用插刀捣实。当砌缝较陡时，可在拱石间先嵌入与砌缝同宽的木条或用橇棍拨垫，然后分层填塞砂浆捣实，填塞完毕后再抽出木条或橇棍。

(2)块石拱圈

块石拱石的尺寸可不统一，排数可不固定，砌筑时应符合下列要求：

①应分排砌筑，每排中拱石内口宽度应尽量一致；

②竖缝应成辐射形，相邻两排间砌缝应互相错开；

③石块应平砌，每层石料高度应大致相等。

(3)浆砌片石拱圈

浆砌片石拱圈的砌筑应符合下列要求：

①石块宜竖向放置，小头向上，大面朝向拱轴。如石块厚度不小于拱圈厚度或石块较整齐、可错缝搭接时，也可横向放置。

②较大的石块应使用于下层，砌筑时应选用形状及尺寸较为合适的石块，尖锐突出部分应敲除。竖缝较宽时，应在砂浆中塞以小石块，但不得在片石下面用高于砂浆砌缝的小石片支垫。

③片石应分层砌筑，宜以2~3层砌块组成一个工作层，每一工作层的水平缝应大致找平。各工作层竖缝应互相错开、不得贯通。

④外圈定位行列和转角石，应选择形状较为方正、且尺寸较大的片石，并长短相间地与里层砌块咬接，连成整体，特别是拱圈与拱上侧墙及护拱连接处、拱脚与墩台身连接处、拱圈上下层间及垂直路线方向应“错缝咬马”、连成整体。

⑤片石拱圈靠拱腹一面，可略加锤改、打干，并用砂浆及大小适宜的石块填补缺口。

⑥拱石的空隙要用砂浆填实，较大的空隙应塞以坚硬石片。

在多孔连续拱桥的施工中，当桥墩不是按施工单向受力墩设计时，应考虑相邻孔拱圈施工的对称均衡问题，以避免桥墩承受过大的单向推力。为此，对拱式拱架应适当安排各孔的砌筑顺序；对满布式拱架应适当安排各孔拱架的卸落程序。

3.砌筑程序

砌筑拱圈时，为了保证在整个施工过程中拱架受力均匀、变形最小，使拱圈的砌筑质量符合设计要求，必须选择适当的砌筑方法和砌筑顺序。一般根据拱圈跨径大小、构造形式(矢高、拱圈厚度)、拱架种类等分别采用下列不同的施工方法和顺序。砌筑时，必须随时注意观测拱架的变形情况，必要时，对砌筑顺序进行调整以控制拱圈的变形。

(1)拱圈按顺序对称连续砌筑

跨径13m以下的拱圈，当用满布式拱架砌筑时，可按拱圈的全宽和全厚，由两拱脚同时按顺序对称均衡地向拱顶砌筑，最后砌拱顶石合龙，但应争取以最快的速度施工，使在拱顶合龙时拱脚处砌缝中砂浆尚未凝结。跨径10m以下的拱圈，当采用拱式拱架时，应在砌筑拱脚的同时，预压拱顶及拱跨1/4部位。

(2)拱圈分段、分环、分阶段砌筑

①分段砌筑

跨径在13～25m的拱圈、采用满布式拱架砌筑以及跨径在10～25m的拱圈、采用拱式拱架砌筑时，可采取每半跨分成三段的分段对称砌筑方法。分段位置一般在跨径1/4点及拱顶(3/8点)附近，每段长度不宜超过6m。当为满布式拱架时，分段位置宜在拱架节点上。砌筑顺序如图10-9所示，先对称地砌Ⅰ段和Ⅱ段，后砌Ⅲ段，或各段同时向拱顶方向对称地砌筑，最后砌筑拱顶石合龙。

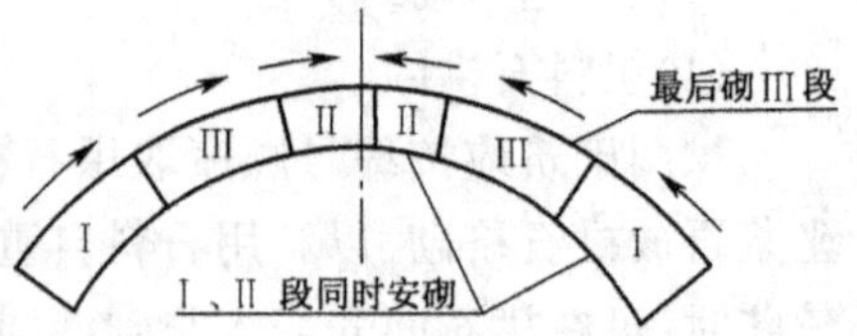

图10-9　跨径小于25m的拱圈分段砌筑顺序

跨径大于25m的拱圈，应按跨径大小及拱架类型等情况，在两半跨各分成若干段，均匀对称地砌筑。每段长度一般不超过8m。具体分段方法应按设计规定，无设计规定时应通过验算确定。

拱圈分段砌筑时，各段间应预留空缝，以防止拱圈因拱架变形而开裂，并起部分预压作用。空缝数量由分段长度而定。一般在拱脚附近、跨径1/4点、拱顶及满布式拱架的节点处必须设置空缝。

②分环分段砌筑

跨径较大的石拱桥(或混凝土预制砌块拱桥)，当拱圈厚度较大、由三层以上拱石组成时，可将全部拱圈厚度分成几环砌筑，每一环可分成若干段对称、均衡地砌筑，砌一环合龙一环。当下环砌筑完并养护数日后，砌缝砂浆达到一定强度时，再砌筑上一环。

分环砌筑时各环的分段方法、砌筑顺序及空缝的设置等，与一次砌筑(不分环、只分段)完成时相同，但上下环间应以犬牙状相接。

③分阶段砌筑

砌筑拱圈时，为争取时间和使拱架荷载均匀对称、拱架变形正常，有时在砌筑完一段或一环拱圈后的养护期间，砌筑工作不间歇，而是根据拱架荷载平衡的需要，紧接着将下一拱段或下一环层砌筑一部分。此种前后拱段和上下环层分阶段交叉进行的砌筑方法，称为分阶段砌筑法。如图10-10为分阶段砌筑拱圈示意图。

不分环砌筑拱圈的分阶段方法，通常先砌拱脚几排，然后同时砌筑拱顶、拱脚及跨径1/4点等拱段。上述三个拱段砌到一定程度后，再均匀地砌筑其余拱段。

分环砌筑的拱圈，可先将拱脚各环砌筑几排，然后分段分环砌筑其余环层。在砌完一环后，在其养护期间，砌筑次一环拱脚段，然后砌筑其余环段。

(3)拱圈合龙

①拱顶石合龙

砌筑拱圈时，常在拱顶预留一龙口，在各拱段砌筑完成后安砌拱顶石完成拱圈合龙。分段较多的拱圈以及分环砌筑的拱圈为使拱架受力对称、均匀，可在拱圈两半跨的1/4或在几处同

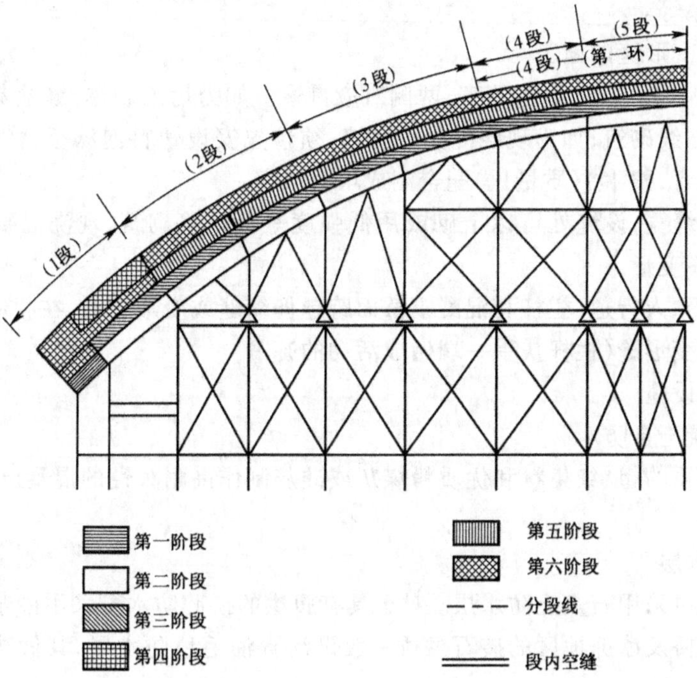

图 10-10 分阶段砌筑拱圈

时完成拱圈合龙。

为防止拱圈因温度变化产生过大的附加应力,拱圈合龙应按设计规定的温度和时间进行。如设计无规定,则拱圈合龙宜选择在接近当地、年平均温度时或昼夜平均温度(一般为 5 ~ 15℃)时进行。

②刹尖封拱

对于小跨径拱圈,为提高拱圈应力和有利于拱架的卸落,可采用刹尖封顶完成拱圈合龙。此法是:在砌筑拱顶石前,先在拱顶缺口中打入若干组木楔,使拱圈挤紧、拱起,然后嵌入拱顶石合龙。刹尖木楔须用硬木制作,每组木楔由三块硬木组成,两侧木块宽约 10cm,中间木块宽 15 ~ 30cm。

刹尖时,与拱顶石邻近的二三排拱石受振动较大,其砌缝可暂时只用铁条垫隔,待刹尖后再用稠砂浆填封。其他拱段的空缝,宜在刹尖前填封。刹尖封顶应在拱圈砌缝砂浆达到设计强度的 70%后方可进行。

③预施压力封顶

用千斤顶施加压力来调整拱圈应力,然后进行拱圈合龙,应严格按照设计规定进行如设计文件中无此要求时,不得采用预施压力封顶来完成拱圈合龙。

(4)砌体养护

拱圈砌筑完成后应立即用草帘或麻袋覆盖,并于 4h 后(砂浆初凝后)经常洒水,使砌体保持湿润。养护时每天洒水的次数,以及养护天数应视水泥品种和气温情况而定,一般为 7 ~ 14d。最初三昼夜应勤洒水。拱上建筑的浆砌砌体可采用上述养护方法。

(三)拱上建筑浇筑

主拱圈拱背以上的结构物称为拱上建筑,它主要有横墙座、横墙、横墙帽或立柱座、立柱、盖梁、腹拱圈或梁(板)、侧墙、拱上结构伸缩缝及变形缝、护拱、拱上防水层、拱腔填料、泄水管、桥面铺装、栏杆系等。

1.伸缩缝及变形缝的施工

伸缩缝缝宽1.5~2cm,要求笔直,两侧对应贯通。如为圬工砌体,缝壁要清凿到粗料石规格,外露照口要挂线砌筑;如为现浇混凝土侧墙,须预先安设塑料泡沫板,将侧墙与墩台分开,缝内采用锯末沥青,按1:1(质量比)配合制成填料填塞。

变形缝不留缝宽,设缝处可以干砌或用低强度等级砂浆砌筑,现浇混凝土时用油毛毡隔断,以适应主拱圈变形。

当护拱、缘石、人行道、栏杆和混凝土桥面跨越伸缩缝或变形缝时,在相应位置要设置贯通桥面的伸缩缝或变形缝(栏杆扶手一端做成活动的)。

2.拱上防水设施

(1)拱圈混凝土自防水

采用优良品质的粗、细集料和优质粉煤灰或硅灰制作高耐久性的混凝土;同时采用优良的施工方法。

(2)拱背防水层

小跨径拱桥可采用石灰土防水层。对于具有腹拱的拱腔防水可采用砂浆或小石子混凝土防水层。大型拱桥及冰冻地区的砖石拱桥一般设沥青油毛毡防水层,其做法常为三油两毡或二油一毡。

当防水层经过拱上结构物伸缩缝或变形缝时,要作特殊处理。一般采用"U"形防腐白铁皮过缝,或"U"形防水土工布过缝,或橡胶止水带过缝。泄水管处的防水层,要紧贴泄水管漏斗之下铺设,防止漏水。在拱腔填料填充前,要在防水层上填筑一层砂性细粒土,以保证防水层完好。

3.拱圈排水处理

拱桥的台后要设排水设施,集中于盲沟或暗沟排出路基外。拱桥的桥面纵向、横向均设坡度,以利顺畅排水,桥面两侧与护轮带交接处隔15~20m设泄水管。拱桥除桥面和台后应设排水设施外,对渗入到拱腹内的水应通过防水层汇积于预埋在拱腹内的泄水管排出。泄水管可采用铸铁管、混凝土管或陶管。泄水管内径一般为6~10cm,严寒地区须适当增大,但不宜大于15cm。宜尽量避免采用长管和弯管。泄水管进口处周围防水层应作积水坡度,并以大块碎石作成倒滤层,以防堵塞。

4.拱背填充

拱背填充应采用透水性强和内摩擦角较大的材料,一般可用天然砂砾、片石、碎石夹砂混合料以及矿渣等材料。填充时应按拱上建筑的顺序和时间,对称而均匀地分层填充并碾压密实,但须防止损坏防水层、排水管和变形缝。

第二节 拱桥的悬臂浇筑施工

国外在拱桥就地浇筑施工中,多采用悬臂浇筑法。以下介绍塔架斜拉索法和斜吊式悬浇法两种施工方法。

一、塔架、斜拉索及挂篮浇筑拱圈

这是国外采用最早、最多的大跨径钢筋混凝土拱桥无支架施工的方法。这种方法的要点是:在拱脚墩、台处安装临时的钢塔架或钢筋混凝土塔架,用斜拉索(或斜拉粗钢筋)将拱圈(或拱肋)用挂篮浇筑一段系吊一段,从拱脚开始,逐段向拱顶悬臂浇筑,直至拱顶合龙。如图10-11所示为塔架、斜拉索及挂篮浇筑拱圈的施工示意图。

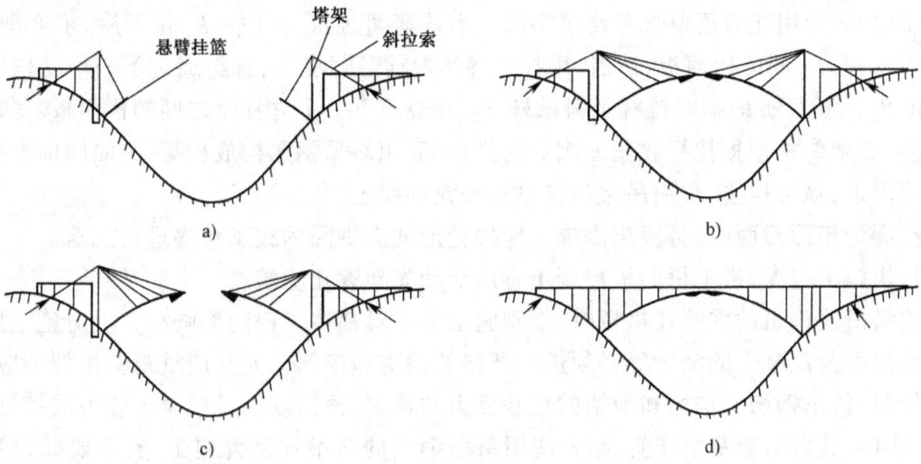

图 10-11 塔架、斜拉索及挂篮浇筑拱圈

二、斜吊式悬臂浇筑拱圈

它是借助于专用挂篮,结合使用斜吊钢筋将拱圈、拱上立柱和预应力混凝土桥面板等齐头并进地、边浇筑边构成桁架的悬臂浇筑方法。施工时,用预应力钢筋临时作为桁架的斜吊杆和桥面板的临时拉杆,将桁架锚固在后面的桥台(或桥墩)上。过程中作用于斜吊杆的力是通过布置在桥面板上的临时拉杆传至岸边的地锚上(也可利用岸边桥墩作地锚)。用这种方法修建大跨径拱桥时,个别的施工误差对整体工程质量的影响很大。对施工测量、材料规格和强度及混凝土的浇筑等必须进行严格检查和控制。施工技术管理方面值得重视的问题有斜吊钢筋的拉力控制,斜吊钢筋的锚固和地锚地基反力的控制,预拱度的控制,混凝土应力的控制等几项。其施工程序如图10-12所示。

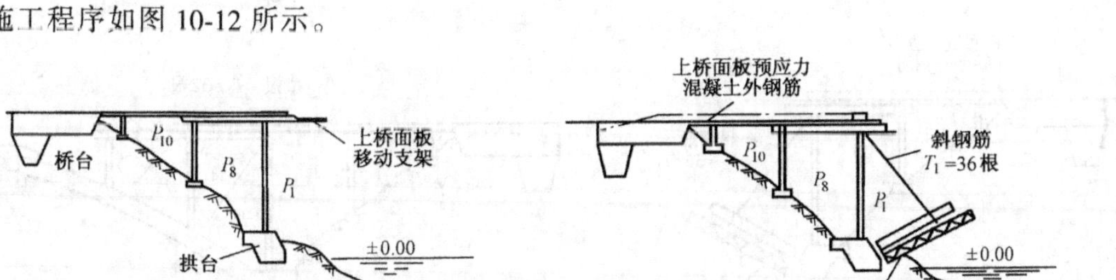

图 10-12 斜吊式现浇法的主要施工步骤

图 10-12a)为在边孔完成后,在桥面板上设置临时拉杆(明索),在吊架上浇筑第一段拱圈,待此段混凝土达到要求强度后,在其上设置临时预应力拉杆,并撤去吊架,直接系吊于斜吊杆上,然后在其前端安装悬臂挂篮。

图 10-12b)为用挂篮逐段悬臂浇筑拱圈。当挂篮通过拱上立柱 P_2 位置后,须立即浇筑立柱 P_2 及 P_1 至 P_2 间的桥面板,然后,用挂篮继续向前悬臂浇筑,直至通过下一个立柱后,再安装 P_1 至 P_2 间桥面板的临时拉杆及斜吊杆 T_2,并浇筑下一个立柱及之间的桥面板。每当挂篮前进一步,必须将桥面板拉杆收紧一次。这样,一面用斜吊钢筋构成桁架,一面向前悬臂浇筑,直至拱顶附近,撤去挂篮,再用吊架浇筑拱顶合龙混凝土。

当拱圈为箱形截面时,每段拱圈施工应按箱形截面拱圈的施工程序进行浇筑。

为加快施工进度,拱上桥面板混凝土宜用活动支架逐孔浇筑。

采用斜吊式浇筑的大跨径拱桥时,个别施工误差对整体工程的影响很大。对施工质量、材料规格和强度及混凝土的浇筑等必须进行严格的检查和控制。尤其应重视斜吊杆预应力钢筋的拉力控制、斜吊钢筋的锚固和地锚的地基反力的稳定、预拱度以及混凝土应力的控制等。

图 10-13,是借助于专用挂篮、结合使用斜吊钢筋的斜吊式悬臂施工,其主要架设步骤:拱肋除第一段用斜吊支架现浇混凝土外,其余各段均用挂篮现浇施工。斜吊杆可以用钢丝束或预应力粗钢筋,架设过程中作用于斜吊杆的力是通过布置在桥面板上的临时拉杆传至岸边的地锚上(也可利用岸边桥墩作地锚)。

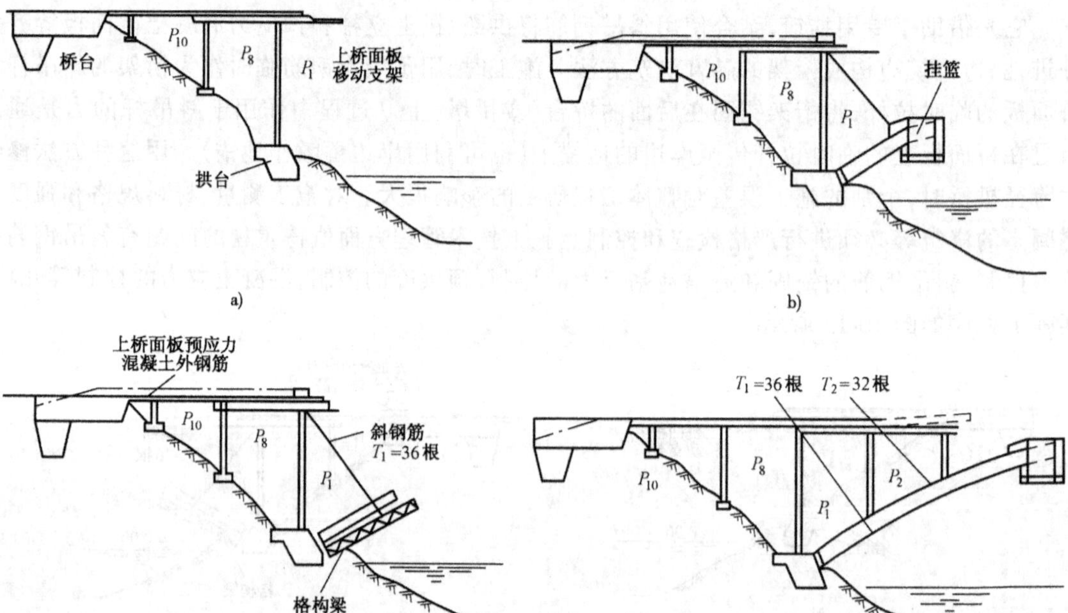

图 10-13 斜吊式桁架悬浇法施工示意图

第三节 拱桥的装配式施工

梁桥上部的轻型化、装配化,大大加快了梁桥的施工速度。要提高拱桥的竞争能力,拱桥也必须向轻型化和装配化的方向发展。从双曲拱桥及以后发展至桁架拱桥、刚架拱桥、箱形拱桥、桁式组合拱桥、钢管混凝土拱桥，均沿着这一方向发展。混凝土装配式拱桥主要包括肋拱、组合箱形拱、悬砌拱、桁架拱、钢管拱、刚构拱和扁壳拱等。也适用于采用预制安装的其他类型的桥梁，如简支T形梁桥、T形刚构的吊装等。

装配式混凝土拱桥采用的施工方法可以分为少支架和无支架施工两种。本节将着重介绍箱形截面拱桥的装配式施工。

一、缆索吊装施工

(一)概述

在峡谷或水深流急的河段上，或在通航的河流上需要满足船只的顺利通行，缆索吊装由于具有跨越能力大，水平和垂直运输机动灵活，适应性广，施工比较稳妥方便等优点，使缆索吊装成为拱桥施工中使用最为广泛的方案。

采用缆索吊机吊装拱肋时，为使在起重索的偏角不超过15°的限度内主索减少横向移动次数，可采用两组主索或加高主索塔架高度的方法施工。

在采用缆索吊装的拱桥上，为了充分发挥缆索的作用，拱上建筑也可以采用预制装配施工。缆索吊装对于加快桥梁施工速度，降低桥梁造价等方面起到很大作用。图10-14为缆索吊装布置示意。

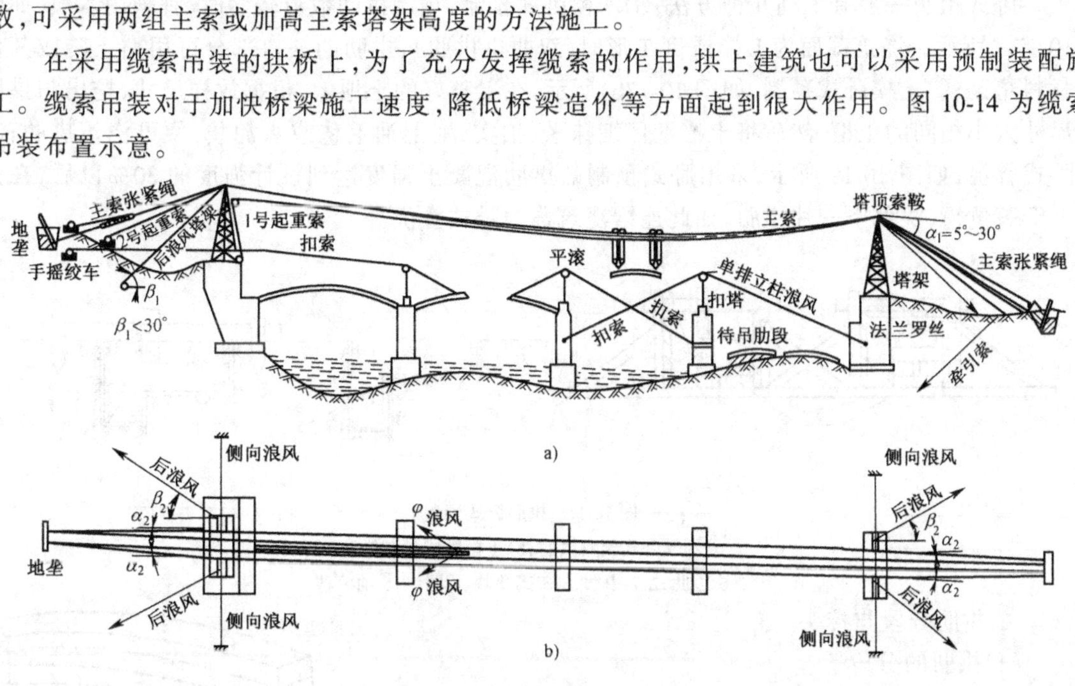

图10-14 缆索吊装布置示意图

(二)构件的预制、堆放与运输

1.预制方法

(1)拱肋构件坐标放样

装配式混凝土拱桥，拱肋坐标放样与有支架施工拱肋坐标放样相同。

(2)拱肋立式预制

采用立式浇筑方法预制拱肋，具有起吊方便、节省木材的优点。常用的预制方法有：①土牛拱胎立式预制，如图10-15所示；②木架立式预制；③条石台座立式预制，条石台座由数个条石支墩、底模支架和底模等组成，如图10-16

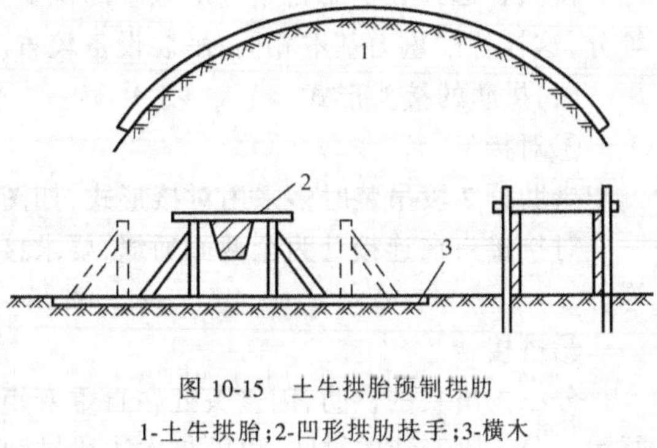

图10-15 土牛拱胎预制拱肋

1-土牛拱胎；2-凹形拱肋扶手；3-横木

所示。

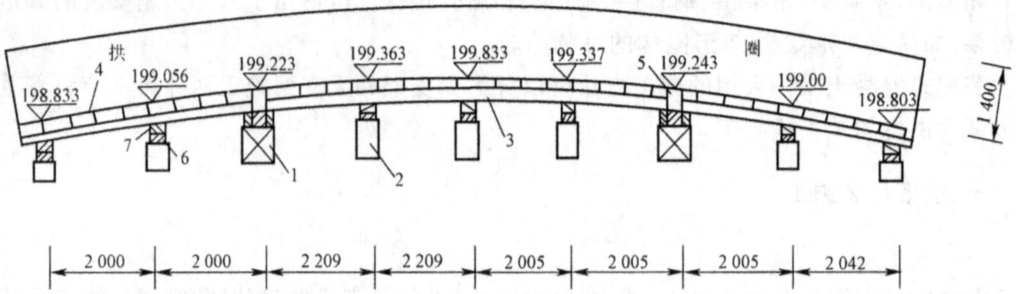

图 10-16 条石支墩布置图(尺寸单位:标高以 m 计,其余以 mm 计)

1-滑道支墩;2-条石支墩;3-底模支架;4-底模;5-船形滑板;6-木楔;7-混凝土帽梁

(3)拱肋卧式预制

卧式预制一般有下列几种方法:①木模卧式预制,预制拱肋数量较多时,宜采用木模,如图 10-17a)所示。浇筑截面为 L 形或倒 T 形时(双曲拱拱肋),拱肋的缺口部分可用粘土砖或其他材料垫砌;②土模卧式预制,如图 10-17b)所示,在平整好的土地上,根据放样尺寸,挖出与拱肋尺寸大小相同的土槽,然后将土槽壁仔细抹平、拍实,铺上油毛毡或水泥袋,便可浇筑拱肋;③卧式叠浇,如图 10-18 所示,采用卧式预制的拱肋混凝土强度达到设计强度的 30% 以后,在其上安装侧模,浇筑下一片拱肋,如此连续浇筑称为卧式叠浇。

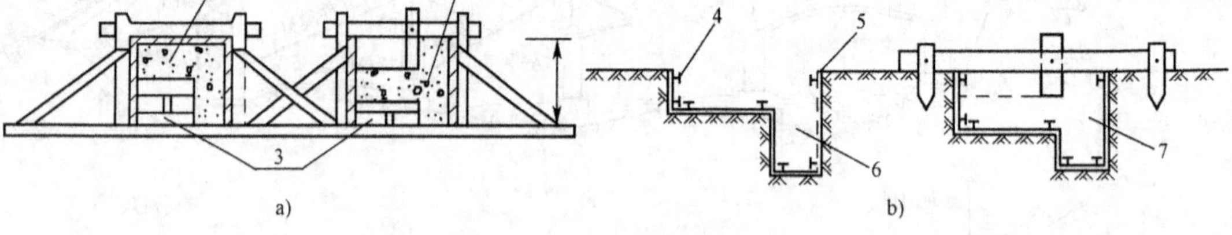

图 10-17 拱肋卧式预制

a)木模卧式预制拱肋;b)土模卧式预制拱肋

1、6-边肋;2、7-中肋;3-砖砌垫块;4-圆钉;5-油毛毡

2.拱肋分段与接头

(1)拱肋的分段

拱肋跨径在 30m 以内时,可不分段或仅分 2 段;在 30 ~ 80m 范围时,可分 3 段;大于 80m 时一般分 5 段。拱肋分段吊装时,理论上接头宜选择在拱肋自重弯矩最小的位置及其附近,但一般为等分,这样各段重力基本相同,吊装设备较省。

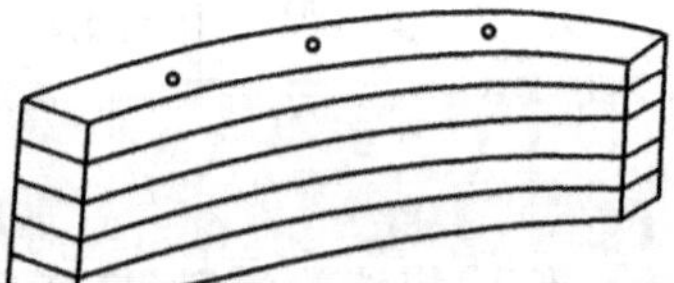

图 10-18. 拱肋卧式叠浇

(2)拱肋的接头形式

①对接

拱肋分 2 段吊装时多采用对接形式,如图 10-19a)及图 10-19b)所示。

对接接头在连接处为全截面通缝,要求接头的连接材料强度高,一般采用螺栓或电焊钢板等。

②搭接

分三段吊装的拱肋,因接头处在自重弯矩较小的部位,一般宜采用搭接形式,如图 10-19c)所示。分 5 段安装的拱肋,边段与次边段拱肋的接头也可采用搭接形式。

搭接接头受力较好，但构造复杂，预制也较困难，须用样板校对、修凿，以确保拱肋的安装质量。

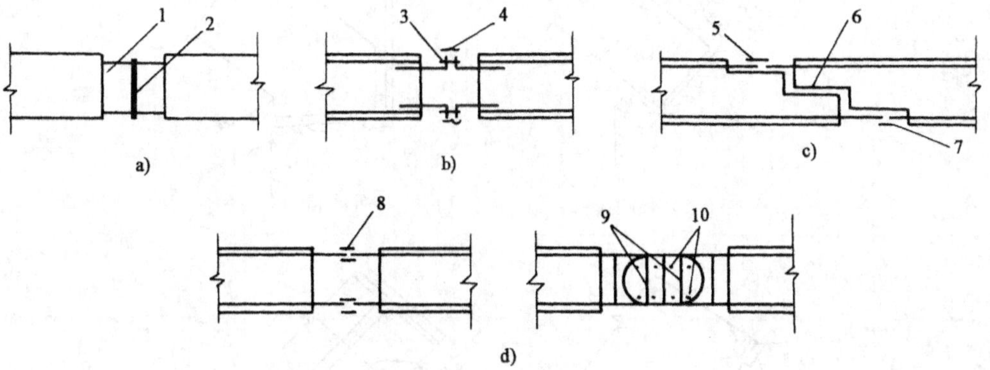

图 10-19　拱肋接头形式

a)电焊钢板或型钢对接接头；b)法兰盘螺栓对接接头；c)环氧树脂粘结及电焊主筋搭接接头；d)主筋焊接或主筋环状套接绑扎现浇接头

1-预埋钢板或型钢；2-电焊缝；3-螺栓；4、5、7-电焊；6-环氧树脂；8-主筋对接和绑焊；9-箍筋；10-横向插销

③现浇接头

用简易排架施工的拱肋，可采用主筋焊接或主筋环状套接的现浇接头，如图 10-19d)所示。

(3)接头连接方法及要求

用于拱肋接头的联结材料，有型钢电焊、钢板(或型钢)螺栓、电焊拱肋钢筋、环氧树脂水泥胶等，其优缺点见表 10-1。

连接材料优缺点　　表 10-1

联结材料	优　点	缺　点
电焊型钢	接头基本固结，强度高	钢材用量多，高空焊接量大，焊固后不能调整高程
螺栓连接	拱肋合龙时不需要电焊，安装方便，可反复调整，接头能承受部分弯矩	拱肋预制是，精度要求高
电焊拱肋钢筋	拱肋受力具有连续性，钢材用量少，施工方便	拱肋钢筋未电焊前，接头不能承受拉力
环氧树脂水泥胶	加强接头混凝土接触面的粘结，填补钢结构的空隙	硬化时间不能受力，应严格控制配比，不能单独作连接措施

接头处的混凝土强度等级应比拱肋混凝土强度等级高一级。对连接钢筋、钢板(或型钢)的截面要求，应按计算确定。钢筋的焊缝长度，应满足《公路钢筋混凝土及预应力混凝土桥涵设计规范》(JTG D60—2004)有关规定。

3.拱座

拱肋与墩台的连接，称为拱座。拱座主要有如图 10-20 几种形式，其中插入式及方形拱座因其构造简单、钢材用量少、嵌固性能好采用较为普遍。

4.拱肋起吊、运输及堆放

(1)拱肋脱模、运输、起吊时间的确定

装配式拱桥构件在脱模、移运、堆放、吊装时，混凝土的强度不应低于设计所要求的吊装强度，若无设计要求，一般不得低于设计强度的 75%，为加快施工进度，可掺入适量早强剂。在

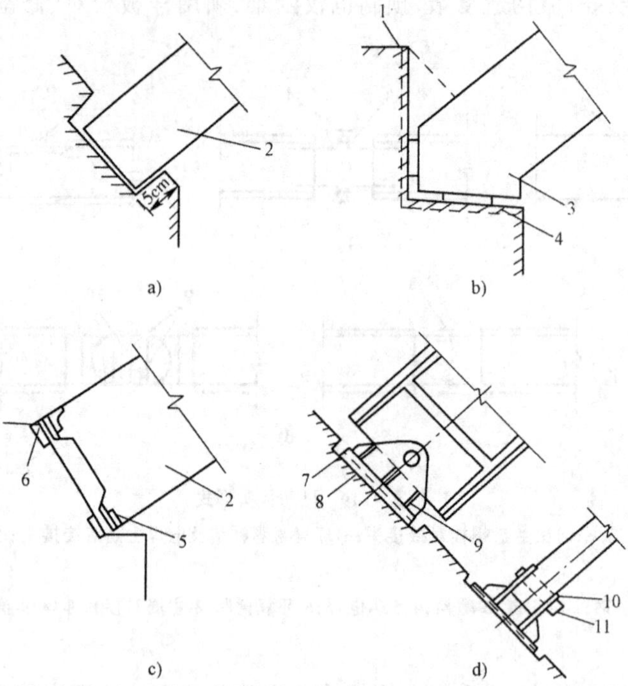

图 10-20 拱座形式

a)插入式;b)预埋钢板法;c)方形肋座;d)钢铰连接

1-预留槽;2-拱肋;3-肋座;4-铸铁垫板;5-预埋角钢;6-预埋钢板;7-铰座底板;8-预埋钢板;9-加劲钢板;10-铰轴支承;11-钢铰轴

低温环境下,可用蒸气养护。

(2)场内起吊

拱肋移运起吊时的吊点位置应按设计图上设计位置进行,如图上无要求应结合拱肋的形状、拱肋截面内的钢筋布置以及吊运、搁置过程中的受力情况综合考虑确定,以保证移运过程中的稳定安全。当采用2点吊时,吊点位置应设在拱肋弯曲平面重心轴之上,一般可设在离拱肋端头(0.22~0.24)L处(L为拱肋长度)。当拱肋较长或曲率较大时,应采用3点吊或4点吊,以保持拱肋受力均匀和稳定。除跨中设一吊点外,其余两吊点可设在离拱肋端头0.2L处。采用4点吊时,外吊点一般设在离拱肋两端头0.17L处,内吊点可设在离拱肋两端头0.37L处,4个吊点应左右对称布置。

大跨径拱桥拱肋构件的脱模起吊一般采用龙门架,小跨径拱桥拱肋及小型构件可采用三角扒杆、马凳、吊车等机具进行。

(3)场内运输(包括纵横移)

场内运输可采用龙门架、胶轮平板挂车、汽车平板车、轨道平车或船只等机具进行。

(4)构件堆放

拱肋堆放时应尽可能卧放,特别是矢跨比小的构件(拱肋、拱块),卧放时应垫三点,垫木位置应在拱肋中央及离两端0.15L处。三个垫点应同高度。如必须立放时,应搁放在符合拱肋曲度的弧形支架上,如无此种支架,则应垫搁三个支点,其位置在中央及距两端0.2L处,各支点高度应符合拱肋曲度,以免拱肋折断。

堆放构件的场地应平整夯实,不致积水,当因场地有限而采用堆垛时,应设置垫木。堆放高度按构件强度、地面承载力、垫木强度以及堆放的稳定性而定，一般以2层为宜，不应超过3层。

构件应按吊运及安装次序顺序堆放，并留适当通道，防止越堆吊运。

(三)吊装程序

根据拱桥的吊装特点，其一般吊装程序为：边段拱肋吊装及悬挂，次边段拱肋吊装及悬挂(对五段吊装)，中段拱肋吊装及拱肋合龙，拱上构件的吊装或砌筑安装等。

全桥拱肋的安装可按下列原则进行。

(1)单孔桥吊装拱肋顺序常由拱肋合龙的横向稳定方案决定；多孔桥吊装应尽可能在每孔合龙几片拱肋后再推进，一般不少于两片拱肋。对于肋拱桥，在吊装拱肋时应尽早安装横系梁，为加强拱肋的稳定性，需设横向临时连接系，加快施工进度。但合龙的拱肋片数所产生单向推力应不超过桥墩的承受能力。

(2)对于高墩，应以桥墩的墩顶位移值控制单向推力，位移值应小于 $L/400 \sim L/600$。

(3)设有制动墩的桥跨，可以制动墩为界分孔吊装，先合龙的拱肋可提前进行拱肋接头，横系梁及拱波等的安装等工作。

(4)采用缆索吊装时，为减少主索的横向移动次数，可将每个主索位置下的拱肋全部吊装完毕后再移动主索。一般将起吊拱肋的桥孔安排在最后吊装，必要时该孔最后几段拱肋可在两肋之间用“穿孔”方法起吊。

(5)为减少扣索往返拖拉次数，可按吊装推进方向，顺序地进行吊装。缆索吊装施工工序为：在预制场预制拱肋(箱)和拱上结构，将预制拱肋和拱上结构通过平车等运输设备移运至缆索吊装位置，将分段预制的拱肋吊运至安装位置，利用扣索对分段拱肋进行临时固定，吊装合龙段拱肋，对各段拱肋进行轴线调整，主拱圈合龙，拱上结构安装。

(四)吊装准备工作

1.预制构件质量检查

预制构件起吊安装前必须进行质量检查，不符合质量标准和设计要求的不准使用，有缺陷的应预先予以修补。

拱肋接头和端头应用样板校验，突出部分应予以凿除，凹陷部分应用环氧树脂砂浆抹平。接头混凝土接触面应凿毛，钢筋应除锈。螺栓孔应用样板套孔，如不合适应适当扩孔。拱肋接头及端头应标出中线。

应仔细检测拱肋上下弦长，如与设计不符者，应将长度大的弧长凿短。拱肋在安装后如发生接合面张口现象，可在拱座和接头处垫塞钢板。

2.墩台拱座尺寸检查

墩台拱座混凝土面要修平，水平顶面高程应略低于设计值，预留孔长度应不小于计算值，拱座后端面应与水平顶面相垂直，并与桥墩中线平行。在拱座面上应标出拱肋安装位置的台口线及中线。用红外线测距仪或钢尺(装拉力计)复核跨径，每个拱座在肋宽范围内左右均应至少测量两次。用装有拉力计的钢尺测量时，测量结果要进行温度和拉力的修正。

3.跨径与拱肋的误差调整

每段拱肋预制时拱背弧长宜小于设计弧长0.5~10cm，使拱肋合龙时接合面保留上缘张口，便于嵌塞钢片，调整拱轴线。通过丈量和计算所得的拱肋长度和墩台之间净跨的施工误差，可以用拱座处垫铸铁板来调整，如图10-21所示。背垫板的厚度一般比计算值增加1~2cm，以缩短跨径。合龙后，应再次复核接头高程以修正计算中一些未考虑的因素和测量误差。

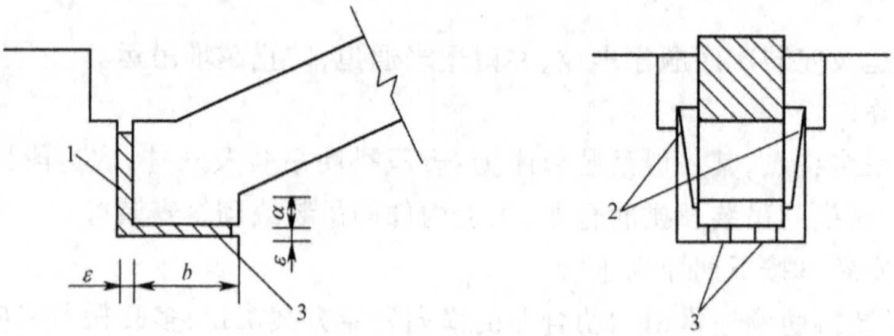

图 10-21　拱肋施工误差的调整

1-背调整垫板；2-左、右木楔；3-底调整垫板

(五)缆索设备的检查与试吊

缆索吊装设备在使用前必须进行试拉和试吊。

1.地锚试拉

一般每一类地锚取一个进行试拉。缆风索的土质地锚要求位移小，因此在有条件时宜全部试拉，使其预先完成一部分位移。可利用地锚相互试拉，受拉值一般为设计荷载的 1.3 ~ 1.5倍。

2.扣索对拉

扣索是悬挂拱肋的主要设备，因此必须通过试拉来确保其可靠性。可将两岸的扣索用卸甲连在一起，将收紧索收紧进行对拉，这样可全面检查扣索、扣索收紧索、扣索地锚和动力装置等是否达到了要求。

3.主索系统试吊

主索系统试吊一般分跑车空载反复运转、静载试吊和吊重运行三步骤。必须待每一步骤检查、观测工作完成并无异常现象后，方可进行下一步骤。试吊重物可以利用钢筋混凝土预制构件、钢轨和钢梁等，一般按设计吊重的 60%、100%、130%，分几次进行。

试吊后应综合各种观测数据和检查情况，对设备的技术状况进行分析和鉴定，然后提出改进措施，确定能否进行正式吊装。

(六)拱肋缆索起吊

拱肋由预制场运到主索下后，一般用起重索直接起吊，当不能直接起吊时，可采用下列方法进行。

1.翻身

卧式预制拱肋在吊装前，需要“翻身”成立式，常用就地翻身和空中翻身两种方法。

(1)就地翻身，如图 10-22a)所示。先用枕木垛将平卧拱肋架至一定高度，使其在翻身后两端头不至碰到地面，然后用一根短千斤将拱肋吊点与吊钩相连，边起重拱肋边翻身直立。

(2)空中翻身，如图 10-22b)所示。在拱肋的吊点处用一根串有手链滑车的短千斤，穿过拱肋吊环，将拱肋兜住，挂在主索吊钩上，然后收紧起重索起吊拱肋，当拱肋起吊至一定高度时，缓慢放松手链滑车，使拱肋翻身为立式。

2.调头

为方便拱肋预制，边段拱肋有时采用同一方向预制，这样部分拱肋在安装时，调头方法常因设备不同而异：

(1)在河中起吊时，可利用装载拱肋的船进行调头；

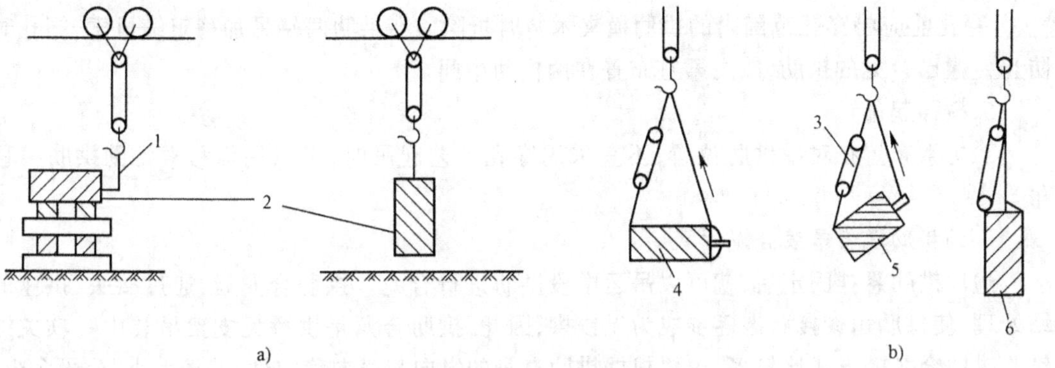

图 10-22 拱肋翻身

a)就地翻身；b)空中翻身

1-短千斤；2-拱肋；3-手链滑车；4-平放；5-放松；6-翻身后

(2)在平坦场地采用胶轮平车运输时，可将跑车与平车配合起吊将拱肋调头；

(3)用一个跑车吊钩将拱肋吊离地面约 50cm，再用人工拉动麻绳使拱肋旋转 180°调头放下，当一个跑车承载力不够时，可在两个跑车下另加一钢扁担起吊，旋转调头。

3.吊鱼

如图 10-23 所示，当拱肋从塔架下面通过后，在塔架前起吊而塔架前场地不足时，可先用一个跑车吊起一个吊点并向前牵出一段距离后，再用另一个跑车吊起第二个吊点。

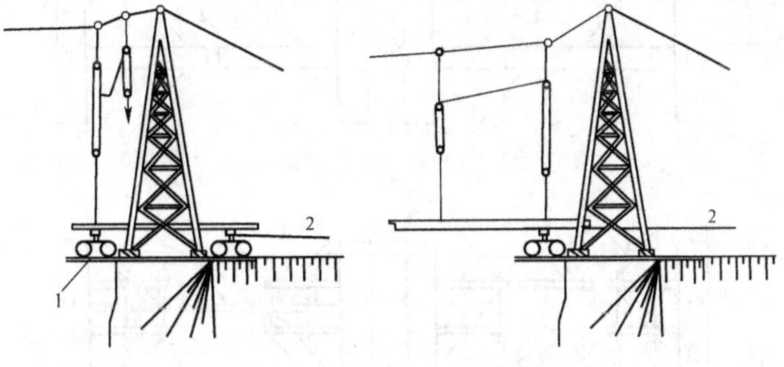

图 10-23 吊鱼

4.穿孔

拱肋在桥孔中起吊时，最后几段拱肋常须在该孔已合龙的拱肋之间穿过，俗称穿孔，如图 10-24 所示。

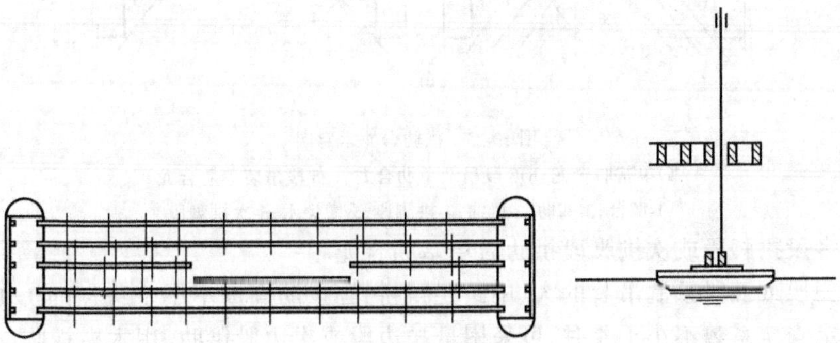

图 10-24 穿孔

穿孔前应将穿孔范围内的拱肋横夹木暂时拆除。在拱肋两端另加稳定缆风索，穿孔时应防止碰撞已合龙的拱肋，故主索宜布置在两拱肋中间。

5.横移起吊

当主索布置在对中拱肋位置，不宜采用穿孔工艺起吊时，可以用横移索帮助拱肋横移起吊。

(七)拱肋缆索吊装合龙方式

边段拱肋悬挂固定后，就可以吊运中段拱肋进行合龙。拱肋合龙后，通过接头、拱座的联结处理，使拱肋由铰接状态逐步成为无铰拱，因此，拱肋合龙是拱桥无支架吊装中一项关键工作。拱肋合龙的方式比较多，主要根据拱肋自身的纵向与横向稳定性、跨径大小、分段多少、地形和机具设备条件等不同情况，选用不同的合龙方式。

1.单基肋合龙

拱肋整根预制吊装或分两段预制吊装的中小跨径拱桥，当拱肋高度大于(0.009～0.012)L(L为跨径)，拱肋底面宽度为肋高的0.6～1.0倍，且横向稳定系数不小于4时，可以进行单基肋合龙，嵌紧拱脚后，松索成拱，如图10-25a)所示。这时其横向稳定性主要依靠拱肋接头附近所设的缆风索来加强，因此缆风索必须十分可靠。

单基肋合龙的最大优点是所需要的扣索设备少，相互干扰也少，因此也可用在扣索设备不足的多孔桥跨中。

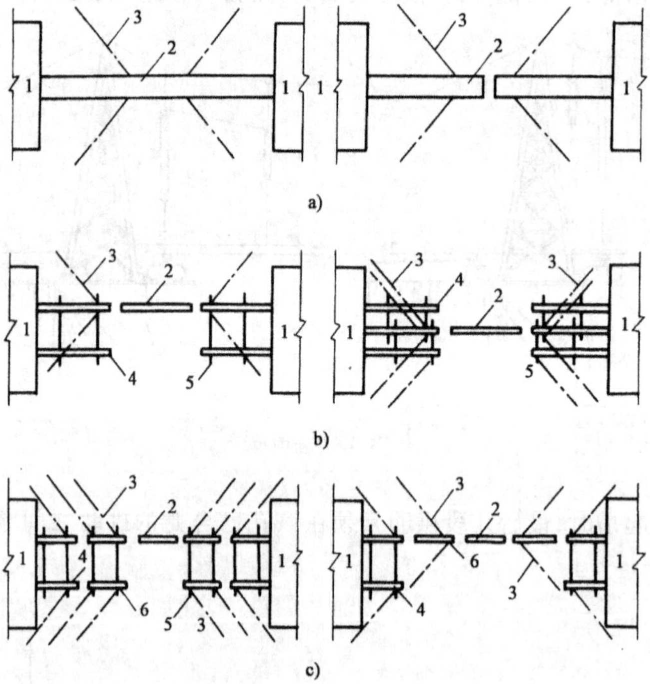

图10-25　拱肋合龙示意图

a)单基肋合龙；b)3段吊装单肋合龙；c)5段吊装单肋合龙

1-墩台；2-基肋；3-风缆；4-拱脚段；5-横尖木；6-次拱脚段

2.悬挂多段拱脚段或次拱脚段拱肋后单基肋合龙

拱肋分三段或五段预制吊装的大、中跨径拱桥，当拱肋高度不小于跨径的1/100且其单肋合龙横向稳定安全系数不小于4时，可采用悬扣边段或次边段拱肋，用木夹板临时联结两拱肋后，单根拱肋合龙，设置稳定缆风索，成为基肋。待第二根拱肋合龙后，立即安装两肋拱顶段及次边段的横夹木，并拉好第二根拱肋的风缆。如横系梁采用预制安装，应将横系梁逐根安上，使两肋及早形成稳定、牢固的基肋。其余拱肋的安装，可依靠与"基肋"的横向联结，达到稳定，如图 10-25b)、c)所示。

3.双基肋同时合龙

当拱肋跨径大于等于 80m 或虽小于 80m，但单肋合龙横向稳定安全系数小于 4 时，应采用"双基肋"合龙的方法。即当第一根拱肋合龙并调整轴线，楔紧拱脚及接头缝后，松索压紧接头缝，但不卸掉扣索和起重索，然后将第二根拱肋合龙，并使两根拱肋横向联结固定。拉好风缆后，再同时松卸两根拱肋的扣索和起重索，这种方法需要两组主索设备。

4.留索单肋合龙

在采用两组主索设备吊装而扣索和卷扬机设备不足时，可以先用单肋合龙方式吊装一片拱肋合龙。待合龙的拱肋松索成拱后，将第一组主索设备中的牵引索、起重索用卡子固定，抽出卷扬机和扣索移到第二组主索中使用。等第二片拱肋合龙并将两片拱肋用木夹板横向联结、固定后，再松起重索并将扣索移到第一组主索中使用。

(八)拱上构件吊装

主拱圈以上的结构部分，均称为拱上构件。拱上构件的砌筑同样应按规定的施工程序对称均衡地进行，以免产生过大的拱圈应力。为了能充分发挥缆索吊装设备的作用，可将拱上件中的立柱、盖梁、行车道板、腹拱圈等做成预制构件，用缆索吊装施工，以加快施工进度，但因这些构件尺寸小、质量轻、数量多，其吊装方法与吊装拱肋有所不同。常用的吊装方法有以下几种。

1.运入主索下起吊

这种方法适用于主索跨度范围内有起吊场地时的起吊，它是将构件从预制场运到主索下，由跑车直接起吊安装。

(1)墩、台上起吊

预制构件只能运到墩、台两旁，先利用辅助机械设备，如摇头扒杆、履带吊车等，将构件吊到墩、台上，然后由跑车进行起吊安装。

(2)横移起吊

当地形和设备都受到限制时，必须在横移索的辅助下将跑车起吊设备横移到桥跨外侧的构件位置上起吊。这种起吊方式对腹拱圈可以直接起吊安装；对其他构件，则须先吊到墩、台上，然后再起吊安装。

2."横扁担"吊装法

由于拱上构件数目多，横向安装范围广，为减少构件横移就位工作，加快施工进度，可采用"横扁担"装置进行吊装。

(1)构造形式

"横扁担"装置可以就地取材，采用圆木或型钢等制作，其构造形式如图 10-26 所示。

(2)主索布置

根据拱上构件的吊装特点，主索一般有以下三种布置形式。

①将主索布置在桥的中线位置上，跑车前后布置，并用千斤绳联结。每个跑车的吊点上安装一副"横扁担"，如图 10-27 所示。这种布置比较简单，但吊装的稳定性较差，起吊构件须左右对称、质量相等。多用在一组主索的桅杆式塔架的吊装方案中。

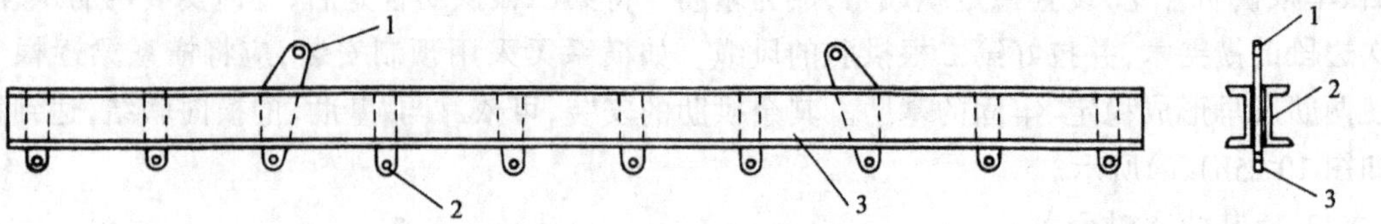

图 10-26 "横扁担"构造图

1-起吊板;2-构件吊装点;3-槽钢扁担梁

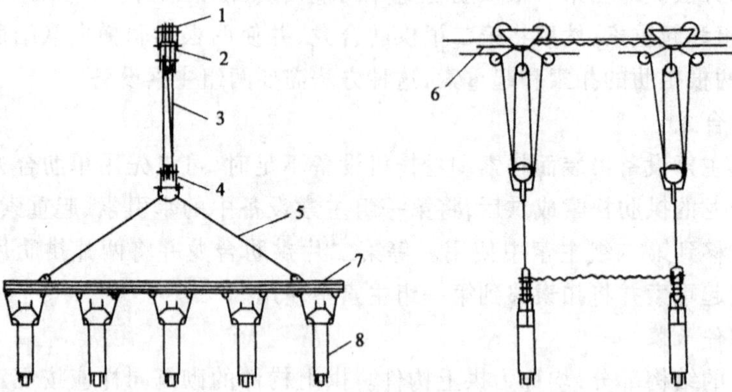

图 10-27 一组主索吊装

1-跑车;2-主索;3-起重索;4-吊点;5-千斤索;6-牵引索;7-"横扁担";8-构件

②将一根主索分开成两组布置,每组主索上安置一个跑车,横向并联起来。"横扁担"装置直接挂在两跑车的吊点上,如图 10-28 所示。这种吊装的稳定性好,吊装构件不一定要求均衡对称、灵活性大,但主索布置工作量稍大,且只能安装一副"横扁担"。

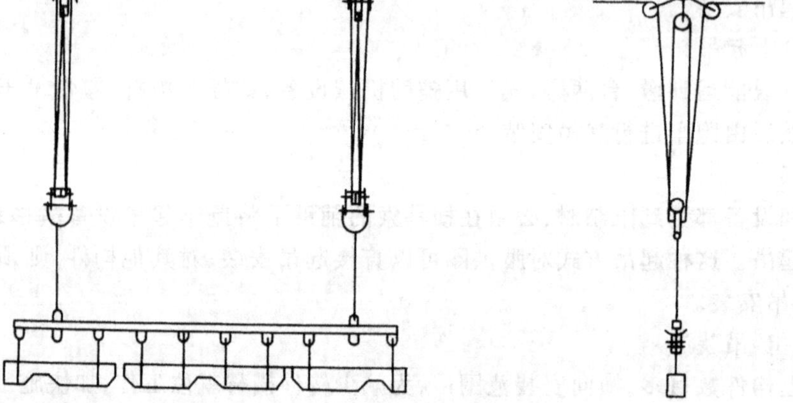

图 10-28 两组主索吊装

③在双跨缆索吊装中,将两跑车拆开,每一跨缆索中安装一个,用一根长钢丝绳联系起来(钢丝绳长度相当于两跨中较大一跨的长度)。这种布置,由于两跑车只能平行运行,因此两跨不能同时吊装构件,如图 10-29 所示。

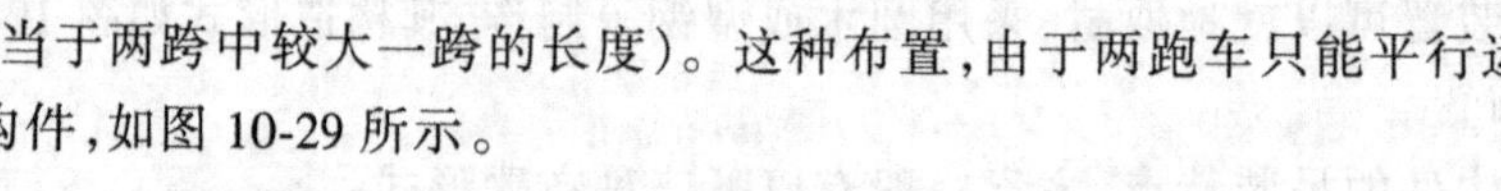

图 10-29 双跨主索单跑车吊运

3.吊装

用“横扁担”吊装时，应根据构件的不同形状和大小，采取不同的吊装方法。对于短立柱，可直接直立吊运。对于长立柱，因受到吊装高度的限制，常须先进行卧式吊运，待运到安装位置后，再竖立起来，放下立柱的下端进行安装。对于盖梁，一般可直接采用卧式吊运和安装的方法。对腹拱圈、行车道板的吊装，为减小立柱所承受的单向推力，应在横桥方向上分组，沿桥跨方向逐次安装。

二、桁架拱桥与刚架拱桥安装

桁架拱桥与刚架拱桥，由于构件预制装配，具有构件质量轻、安装方便、造价低等优点，因此在全国各地被广泛应用。

(一)桁架拱桥安装

1.施工安装要点

桁架拱桥的施工吊装过程包括：吊运桁架拱片的预制段构件至桥孔，使之就位合龙，处理接头，与此同时随时安装桁架拱片之间的横向联结系构件，使各片桁架拱片联成整体。然后在其上铺设预制的微弯板或桥面板，安装人行道悬臂梁和人行道板。

桁架拱片的桁架段预制构件一般采用卧式预制，实腹段构件采用立式预制，故桁架段构件在离预制底座出坑之后和安装之前，需在某一阶段由平卧状态翻身转换到竖立状态。

安装工作分为有支架安装和无支架安装。前者适用于桥梁跨径较小和具有河床较平坦、安装时桥下水浅等有利条件的情况；后者适用于跨越深水和山谷或多跨、大跨的桥梁。

2.有支架安装

有支架安装时，需在桥孔下设置临时排架。桁架拱片的预制构件由运输工具运到桥孔后，用浮吊或龙门吊机等安装就位，然后进行接头和横向联结。

吊装时，构件上吊点的位置和数目与吊装的操作步骤应合理地确定和正确地规定，以保证安装工作安全和顺利地进行。

排架的位置根据桁架拱片的接头位置确定。每处的排架一般为双排架，以便分别支承两个相连接构件的相邻两端，并在其上进行接头混凝土的浇筑或接头钢板的焊接等。第一片就位的预制段常采用斜撑加以临时固定。以后就位的平行各片构件则用横撑与前片暂时联系，直到安上横向联结系构件后拆除。斜撑系支承于墩台和排架上，如斜撑能兼作压杆和拉杆，则仅用单边斜撑即可。横撑可采用木夹板的形式。

当桁架拱片和横向联结系构件的接头均完成后，即可进行卸架。卸架设备有木楔、木马或砂筒等。卸架按一定顺序对称均匀地进行。如用木楔卸架，为保证均衡卸落，最好在每一支承处增设一套木楔，两套木楔轮流交替卸落。一般采用一次卸架。卸架后桁架拱片即完全受力。为保证卸架安全成功，在卸架过程中，要对桁架拱片进行仔细地观测，发现问题及时停下处理。卸架的时间宜安排在气温较高时进行，这样较易卸落。

在施工跨径不大、桁架拱片分段数少的情况下，可用固定龙门架安装。这时在桁架拱片预制段的每个支承端设一龙门架。河中的龙门架就设在排架上。龙门架可为木结构或钢木混合结构，配以倒链葫芦。龙门架的高度和跨度，应能满足桁架拱片运输和吊装的净空要求。安装时，桁架拱片构件由运输工具运至固定龙门架下，然后由固定龙门架起吊、横移和下落就位。其他操作与浮吊安装同。

当桥的孔数较多，河床上又便于沿桥纵向铺设跨墩的轨道时，可采用轨道龙门架安装。龙门架的跨度和高度,应按桁架拱片运输和吊装的要求确定。桁架拱片构件在运输时如从墩、台一侧通过,或从墩顶通过,则龙门架的跨度或高度就要相应增大。龙门架可采用单龙门架或双龙门架,根据桁架拱片预制段的质量和起吊设备的能力等条件确定。施工时,构件由运输工具或由龙门架本身运至桥孔,然后由龙门吊机起吊、横移和就位。跨间在相应于桁架拱片构件接头的部位,设有排架,以临时支承构件重力。

对多孔桁架拱桥,一般每孔内同时设支承排架,安装时则逐孔进行。但卸架须在各孔的桁架拱片都合龙后同时进行。卸架程序和各孔施工(加恒载)进度安排必须根据桥墩所能承受的最大不平衡推力的条件考虑。总的说来,桁架拱桥的加载和卸架程序不如其他拱桥要求严格。

3.无支架安装

无支架安装,是指桁架拱片预制段在用吊机悬吊着的状态下进行接头和合龙的安装过程。常采用的有塔架斜缆安装、多机安装、缆索吊机安装和悬臂拼装等。

塔架斜缆安装,就是在墩台顶部设一塔架,桁架拱片边段吊起后用斜向缆索(亦称扣索)和风缆稳住再安中段。一般合龙后即松去斜缆,接着移动塔架,进行下一片的安装。塔架可用A字形钢塔架,也可用圆木或钢管组成的人字扒杆。塔架的结构尺寸,应通过计算确定。斜缆是安装过程中的承重索,一般用钢丝绳,钢丝绳的直径根据受力大小选定。斜缆的数量和与桁架拱片联结的部位,应根据桁架拱片的长度和质量来确定。一般说来,长度和质量不大的桁架拱片,只需用一道斜缆在一个结点部位联结即可;如果长度和质量比较大,可用两道斜缆在两个结点部位联结。联结斜缆时,须注意不要左右偏位,以保证桁架拱片悬吊时的竖直。可利用斜缆和风缆调整桁架预制段的高程和平面位置,待两个桁架预制段都如法吊装就位并稳住后,再用浮吊等设备吊装实腹段合龙。待接头完成、横向稳住后,松去斜缆。用此法安装,所用吊装设备较少,并无需设置排架。

多机安装就是一片桁架拱片的各个预制段各用一台吊机吊装,一起就位合龙。待接头完成后,吊机再松索离去,进行下一片的安装。这种安装方法,工序少,进度快,当吊机设备较多时可以采用。

用上述两种无支架安装方法时,须特别注意桁架拱片在施工过程中的稳定性。为此,应采取比有支架安装更可靠的临时固定措施,并及时安装横向联结系构件。第一片的临时固定,拱脚端可与有支架安装时一样用木斜撑固定,跨中端则用风缆固定。其余几片也可采用木夹板固定。木夹板除了在上弦杆之间布置外,下弦杆之间也应适当地设置几道。

对于多孔桁架拱桥,安装时须注意邻孔间施工的均衡性。吊装过程可用支架或不用支架,接头形式可为湿接头或干接头。

(二)刚架拱桥安装

刚架拱桥上部结构的施工分有支架安装和无支架安装两种。安装方法在设计中确定内力图式时即已决定,施工时不得随便更改。采用无支架施工时(浮吊安装或缆索吊装),首先将主拱腿一端插入拱座的预留槽内,另一端悬挂,合龙实腹段,形成裸拱,电焊接头钢板;安装横系梁,组成拱形框架;再将次拱腿插入拱座预留槽内,安放次梁,焊接腹孔的所有接头钢筋和安装横系梁,立模浇接头混凝土,完成裸肋安装;将肋顶部分凿毛,安装微弯板及悬臂板,浇筑桥面混凝土,封填拱脚。

三、钢筋混凝土箱形拱桥

我国采用缆索吊装建造的上承式钢筋混凝土箱形拱桥数量较多,主要的施工步骤为:(1)

拱箱预制;(2)吊装设备的布置;(3)拱箱吊装。

(一)拱箱预制

1.拱箱预制场布置

预制场地要求地势较平坦,为了便于施工操作,在同组中两箱间净距为1m,组与组之间净距为2m。拱箱在预制场由龙门架桁梁横移,由运输天线起吊,运输至安装位置就位安装。

2.拱箱预制

(1)均在混凝土地面上预制,用三脚扒杆起吊脱模,运走堆放备用。

(2)组装在拱胎上进行,拱胎系按拱箱分段放样坐标,将土夯实辗压筑成,其上浇筑一层8cm厚C10混凝土并抹平,即组成拼装拱箱的拱胎。在拱箱吊点处的拱胎上设置40cm×40cm槽沟,以砂填实,供作提出拱箱时安装吊具之用。在混凝土胎面上准确地放出拱箱底板中线及边线。为便于脱模,在胎面上铺油毛毡一层,其宽度不超过底板边线,同时在油毛毡与胎面之间撒上滑石粉。铺设拱箱底板钢筋,但暂不绑扎,将侧板运至组装位置。将侧板和横隔板准确就位,将底板钢筋与侧板及横隔板钢筋绑扎,并垫好底板钢筋保护层,点焊牢固。

(3)两段拱箱的联结是通过每段拱箱端部上下缘的预埋角钢用螺栓连接的,因此拱箱端头的准确程度是关系到吊装时两段拱箱接头能否将上下角钢的螺栓准确栓上的关键。端模采用10mm钢板制成,在钢板上按端头联结角钢螺栓眼孔设计位置准确钻孔。将端头角钢螺栓装在端头模板上,仔细校正端面平整度及端头的倾斜度,并使端面与拱箱中线垂直,然后与顶板和底板主筋点焊连接,再次检查、校正,最后分段对称电焊。

(4)拱箱组装成型后,仔细地对拱箱的长度、宽度、中线及端头钢模位置和倾角进行检查,检查符合要求后,浇筑底板及各接头混凝土形成槽形箱。

(5)在槽形箱内安装可拆卸的简易顶板模板。顶板模板在顶板混凝土浇筑完毕后,从横隔板的空洞中拿出拱箱。

(6)绑扎顶板钢筋和吊点及扣点牛腿钢筋,浇筑顶板混凝土。$\phi6$钢筋构成7cm网格,先分块平浇预制,然后与横隔板组装连接,浇筑底板及接头,再浇顶板,组合成闭合箱。

(二)吊装设备布置

(1)塔顶索鞍布置。

(2)索塔风缆布置。

(3)扣索布置:拱箱端段扣索;拱箱中间段扣索。

(4)拱圈风缆布置。

(5)锚碇。

(三)拱箱吊装

1.吊装前的准备工作

对拱箱尺寸进行检查和修凿,使其符合设计尺寸。对拱座表面清凿,放出起拱线和拱箱中线及边线。在起拱线处焊以50×50角钢,用以临时支承端段拱箱,进行拱箱预顶,以消除拱箱底板与混凝土胎面间的粘着力,以免因吊点受力不均拉坏箱体。认真检查吊装设施、动力电路是否符合要求,并进行空载运转。对拱箱进行原地试吊,固定跑马牵引绳,用人力晃动拱箱,以增加冲力。同时观测锚碇、索塔、各卷扬机地锚、运输天线、钢丝绳接头索卡等重要部位有无不正常现象,如有不正常现象应及时分析处理。

2.拱箱吊装

利用上游组运输天线吊装第Ⅰ片拱箱,下游组则吊装第Ⅱ片拱箱,将Ⅰ和Ⅱ两片吊装完成后，进行横向联结和接头处理。然后拆除 I 片拱箱吊点，将运输天线向上游移动，吊装第 III 片。

(1)中拱箱吊装

①吊装端段。当端段就位后，将拱箱两侧预埋的角钢点焊于拱座钢板上，以固定端头位置。拉好八字风缆并调整拱箱中线位置，固定八字风缆，安装好扣具并转换由扣索受力。先收紧扣索并暂时固定，以水平仪观测下接头的(端段与中间段接头处)高程。当下接头开始上升时，表示扣索初步受力，停止收紧扣索，缓缓放松吊点，控制端头高程升降在 10cm 范围。按上述步骤反复进行，直至全部转换到扣索受力，端头预抬高度 20cm。

②吊运中间段。以吊点控制中间段上接头(中间段与中段接头处)的预抬高量为 30cm 至 40cm 与端段接头相接，装上接头螺栓。将下缘螺栓稍紧，上缘螺栓旋上螺帽，预留螺杆空隙 1～2cm，这主要是使两构件暂时联结，使合龙后拱轴线调整时，构件端头不受损伤。安装好扣具，穿好扣索，拉好八字风缆，进行扣索和吊点的受力移交。在移交转换中必须严格控制上接头高程在 5cm 范围内变动，并随时调整端段和中间段的拱箱中线。上接头预抬高量视下接头实际高度确定，其高度大致为下接头抬高量的两倍。

③拱箱合龙后应进行松索及中线调整，施工中松索调整与中线调整同时进行。松索由水平观测资料通知各卷扬机采用定长松索方法进行。中线调整则由专人指挥各组人员同时松紧八字风缆使拱箱段至设计高程。这样可加快安装进度，亦可确保拱圈稳定。松索程序仍按端段扣索、中间段扣索、中段吊点的顺序往返进行。松索时力求相对接头高程一致，每次松索接头高程下降不超过 2cm。当接头达到设计高程后，在各接头处填塞钢板，拧紧接头螺栓。仍按上述松索程序再次松索，使各接头钢板抵紧，直至各接头高程不再发生变化为止。最后松吊，使吊点受力至 30% 即开始电焊接头。电焊接头从跨中向两岸对称同时进行，最后焊拱座；同时保证拱箱合龙时的稳定安全系数不小于 4。

(2)两片拱箱横联

当 I 和 II 两片拱箱完成合龙、调整、接头处理后，首先将两片拱箱的顶部和底部预埋横向联系件电焊联结，安装侧板螺栓，接头灌注环氧树脂，然后将上接头和下接头及拱座接头混凝土灌满。同时在顶板每一横联处将两箱间纵缝现浇 C40 混凝土 60cm，以加强两箱的稳定。待所浇混凝土达到一定强度后，将上游组运输天线吊点和扣点全部松掉，并向上游移动索鞍，进行第 III 片拱箱吊装。

(3)边拱箱吊装

边拱箱吊装程序与中拱箱相同。边拱箱吊装完成后，拱箱吊装工作即全部完成。

四、桁式组合拱桥

桁式组合拱桥是由两个悬臂桁架支承一个桁架拱组成，它除保持桁式拱结构的用料省、跨越能力大、竖向刚度大等特点外，更具有桁梁的特性和可以采用无支架悬臂安装的方法施工使桁式组合拱桥具有一定的竞争能力。

(一)桁式组合拱桥构造特点

为了减轻自重，保证截面的强度和整体刚度，桁式组合拱桥的上下弦杆和腹杆及实腹段的截面，一般均采用闭合箱形截面，并按照吊装顺序，分次拼装组合而成。为了增强构件的整体性，在所有箱形杆件内均设有隔板加强，隔板间距为 4～5m。

(二)桁式组合拱桥施工

桁式组合拱桥能迅速得到发展,除结构受力的合理性带来材料的节省外,其主要原因是它可采用无支架悬臂安装进行施工,这是最突出的优点。安装时常采用钢桁构人字桅杆吊机作为吊运工具,避免了缆索和塔架等安装设备,给施工带来方便。

1.上部构件预制

主孔桁片的构件分段,主要根据吊机的起重能力和起重臂的有效伸臂范围确定。分段名称按拱脚至拱顶称为脚段、二段、三段、四段、实腹段。

2.人字桅杆吊机

人字桅杆吊机其特点是设备简单,制作与安装容易,操作方便,起重能力大,适应性强,工作速度低,振动小,吊装运转安全可靠。但因桅杆较高,整体移动不灵活。

(1)起重系统由起重臂、卷扬机、滑轮组组成。由两肢主弦组成人字桅杆,主弦杆采用4肢角钢组成。底部设特制的连接段和底座,用M—100螺栓与底座连接,使桅杆可以灵活俯仰。每侧底座设多个螺孔,使桅杆能可靠地与安装点构筑物牢固连接。

(2)稳定和变幅系统由背索、侧浪风、前浪风、地锚组成。背索、地锚与桅杆安装点的距离,由桅杆受力分析决定。当桅杆吊装质量大,前倾角小时,背索受力很大,地锚需要很强固。一般在桥台和中墩上埋放锚环,利用构件自锚。浪风索地锚一般受力不大,在两侧挖坑埋设即可。前浪风索可锚固在对岸预埋设的锚环上。

3.悬拼施工

(1)构件就位与稳定,构件吊运至安装位置,其平面位置一律用横浪风索控制。横浪风索电动慢速卷扬机牵引,使用卷扬机上的点动微调装置进行平面位置控制,高程一律用起重绳微动控制。单杆拼装就位后的稳定,各段下弦杆的纵向和高程用专设的临时钢丝束张拉固定,待斜杆就位及预应力束张拉后即可撤除。横向用一组浪风索稳定,待两边下弦及斜杆就位,安装横向联结系后撤除竖杆,按计算的支撑点高度设刚性连杆与斜杆联结,构成临时稳定体系,待上弦杆全部就位、张拉预应力束和横向联结系安装完成后撤除。一般上弦杆只设一组横向浪风索。

(2)构件安装精度控制

对中精度以拼接时不影响预应力钢筋的连接为准,一般定为5mm。安装高程除按设计计算的包括预拱度值在内的施工安装标高控制以外,考虑到非弹性挠度的影响,将安装高程略为提高,其值一般定为10mm。设计预拱度,拱顶为150mm,其余各段按直线分配。

第四节 钢管混凝土拱桥施工

钢管混凝土拱桥是以钢管为拱圈外壁,在钢管内浇筑混凝土,使其形成由钢管和混凝土组成的拱圈结构。由于管壁内填满混凝土,提高了钢管壁受压的稳定性,钢管内的混凝土受钢管的约束,提高了混凝土的抗压强度和延性。在施工上,由于钢管的质量轻,刚度大,吊装方便,钢管的较大刚度可以作为拱圈施工的劲性骨架,钢管本身就是模板,这些优点给大跨度拱桥施工创造了十分有利的条件。钢管混凝土拱桥断面尺寸较小,使结构感到很轻巧,钢管外壁涂以色彩美丽的油漆,使拱桥建筑造型极佳。由于有上述这些优点,使钢管混凝土拱桥在全国各地很快得到推广应用。值得一提的是,钢管混凝土结构,由于钢管吊装质量轻,安装方便,刚度大等优点,特别近年来大跨度钢筋混凝土拱桥施工中常采用钢管混凝土结构作为拱圈施工的劲性骨架，已被广泛应用。

一、中承式、下承式钢管混凝土拱桥

图 10-30 为某中承式钢管混凝土拱桥。

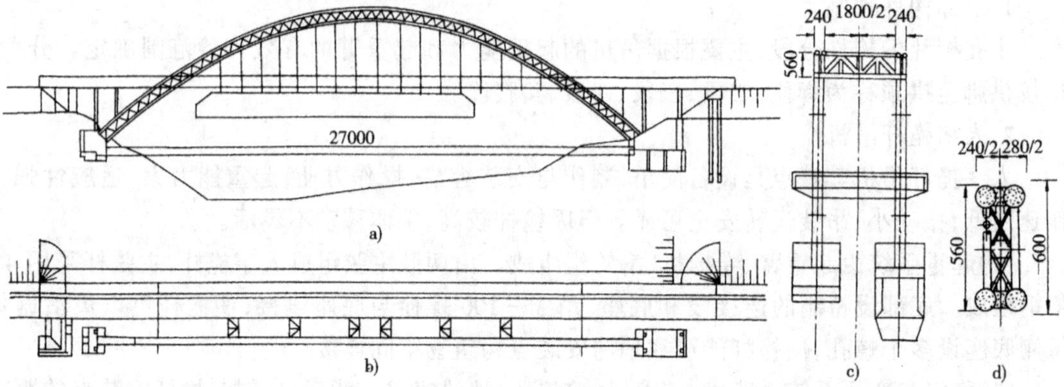

图 10-30 中承式钢管混凝土拱桥（尺寸单位：cm）

a)立面图；b)平面图；c)横截面；d)拱肋截面

（一）施工程序及要点

1．施工程序

首先分段制作钢管及加工腹杆、横撑等，然后，在样台上拼接钢管拱肋，应先端段，后顶段逐段进行；接着吊装钢管拱肋就位，合龙，从拱顶向拱脚对称施焊，封拱脚使钢管拱肋转为无铰拱，同时，从拱顶向拱脚对称安装肋间横梁、X 撑及 K 撑等结构；第三步可按设计程序浇筑钢管内混凝土；最后，安装吊杆、拱上立柱及纵横梁和桥面板，浇筑桥面混凝土。

2．施工要点

(1)用钢板制作钢管时，下料要准确，成管直径误差应控制在 ± 2mm 范围内；

(2)拱肋拼接应在 1:1 大样的样台上进行。焊接时应采取措施减少焊接变形，并严格保证焊接质量；

(3)由于钢管直径大，一次浇筑混凝土数量多，为避免浇筑过程中钢管混凝土出现过大的拉应力及保证管内混凝土的浇筑质量，每根钢管混凝土的浇筑应连续进行，上下钢管、相邻钢管内混凝土按一定程序或设计要求进行；

(4)为保证空间桁架拱肋在施工中的纵横向稳定性，拱肋间应设置横梁、X 撑、K 撑、八字浪风，调整管内混凝土的浇筑程序等措施；

(5)钢管的防锈和柔性吊杆的防护和更换应有一定的措施；

(6)必须在钢管混凝土达到设计强度后才能进行桥面系的安装。

（二）钢管拱肋制作

钢管混凝土拱桥所用的钢管直径大，材料一般采用 A3 钢和 16Mn 钢，钢管由钢板卷制成型，管节长度由钢板宽度确定，一般为 120 ~ 180cm。采用桁式截面时，上下弦之间的腹杆由于直径较小，可以直接采用无缝钢管。在有条件的情况下，优先选用符合国家标准系列的成品焊接管。拱肋制作的关键在于拱肋在放样平台上的精确放样和严格控制焊接质量，应尽量减少高空焊接。严格控制钢管拱肋的制作质量，为拱肋的安装和拱肋内混凝土浇筑，提供了安全保证。

1．钢管卷制和焊接

钢板利用焰割机切割，但应将热力影响宽度 3～5mm 去掉。拱肋及横撑结构外表面均应先喷砂除锈，按一级表面清理。钢板卷制前，应根据要求将板端开好坡口，将钢板送入卷板机卷成直筒体，卷管方向应与钢板压延方向一致。钢板卷制焊接管可采用工厂卷制和工地冷弯卷制。前者卷制质量便于控制，检测手段齐全，为推荐方法。轧制的管筒的失圆度和对口错边偏差应施工规程要求。根据不同的板厚和管径，可采用螺旋焊缝和纵向直焊缝将卷成的钢管缝焊接成直管。由于钢管对混凝土的起套箍作用，宜采用螺旋焊缝。对焊成的直钢管应进行检查和校正，以确保卷制的精度。

2.拱肋放样

卷制后的成品管通常为 8～12m 长的直管，一般在工地进行接头、弯制、组装，形成拱肋。首先根据设计图的要求绘制施工详图(包括零件图、单元构件图、节段单元图及组焊、拼装工艺流程图)，然后将半跨拱肋在现场平台上按 1:1 进行放样，注意考虑温度和焊接变形的影响，放样的精度需达到设计和规范要求。沿放样的拱肋轴线设置胎架，在大样上放出吊杆位置及段间接头位置以及混凝土灌注孔、位置。拱肋分段的长度应考虑从工厂到工地的运输能力。分段的长度可以适当变化，主要分段接头应避开吊杆孔和混凝土灌注孔位置。

按拱肋加工段长度进行钢管接长。首先应对两管对接端进行校圆，除成品管按相应的国家标准外，失圆度一般不大于 $3D/1000$(D 为钢管直径)，达不到要求必须进行调校。接下来进行坡口处理，包括对接端不平度的检查，然后焊接。工地弯管宜采用加热预压方式，加热温度不得超过 800℃。钢管的对接焊缝可采用有衬管的单面坡口焊和无衬管的双面熔透焊。两对接环焊缝的间距，应符合设计要求，设计无规定时，直缝焊接管不小于管的直径，螺旋焊接管不小于 3m。对接径向偏差不得超过壁厚的 0.2 倍。纵向焊缝各管节应相错，施工时应严格进行控制；而且将纵向焊缝全部置于两肋板中间，以免外表面焊缝影响美观。焊接完成后严格按照设计要求对管缝焊接质量进行超声探伤和 X 光拍片检查。

3.拱肋段的拼装

(1)精确放样和下料。

(2)对管段涂刷油漆作防锈(喷砂)防护处理。

(3)在 1:1 放样台上组拼拱肋。先进行组拼，然后作固定性点固焊接，在拱肋初步形成后，详细检查，调校尺寸。

(4)精度控制。精度控制着眼于节段的制作精度。

(5)防护。钢管防护的好坏直接影响钢管混凝土拱桥的使用寿命。首先对所有外露面作喷砂除锈处理，然后作防护处理，目前一般采用热喷涂，其喷涂、工艺以及厚度均应符合设计要求。

(三)拱肋安装和拱肋混凝土浇筑

1.拱肋安装

钢管拱肋的安装，我国已建成的钢管混凝土拱桥中采用最多的施工方法为少支架或无支架缆索吊装、转体施工或斜拉扣索悬拼法施工。转体施工方法将在以后章节给予详细叙述，缆索吊装方法在以前章节装配式拱桥施工中详细叙述，在此不作赘述。如图 10-31 为钢管拱肋拼装流程示意图。

钢管拱肋成拱过程中，应同时安装横向联结系，未安装联结系的不得多余一个节段，否则应采取临时横向稳定措施；节段间环焊缝应对称进行，施焊前需保证节段间有可靠的临时连接并用定位板控制焊缝间隙，不得堆焊。

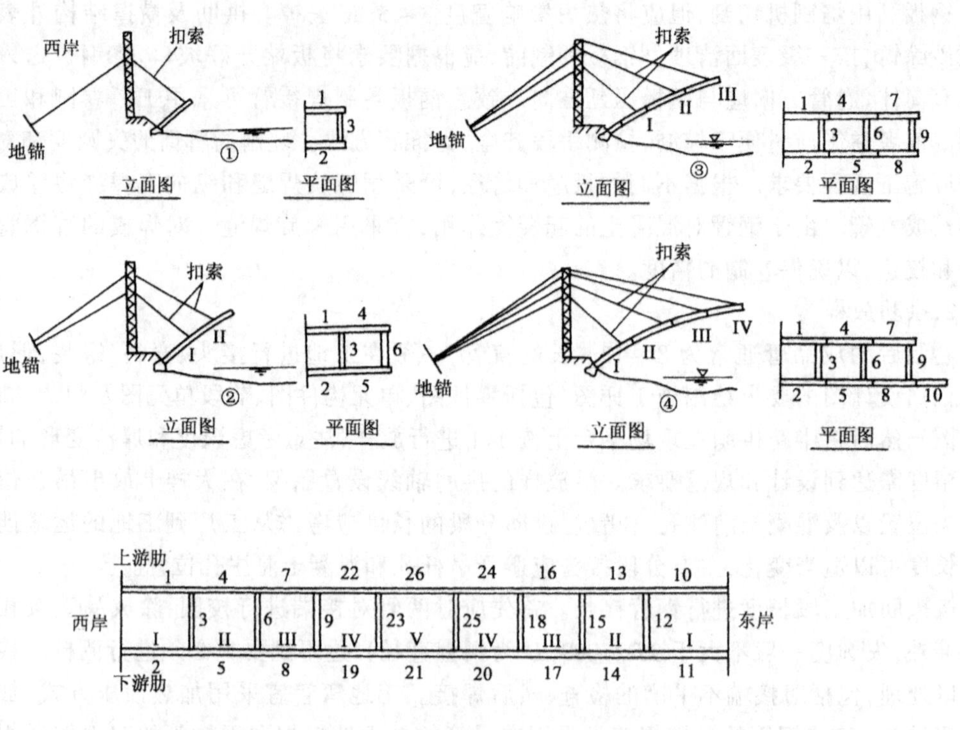

图 10-31　钢管拱肋拼装流程示意图

注：图中阿拉伯数字表示吊装就位顺序；图中罗马数字表示钢骨架分段

2.拱肋混凝土浇筑

根据钢管拱肋的截面形式及施工设备，钢管混凝土的浇筑可采用以下两种浇筑方法。

(1)人工浇筑法。这种方法是用索道吊点悬吊活动平台，在钢管拱肋顶部每隔 4m 开孔作为灌注孔和振捣孔。混凝土由吊斗运至拱肋灌注孔，混凝土由人工铲进，插入式和附着式振捣器振捣。

(2)泵送顶升浇筑法。这种方法适用于桁架式钢管拱肋内混凝土的浇筑，也可用于单管、哑铃形等实体形拱肋截面的混凝土浇筑。一般输送泵设于两岸拱脚，对称均衡地一次压注混凝土。在钢管上应每隔一定距离开设气孔，以减少管内空气压力，泵送之前，应先用压力水冲洗钢管内壁，再用水泥砂浆通过，然后连续泵送混凝土。

图 10-32 为泵送混凝土浇筑管内混凝土示例。

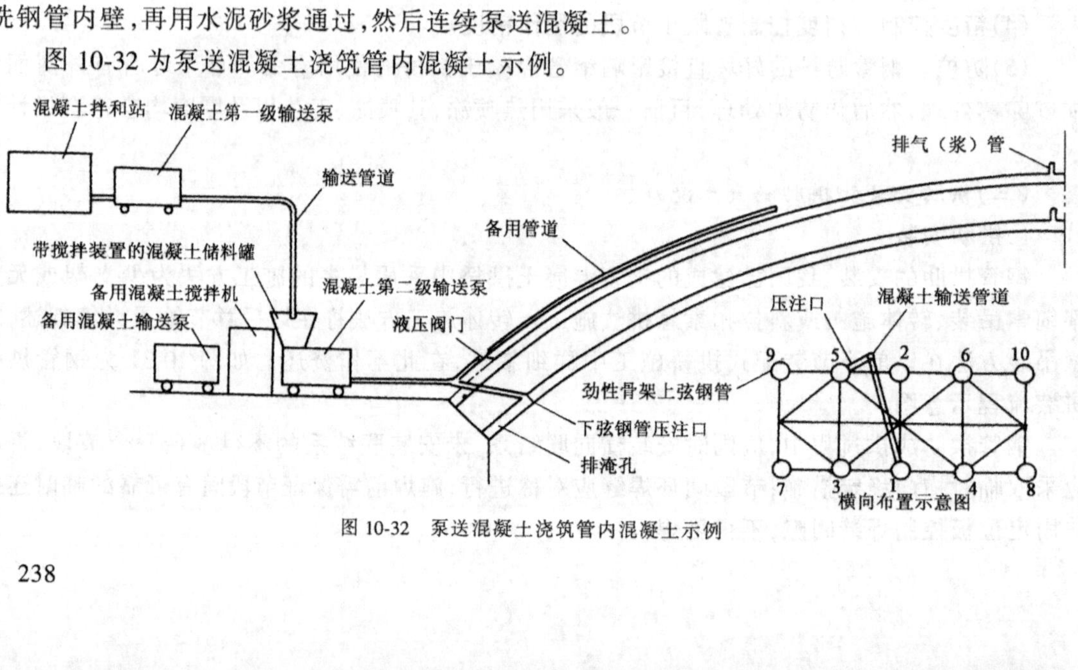

图 10-32　泵送混凝土浇筑管内混凝土示例

灌注混凝土的配合比除满足强度指标外，尚应注意混凝土坍落度的选择。对于泵送顶升浇灌法粗集料粒径可采用0.5～3cm，水灰比不大于0.45，坍落度不小于15cm；对于吊斗浇捣法粗集料粒径可采用1～4 cm 。为满足上述坍落度的要求，应掺人适量减水剂。为减少收缩量，可掺人适量的混凝土微膨胀剂。

3.浇筑混凝土注意事项

钢管混凝土填充的密实度是保证钢管混凝土拱桥承载能力的关键问题。钢管内混凝土是否灌满，混凝土收缩后与钢管壁形成空隙往往是问题所在。质量检测办法以超声波检测为主，人工敲击为辅。当然，采用小铁锤敲击钢管听声音的方法是十分简单和有效的，通过检测，有空隙部位必须进行钻孔压浆补强。施工中除应按设计要求进行外，还应注意以下几点：

(1)每根钢管的混凝土须由拱脚至拱顶一次连续浇筑完成，不得中断，且浇筑完成时间不宜超过第一盘入管混凝土的初凝时间，当钢管直径较大，混凝土初凝时间内不能浇完一根钢管时，可设隔板把钢管分为3段或5段、分段灌注。隔板钢板厚度应大于1.5倍钢管壁厚。下一段开口应紧靠隔板，使两段混凝土通过隔板严密结合。隔板周边应与钢管内壁焊接。

(2)浇筑入口应设在浇筑段根部，应从两拱脚向拱顶对称浇筑。用顶升法浇筑时，严禁从中部或顶部抛灌。

(3)浇筑混凝土的前进方向，应每隔30m左右设一个排气孔，有助于排出空气，加强管内混凝土的密实度。

(4)桁式钢管拱肋混凝土的浇筑顺序，一般为先下管、后上管或上、下管和相邻管的混凝土浇筑按一定程序交错进行或按设计要求进行。

(5)浇筑时环境气温应大于5℃。当环境气温高于40℃，钢管温度高于60℃时，应采取措施降低钢管温度。

(6)因浇筑管道较小，要求混凝土有较高的和易性，为减小混凝土凝结时收缩，施工时应加入适量的减水剂和微膨胀剂；并注意振捣密实。

(7)管内混凝土的配合比及外掺剂等，应通过设计、试验来确定。施工中须严格管理，以确保钢管混凝土的质量。

大跨径钢管混凝土拱桥，混凝土灌注可以分环或分段浇筑，灌注时应从拱脚向拱顶对称进行。大跨径拱肋灌注混凝土时应对拱肋变形和应力进行观测，并在拱顶附近配置压重，以保证施工安全。

二、中承式和下承式系杆施工

图10-33为某中承式钢管混凝土系杆拱桥。

(一)施工程序及要点

1.施工程序

(1)搭架浇筑两边跨半拱；

(2)拱肋制作，吊装；

(3)杆安装。拱肋合龙后安装横撑，穿系杆钢绞线，安装张拉设备，张拉部分系杆，以平衡钢管拱肋产生的水平推力；

(4)浇筑拱肋钢管内混凝土，安装桥面系(吊杆、横梁、纵梁及桥面板)并同步张拉系杆，要求按设计程序浇筑管内混凝土，同时按增加的水平推力张拉系杆，以达到推力平衡。按一定的加载程序安装横梁、桥面板、吊杆及桥面系其他部分，同步张拉系杆，最后封固系杆，形成系杆

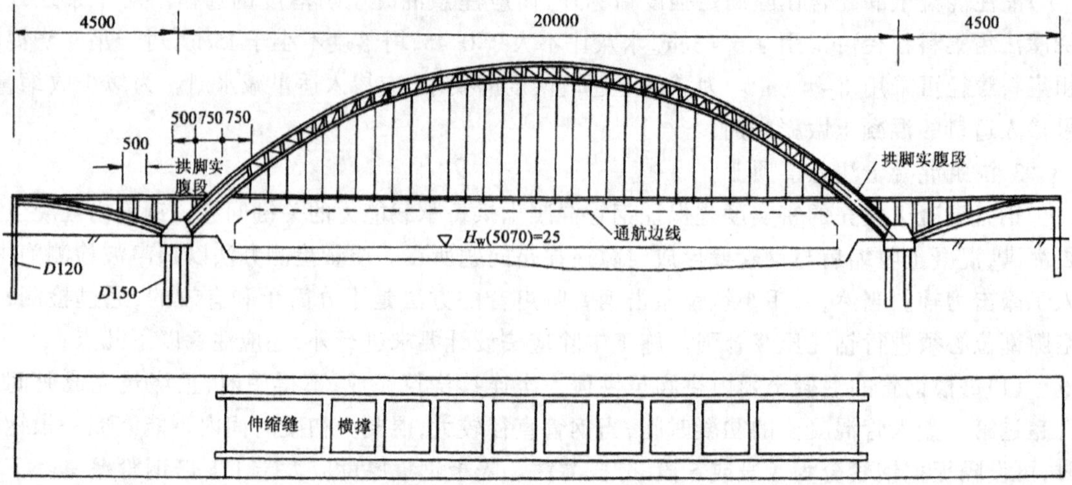

图 10-33　某中承式钢管混凝土系杆拱桥(尺寸单位:cm)

拱桥;

(5)拆除边跨支架,安装边跨支座。

2.施工时注意事项:

(1)钢管拱肋合龙时,系杆因无法马上张拉,因此主墩必须能承受空钢管拱肋产生的水平推力或采取临时措施使主墩能承受此水平推力;如为单跨系杆拱桥,则在钢管拱肋吊装合龙且安装好横撑后,在封拱脚同时,浇筑拱脚两端的系杆锚墩,完成主拱拱脚固结。

(2)对拱肋加载应与系杆张拉同步进行。施工中应严格控制主墩(或锚墩)的水平位移以确保施工安全。

(3)桥面系施工、吊杆安装程序等应按设计程序对称、均衡施工。

(4)加载程序为先灌注拱肋钢管内混凝土,然后施工桥面系,张拉竖向吊杆及水平向系杆钢束。

(5)钢管内混凝土浇筑可通过压浆、微膨胀混凝土、泵送连续浇筑等措施保证管内混凝土的密实性及与管壁的紧密结合,完成后,要检查其质量及密实度。

(6)应采取措施使吊杆与后浇筑的系杆混凝土隔离。

三、钢管混凝土劲性骨架

钢管混凝土结构,由于钢管吊装质量轻,钢管内灌注混凝土后刚度大,钢管对混凝土的约束作用提高了混凝土的强度和变形能力。以上这些突出的优点使钢管混凝土结构适宜作为大跨径钢筋混凝土拱桥的施工劲性骨架。这已成为一个发展趋势。

此法采用不同形状的钢管(如单管形、哑铃形、矩形、三角形或集束形),或者以无缝钢管作弦杆,以槽钢、角钢等作为腹杆组成空间桁架结构,先分段制作成钢骨架,然后吊装合龙成拱,再利用钢骨架作支架,浇筑钢管内混凝土,待钢管内混凝土达到一定强度后,形成钢管混凝土劲性骨架,然后在其上悬挂模板,按一定的浇筑程序分环(层)分段浇筑拱圈混凝土直至形成设计拱圈截面。先浇的混凝土凝结成形后可作为承重结构的一部分与劲性骨架共同承受后浇各部分混凝土的重力;同时,钢管中混凝土也参与钢骨架共同承受钢骨架外包混凝土的重力,从而降低了钢骨架的用钢量,减少了钢骨架的变形。故利用钢管混凝土作为劲性骨架浇筑拱圈的方法比劲性骨架法更具优越性。如图 10-34 为某钢管混凝土劲性骨架构造及浇筑顺序图。

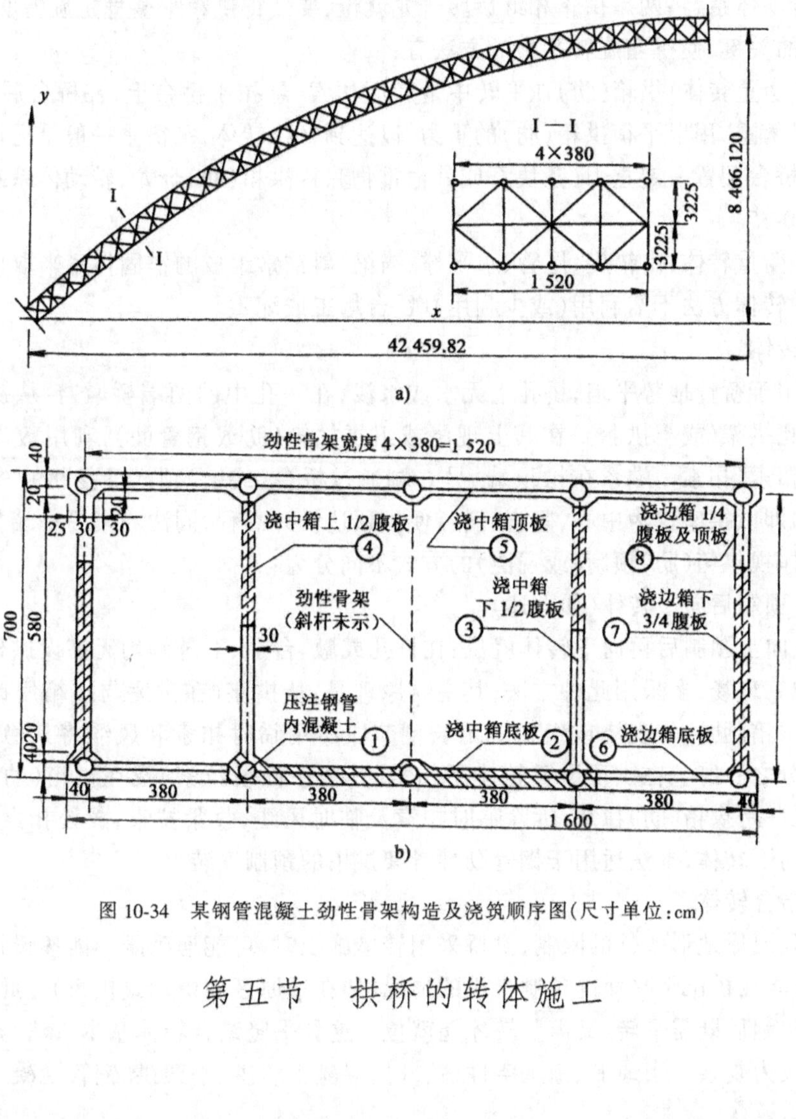

图 10-34 某钢管混凝土劲性骨架构造及浇筑顺序图(尺寸单位:cm)

第五节 拱桥的转体施工

一、概述

转体施工法一般适用于单孔或三孔拱桥的施工。其基本原理是:将拱圈或整个上部结构分为两个半跨,分别在河流两岸利用地形或简单支架现浇或预制装配半拱,然后利用一些机具设备和动力装置将其两半跨拱体转动至桥轴线位置(或设计标高)合龙成拱。采用转体法施工拱桥的特点是:结构合理,受力明确,节省施工用材,减少安装架设工序,变复杂的、技术性强的水上高空作业为岸边陆上作业,施工速度快,不但施工安全、质量可靠,而且在通航河道或车辆频繁的跨线立交桥的施工中可不干扰交通、不间断通航、减少对环境的损害、减少施工费用和机具设备,是具有良好的技术经济效益和社会效益的桥梁施工方法之一。

转体的方法可以采用平面转体、竖向转体或平竖结合转体,目前已应用在拱桥、桁架拱、T形刚构、斜拉桥、斜腿刚构等不同桥型上部结构的施工中。

1.平面转体

本法适用于深谷、河岸较陡峭、预制场地狭窄或无法采用现浇或吊装的施工现场。在桥墩、台的上、下游两侧利用山坡地形的拱脚向河岸方向与桥轴线成一定角度搭设拱架,在拱架上现浇拱(肋)箱或组拼箱段以完成二分之一跨拱,其拱顶高程与设计高程相同(应设置预留高度)。利用转动体系,将两岸拱箱相继旋转合龙就位,要使得拱箱平衡稳定旋转就位,拱箱的平衡是平转法的关键,使拱箱旋转平衡的方法有:

(1)有平衡重转体:拱箱(肋)在平转中是利用扣索,悬扣于桥台上,在桥台后(或拱体的另一端)要加平衡重,用以平衡拱箱(肋)的重力,以达到平稳转体,平衡重一般是通过计算利用桥台圬工或在桥台配置一定重力(条块石或其他重物),待拱箱(肋)合龙,转动体系封固后再拆除配重,见图 10-35。

(2)无平衡重转体:由锚旋、尾管、水平撑、锚梁、斜锚索组成的锚固体系来取代转体所需的平衡重,这种转体方法不需利用(或少利用)墩、台圬工或配重。

2.竖向转体

本法适用于桥址地势平坦,桥孔下无水或水浅,在一孔中的两端桥墩、台从拱座开始顺桥向各搭设半孔拱架(或土拱胎),在其上现浇或组拼拱箱(肋或钢管肋),利用敷设在两岸桥台(或墩)上的扣索(扣索一端系在拱顶端,另一端通过桥台(或墩)顶入卷扬机),先收紧一端扣索,拱箱(肋)即以拱座铰为中心,竖直旋转,使拱顶达设计高程,同法收紧另一端扣索,合龙。

竖向转体视拱箱(肋)预制(或现浇)的方式不同分为:

(1)俯卧预制后向上转体(如上述)。

(2)竖直向上预制后再向下转体就位:在桥孔或墩、台上、下游侧均无搭设拱架进行拱箱现浇、组拼的施工现场,多采用此种方法,其主要原理是:从拱座(在拱座与拱箱用铰连接),向上现浇或组拼拱箱(肋),每现浇或组拼一定长度节段后用临时扣索和风缆将其稳定,直至拱箱(肋)完成二分之一跨。在拱顶设置转体用扣索(其另一面设拉索)及在拱箱(肋)的两侧设顶缆,将二分之一跨拱箱(肋)稳定,拆除临时扣索及临时风缆,收紧拉索,放松扣索及风缆,使拱箱(肋)徐徐向下转体,本法适用于钢管劲性骨架拱桁的预制安装。

3.平竖结合转体

由于受到河岸地形条件的限制,拱桥采用转体施工时,可能遇到既不能按设计标高处预制半拱,也不可能在桥位竖平面内预制半拱的情况(如在平原区的中承式拱桥)。此时,拱体只能在适当位置预制后既需平转、又需竖转才能就位。这种平竖结合转体基本方法与前述相似,但其转轴构造较为复杂。当地形、施工条件适合时,混凝土肋拱、刚架拱、钢管混凝土拱可选用此法施工。

二、有平衡重平面转体施工

有平衡重转体施工的特点是转体质量大,施工的关键是转体。要把数百吨重的转动体系顺利、稳妥地转到设计位置,主要依靠以下两项措施实现:正确的转体设计;制作灵活可靠的转体装置,并布设牵引驱动系统。目前国内使用的转体装置有两种,都是通过转体实践考验,行之有效的。第一种是以四氟乙烯作为滑板的环道平面承重转体;第二种是以球面转轴支承辅以滚轮的轴心承重转体,见图 10-35 所示。

第一种转体装置是利用了四氟材料摩擦系数特别小的物理特性,使转体成为可能。根据试验资料,四氟板之间的静摩擦系数为 0.035~0.055,动摩擦系数为 0.025~0.032,四氟板与不锈钢板或镀铬钢板之间的摩擦系数比四氟板间的摩擦系数要小,一般静摩擦系数为 0.032~0.051,动摩擦系数为 0.021~0.032,而且随着正压力的增大而减小。

第二种转体装置是用混凝土球面铰作为轴心承受转动体系重力,四周设保险滚轮,转体设计时要求转动体系的重心落在轴心上。这种装置一方面由于铰顶面涂了二硫化钼润滑剂,减

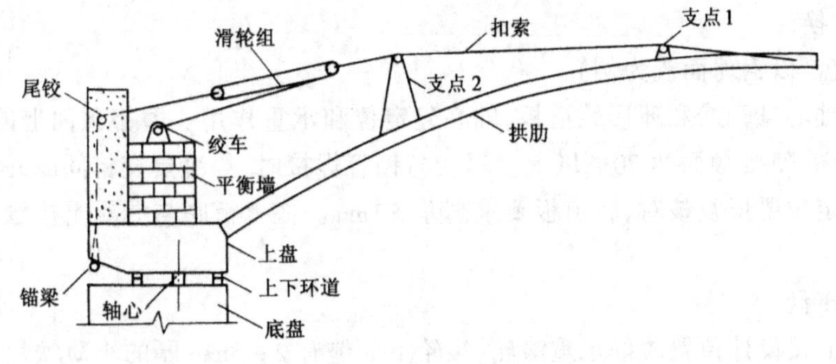

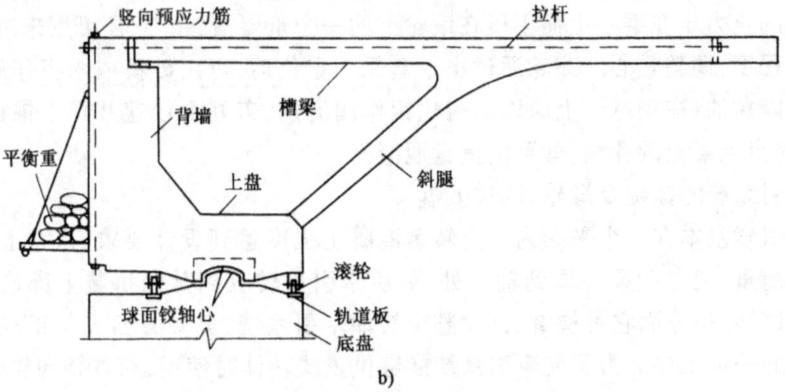

图 10-35　转动体系的一般构造

a)四氟滑板环道转体;b)球面转轴辅以滚轮转体

小了牵引阻力,另一方面由于牵引转盘直径比球铰的直径大许多倍,而且又用了牵引增力滑轮组,因而转体也是十分方便可靠的。从我国桥梁转体施工的实践证明:桥梁转体施工不但理论上是可行的,而且实际施工中也是容易实现的。

牵引驱动系统通常由卷扬机(绞车)、倒链、滑轮组、普通千斤顶等机具组成。近来又出现了采用自动连续顶推系统作为转体动力设备的实例,其特点是:转体能连续同步、匀速、平稳、一次到位、结构紧凑、占地少、施工方便。

从图 10-35 中可知,转动体系主要由底盘、上盘、背墙、桥体上部构造、锚扣系统、拉杆(或拉索)组成。

(一)拱体预制

拱体预制应按设计桥型、两岸地形情况,设置适当的支架和模板(或土胎模),预制应按《公路桥涵施工技术规范》(JTJ 041—2000)有关规定进行。同时还应注意以下几点:

(1)充分利用地形,合理布置场地,使拱体转动角度小,支架或土胎用料少,易于设置转动装置;

(2)严格控制拱体各部分标高、尺寸,特别要控制好转盘施工精度。

(二)转体拱桥的施工

有平衡重平面转体拱桥的主要施工程序如下:

制作底盘→制作上转盘→试转上转盘到预制轴线位置→浇筑背墙→浇筑主拱圈上部结构→张拉拉杆,使上部结构脱离支架,并且和上转盘、背墙形成一个转动体系,通过配重基本把重心调到磨心处→牵引转动体系,使半拱平面转动合龙→封上下盘,夯填桥台背土,封拱顶,松拉杆,实现体系转换。

1.制作底盘(以钢球面铰为例)

底盘设有轴心(磨心)和环形轨道板,轴心起定位和承重作用。磨心顶面上的球面形钢铰上盖要加工精细,使接触面达 70% 以上。钢铰与钢管焊接时,焊缝要交错间断并辅以降温,防止变形。轴心定位要反复核对,轨道板要求高差 ±1mm。注意板底与混凝土接触密实,不能有空隙。

2.制作上转盘

在轨道板上按设计位置放好承重滚轮,滚轮下面垫有 2~3mm 厚的小薄铁片,此铁片当上盘一旦转动后即可取出,这样便可在滚轮与轨道板间形成一个 2~3mm 的间隙。这个间隙是保证转动体系的重力压在磨心上而不压在滚轮上的一个重要措施。它还可用来判断滚轮与轨道板接触松紧程度,调整重心。滚轮通过小木盒保护定位后,可用砂模或木模作底模,在滚轮支架顶板面涂以黄油,在钢球铰上涂以二硫化钼作润滑剂,盖好上铰盖并焊上锚筋,绑扎上盘钢筋,预留灌封盘混凝土的孔洞,即可浇上盘混凝土。

3.布置牵引系统的锚碇及滑轮,试转上盘

要求主牵引索基本在一个平面内。上转盘混凝土强度达到设计要求后,在上转盘前方或后方配临时平衡重,把上盘重心调到轴心处,最后牵引上转盘到预制拼装上部构造的轴线位置。这是一次试转,一方面它可检查、试验整个转动牵引系统,另一方面也是正式开始预制拼装上部结构前的一道工序。为了使牵引系统能够供正式转体时使用,布置转向轮时,应使其连线通过轴心且与轴心距离相等,这样求得正式转体时牵引力也是一对平行力偶。此问题在施工设计中还要作进一步介绍。

4.浇筑背墙

上转盘试转到上部构造预制轴线位置后即可准备浇筑背墙。背墙往往是一个重力很大的实体,为了使新浇筑背墙与原来的上转盘形成一个整体,必须有一个坚固的背墙模板支架。为了保证墙上部截面的抗剪强度(主要指台帽处背墙的横截面),应尽量避免在此处留施工缝。如一定要留,也应使所留斜面往外倾斜。也可另用竖向预应力来确保该截面的抗剪安全。

5.浇筑主拱圈上部结构

可利用两岸地形作支架土模,也可采用扣件式钢管作为满堂支架,以求节约木材。扣件式钢管能方便地形成所需要的拱底弧形,不必截断钢管,可以重复周转使用。为防止混凝土收缩和支架不均匀沉降产生的裂缝,浇半跨主拱圈时应按规范留施工缝。

主拱圈也可采用简易支架,用预制构件组装的方法形成。

6.张拉脱架

当主拱圈混凝土达到设计强度后,即可进行安装拉杆钢筋,张拉脱架等工序。为了确保拉杆的安全可靠,要求每根拉杆钢筋都进行超荷载 50% 试拉。正式张拉前应先张拉背墙的竖向预应力筋,再张拉拉杆。在实际操作中,应反复张拉 2~3 次,使各根钢筋受力均匀。为了防止横向失稳,要求两台千斤顶的张拉合力应在拱桥轴线位置,不得有偏心。

通过张拉,要求把支承在支架、滚轮、支墩上的上部结构与上转盘、背墙全部联结成一个转动体系,最后脱离其支承,形成一个悬空的平衡体系支承的轴心铰上。这是一个十分重要的工序,它将检验转体阶段的设计和施工质量。当拱圈全部脱离支架悬空后,上转盘背墙下的支承钢木楔也陆续松脱,根据楔子与滚轮的松紧程度加片石调整重心,或以千斤顶辅助拆除全部支承楔子,让转动体系悬空静置一天,观测各部变形有无异常,并检查牵引体系等均确认无误后,即可开始转体。

7.转体合龙

把第一次试转时的牵引绳按相反的力向重新穿索、收紧，即可开始正式转体。为便其平稳转体，控制角速度为0.5rad/min。当快合龙时，为防止转体超过轴线位置，采用简易的反向收紧绳索系统，用手拉葫芦拉紧后慢慢放松，并在滚轮前微量松动木楔的方法徐徐就位。

轴线对中以后，接着进行拱顶高程调整，误差符合要求，合龙接口允许相对偏差为±1cm，在上下转盘之间用千斤顶能很方便地实现拱顶升降，只是应把前后方向的滚轮先拆除，并在上下转盘四周用混凝土预制块或钢楔等瞬时合龙措施将其楔紧、楔稳，以保证轴线位置不再变化。拱顶最后的合龙高程应该考虑桥面荷载以及混凝土收缩、徐变等因素产生的挠度，并留够预拱度。当合龙温度与设计要求偏差3℃或影响高程差±1cm时，应计算温度的影响。轴线与高程调整符合要求后，即可将拱顶钢筋用钢条焊接，以增加稳定性。

8.封上下盘、封拱顶、松拉杆

封盘混凝土的坍落度宜选用17~20cm，且各边应宽出20cm，要求灌注的混凝土应从四周溢流，上下盘间密实。封盘后接着浇筑桥台后座，当后座达到设计要求强度后即可选择夜间气温较低时浇封拱顶接头混凝土，待其达到设计要求后，分批、分级松扣，拆除扣、锚索，实现桥梁体系的转化，完成主拱圈的施工。主拱圈完成后，即是常规的拱上建筑施工和桥面铺装，不再赘述。

三、无平衡重的平面转体施工

采用有平衡重转体施工修建拱桥，转动体系中的平衡重一般选用桥台背墙，但随着桥梁跨径的增大，需要的平衡质量急剧增加，不但桥台不需如此巨大圬工，而且转体质量太大也增加了转体困难。与有平衡中转体相比，无平衡重转体施工是把有平衡重转体施工中的拱圈扣索拉力锚在两岸岩体中，从而节省了庞大的平衡重。锚碇拉力是由尾索预加应力传给引桥桥面板（或平撑、斜撑），以压力的形式储备。桥面板的压力随着拱箱转体的角度变化而变化，当转体到位时达到最小。这样一来，不仅使质量可大大减轻，而且设备简单，施工工艺得到简化；虽施工所需钢材略有增加，但全桥圬工数量大为减少。无平衡重转体施工需要有一个强大牢固的锚碇，因此宜在山区地质条件好或跨越深谷急流处建造大跨桥梁时选用。

根据桥位两岸的地形，无平衡重转体可以把半跨拱圈分为上、下游两个部件，同步对称转体；或在上、下游分别在不对称的位置上预制，转体时先转到对称位置，再对称同步转体，以使扣索产生的横向力互相平衡；或直接做成半跨拱体（桥全宽），一次转体合龙。

（一）无平衡重转体一般构造

拱桥无平衡重转体施工是采用锚固体系代替平衡重平转法施工，利用了锚固、转动、位控三大体系构成平衡的转体系统，其一般构造如图10-36所示。

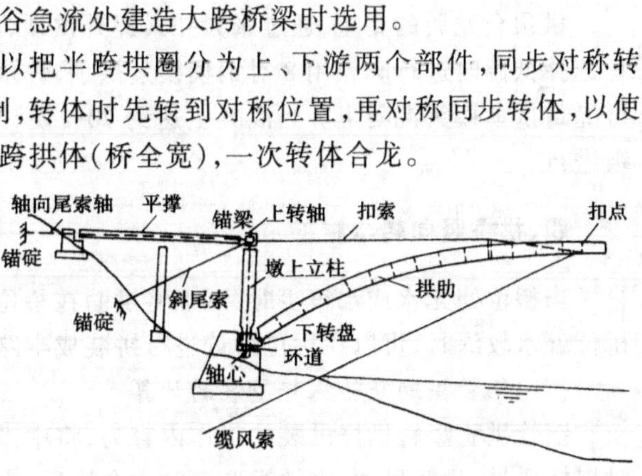

图10-36 拱桥无平衡重转体一般构造图

（二）无平衡重转体施工

拱桥无平衡重转体施工的主要内容和工艺有以下各项。

1.转动体系施工

（1）安装下转轴、转盘及浇筑下环道；

(2)浇筑转盘混凝土；

(3)安装拱脚铰、浇筑铰脚混凝土；

(4)拼装拱体；

(5)设必要的支架、模板，设置立柱；

(6)安装扣索；

(7)安装锚梁、上转轴、轴套、环套。

这一部分的施工主要保证转轴、转盘、轴套、环套的制作安装精度及环道的水平高差的精度。转轴与轴套应转动灵活，其配合误差应控制在 0.6～1.0mm，环道上的滑道采用固定式，其平整度应控制在 ±1cm 以内；并要做好安装完毕到转体前的防护工作。

2.锚碇系统施工

(1)制作桥轴线上的开口地锚；

(2)设置斜向洞锚；

(3)安装轴向、斜向平撑；

(4)尾索张拉；

(5)扣索张拉。

这一部分的施工对锚碇部分应绝对可靠，以确保安全。尾索张拉是在锚块端进行，扣索张拉在拱顶段拱箱内进行。张拉时，要按设计张拉力分级、对称、均衡加力，要密切注意锚碇和拱箱的变形、位移和裂缝，发现异常现象应仔细分析研究，处理后再转入下一工序，直至拱箱张拉脱架。

3.转体施工

正式转体前应再次对桥体各部分进行系统、全面地检查，检查通过后方可转体。拱箱的转体是靠上、下转轴事先预留的偏心值形成的转动力矩来实现。启动时放松外缆风索，转到距桥轴线约 60°时开始收紧内缆风索，索力逐渐增大，但应控制在 20kN 以下，如转不动则应以千斤顶在桥台上顶推马蹄形下转盘。为了使缆风索受力角度合理，可设置两个转向滑轮。缆风索走速，启动时宜选用 0.5～0.6m/min，一般行走时宜选用 0.8～1.0m/min。

4.合龙卸扣施工

拱顶合龙后的高差，通过张紧扣索提升拱顶、放松扣索降低拱顶来调整到设计位置。封拱宜选择低温时进行。先用 8 对钢楔楔紧拱顶，焊接主筋、预埋铁件，然后先封桥台拱座混凝土，再浇封拱顶接头混凝土。当混凝土达到 70% 设计强度后，即可卸扣索，卸索应对称、均衡、分级进行。

四、拱桥竖向转体施工

当桥位处无水或水很少时，可以将拱肋在桥位进行拼装成半跨，然后用扒杆起吊安装。当桥位处水较深时，可以在桥位附近进行拼装成半跨，浮运至桥轴线位置，再用扒杆起吊安装。

(一)钢管拱肋竖转扒杆吊装的计算

钢管拱肋竖转扒杆吊装的工作内容为，将中拱分成两个半拱在地面胎架上焊接完成，经过对焊接质量、几何尺寸、拱轴线形等验收合格后，由竖在两个主墩顶部的两副扒杆分别将其拉起，在空中对接合龙。由于两边拱处地形较高，故边拱拱肋直接由吊车在胎架上就位拼装。扒杆吊装系统设计的主要工作为：起吊及平衡系统的计算（含卷扬机、起重索、滑轮、平衡梁、吊索、吊扣等）；扒杆的计算；扒杆背索及主地锚的计算；设置拱脚旋转装置等。

(二)钢管拱肋竖转吊装

1.转动体系

转动体系由转动铰、提升体系(动、定滑车组,牵引绳等)、锚固体系(锚索、锚碇等)等组成。如图 10-37 所示。

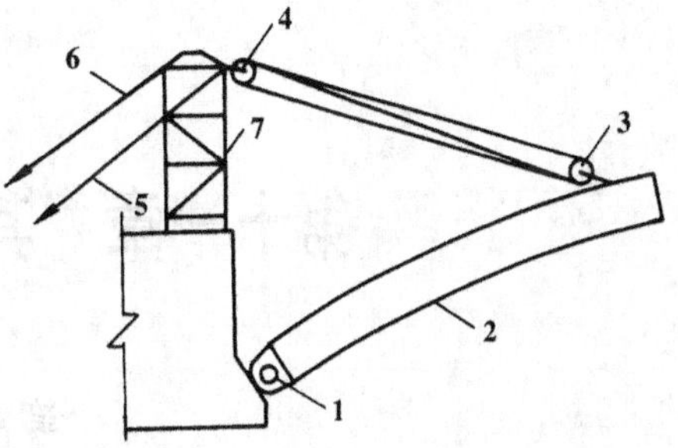

图 10-37 竖转施工转动体系示意图

1-转动铰;2-桥体;3-动滑车;4-定滑车;5-牵引车(接卷扬机);6-锚索(接锚碇);7-塔架

2.竖转吊装的工作顺序

安装拱肋胎架→安装拱脚旋转装置→安装地锚→安装扒杆及背索→拼装钢管拱肋→安装起吊及平衡系统→起吊两侧半拱→拱肋合龙→拱肋标高调整→焊接合龙接头→拆除扒杆→封固拱脚。

3.扒杆安装

为了便于安装,扒杆分段接长,立柱钢管以 9m 左右为一节,两节之间用法兰连接。安装时先在地面将两根立柱拼装好,用吊车将其底部吊于墩顶扒杆底座上,并用临时轴销锁定,待另一端安装完扒杆顶部横梁后,由吊车抬起扒杆头至一定高度,再改用扒杆背索的卷扬机收紧钢丝绳将扒杆竖起。

4.拱肋吊装

起吊采用慢速卷扬机,待拱肋脱离胎架 10cm 左右,停机检查各部运转是否正常,并根据对扒杆的受力与变形,钢丝绳的行走,卷扬机的电流变化等情况的观测结果,判断能否正常起吊。当一切正常时,即进行拱肋竖向转体吊装。拱肋吊装完成后,进行拱肋轴线调整和跨中拱肋接头的焊接。

思考题

1.叙述常用拱架结构类型和构造特点。

2.拱圈模板的设计和施工应考虑哪些因素?

3.简述现浇混凝土拱桥的施工工序。

4.简述拱架浇筑拱圈或拱肋的施工流程。

5.叙述分段浇筑施工的注意事项。

6.叙述石拱圈分段、分环、分阶段砌筑的技术条件。

7.拱上建筑有哪些?

8.简述悬臂浇筑法的施工要点。

9.拱肋的预制方法有哪些?

10.拱肋的接头形式有哪些?

11.简述施工的一般程序。

12.如何对拱肋施工误差进行调整?

13.缆索吊装合龙方式有哪些?并简述各自适用范围。

14.简述钢管混凝土的特点。

15.钢管混凝土的浇筑有哪些方法?并简述浇筑混凝土时注意事项。

16.简述钢管混凝土劲性骨架施工的基本步骤。

17.叙述转体施工法的基本原理。

18.转体施工的方法有哪些?并简述各自的施工要点。

第十一章　其他主要桥型施工技术简介

第一节　斜拉桥施工

斜拉桥是一种桥面体系以主梁受轴力(密索体系)或受弯(稀索体系)为主,支承体系以拉索受拉和索塔受压为主的组合体系桥梁。

近代第一座斜拉桥是1955年建成的瑞典斯特姆松特桥,它是一座稀索辐射式的钢斜拉桥,中孔跨度185.5752m,边孔74.676m。从20世纪80年代开始,斜拉桥以其独特优美的造型及优越的跨越能力在我国迅速推广,特别在城市桥梁和公路桥梁中被广泛采用。1975年建成的四川云阳的汤溪河桥,是我国建造的第一座斜拉桥。据不完全统计,国内斜拉桥总数至今已达50座以上,大部分都是混凝土斜拉桥。

斜拉桥的施工,一般可分为基础、墩塔、梁、索等四部分。其中基础施工与其他类型的桥梁的施工方法相同;墩塔和梁的施工在前面章节中能找到适当的方法;索的施工——索的制造、架设和张拉,有其特殊性和新颖性。本章节的叙述将以墩塔、梁、索为重点,忽略基础施工部分。

一、索塔的施工

索塔的材料常用金属、钢筋混凝土或预应力混凝土。索塔的构造远比一般桥墩复杂,塔柱可以是倾斜的,塔柱之间可能有横梁,塔内须设置前后交叉的管道以备斜拉索穿过锚固,塔顶有塔冠并须设置航空标志灯及避雷器,沿塔壁须设置检修攀登步梯,塔内还可建设观光电梯。因此塔的施工必须根据设计、构造要求统筹兼顾。

我们已知道桥墩的施工方法通常有现场就地浇筑、拼装预制以及适合高桥墩的滑模施工等几种,同时索塔与桥墩又有一定的相似之处,那么索塔的施工也可模仿桥墩的施工。一般来说,钢索塔施工可采用预制吊装,混凝土索塔施工可采用搭架现浇、预制吊装、滑模浇筑等方法。

(1)搭架现浇。该方法工艺成熟,无须专用的施工设备,能适应较复杂的断面形式,对拉索锚固区的预留孔道和预埋件的处理也较方便,但比较费工、费料、费时。一般比较适用于跨度200m左右、塔高40m上下的斜拉桥。跨度更大的斜拉桥,塔柱通常可分为几段,各段的尺寸、倾角都不一样,各段采用的施工方法也不同;下段一般采用搭架现浇施工,中、上段可采用其他施工方法如滑模施工法等。

(2)预制吊装。该方法要求有较强的起重能力和专用的起重设备,当桥塔不太高时,可加快施工进度,减轻高空作业的难度和劳动强度。此法多用在钢斜拉桥的索塔施工,混凝土斜拉桥上用的不多。

(3)滑模施工。该方法的优点是施工进度快,适合于高索塔的施工。塔柱不论是竖直的还是倾斜的都可以用此法,但在斜拉索锚固区预留孔道和预埋件的处理上要困难些。所谓滑模是指模板沿着浇筑的混凝土由千斤顶(螺旋式或液压式)带动向上滑动,它要求所浇筑的混凝土强度必须达到模板滑升所必需的强度,在有的工程中它被称为爬模或提模。提模是指拆模后把模板挂在支架上,模板随支架的提升而上升。支架的提升是在塔的四周设置若干滑轮组,其上端与塔柱内预埋件连接,下端与支架的底框连接,支架随拉动手拉葫芦而徐徐上升。

两塔柱间的横梁利用支架的下层操作平台就地浇筑,下层操作平台的下边用工字钢顶撑在已浇筑的横梁上。

斜拉桥索塔的施工质量要求可参考桥规及相应的国内外已建成的斜拉桥规定。

二、主梁的施工

(一)斜拉桥主梁施工方法分类

1.顶推法

2.平转法

3.支架法
- 临时支墩上拼装
- 支架上现浇
  - 满堂脚手浇筑
  - 临时支墩上搁托架或劲性骨架浇筑

4.悬臂法
- 悬臂拼装
  - 吊装拼装
  - 浮吊拼装
  - 缆索起吊
  - 千斤顶起吊
- 悬臂浇筑

(二)斜拉桥主梁施工方法的特点及适用性

(1)顶推法——施工时需在跨间设置若干临时支墩,顶推过程中主梁反复承受正、负弯矩。该法较适用于桥下净空较低、修建临时支墩造价不大、支墩不影响桥下交通、抗压和抗拉能力相同能承受反复弯矩的钢斜拉桥主梁的施工。对混凝土斜拉桥主梁而言,由于拉索水平分力能对主梁提供预应力,如在拉索张拉前顶推主梁,临时支墩间距又超过主梁负担自重弯矩能力时,为满足施工需要,需设置临时预应力束,在经济上不合算。所以,对于斜拉桥土梁的施工,迄今国内尚无用顶推法修建的实例。

(2)平转法——是将上部构造分别在两岸或一岸顺河流方向的矮支架上现浇,并在岸上完成所有的安装工序(落架、张拉、调索)等,然后以墩、塔为圆心,整体旋转到桥位合龙。平转法适用于桥址地形平坦、墩身矮和结构系适合整体转动的中小跨径斜拉桥。我国四川马尔康地区金川桥是一座跨径为 68m + 37m,采用塔、梁、墩固体体系的钢筋混凝土独塔斜拉桥,塔高 25m,中跨为空心箱梁,边跨是实心箱梁。该桥是采用平转法施工的。

(3)支架法——是在支架上现浇、在临时支墩间设托架或劲性骨架现浇、在临时支墩上架设预制梁段等几种施工方法。其优点是施工最简单方便,能确保结构满足设计线形,但又适用于桥下净空低、搭设支架不影响桥下交通的情况。例如我国的天津永和桥是在临时支墩上拼装主梁;昆明市园通大桥是一座跨径为 70.5m + 70.5m、全宽 24m[2 × 7.5m + 3m(拉索区) + 2 × 3m]独塔单索面斜拉桥,采用支架法现浇。

(4)悬臂法——是可以在支架上修建边跨,然后中跨采用悬臂拼装法和悬臂施工的单悬臂法;也可以是对称平衡方式的双悬臂法。悬臂施工法分为悬臂拼装法和悬臂浇筑法两种。悬臂拼装法,一般是先在塔柱区现浇一段放置起吊设备的起始梁段,然后用各种起吊设备从塔柱两侧依次对称安装节段,使悬臂不断伸长直至合龙。悬臂浇筑法,是从塔柱两侧用挂篮对称逐段就地浇筑混凝土。我国大部分混凝土斜拉桥主梁都采用悬臂浇筑法施工。

综上所述,支架法和悬臂施工法是目前混凝土斜拉桥主梁施工的主要方法,前者适用于城市立交或净高较低的岸跨主梁施工;后者适用于净高很大的大跨径斜拉桥主梁的施工。

(三)"前支点挂篮"施工

在早期的斜拉桥主梁悬臂浇筑施工中,大部分的施工挂篮还是沿用连续梁常用的挂篮,这些挂篮无论是桁梁式还是斜拉式挂篮均系"后支点挂篮",此种挂篮的缺点是单悬臂受力,承受负弯矩较大,浇筑节段长度受到很大的限制,挂篮自重与所浇筑梁段重力之比过大,有时可达到 1 ~ 2。

20 世纪 80 年代后期,我国开始研制"前支点挂篮",利用施工节段前端最外侧的两根斜拉索,将挂篮前端大部分施工荷载传至桥塔,变悬臂负弯矩受力为简支正弯矩受力。这样,节段悬浇的长度及承载能力都大大提高,悬浇的长度可增至 7 ~ 8m,从而减少了梁段数量,缩短了工期。在我国"前支点挂篮"有时又被称为"牵索式挂篮"或"长挂篮"。

"前支点挂篮"的具体作法是:用一根短的工具索将临时借用的永久索接长,工具索的下端与挂篮临时连接,挂篮的后端锚固在已浇筑的梁段上,这样,在浇筑挂篮上的节段混凝土时,由工具索和永久索作为挂篮的前支点与后支点共同受力,待混凝土强度达到设计要求并施加了适当预应力后,拆除工具索,让节段梁重力转移到拉索上,在前移挂篮,重复上述施工步骤,完成悬臂施工直至合龙。节段长度的确定应与索距相配合,以便每次可借用一根拉索。

我国已建成的重庆长江二桥、武汉长江公路大桥都采用前支点挂篮悬臂浇筑施工。武汉长江公路大桥使用的挂篮构造及其施工步骤见图 11-1。

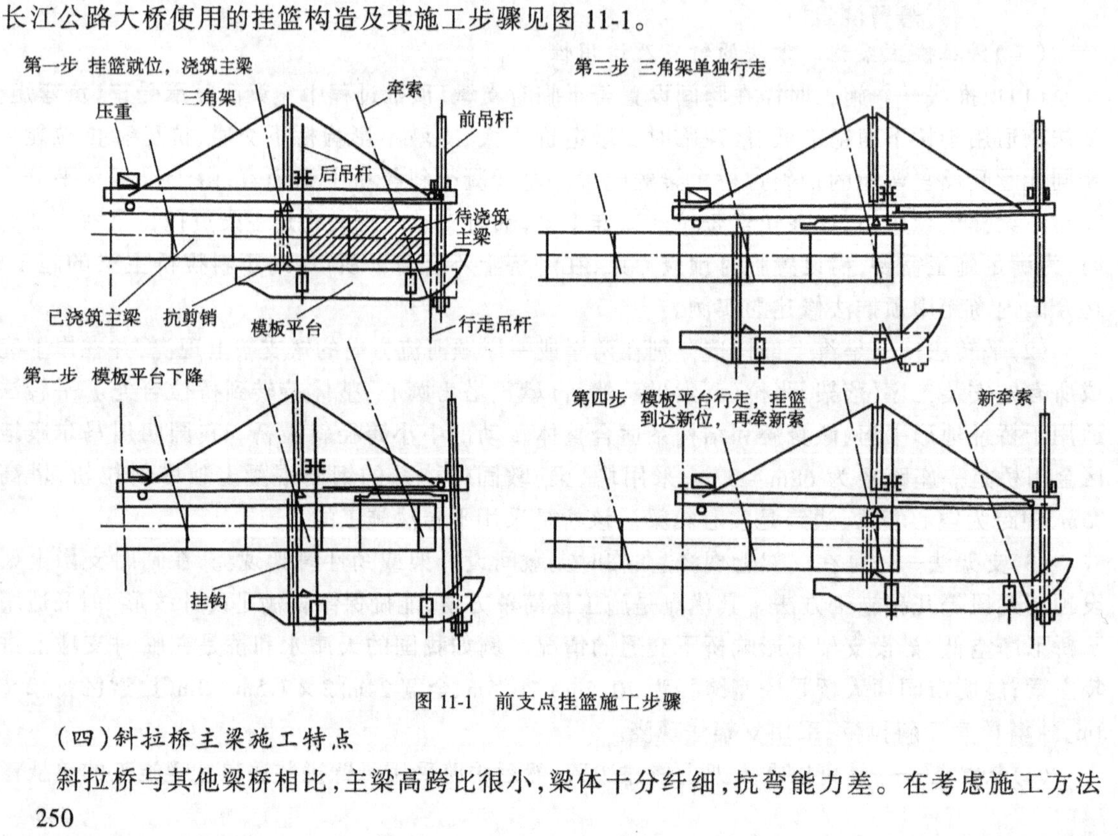

图 11-1 前支点挂篮施工步骤

(四)斜拉桥主梁施工特点

斜拉桥与其他梁桥相比,主梁高跨比很小,梁体十分纤细,抗弯能力差。在考虑施工方法时，必须充分利用斜拉桥结构本身特点，在施工阶段就充分发挥斜拉索的效用，尽量减轻施工荷载，使结构在施工阶段和运营阶段的受力状态基本一致。

对于单索面斜拉桥，一般都需采用箱形断面。如全断面一次浇筑，为减少浇筑质量，要在一个索距内纵向分块，并需额外配置承受施工荷载的预应力束。所以，一般做法是将横断面适当地分解为三部分，即中箱、边箱和悬臂板。先完成包含主梁锚固系统的中箱，张拉斜拉索，形成独立稳定结构，然后以中箱和已浇节段的边箱依托，浇筑两侧边箱，最后用悬挑小挂篮浇筑悬臂板，使整体箱梁按品字形向前推进。

对于双索面斜拉桥，主梁节段在横断面方向分为两个边箱和中间车行道板三段，边箱安装就位后就张拉斜拉索，利用预埋于梁体内的小钢箱来传递斜拉索的水平分力，使边箱自重分别由两边拉索承担，从而降低了挂篮承重要求，减轻了挂篮自重，最后安装中间桥面板并现浇纵横接缝混凝土。

三、斜拉索的施工

斜拉索是斜拉桥的一个重要组成部分，并显示了斜拉桥的特点。斜拉桥桥跨结构的重力和桥上活载，绝大部分或全部通过斜拉索传递到塔柱上。在历史上，初始的斜拉桥曾采用铁链、铁连杆来制作拉索。现代斜拉索全部使用高强度钢筋、钢丝或钢绞线制作。当代斜拉桥对拉索的防护手段，几乎一律使用高强度的钢绞线或钢丝制作拉索，轧制的粗钢筋已淘汰。拉索的防护手段，随着材料和工艺的进步，也日趋简单有效。和过去相比，当代使用的斜拉索的特点是更轻、更强、更可靠。

现在的斜拉索一般由钢丝或钢绞线组成的钢索和两端的锚具两部分组成，斜拉索按施工方式可分为预制索（或成品索）和现制索两种。预制索一般事先将锚具（拉锚式）装固到钢索两端预制成拉索，这些拉索可以在专门的工厂制作，然后盘运到桥梁工地，或在桥梁工地现场制作，拖拉到桥位直接进行挂索和张拉。这些拉索有单股钢绞缆、封闭式钢缆、半平行钢绞线缆、半平行钢线索、平行钢线索及平行钢线股索等。我国已有专门的工厂生产这种钢索，且制索水平已达到国际先进水平。现制索一般配装有夹片式锚具，张拉时直接张拉钢丝，待张拉结束后锚具才发挥作用，这种索通常在桥梁现场架设过程中制作。

（一）拉索的制作

1.制索工艺流程

制索工艺流程一般为：钢丝除锈→调直→应力下料→涂防护漆→穿锚→镦头→浇锚→烘锚→拉索防护→超张拉→标定。

若采用高密度聚乙烯套管作拉索防护时，应在钢丝成索后穿套聚乙烯管，然后再穿锚。应力下料时，同索钢丝索须在同一温度下下料，防止温度过大影响钢丝长度的精度。

2.钢索下料长度计算

首先确定每一根拉索的长度基数 L_0，它是指该拉索上下两个索孔出口处锚板中心的空间距离 L_0；然后对这一基数进行若干修正即可得到下料长度 L。

(1)使用拉锚式锚具的拉索，需要修正的有：弹性拉伸修正 ΔL_e、拉索垂度修正 ΔL_f、张拉端锚具位置修正 ΔL_{ML}、固定端锚具位置修正 ΔL_{MD}。其中弹性拉伸修正值和垂直修正值分别按下式计算：

$$\Delta L_e = L_e \frac{\sigma}{E} \tag{11-1}$$

$$\Delta L_f = \frac{\omega^2 L_x^2 L_0}{24 T^2} \tag{11-2}$$

式中：σ——拉索设计应力；

E——拉索的弹性模量；

T——拉索设计索力；

L_0——拉索长度基数；

L_x——L_0 的水平投影长；

ω——拉索每单位长度质量。

锚具的位置修正量 ΔL_{ML}及 ΔL_{MD}取决于该型锚具的构造尺寸和锚具的最终设定位置。以冷铸锚具为例，张拉端锚具的最终位置可设定螺母定位于锚杯的前 1/3 外，固定端可设定螺母定位于锚杯的正中。根据锚具制作厂商提供的锚具构造尺寸，就可推算出索钢丝端头与锚板平面间的距离，同时要考虑锚固板的厚度 L_D。对于镦头锚，每一个镦头需要的钢丝长度为 $1.5d$，d 为钢丝直径(图 11-2)。

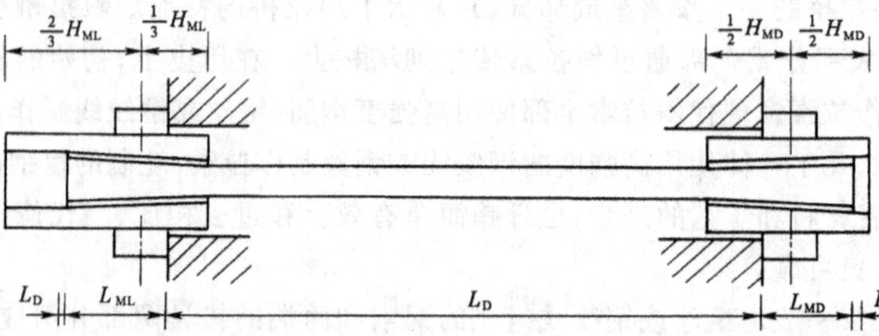

图 11-2 钢丝下料长度计算

最后得拉索下料长度 L，即：

$$L = L_0 - \Delta L_e + \Delta L_f + \Delta L_{ML} + \Delta L_{MD} + 2L_D + 3d \tag{11-3}$$

(2)使用拉丝式锚具的拉索，需要加上满足张拉千斤顶工作所需的拉索操作长度 ΔL_J。上述公式变为：

$$L = L_0 - \Delta L_e + \Delta L_f + \Delta L_{ML} + \Delta L_{MD} + 2L_D + \Delta L_J \tag{11-4}$$

如工厂落料时的温度和桥梁设计中取定标准温度不一致，则在落料时还应加温度修正。如采用应力下料，则要考虑应力下料修正。

拉锚式拉索的长度要求相当严格。通常，对于短索，要求其误差不大于 30mm；对于长索，则不大于索长的 0.03%。对于重要的桥梁，也可以根据具体情况，制订更高的标准。拉丝式拉索的长度误差要求稍宽，但要按宁长毋短的原则掌握。

对于大跨和特大跨的斜拉桥，拉索的制作宜和挂索协调进行。要时刻注意上一阶段挂索的情况，根据反馈的信息，对下一阶段拉索的长度，作出是否需要调整的决定。

(二)拉索与塔、梁的联结

拉索与塔、梁联结结构的作用是将斜拉索力可靠地传给桥塔和主梁，其结构形式根据斜拉索布置、根数、桥塔及主梁的结构等情况确定。

拉索在桥塔上的联结方式有两种：一是直接锚固，另一是通过塔顶索鞍而延伸到桥塔另一侧主梁上锚固。前者构造简单，架设容易，便于换索，适于拉索小、索数多的情况，但由于索塔两侧的斜索拉力不相等，致使塔墩产生过大的弯矩。后者索塔主要承受压力，结构受力简单，但索鞍的构造复杂,价格昂贵,并且索鞍顶部桥轴方向宽度增大,拉索为辐射形时,内倾角太大,索鞍设计较困难。

索鞍即鞍座设在每一对索的连接处。为了阻止由于中孔和边孔的索力不相等而产生的滑动,使用螺栓对盖在索上的压板施加夹紧力,使索在鞍座上无法滑动,达到锚固的目的。上海徐浦大桥斜拉索与塔的联结兼取了以上两种方式。

拉索在梁上的锚固要依主梁的类型而定。其在钢梁上的锚固大多数通过锚箱来实现,此种形式通常在主梁腹板之间设置一对锚梁,锚梁下部有支承板,锚头即顶在支承板上,这种斜拉索张拉一般在塔内进行。拉索在混凝土梁上的锚固可通过预埋套管穿过梁身锚于梁底或特制的锚块上,也可通过套筒锚借锚固螺栓锚在箱梁内部。锚固螺栓则借助于横向锚梁及垫板预设在箱梁内,液压千斤顶通过托座顶在拉索套筒锚上,张拉到位后旋紧螺母,将拉力传给锚固螺栓。

(三)挂索

挂索是将拉索的两端,分别穿入梁上和塔上预留的索孔,并初步固定在索孔端面的锚板上。不同的拉索,不同的锚具,不同的斜拉桥设计,要求采用不同的挂索方式。

(1)对于配装拉锚式锚具的拉索,可以借助卷扬机,直接将锚具拉出索孔后螺母固定。当拉索长度超过百米,质量超过5t,直接用卷扬机锚具拉出洞口就困难。这时,可将张拉用的连接杆,先接装在拉索锚具上,用卷扬机拉至连接杆露出洞口,即可完成挂索。对于更长更重的拉索,由于卷扬机的牵引力有限,连接杆的长度就要相应加大。

在塔上的索孔中先穿入一束由若干根钢绞线组成的柔性牵引索,并在千斤顶上附设一套钢绞线束的牵引装置。卷扬机将拉索提升,至连接杆到达塔外索孔进口附近,即可和钢绞线束连接,从而利用千斤顶的力量,将连接杆拉入索孔,完成挂索。

除了在事先进行计算,确定所需的卷扬机能力和连接杆长度外,在挂索过程中还应校验计算值是否和实际相符。斜拉桥的结构特性,决定了施工时的挂索程序必定是由短到长。因此,根据先期挂索的实践,可以预计到下一根较长索的情况,及时对卷扬机的能力和连接杆的长度作调整。

上海南浦大桥最长的拉索长228m,每延米重86kg。挂索时所用的连接杆由3节组成,长度接近4m,牵引束由7根$\phi15$钢绞线组成,张拉千斤顶为带有钢绞线牵引装置的YQL—600型。由于事先对挂索方案、程序、机具作了统筹安排,所以全桥的挂索过程安全顺利,如期完成。杨浦大桥的拉索更长更重,最长的达331m,每延米重98kg,利用上述方法,也顺利完成挂索。

(2)对于配装拉丝式夹片群锚锚具的钢绞线拉索,挂索时先要在拉索上方设置一根粗大钢缆作为辅助索,拉索的聚乙烯套管先悬挂在辅助索上,然后逐根穿入钢绞线,用单根张拉的小型千斤顶调整好每根钢绞线的初应力,最后用群锚千斤顶整体张拉。新型的夹片群锚拉索锚具,第一阶段张拉用拉丝方式,调索阶段可以使用拉锚方式。张拉及调整索力的过程中,要校核索力的增量和拉伸值的对应关系。

(四)拉索的张拉

拉索的张拉是拉索完成挂索施工后导入一定的拉力,使拉索开始受拉而参与工作。通过对拉索的张拉,可以对索力和桥面高程进行调整,这些同时也是斜拉桥施工的关键。

张拉位置选择在索塔一侧还是主梁一侧,应根据千斤顶所需的张拉空间和移动空间等决定。为减少塔与梁承受的不平衡力矩且方便施工,应尽量采用索塔两侧平衡、对称、同步张拉或相差一个数量吨位差的张拉施工方法。必要时,可考虑单边张拉,但须经过仔细的计算 。

拉索的张拉一般包括悬臂架设时最外一根拉索的初次张拉、内侧紧邻一根拉索的二次张拉、梁合龙后的最终张拉，以及施工中间的调整张拉等。张拉工作平台等的设置，要适应以上的各种张拉情况。

在张拉过程中要通过张拉拉索，对索力进行调整，并且准确控制索力。对于长索的非线性影响，大伸长量及相应的各种因素的影响，在施工中应充分考虑，并采取有效的技术措施。

1.拉索张拉的方法

(1)用千斤顶直接张拉　在拉索的主梁端或索塔端的锚固点处安装千斤顶直接张拉拉索。此方法简单直接，但需在索塔内或主梁上有足够的千斤顶张拉空间。国内几乎都采用液压千斤顶直接张拉拉索这种施工工艺。

(2)用临时钢索将主梁前端拉起　依靠主梁伸出前端的临时钢索，将主梁吊起，然后锚固拉索，再放松临时钢索使拉索中产生拉力。此法不需大规模的机具设备，但仅靠临时钢索有时不能满足主梁前端所需的上移量，需补充拉索索力，所以此法一般较少采用。

(3)在支架上将主梁前端向上顶起　原理同(2)，仅仅由上拉改为向上顶。此法适用于主梁可用支架来架设的斜拉桥。

2.索力测量的方法

(1)千斤顶油压表　拉索用液压千斤顶张拉时，千斤顶油缸中的液压与张拉力有直接的关系，只要测定油缸中的液压就可求出索力。在使用前，油压表需精确标定，求得压力表的压力和张拉力之间的关系。此法测定索力的精度可达1%~2%。由液压换算索力简单方便，此法是施工过程中控制索力最实用的一种方法。

(2)测力传感器　原理是：拉索张拉时，千斤顶的张拉力是由连接杆传到拉索锚具上的，如果将一个穿心式测力传感器套在连接杆上，则张拉拉索时，传感器在受压后输出电讯号，可在配套的二次仪表上读出张拉力。此法测定索力的精度可达0.5%~1.0%，是规范推荐采用的测定索力的方法，但是测力传感器的价格较高。

(3)频率振动法　原理是根据拉索索力和振动频率之间的关系求得索力。对于跨径较小的斜拉桥，预先进行实索标定来求得索力和频率之间的关系，然后用人工激振的方法测得拉索频率，从而求出索力。对于跨径较大的斜拉桥，可用精密的拾振器，通过频谱分析，确定拉索的各阶频率，然后根据索力和频率之间的关系公式求得索力，相应的关系公式可参考有关书籍。此法测定结果可信，特别适用于对索力进行复测及测定活载对索力的影响。

四、斜拉桥的施工控制与调整

斜拉桥在结构上的最大特点是用斜拉索来支承主梁，使主梁变成多跨支承连续梁，从而使它的跨越能力有很大地提高，主梁的高度也大大降低。这些优点同时也给施工带来了一定的麻烦：主梁靠斜拉索支承，显然索力的大小和索的变形将给整个结构的状态带来很大影响，任一索力的改变对全桥都有影响。因此，必须很好地控制索力使梁塔处于最优的受力状态，并利用索力来调整主梁高程以符合设计要求。

(一)误差的来源及其特性

(1)构件自重误差

这是最常见的误差，由于模板刚度不足，常使构件自重偏大，有时可达5%以上。当采用一次张拉法时，且施工控制以索力为主，梁轴线的位置偏差随着悬臂拼装或浇筑的伸长将愈来愈大，此时应通过调整索力来控制梁轴线的位置和改善内力状况。

(2)索的刚性误差

在同样引伸情况下，索的刚性误差会引起索力误差，应通过调整索力来消除这一误差。

(3)梁的制作误差

如发生主梁预拱度或局部形状误差。在以索力为施工管理目标时，由于线形不受限制，制作误差将原样地保留在结构中，结构内力不受影响。相反，在以梁轴线的位置为施工管理目标时，为保证理想的线形将使索力发生偏差，结构内力分布状况受很大影响。

(二)施工控制与调整

1.控制与调整的原则

施工控制通常要对拉索的张拉力及主梁高程进行控制和调整，以使成桥后的结构内力及外形达到设计预期值。实践证明，索力控制和高程控制是很难同时实施的，只能从某一方面着手。一般来说对于采用悬臂施工的斜拉桥，在主梁架设阶段，确保主梁线形的和顺、准确是最重要的，在此阶段应以主梁高程控制为主。而在二期恒载施工时，为保证结构的整体内力和变形处于理想状态，应以索力控制为主。

2.控制与调整的方法

(1)一次张拉法　在施工过程中每一根拉索张拉到设计索力后不再重复张拉。对于施工中出现的主梁悬臂端挠度和塔顶的水平位移偏差不用索力来调整，而通过与下一梁段的接缝转角进行调整，或任偏差自由发展，直至跨中合龙时挠度的偏差用压重等方法强迫合龙。

一次张拉法由于对已施工完的主梁高程和索力不再调整，主梁线形较难控制，所以对构件的制作质量要求较高。且跨中采用强迫合龙破坏了结构设计时的理想恒载内力分布。但是一次张拉法施工简单，操作方便。

(2)多次张拉法　在整个施工过程中，对拉索进行分期分批张拉，最后达到设计索力。此法可使结构在各施工阶段的内力较为合理，梁、塔只承受轴力和很小的弯矩主梁的线形主要用在一定范围内多次张拉拉索来控制。

(3)卡尔曼滤波法　斜拉桥在各施工阶段中由于各种因素必然产生挠度和内力偏差值，若要使梁体内力达到设计状态，必须改变原设计索力，才能使挠度达到预定值。此法以挠度预定值作为状态变量，以索力调整值作为控制变量，以结构内能最小化为控制指标，代入最优终点控制问题计算程序中，求得使挠度达到预定值时应作的索力调整值。以此类推，一直控制、调整到施工合龙，从而使主梁的线形和结构的内力达到预期的目标。此法还能正确地预报下一施工阶段结构的表现，可以有效地指导施工，确保施工安全。该法已在斜拉桥施工中得到广泛的应用。

(三)施工管理

施工控制贯彻于斜拉桥施工的全过程，与结构形成的历程紧密相连。它不仅仅是一个理论上的课题，管理工作在施工控制中的作用同样应给予充分的重视。

(1)主梁恒载的误差对结构内力和变形的影响较为显著，应在技术上、管理上采取有效的措施将误差减小到最低程度。同时对施工荷载也要严加管理，因为它对结构内力和变形的影响同样不容忽视。

(2)及时完成各项施工测试任务，采集的数据应准确、可靠，它们是施工控制的主要依据。

(3)严格按规定的施工程序进行安装架设。施工中如出现施工荷载或架设方案发生较大变更的情况，则应根据变更后的施工荷载或架设方案重新进行施工计算，以便获得与此相应的施工控制参数理论值，从而保证理论计算模式与实际施工过程的一致。

工程实践表明，斜拉桥施工中理论值与实测值偏离的程度不仅与测量、千斤顶张拉存在误差，以及理论计算时所采用的弹性模量、徐变系数、结构自重、施工荷载等设计参数与实际工程中表现出来的参数不一致等随机因素有关,而且与施工中是否严格按预定的施工顺序进行架设以及施工临时荷载的控制、测量时机的选择等人为因素密切相关。管理控制的严格与否往往直接影响到主梁线形和拉索索力偏离程度的大小。

(四)施工测试

施工测试是施工控制的重要组成部分。通过测试所获得的斜拉桥在施工各阶段结构内力和变形的第一手资料是施工控制、调整的主要依据,同时它也是监测施工、改进设计、确保结构在施工过程中安全的重要手段。施工测试的内容主要包括如下几个方面。

(1)变形测试:主要观测主梁挠度、主梁轴线偏差和塔柱水平位移的变化情况。通常使用(精密)水准仪、经纬仪、倾角仪等测量仪器。

(2)应力测试:主要测定斜拉索索力、支座反力和主梁、塔柱的应力在施工过程中的变化情况。一般使用千斤顶油压表、荷载传感器或激振法、随机振动法等测定斜拉索的索力,主梁塔柱应力的测试则使用各种应变仪(应变片)或测力计等。

(3)温度测试:主要观测主梁、塔柱和斜拉索的温度(温度场)以及主梁挠度、塔柱位移等随气温和时间变化的规律。斜拉桥的主梁为预制钢梁时,合龙段施工前夕温度测试对于合龙温度的选择和合龙段预制长度的确定具有重要的指导作用。

五、斜拉桥施工实例

铜陵长江公路大桥位于长江下游安徽省境400km长江中段,是该省第一座跨越长江的特大桥梁。该桥全长2592m、宽23m,主桥采用主跨为432m的双塔双索面半飘浮体系PC斜拉桥。主桥为斜拉桥与连续梁组合、全连续,长度为1152m。无论主孔跨径还是连续长度,均在世界同类型桥中居领先水平。该桥技术指标先进,施工难度大,在中国PC斜拉桥中在大跨度、深水基础施工等方面有其突出地位和代表性。铜陵大桥概貌见图11-3。

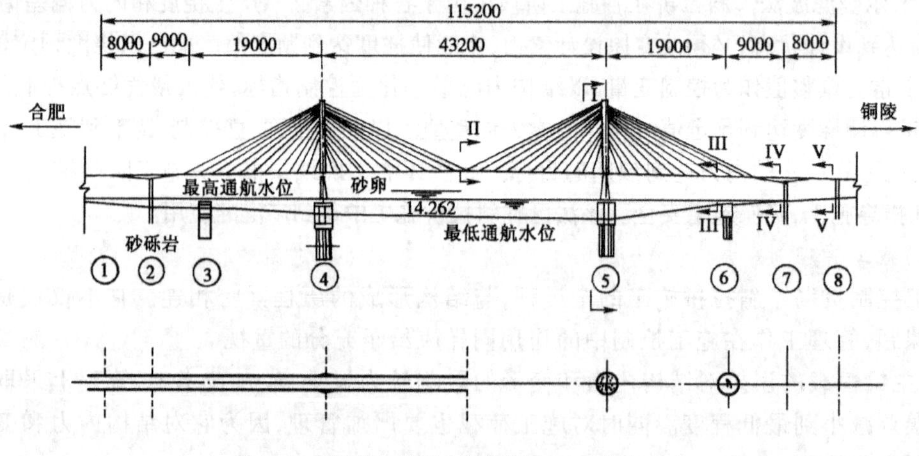

图11-3 铜陵长江公路大桥全貌图(尺寸单位:mm)

铜陵长江公路大桥斜拉桥部分施工归纳起来,其工艺技术有以下突出特点。

(一)索塔施工

主4号、主5号墩索塔自承台面以上为153.03m,其中下塔柱45.03m,中塔柱44.29m,上塔柱63.71m,为钢筋混凝土H形塔。

钢筋混凝土索塔施工有两大难以克服的缺陷:一是为保证精度、方便施工需搭设强大的钢支架,增加了施工用钢量。二是每节段浇筑间的模板接缝影响美观。针对上述问题,铜陵大桥采用了裸塔无支架爬模新工艺，采用3节共9m内外模板上下交替爬升法施工，同时内外模架兼作施工作业平台，每次浇筑高度为6m，浇筑过程中9m模板只浇6m，留1.0m左右接新浇混凝土；爬升过程中顶节模板不松动作下一次施工模架的紧固承重部件，承托新装爬升模板重力，浇下一节段塔身。如此循环爬升，施工速度快，所浇注的塔柱无明显接缝，外观漂亮。两塔共节省施工钢材5000余吨，且塔垂直精度误差仅 $H/2000$，大大高于 $H/1500$ 的设计要求。

(二)主梁施工

该桥主梁设计为肋板式结构。肋高2m，宽1.7m，板宽23m，厚0.32m，索距8m。主梁采用悬臂浇注法施工，每节梁段混凝土重3300kN，为了满足施工控制和施工速度的要求，悬臂浇注施工挂篮采用“大节距全断面整体浇筑自行式前支点挂篮”。前支点挂篮利用斜拉索拉在挂篮前端，改后支点挂篮悬臂受力状态为两端支承状态，使得挂篮受力更合理。该挂篮一次完成整体段的悬浇，自重与承重比为0.4，且具有较大刚度。挂篮基本上采用液压机械化操作系统，拉索锚固端从挂篮向梁体的转换灵活方便，被认为具有国际先进水平。

(三)斜拉索施工

斜拉索为 ϕ7mm 镀锌平行钢丝集束防护拉索，PE热挤法防护。铜陵桥主4、主5号墩塔共有26对斜拉索。其中最短1号斜拉索长为准30m，重24kN，张拉索力约为2630kN，最长的26号斜拉索长为239m，重191kN，张拉力约为5930kN。

斜拉索由厂商制作，成品卷在特制的索盘上运至工地。在工地，索盘被放置在放索船上，放索船停泊在主梁悬臂端下方，斜拉索由卷扬机牵引至梁，再徐徐进入上塔柱拉索套筒，以螺母锚固后即可等待张拉。

铜陵长江公路大桥针对20对斜拉索的不同特点采用了三种牵挂索方式：

(1)1~19号斜拉索，牵引力小于300kN。张挂方式为：先将斜拉索上端固定在塔上，后用卷扬机将斜拉索下端牵引张挂在前支点挂篮上。

(2)中跨20~26号斜拉索，牵引力300~1000kN。张挂方式为：先将斜拉索下固定在前支点挂篮上，后用1200kN连续千斤顶接过卷扬机牵引上来的斜拉索牵引进套管，并与张拉千斤顶接力将斜拉索张挂在上锚固端。

(3)主孔边跨之20~26号斜拉索，牵引力也为300~1000kN，但边孔梁跨已合龙，此时张挂方式为：先将斜拉索下固定梁上，其后斜拉索的上端张挂与(2)相同。

铜陵大桥所采用的水面进索方式，运输方便，不需要大型吊装设备；连续式千斤顶与张拉千斤顶接力挂索方式成本低，构思巧妙，结构轻简，操作容易。

(四)施工控制

铜陵大桥主梁设计系轻柔型的梁体结构，索的力度对梁体的线形影响十分敏感。因此施工控制显得非常重要。

(1)施工控制原则

从挂篮立模开始至混凝土浇筑过程中与强度形成后挂篮推出前，对斜拉索分次逐级张拉，以求得最佳索力和高程双指标。注意适当控制索力，使梁、塔内力处于最佳状态。通过索力控制与调整，使梁段高程最接近最佳线形要求。

(2)施工控制计算

主桥结构按平面有限单元结构分析。将斜拉索简化为二力杆单元，对前支点挂篮单元进行较为细致的处理，在索力和高程控制中以回避温度影响为原则，用参数识别方法保证计算参数的精确性。

计算程序将全桥的施工工况以斜拉索的施工顺序为主线分成许多阶段,计算时可以从任一阶段开始往后计算。

计算模型和程序对施工过程进行了较好的仿真计算,保证了索力和高程的控制效果。

(3)施工控制要点

由于在控制与模似计算中对索力和高程控制回避了温度影响,那么在实际操作中应注意尽量避开大的温差对梁、塔及挂篮测量的影响,更应该避开日照影响。故挂篮定位、立模与梁段浇筑及索力张拉一般均在午夜后进行,日出前全部结束。这样做化解了许多不利因素,使索力、高程、线形及各部位内力均得到了十分理想的控制,收到了满意的效果。

第二节　悬索桥施工

悬索桥施工主要有:锚碇、塔、主缆和加劲梁的制作和安装。

一、锚碇与塔的施工

1.锚碇

锚碇是主缆锚固装置的总称,由混凝土锚块(含钢筋)及支架、锚杆、鞍座(散索鞍)等组成。主缆由空中成束的形式进入锚碇,要经过一系列转向、展开、锚固的构件本节只介绍锚块及其基础。

锚块的形式可分为重力式[图 11-4a)]和隧道式[图 11-4b)]。若锚碇处有坚实岩层靠近地表,修建隧道锚(或称岩洞式锚)可能比较经济。美国华盛顿桥新泽西岸锚碇是隧道式,其混凝土用量 22200m^3,较之于续约岸锚碇所用混凝土及花岗岩镶面工程量 107000m^3,仅为其 21%。但隧道锚有传力机理不明确的缺点。美国金门大桥原设计两端部都用隧道锚,但考虑到隧道锚块混凝土将力传给周围基岩机理不明确,总工程师乃改变决定,全部采用重力式锚碇。

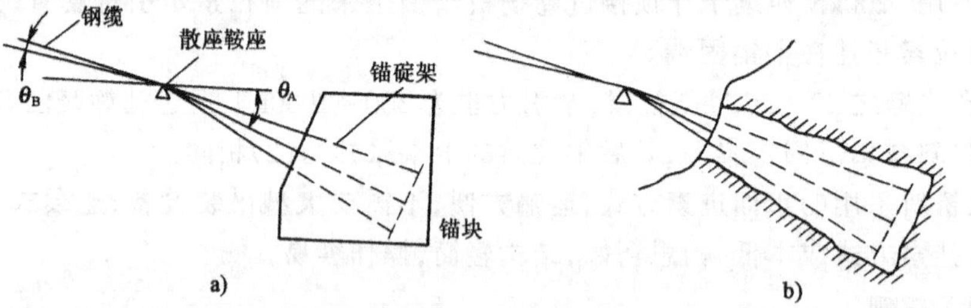

图 11-4　锚块

a)重力式;b)隧道式

有坚实基岩层靠近地表也可以采用重力式锚,让锚块嵌入基岩,使位于锚块前的基岩凭借承压来抵抗主缆的水平力。例如我国 1995 年建成的汕头海湾大桥,就是利用两岸山体岩层,设计为重力前锚式锚碇(锚块兜住石质山头,抵抗主缆拉力)。巨大的主缆拉力通过锚杆、后锚梁、锚块混凝土,均匀传递给基岩(图 11-5)。虎门大桥的东锚碇也为山后重力式锚。若坚实基岩位于桥面之下深度不过 30~50m,可修建直接坐落在基岩上的锚块。若坚实持力层埋深更大,而设计意图是使荷载完全传到该持力层,则必须设置沉井、沉箱大直径桩(含斜桩)等深基础。这样的锚碇造价当然是比较昂贵的。虎门大桥的西锚碇基础原设计为沉井加桩基方案,后经细探,发现基岩严重不平,沉井施工将会遇到很大困难,遂改为地下连续墙方案。如果将地基在荷载之下的各种变形予以充分考虑,也可以采用浅基础。

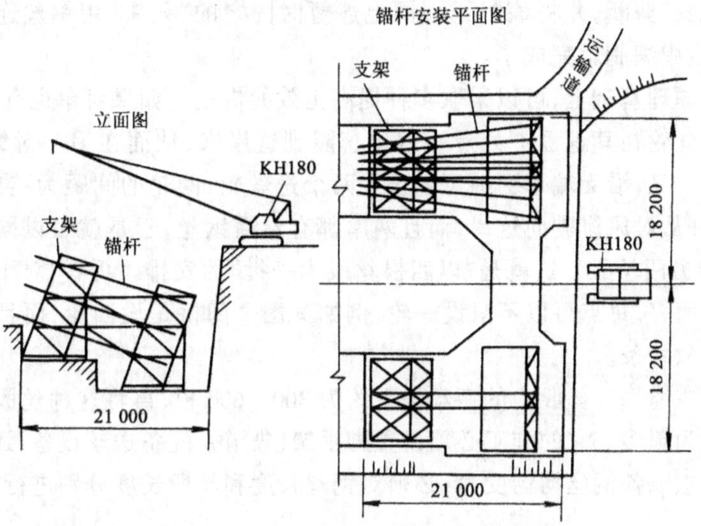

图 11-5 汕头海湾大桥锚碇(尺寸单位:mm)

2.索塔

大跨度悬索桥的索塔在 20 世纪 50 年代以前几乎都是采用钢塔,其主要优点是:施工速度快、质量容易保证、抗震性能好。直到 1958 年,法国建成主跨 608m 的其坦卡维尔悬索桥,方开始采用混凝土。我国新近建造的几座大跨度悬索桥(汕头海湾大桥、虎门大桥、西陵大桥、江阴大桥)全都是采用混凝土塔。塔的施工与斜拉桥塔基本上相同。

二、主缆架设

悬索桥的钢缆有钢丝绳钢缆和平行线钢缆。前者一般用于中小跨度的悬索桥,后者主要用于主跨为 500m 以上的大跨悬索桥。平行线钢根据架设方法分为空中送丝法(AS 法)及预制索股法(PWS 法)。

1.空中送丝法

用空中送丝法架设主缆,19 世纪中叶发明于美国,自 1855 年用于尼亚拉瓜瀑布桥以来,多数悬索桥都用这种方法来架设主缆。在桥两岸的塔和锚碇等都已安装就绪后,沿主缆设计位置,在两岸锚碇之间布置一无端牵引绳,亦即将牵引绳的端头连接起来,形成从这一岸到那岸的长绳圈。将送丝轮扣牢在这牵引绳上某处,且将缠满钢丝的卷筒放在一岸的锚碇旁,从卷筒中抽出钢丝头,暂时固定在某靴跟(可编号为 A)处,称这一钢丝头为“死头”。继续将钢丝向外抽,由死头、送丝轮和卷筒将正在输送的丝形成一个钢丝套圈,用动力机驱动牵引绳,于是送丝轮就带着钢丝送向对岸。在钢丝套圈送到对岸时,就用人工将套圈从送丝轮上取下,套到其对应的靴跟(可编号为 A')上。图 11-6 为送丝工艺示意图。随着牵引绳的驱动,送丝轮又被带回这岸,取下套圈套在靴跟 A 上,然后又送向对岸。

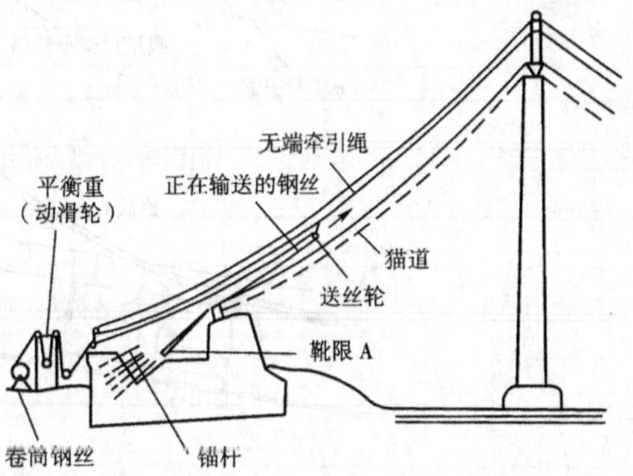

图 11-6 送丝工艺示意图

这样进行上百次，当其套在两岸对应靴跟(例如 A 及 A')上的丝数达到一丝股钢丝的设计数目时，就将钢丝"活头"剪断，并将该"活头"同上述暂时固定的"死头"用钢丝连接器连起来。这样，一根丝股的空中编制就完成了。

在上述基本原理基础上，可以采取多种提高工效的措施。如果对岸也有卷筒钢丝，可以利用刚才所说的送丝轮在其返程中另带一钢丝套圈到这岸来，从而在另一对编号为 B、B' 的靴跟之间进行编股。又，沿无端牵引绳可以设置两个送丝轮，两轮的间距为：当甲轮从这岸驶向对岸时，乙轮正好从对风岸驶向这岸，而且两岸都有卷筒钢丝，于是就可以同时在 C、C' 和 D、D' 靴跟之间编制另两丝股。这就是"以四根丝股为一批"的安排。再者，对于送丝轮扣牢在牵引绳上的两个点而言，每点可以不只设一轮，例如美国金门桥是设四轮，而且每个送丝轮上的缠槽路也可以不只一条。

空中送丝法主缆每一丝股内的钢丝根数约为 300～600 根，再将这种丝股配置成六角形或矩形并挤紧而成为圆形。它的施工必须设置脚手架(猫道)、配备送丝设备，还需有稳定送丝的配套措施。为使主缆各钢丝均匀受力，必须对钢丝长度和丝股长度分别进行调整，还应及时进行紧缆和缠缆。

2.预制索股法

用预制索股法架设主缆是 1965 年间在美国发展起来的，其目的是使空中架线工作简化。自用于 1969 年建成的纽波特桥以后使用逐渐广泛，我国新近建成的汕头海湾大桥、虎门大桥、西陵大桥、江阴长江大桥都是采用这个方法。

预制股张束 61 丝、91 丝或 127 丝，再多就太重了。两端嵌固热铸锚头，在工厂预制，先配置成六角形，然后挤紧成圆形。架设的过程同空中送线法一样，但在猫道之上要设置导向滚轮以支持绳股。

虎门大桥每束 127 丝，每丝直径 5.2mm，每根主缆 110 束，采用门架式拽拉器牵引索股，如图 11-7 所示。在猫道上设置若干个猫道门架安装门架导轮组，牵引索通过这些导轮组，牵引索上固接有拽拉器，通过主(副)牵引卷扬机的收(放)索或放(收)索，使索引索带动拽拉器穿过导轮组作往复运动。索股前端与拽拉器相连，使得索股前端约 30m 长悬在空中运行，而索股后段则支承在导向滚轮上运。此方式也可用于空中送丝法。

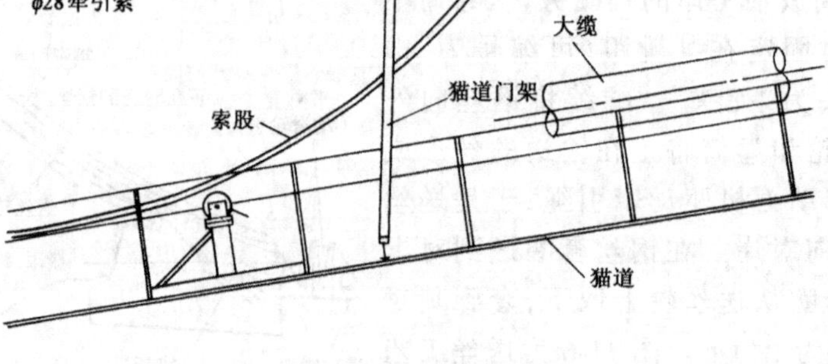

图 11-7 门架式拽拉器牵引方式

三、加劲梁架设

加劲梁架设的主要工具是缆载起重机。架设顺序可以主跨跨中开始,向桥塔方向逐段吊装;也可以从桥塔开始,向主跨跨中及边跨岸边前进。

以往加劲梁多用钢桁架,其架设方式也像钢桁架桥那样,从桥塔开始向主跨跨中和岸边逐段吊装。在每一梁段拼好以后,立即将其与对应的吊索相连,使其自重由吊索传给主缆。对于三跨悬索桥而言,一般需要四台缆载起重机,分别从两塔各向两个方向前进。边跨和主跨的跨径比,各桥不同。为了使塔顶纵向位移尽可能小,对于当主跨拼成几段时,边跨应拼几段,应该进行推算。

从桥塔开始吊的优点是施工比较方便,缺点是桥塔两侧的索夹首先夹紧,此时主缆形状与最终几何线形差别最大,因而主缆中的次应力较大。汕头海湾大桥就是采用这种方式,如图 11-8 所示。海湾大桥混凝土加劲箱梁主跨有 73 段,边跨各 24 段,首先将预制段从预制场纵、横移下海,用铁驳浮运到主跨主缆下定位,用锚固在主缆索夹上的 800kN 缆载吊机垂直起吊安装。每安装一梁段之后,吊机向前移 6m,锚固到下一对索夹上,做下一梁段的吊装准备。吊装时,采用四点吊装法。

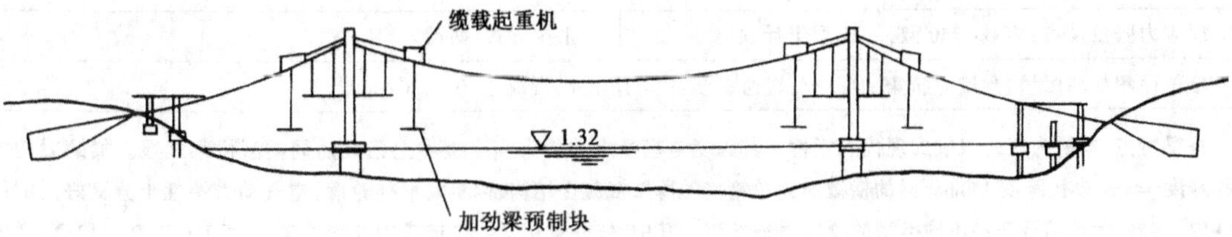

图 11-8　汕头海湾大桥吊装示意图

当加劲梁的重力逐渐作用到主缆上,主缆将产生较大的位移,改变原来悬链线的形状,所以在吊装过程中上缘一般都顶紧而下缘张开,直至全部吊装完毕下缘才闭合。如果强制使下缘过早闭合,结构或其连接件有可能因强度不够而破坏。合理的做法应该是:在架设的开始阶段,使各梁段在上缘铰接,而使下缘张开。这些上缘铰接的梁段应具备整体以横向抗弯抵抗横向风荷载的能力。待到一部分梁段业已到位,主缆线形也比较接近最终线形时,再将这一部分梁段下缘强制闭合,当然必须通过施工控制确认此时闭合是结构和其连接件都能够承受的。

英国 1966 年建成的塞文桥梁段吊装是从跨中开始,向桥塔方向前进。如果边跨较长,为避免塔顶产生过大的纵向位移,应从两岸向桥塔方向同时吊装边跨梁段,如图 11-9 所示。这种吊装次序的优点是:在架设桥塔附近的加劲梁段时,主缆线形已非常接近最终几何形状,此时将桥塔附近的索夹夹紧,主缆的永久性角位最小。虎门大桥(边跨无加劲梁)主跨 39 个梁段,其吊装次序就是先吊跨中段,再从跨中对称向两桥塔前进,直至合龙。

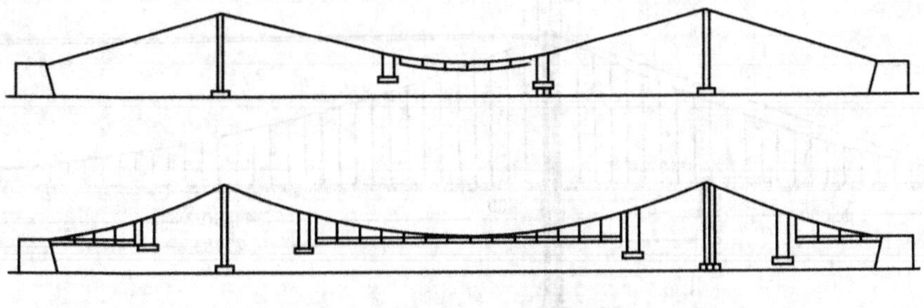

图 11-9　从跨中开始吊装示意图

四、悬索桥施工实例

汕头海湾大桥预应力混凝土加劲梁施工为例。

1.工程概况

本工程概况见表11-1,本桥设计时仍施行旧规范。

表11-1

设计单位:铁道部大桥局勘测设计院	桥梁所在地:广东省汕头市
施工单位:铁道部大桥局第三工程处	施工时间:1992.3~1995
预应力施工单位:铁道部大桥局第三工程处	桥梁用途:汽车专用公路及城市双功能
结构类型:现代悬索桥加劲梁	主跨组成:154m+452m+154m
设计荷载:6车道汽车—超20级　挂车—120	混凝土强度等级:C60
预应力部位:加劲梁纵横两向	配筋方式:体内、体外、直线、曲线
预应力筋:7-7ϕ5,9-7ϕ5钢绞线 H.D.P.E7ϕ5镀锌钢绞线 ϕ-15无粘连接钢绞线	锚具种类:QM锚
预应力张拉设备:YCD-250型,-25型千斤顶	张拉方式:两端
单位面积材料用量:预应力筋46.1kg/m^2,普通钢筋:128.1kg/m^2,混凝土:0.51m^3/m^2	
桥梁特点:本桥为三跨双铰式现代悬索桥。其跨度与规模之大均为当今世界上已成的同类型桥梁之冠。加劲梁的中孔跨度444m,边孔跨度150m。梁的横截面为单箱室的薄壁混凝土结构,倒机翼形外轮廓,空气动力特性十分良好。配用体内、体外、无粘结等三种不同类型的预应力钢丝束。其中,体外束用7-ϕ5镀锌钢绞线外包(单根)H.D.P.E护套,系国内在大桥上首次采用	

2.结构设计

本桥以主缆为承重的主体,加劲梁由间距6m的吊杆悬挂在主缆上。梁结构只起分布车辆等活载的作用,因为主缆受载后的非线性变形而被迫弯曲。在梁的两端只设限竖向位移的支座,成桥后给梁以纵向水平约束,形成半飘浮的结构体系。在平面内,三孔梁之间用水平桁架连接成半连续体系,将梁所承受的侧向风力通过水平桁架设在塔柱内壁的支承传递到主塔(图11-10)。

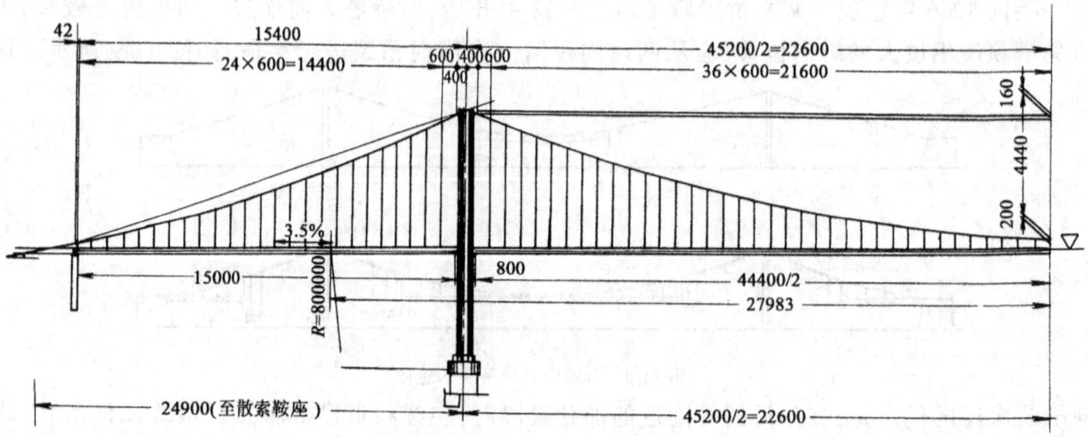

图11-10　悬索桥半立面图(尺寸单位:cm)

梁的横截面呈流线形，为薄壁单箱三室构造。顶板厚18cm，为2%的坡面。底板厚14cm，为半径76.88mm的圆弧。中腹板厚亦为18cm，边腹板为变厚度的梯形。梁的中心高度2.2m，水平投影宽度24.72m。在梁的吊点处设实腹板主横梁，向外伸出吊耳。在两吊点之间设加劲圈式的副横梁，将顶板分隔成3m的纵向跨度。

梁体采用全截面纵向分段预制的施工方案，段长5.7m，以主横梁为轴线对称分割，每段的吊装质量172t。副横梁处在0.3m宽度的工地湿接头位置，上桥后与接头混凝土一并浇制。这一构造性的安排，既有利于改善局部结构的受力，又确保了截面薄板相互对接的可靠性（图11-11）。

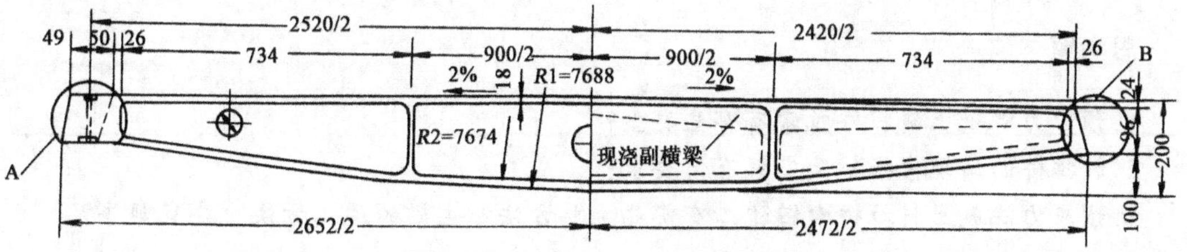

图11-11　主梁截面图（尺寸单位：cm）

3.施工

1）预制

箱梁预制段形状特别，且为薄壁，为保证形状的线形流畅，模板及胎架设计很关键。

（1）模板和模板胎架设计

箱梁能成橄榄形，全靠模板线形和刚度及模板胎架稳固调节，汕头桥箱模板全为钢模，胎架由型钢制成，而且每一支点均可调节，设计时除满足强度和刚度外，还采取了：

①在方便装拆的前提下，尽量加大模板的分块，减少拼缝，保证线形。

②保证箱梁横向预应力张拉时，箱梁自重参加作用，除底模设计成随胎架升落外，在箱梁两端还配有起顶千斤顶。

③为保证箱梁自重制精度在±2t范围内，在顶板和底板腹腔内，设置了混凝土限厚装置。

④底模、肋模均设置了附着式振动器，操作时，分区振动，保证混凝土密实。

（2）混凝土灌注

汕头海湾大桥主箱梁是一个钢筋多，孔道密集，预埋件精度要求高的薄壁混凝土结构，混凝土强度C60，用525普通硅酸盐水泥。掺用湛江FDN－3000型减水剂。混凝土配料精度：水和水泥±1%，集料±2%，每片梁段一次浇筑完成。

混凝土灌注原则：先底板及中肋根部，其次灌注箱梁主横肋腹板、中肋腹板、端腹板，最后灌注顶板。

顶板预应力束孔道，采用胶管抽拔成孔，底板体外索孔道则用预埋器氟管留孔。

2）吊装（图11-12）

每段箱梁在吊装之前，先在预制场预拼台座上进行逐一预拼。预拼主要解决采用短线法制梁所带来的互相匹配中的问题：预埋件误差；预埋孔道误差；钢筋碍事；梁段间连接件的放样、制造。即将高空中可能产生的问题，先在预制场解决。

吊装时，每段箱梁通下海重型码头装船，运至安装点，利用180t缆载吊机提升安装。梁段间彼此通过临进连接件连为一体。待121片梁段安装完毕后，灌注湿接头副横梁，穿纵向索（粘结束和体外索）张拉。形成三孔完整的桥梁。

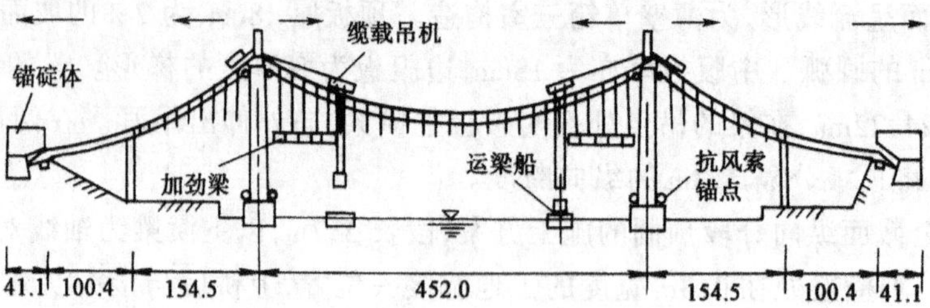

图 11-12　吊装示意图(尺寸单位:m)

吊装的顺序:以两具主塔为轴,对称地向岸侧、向中跨中心进行。

思考题

1.预应力混凝土斜拉桥拉索有哪些类型?

2.斜拉桥的斜缆索张拉及安装有何要求?

3.预应力混凝土斜拉桥索塔施工有哪些主要方法?主梁的施工方法主要有哪些?

4.斜拉桥主梁施工采用自然合龙的方法,应注意哪些问题?

第十二章　桥面系及附属工程施工

桥面系包括桥面铺装层、伸缩缝装置、桥面连续、泄水管、支座、桥面防水、桥面防护设施(防撞护栏或人行道栏杆、灯柱等)、桥头搭板等,是桥梁服务车辆、行人,实现其功能的最直接部分,其施工质量不仅影响桥梁的外形美观而且关系到桥梁的使用寿命、行车安全及舒适性,因而必须引起足够的重视。

第一节　伸缩缝装置及其安装

一、伸缩缝的基本概念及其分类

为适应材料胀缩变形对结构的影响,而在桥梁结构的两端设置的间隙称为伸缩缝;为了使车辆平稳通过桥面并满足桥面变形的需要,在桥面伸缩接缝处设置的各种装置统称为伸缩缝装置。

在我国各地使用的伸缩缝种类繁多,按其传力方式及构造特点可以分为对接式、钢质支承式、橡胶组合剪切式、模数支承式、无缝式,其形式、型号、结构如表12-1所示。

桥梁伸缩缝装置分类表　　表12-1

类别	型式	种类例	说明
1. 对接式	填塞对接式	沥青、木板填塞型	以沥青、木板、麻絮、橡胶等材料填塞缝隙的构造(在任何状态下,都处于压缩状态)
		U形镀锌铁皮型	
		矩形橡胶条型	
		组合式橡胶条型	
		管形橡胶条型	
	嵌固对接式	W型	采用不同形状的钢构件将不同形状橡胶条(带)嵌固,以橡胶条(带)的拉压变形吸收梁变位的构造
		SW型	
		M型	
		SDII型	
		PG型	
		FV型	
		GNB型	
		GQF—C型	
2. 钢质支承式	钢质式	钢梳齿板型	采用面层钢板或梳齿钢板的构造
		钢板叠合型	

续上表

类　别	型　式	种　类　例	说　　明
3. 橡胶组合剪切式	板式像胶型	BF、JB、JH、SD、SC、SB、SG、SEG 型	将橡胶材料与钢件组合，以橡胶的剪切变形吸收梁的伸缩变位，桥面板缝隙支承车轮荷载的构造
		SEJ 型	
		UG 型	
		BSL 型	
		CD 型	
4. 模数支承式	模数式	TS 型	采用异型钢材或钢组焊接与橡胶密封带组合的支承式构造
		J－75 型	
		SSF 型	
		SG 型	
		XF 斜向型	
		GQF－MZL 型	
5. 无缝式	暗缝式	GP 型(桥面连续)	路面施工前安装的伸缩构造
		TST 弹塑体	以路面等变形吸收梁变位的构造
		EPBC 弹塑体	

二、伸缩缝装置的施工程序

在《公路工程质量检验评定标准》(JTG F80/1—2003)中，桥面的平整度是一个很重要的指标，而影响桥面平整度的重要部分之一则是桥梁的伸缩装置。如果由于施工程序不合理或施工不慎，在 3m 长度范围内，其高程与桥面铺装的高程有正负误差，将造成行车的不舒适，严重的则会造成跳车，这种现象在高等级公路上更为严重。在车辆跳跃的反复冲击下，将很快的导致桥梁伸缩装置的破坏。因此，遵照伸缩装置的施工程序并谨慎施工是桥梁伸缩装置成功的重要保证。

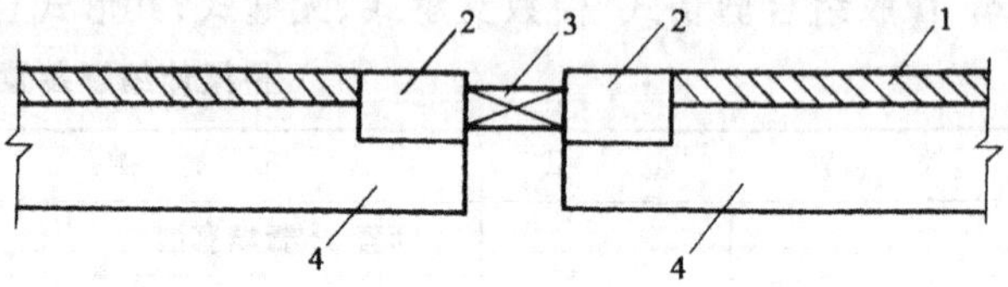

图 12-1　第 1～4 类伸缩缝结构示意图

1-桥面铺装；2-伸缩装置的锚固系统；3-伸缩装置的伸缩体；4-梁(板)体

前面已将桥梁伸缩装置分成了五大类，而前四类的组成部分可简化为如图 12-1 所示，第五类的组成可简化为如图 12-2 所示。

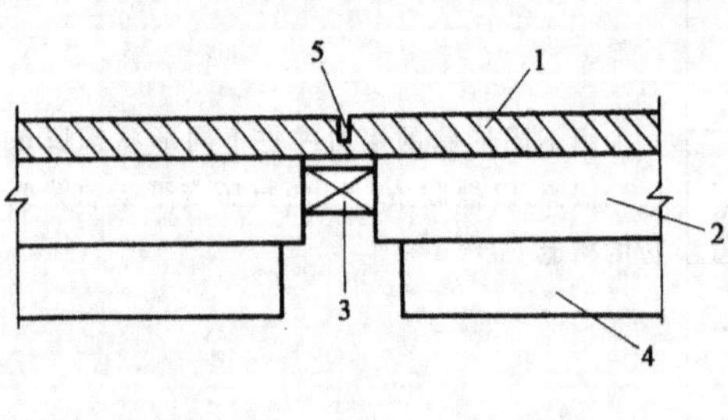

图 12-2　第 5 类伸缩缝结构示意图

1-桥面铺装 2-桥面整体化混凝土；3-伸缩体；4-梁(板)体；5-锯缝

图 12-1 形式的伸缩装置与图 12-2 形式的伸缩装置施工程序是不同的。可分别用框图表示如下：

(1)图 12-1 形式桥梁伸缩装置的施工框图如图 12-3 所示。

(2)图 12-2 形式伸缩装置一般用于伸缩量较小的小桥，其上结构多为板式结构，在板上面还设有约 10cm 厚的整体化桥面混凝土。根据这一特点，其伸缩装置的施工程序框图如图 12-4 所示。

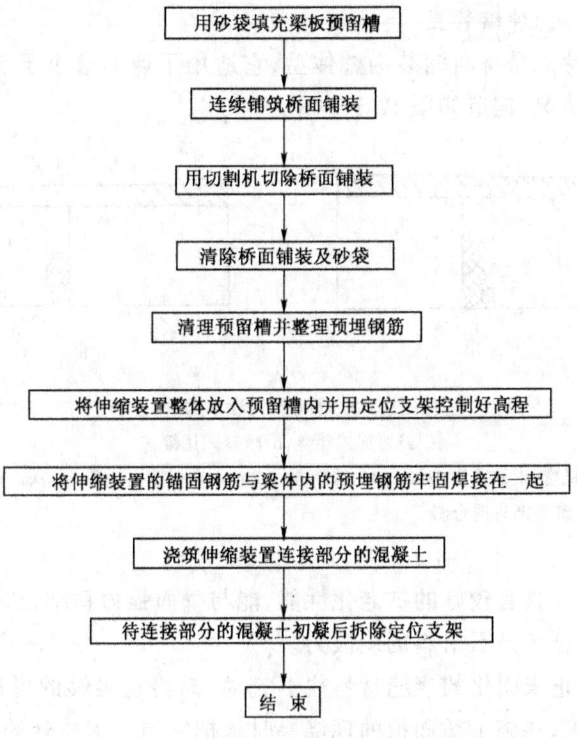

图 12-3　第 1～4 类伸缩缝施工框图

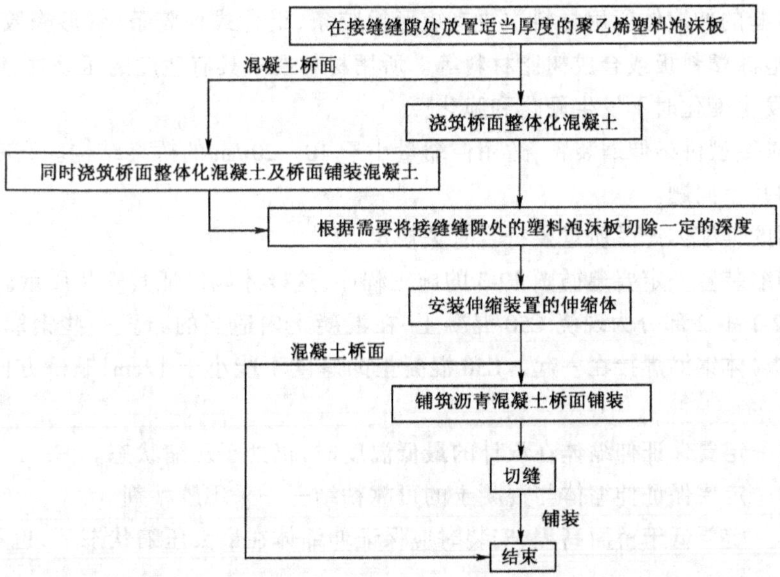

图 12-4　第 5 类伸缩缝施工框图

三、伸缩装置的锚固

根据调查，桥梁伸缩缝装置破坏的原因多数与锚固系统有关，锚固系统薄弱，本身就容易破坏，锚固系统范围内的高程控制不严，容易造成跳车，车辆的反复冲击，会导致伸缩装置过早破坏，因此，伸缩缝的锚固系统相当重要。下面就常用伸缩缝的锚固系统的基本要求做以简要介绍。

（一）无缝式（暗缝式）伸缩装置

此类伸缩装置的特点是桥面铺装为整体型，它适用于伸缩量小于5mm的桥梁，只能用于桥面是沥青混凝土的情况，构造如图12-5所示。

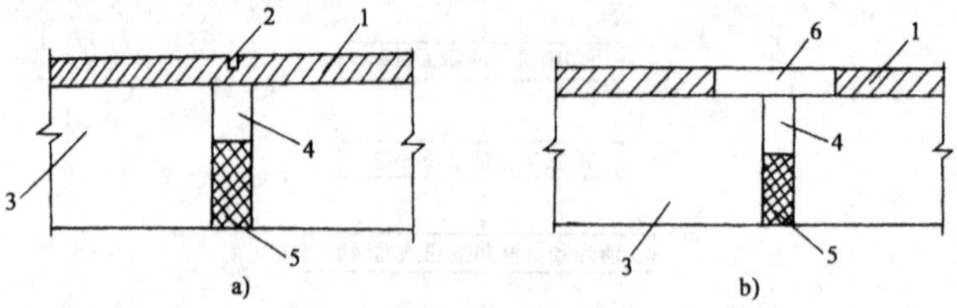

图12-5　无缝式构造示意图

a)切割式接缝；b)暗缝式接缝

1-沥青混凝土桥面铺装；2-锯缝，正常宽度5mm左右，深度30~50mm，在锯缝内浇灌5~7mm的接缝材料；3-桥面板；4-防水接缝材料；5-塞入物；6-浇筑的沥青混合料

施工要求：

（1）防水接缝材料应具有较好的抗老化性能，能与壁面强力粘结，适应伸缩变形，恢复性能好，并具有一定强度以抵抗砂石材料的刺破力。

（2）塞入物用于防止未固化的接缝材料往下流动，需要有足够的可压缩性能，如泡沫橡胶或聚已烯泡沫塑料板等，在施工桥面板的现浇层时就把它当作接缝处的模板。

（二）填塞对接型伸缩装置

该类伸缩缝的伸缩体所用材料主要有矩形橡胶条、组合式橡胶条、管形橡胶条、M形橡胶条，也要采用泡沫塑料板或合成树脂材料等。所用材料要求具有适度的压缩性、恢复性和抗老化性，在气温发生变化时不发生硬化和脆化。

（1）填塞对接型桥梁伸缩装置，适用伸缩量小于10~20mm的桥梁结构。它在安装过程中应注意如下的几个问题。

①所采用的伸缩体产品质量要符合有关规定。

②安装伸缩装置一定要遵循图12-3的施工程序，这样才能保证其安装质量。

③在图12-1中2部分为现浇C50混凝土，在混凝土内适当的布置一些钢筋或钢筋网，此钢筋要与梁（板）体钢筋焊接在一起。C50混凝土的厚度不能小于12cm，顺桥方向的宽度不小于30cm。

④安装时一定要保证伸缩体在设计的最低温度时，仍处于压缩状态。

⑤安装时一定要保证伸缩体与混凝土的可靠粘结——采用胶粘剂。

⑥伸缩体一定要低于桥面高程，安装时应保证伸缩体在最大压缩状态下，也不会高出桥面高程。

（2）胶粘剂

PG-308聚氨脂胶粘剂，具有可控制固化时间、粘结牢固的特点，与混凝土相粘结的强度大于2MPa。使用方法如下。

①配胶：本胶粘剂为双组分，I型 *A*、*B* 两组分比为100:10（质量比），*AB* 组分混合，拌和均匀即可使用。

②操作：将接缝处混凝土表面泥土、杂质清除干净，并用钢丝刷一遍，用吹灰机将浮土吹尽，保证结合面干燥。

③涂胶和贴合:涂胶层厚度以不小于 1mm 为宜。

④将伸缩体压缩放入接缝缝隙内。

⑤固化:在常温下,24h 内固化(也可根据需要调整固化时间)。

(三)嵌固对接型伸缩装置

此类形式,如 RG 型、FV 型、GNB 型、SW 型、SD 型、GQF—C 型等,它的特点是将不同形状的橡胶条用不同形状的钢构件嵌固起来,然后通过锚固系统将它们与接缝处的梁体锚固成整体,如图 12-6 所示。此类伸缩装置适用于伸缩量小于 60mm 的桥梁结构,即接缝宽度为 20 ~ 80mm。

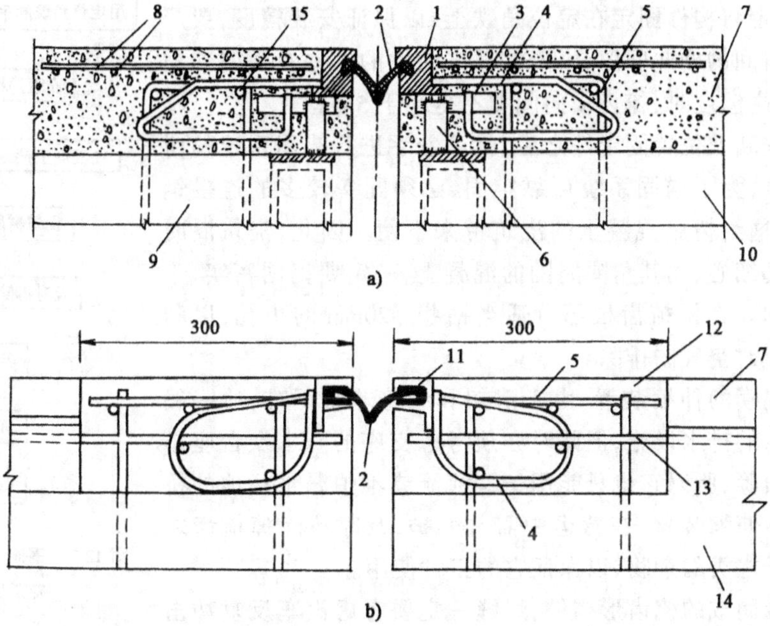

图 12-6 嵌固对接型锚固系统示意图(尺寸单位:mm)

1-异型钢;2-密封橡胶带;3-锚板;4-锚筋;5-预埋筋;6-连接钢板;7-桥面铺装;8-钢筋网;9-梁(墩台);10-梁;11-下形钢件;12-填料;13-梁主筋;14-行车道板;15-横向水平筋

嵌固对接型伸缩装置的安装:

①首先要处理好伸缩装置接缝处的梁端,因为梁预制时的长度有一定误差,在加上吊装就位时的误差,使伸缩接缝处的梁端参差不齐,故首先要处理好梁端,以有利于伸缩装置的安装。

②切除桥梁伸缩装置处的桥面铺装,并彻底清理梁端预留槽及预留埋钢筋,槽深不得小于 12cm。

③用 4 ~ 5 根角铁做定位角铁,将钢构件点焊或用螺栓固定在定位角铁上,一起放入清理好的预留槽内,立好端模(用聚乙烯泡沫塑料片材作端模,可以不拆除),并检查有无漏浆可能。

④将连接钢筋与梁体预埋牢固焊接,并布置两层钢筋网的钢筋直径为 $\phi 8$,网孔为 10cm × 10cm,然后浇筑 C50 混凝土,或 C50 环氧树脂混凝土,浇捣密实并严格养生;当混凝土初凝后,应立即拆除定位角铁,以防止气温变化梁体伸缩引起锚固系统的松动。

⑤安装密封胶条。

(四)钢质支承式伸缩装置

(1)钢形伸缩装置

钢形桥梁伸缩装置的构造是由梳型板、连接件及锚固系统组成,有的钢梳齿型桥梁伸缩装置在梳齿之间填塞有合成橡胶,起防水作用。

(2)施工安装程序

钢形桥梁伸缩装置的施工安装程序框图,如图12-7所示。

(3)施工应注意的问题

定位角铁的拆除一定要及时,以保证伸缩装置因温度变化而自由伸缩,也可采用其他方法,把相对的梳齿板固定在两个不同的定位角铁上,让它们连同相应的角铁自由伸缩。

安装施工应仔细进行,防止产生梳齿不平、扭曲及其他的变形,安装时一定将构件固定在定位角铁上,以保证安装精度,要严格控制好梳齿间的槽向间隙,由于伸缩方向性的误差及横向伸缩等原因,在最高温度时,梳齿横向间隙不得小于5mm。

当构件安装及位置固定好之后,就可着手进行锚固系统的树脂混凝土浇筑,为了锚固系统可靠牢固,必须配备较多的连接钢筋及钢筋网,这给树脂混凝土的浇筑带来不便。因此,浇筑混凝土一定要认真细心,尤其角隅周围的混凝土,一定要捣固密实,千万不可有空洞。在钢梳齿根部可适当钻些 ϕ20mm 的小孔,以利于浇筑混凝土时空气的排除。

对于小规模的伸缩装置,由于清扫和维修非常困难,故一般都不作接缝内的排水设施,但此时必须考虑支座的防水及台座排水与及时清扫等,所以它也只能用于跨河流或不怕漏水场地的桥跨结构。这种伸缩装置,在营运中需常养护,及时清除掉梳齿之间灰尘及石子之类的杂物,以保证它的正常使用。

对于焊接而成的梳齿形构件,焊缝一定要考虑汽车反复冲击下的疲劳强度。

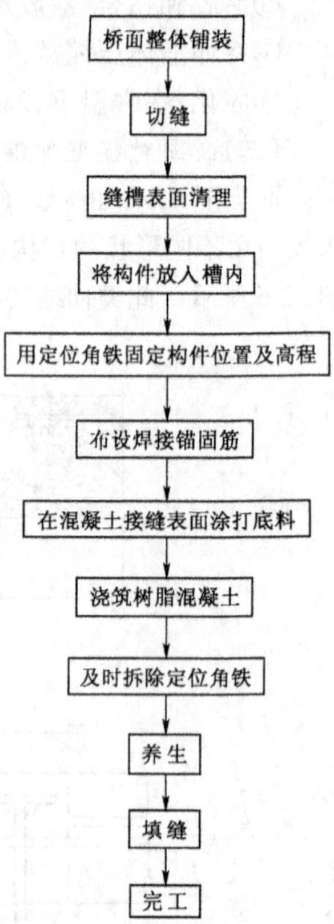

图12-7 钢制支承式伸缩装置施工安装工序框图

(4)安装时的间隙 ΔL 控制

ΔL = 总伸缩量 - 施工时伸缩量 + 最小间隙(单位mm,以下同)

也可用如下简化式计算。

a)钢梁时:

$$\Delta L = 0.66L - [(t + 10) \times 0.012L] \times 1.1 + 15 \tag{12-1a}$$

b)预应力混凝土梁时:

$$\Delta L = (0.44 + 0.6\beta)L - [(t + 5) \times 0.01L] \times 1.1 + 15 \tag{12-1b}$$

c)钢筋混凝土梁时:

$$\Delta L = (0.44 + 0.2\beta)L - [(t - 5) \times 0.01L] \times 1.1 + 15 \tag{12-1c}$$

式中:L——伸缩区段长(m);

t——安装的温度(℃);

β——徐变、干燥收缩的递减系数,如表12-2。

β 系 数 表12-2

混凝土的龄期(月)	0.25	0.5	1	3	6	12	24
徐变、干燥收缩的递减系数 β	0.8	0.7	0.6	0.4	0.3	0.2	0.1

(五)组合剪切板式橡胶伸缩装置

剪切型板式橡胶伸缩装置,在我国20世纪60年代后期就开始了应用,全国的生产厂家比较多,名称各不相同。我们按其伸缩体的受力变形机理把它分成剪切型板式橡胶伸缩装置与对接组合型板式橡胶伸缩装置两类。

板式橡胶伸缩装置,具有构造简单、安装方便、经济适用等优点。主要为适合于伸缩量30~60mm的二级以下的公路桥梁。

1.剪切型板式橡胶伸缩装置

(1)构造与安装程序

剪切型板式橡胶伸缩装置,由橡胶伸缩体与锚固系统组成,如图12-8所示,安装的工艺流程如图12-9所示。

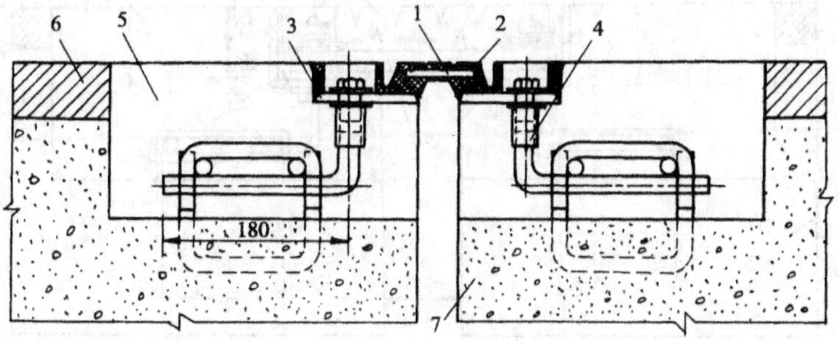

图12-8 剪切型板式橡胶伸缩装置锚固系统(尺寸单位:mm)

1-支撑钢板;2-橡胶;3-地板角钢;4-L形锚固螺拴;5-现浇C50号树脂混凝土;6-铺装;7-梁体

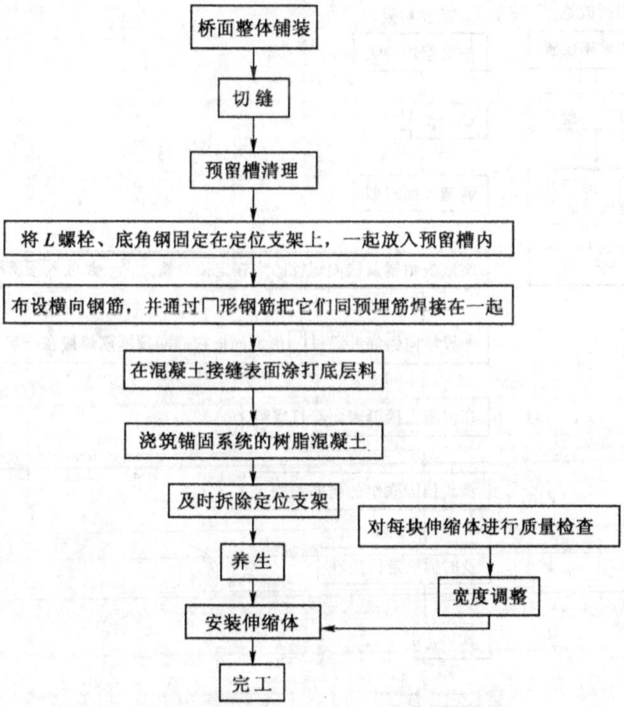

图12-9 剪切型板式橡胶伸缩装置安装程序

(2)施工注意事项

①桥面施工完成后方可进行伸缩装置的安装工作,以保证桥面与伸缩装置之间的平整度。

②伸缩装置安装一定要按照安装程序进行,尤其要注意及时拆除定位支架顺桥向的联系角钢。

③梁端加强角钢下的混凝土一定要饱满密实,不可有空洞,角钢要设排氧孔。

④一定要将伸缩装置的锚固螺栓筋及其他钢筋与预埋筋和桥面钢筋焊为一体，锚固螺栓筋的直径不得小于 18mm。

2.对接组合型板式橡胶伸缩装置

(1)构造与安装程序

对接组合型板式橡胶伸缩装置，由上下开槽的防水表层橡胶体、梳型承托钢板、槽体角钢及锚固系统四大部分组成，如图 12-10 所示，安装的工艺流程如图 12-11 所示。

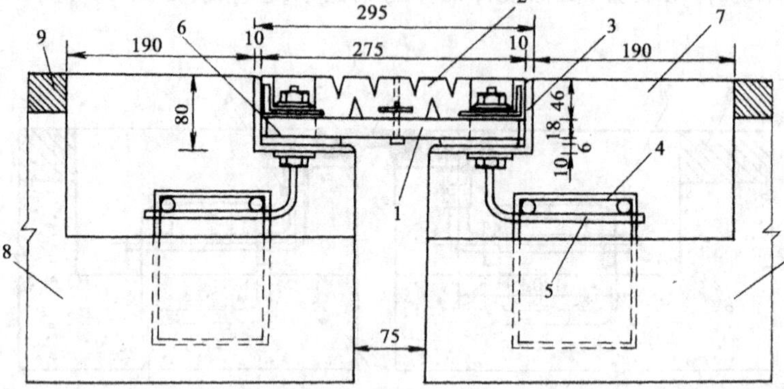

图 12-10　对接组合型板式橡胶伸缩装置构造图(尺寸单位:mm)

1- 支撑钢板;2-橡胶体;3-角钢;4-预埋钢筋;5-锚固螺栓; 6-缓冲橡胶垫铺装;7-现浇 C50 混凝土; 8-行车道板;9-桥面铺装

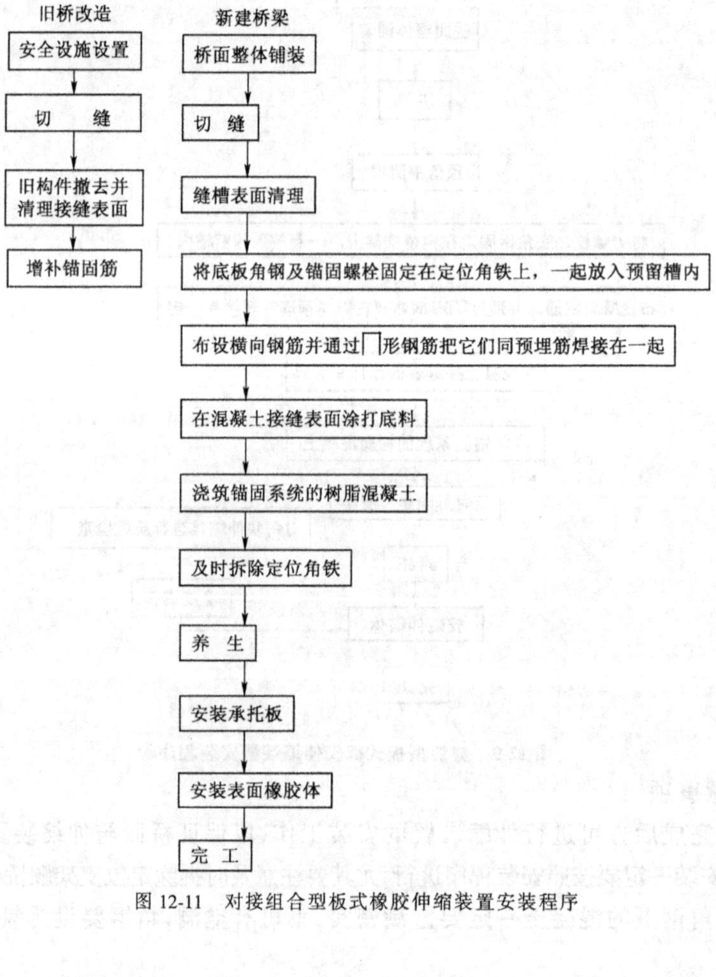

图 12-11　对接组合型板式橡胶伸缩装置安装程序

(2)施工注意事项

①桥面施工完成后方可进行伸缩装置的安装工作,以保证桥面与伸缩装置之间的平整度。

②伸缩装置安装一定要按照安装程序进行。

③将地板角钢及锚固螺栓固定在定位角铁上时,一定要仔细控制好各部位的尺寸与高程。

④地板角钢下的混凝土一定要饱满密实,不可有空洞,锚固系统的现浇树脂混凝土厚度不得小于15cm。

⑤一定要将伸缩装置的锚固螺栓筋及其他钢筋与预埋筋和桥面钢筋焊为一体,锚固螺栓筋的直径不得小于18mm。

⑥浇筑C50混凝土(或C50环氧树脂混凝土)要浇捣密实,严格养生,当混凝土初凝之后,立即拆除定位角铁,以防气温变化造成梁体伸缩而使锚固松动。

⑦在吊装大梁时,一定要严格掌握梁端的间隙。

(六)无缝式TST弹塑体伸缩缝

该伸缩缝是将专用特制的弹塑体材料TST,加热熔化后灌入经清洗加热的碎石中,形成"TST碎石桥梁弹性接缝"。由碎石支持车辆荷载,用专用粘合剂保证界面强度。其构造如图12-12所示。

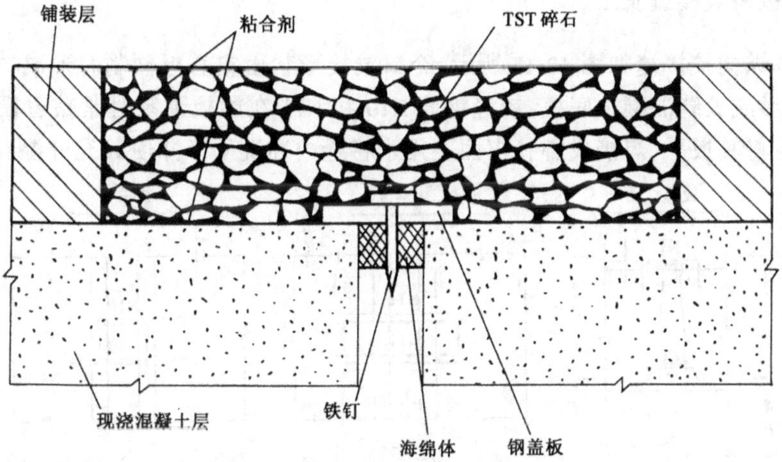

图12-12 TST碎石弹塑体伸缩缝构造

其适用范围是-25℃~+60℃温度地区,伸缩量在50mm以下的公路桥梁、城市立交桥、高架桥的伸缩接缝。它的特点是:

(1)TST碎石直接平铺在桥梁接缝处,与前后的桥面和路面铺装形成连续体,桥面平整无缝,行车平稳、舒适、无噪声、振动小,且具有便于维护、清扫、除雪等优点;

(2)构造简单,不需装设专门的伸缩构件和在梁端预埋锚固钢筋,施工方便快速,铺装冷却后,即可开放交通;

(3)能吸收各方面的变形和振动,且阻尼系数高,对桥梁减震有利,可满足弯桥、坡桥、斜桥、宽桥的纵、横、竖三个方向的伸缩与变形;

(4)用于旧桥更换伸缩缝时,可半边施工,不中断交通;

(5)接缝与桥面装连成一体,密封防水性好,耐酸碱腐蚀。

该伸缩缝施工步骤为:

(1)切割槽口或拆除旧装置;

(2)清洗烘干；

(3)涂粘合剂；

(4)放置海绵、钢盖板；

(5)主层施工；

(6)表层施工；

(7)振碾；

(8)修整。

外观要求：表面TST不高于石料面2mm，表面间断凹陷应小于35mm，不深于3mm。一般情况下施工后1～3h即可开放交通。

第二节　梁间铰接缝施工

装配式简支梁桥的梁间接缝，是保证桥梁上部形成整体结构、满足设计受力模式、实现荷载横向分布的重要构造；施工要按设计及规范要求进行，保证工程质量。

一、简支板桥铰接缝施工

简支板桥纵向铰接缝如图12-13所示，企口铰接形状由空心板预制时形成，相邻两块板底部紧密接触，形成铰缝混凝土底模，铰缝钢筋N10和N11在梁板预制时紧贴着模板向上竖起，浇筑混凝土前将其扳平，焊接或绑扎牢固。用水将缝内冲洗干净并使其充分湿润。

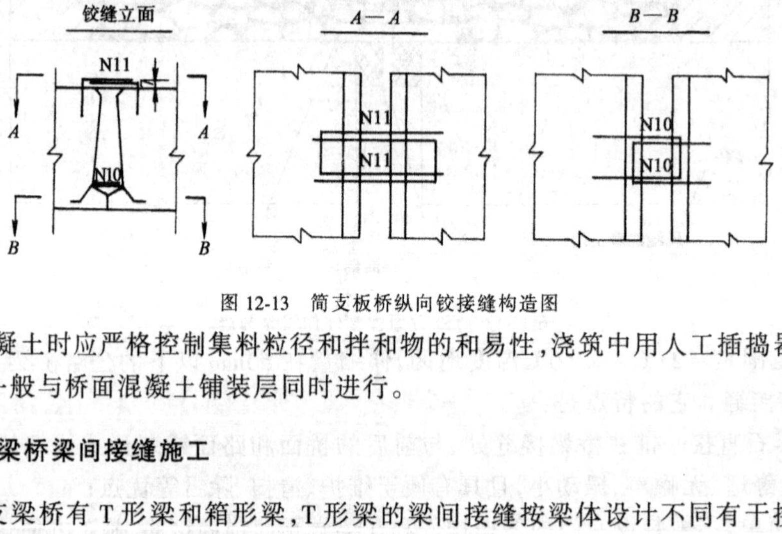

图12-13　简支板桥纵向铰接缝构造图

拌制混凝土时应严格控制集料粒径和拌和物的和易性，浇筑中用人工插捣器捣实。此项混凝土施工一般与桥面混凝土铺装层同时进行。

二、简支梁桥梁间接缝施工

常用简支梁桥有T形梁和箱形梁，T形梁的梁间接缝按梁体设计不同有干接缝和湿接缝两种，箱形梁梁间接缝通常采用混凝土现浇湿接缝。

1.干接缝

用钢板或螺栓连接将相邻两片梁翼板和横隔板焊接起来形成横向联系的方法。该方法的优点是施工方便、连接速度快、焊接后能立即承受荷载。但耗费钢材较多、需要有现场焊接设备，且有时需在桥下进行仰焊，有一定困难，整体性效果稍差一些。T形梁的连接构造示意图如图12-14所示。

在T梁翼缘板及横隔梁相应位置预埋钢板，梁架设安置好后，把相对应位置的钢板焊接相连，使其形成整体。

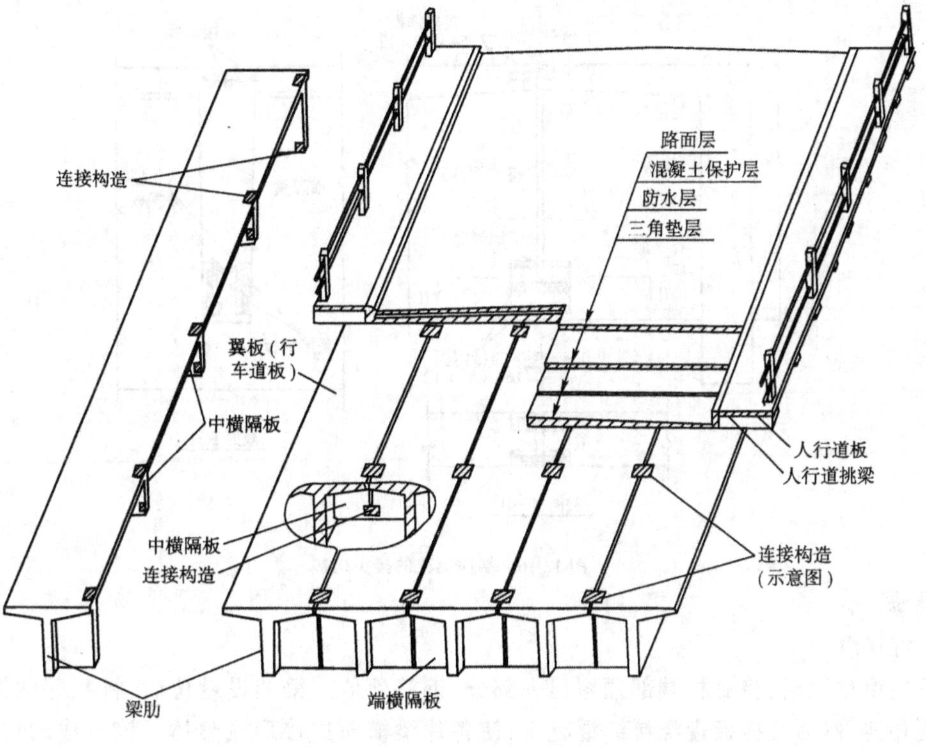

图 12-14　T 形梁的连接构造示意图

施工方法如图 12-15 和图 12-16 所示，在横隔梁靠近下部边缘的两侧和顶部的翼板内均埋有焊接钢板 A 和 B，焊接钢板则预先与横隔梁的受力钢筋焊接在一起做成安装骨架。当 T 梁安装就位后即在横隔梁的预埋钢板上在加焊盖接钢板使其连成整体。端横隔梁的焊接钢板接头构造与中横隔梁相同，但由于其外侧(近墩台一侧)不好施焊，故焊接接头只设于内侧。相邻横隔梁之间的缝隙最好用水泥砂浆填满，所有外露钢板也应用水泥浆封盖。

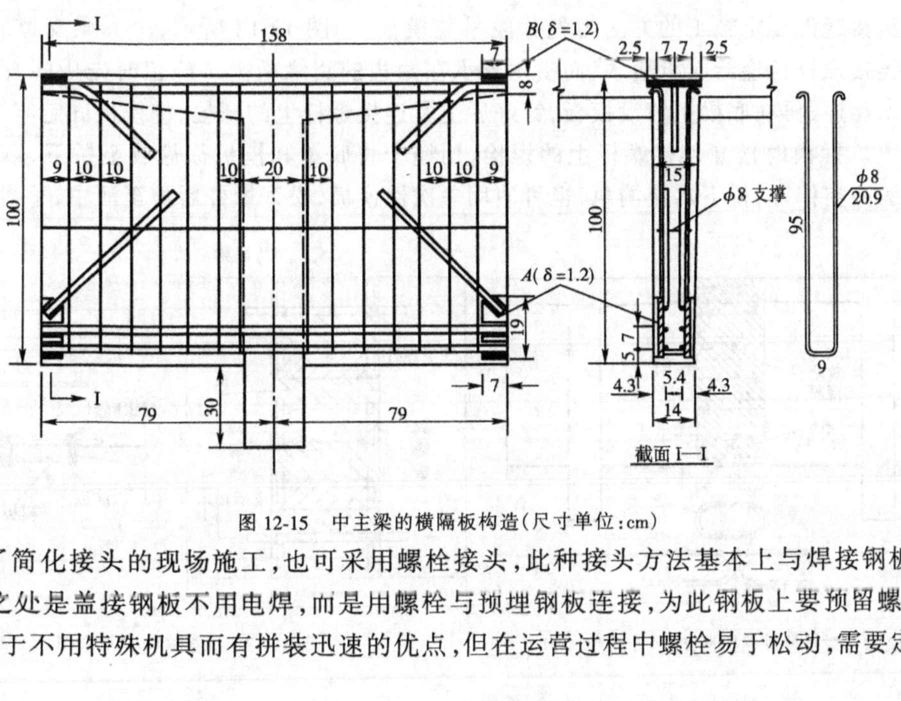

图 12-15　中主梁的横隔板构造(尺寸单位:cm)

为了简化接头的现场施工，也可采用螺栓接头，此种接头方法基本上与焊接钢板接头相同，不同之处是盖接钢板不用电焊，而是用螺栓与预埋钢板连接，为此钢板上要预留螺栓孔，这种接头由于不用特殊机具而有拼装迅速的优点，但在运营过程中螺栓易于松动，需要定期进行

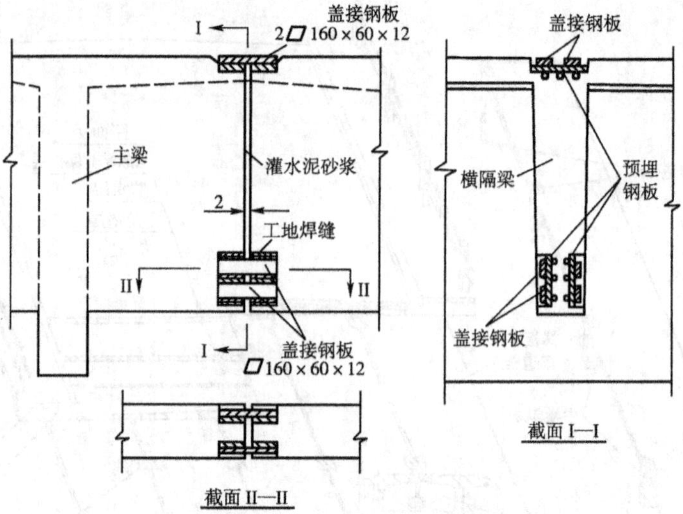

图 12-16　端横隔梁的接头构造

检查维修。

2.湿接缝

系主梁预制时,将翼板端部预留出一部分,钢筋外伸。梁架设就位后,将相邻两翼板的钢筋焊接相连,然后支撑板现浇接缝混凝土,使各片梁横向连接形成整体。该方法的优点是,节省钢板用量、整体性好;缺点是施工较复杂、接缝混凝土养生达到初期后方能承受荷载。

接缝构造如图 12-17 所示。无论是 T 梁还是箱梁其构造相同,都是把翼梁板和横隔板用现浇相连。图中阴影部分即为现浇混凝土。除了梁翼缘钢筋外伸相互对接外,还要加设扣环钢筋。横隔梁在预制时在接缝处伸出钢筋和扣环 A,安装时在相邻构件的扣环两侧在安上腰圆形接头扣环 B,在形成的圆环内插入分布筋后就现浇混凝土封闭接缝,接缝宽度约为0.20~0.50m。

翼板接缝混凝土施工的方法为先分段吊装模板,如图 12-18 所示,由底梁支撑着模板,其重力靠连接螺杆传递给支承横木,而横木支承在两边的翼缘板上。施工时先用螺杆把底梁与支承横木相连,再在底梁上钉设模板,钉好后上紧连接螺杆上的螺栓,使模板固定牢靠,然后现浇混凝土。拆模时松开连接螺杆上的螺栓,用绳子将底梁和模板徐徐放至桥下,以便回收利用。若为高空作业,桥下水流湍急,也可使用一次性模板,松开螺杆后掉至河中,不再使用。

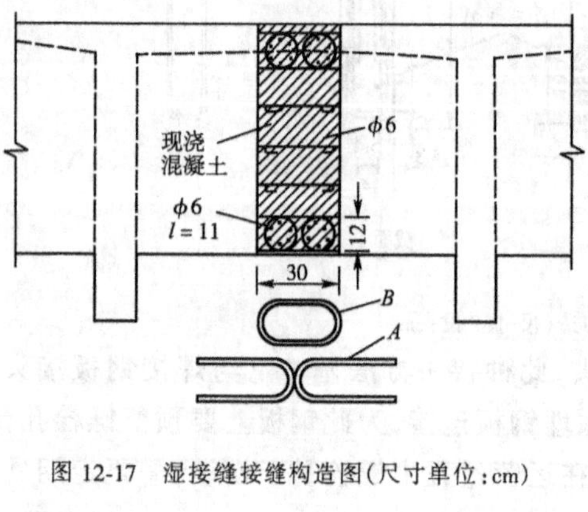

图 12-17　湿接缝接缝构造图(尺寸单位:cm)

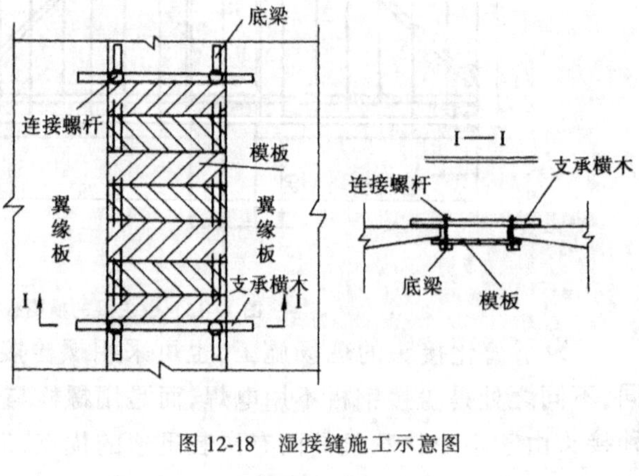

图 12-18　湿接缝施工示意图

横隔板的湿接缝施工难度较大，应在翼板接缝之前施工，端横隔板的施工较简单，工人可以站在墩台帽上立模浇筑接缝混凝土。中横隔板接缝施工则较为困难，若条件允许可在桥下设临时支架或用高空作业车将工人送至预定高度立模浇筑。若桥下有水，则应设法从桥面向下悬吊施工，不仅横板要有悬吊设施，人员也要系安全带从桥面悬吊下去施工，要特别注意施工安全。

三、先简支后连续梁桥的梁端接缝施工

先简支后连续的连续梁桥，在墩顶处的连续有单支座和双支座两种方法，施工工艺和体系转换方法有所不同。

1. 单排支座先简支后连续桥梁

这种连续梁桥建成后在墩顶连续处只有一排支座，内力分布效果好，负弯矩峰值较高，能大幅削减跨中正弯矩，使内力分布均衡，但施工方法较为麻烦，且连续处要设置顶部预应力钢筋，施工过程如图 12-19 所示。

预制顶梁时在梁端顶板上预留预应力孔道，并预设齿板，预留工作人洞，凡做连续一端均不做封锚端，将顶板、底板、腹板普通钢筋伸出梁端，架梁时先设置两排临时支座，使梁呈简支状态。临时支座用硫磺和电热丝制作，既要保证强度，又能在通电加热后熔化。

梁架好后，在墩顶设计位置安放永久性支座及垫石，布置模板，将设计要求的普通钢筋焊接相连，并布设箍筋。在顶部布设与原梁体预留孔道相对应的预应力筋孔道，现浇连接混凝土养生至强度达到 90%后拆除模板，自顶板人孔进入穿丝张拉预应力钢筋，并予以锚固。然后给临时支座通电使其受热软化，从而使永久支座发挥作用，实现体系转化。拆除临时支座，现浇混凝土封闭入孔即完成连续化施工。

2. 双排支座先简支后连续梁桥

该类连续梁受力接近于简支梁，但由于施工简单，体系转化方便，被广泛采用。施工方法如图 12-20 所示。

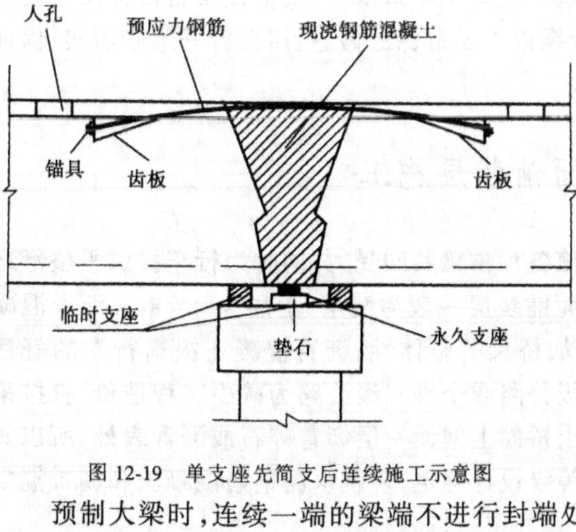

图 12-19　单支座先简支后连续施工示意图

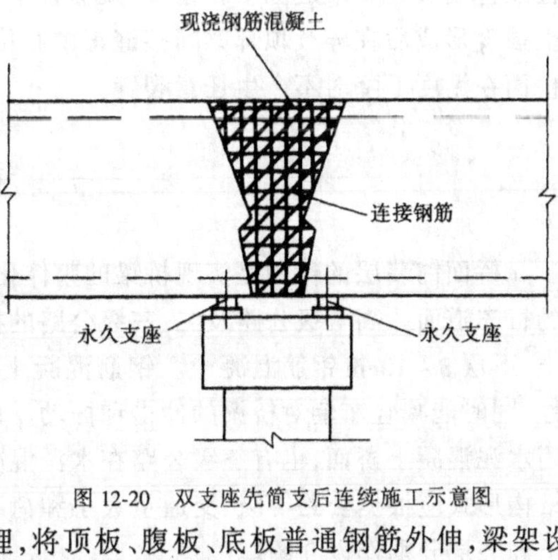

图 12-20　双支座先简支后连续施工示意图

预制大梁时，连续一端的梁端不进行封端处理，将顶板、腹板、底板普通钢筋外伸，梁架设前一次性将两排永久性支座安放牢固，梁架设就位后在梁端底部和两边梁外侧安放模板，中间以端模梁为模，将两梁端外留钢筋焊接相连，注意使搭接长度和位置满足规范要求，然后现浇与梁体相同强度等级的混凝土，养生达到要求后即实现体系转化，完成连续化施工。

这种方法不用更换支座，也不在梁顶施加预应力，故简单实用。注意由于连接处墩顶有负弯矩，而又没有施加预应力，必然会产生正常裂缝，为防止桥面水从缝中渗入，锈蚀钢筋，需在梁顶前后各4m范围内设置防水层。

四、桥面连续施工

为了减少桥面伸缩缝数量，保证行车安全平顺，目前简支梁桥均采用桥面连续。桥面连续的道数及联跨长度根据当地气温和桥梁跨径由设计部门计算确定，桥面连续的构造如图12-21所示。

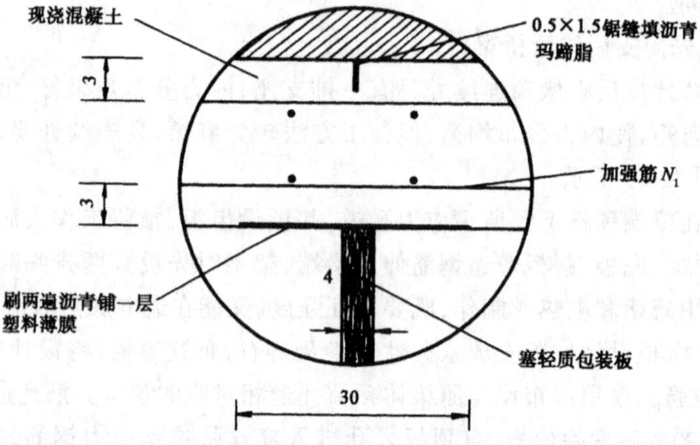

图12-21 桥面连续大样示意图(尺寸单位:cm)

桥面连续与桥面铺装层混凝土同时施工，按交通部有关规定，桥面钢筋网采用ϕ12钢筋，间距15cm×15cm靠顶层布设，至混凝土顶面净保护层1.5cm。桥面连续处为保证梁体伸缩应力能通过连续部位传递，在桥面铺装层顶层部位增加一层纵向联结钢筋，一般选用ϕ8钢筋，间距5cm，在底层还要增设分布钢筋和连接筋，同样为ϕ8钢筋，间距5cm。浇筑混凝土之前用轻质包装板将梁端缝隙填塞密实，既保证上部现浇混凝土不致落下，又能使梁自由伸缩。混凝土强度形成后在连续顶部梁间接缝正中心位置锯以1.5cm深的假缝，用沥青马蹄脂填实，保证桥面在温度下降时不产生任意裂缝。

第三节　桥面铺装层施工

桥面铺装层的作用是实现桥梁的整体化，使各片主梁共同受力，同时为行车提供平整舒适的行车道面。高等级公路及二、三级公路的桥面铺装层一般为两层，上层为4～8cm沥青混凝土，下层8～10cm钢筋混凝土。钢筋混凝土增加桥梁的整体性，沥青混凝土提高行车的舒适性，同时能减轻车辆对桥梁的冲击和振动。四级公路或个别三级公路为减少工程造价，直接采用水泥混凝土桥面，也有三级公路在水泥混凝土桥面上铺设一层沥青碎石或沥青表处，所以其结构形式应根据公路等级、交通量大小和荷载等级设计确定，现就水泥钢筋混凝土和沥青混凝土铺装层分别作以介绍。

一、钢筋混凝土桥面铺装层施工

1.梁顶高程的测定和调整

预应力混凝土空心板或大梁在预制后存梁期间由于预应力的作用,往往会产生反拱,如果反拱过大就会影响到桥面铺装层的施工,因此设计中对存梁时间、存梁方法都做了一定要求。如果架梁前已发现反拱过大,则应采取降低墩顶高程、减少垫石厚度等方法,保证铺装层厚度。架梁后对梁顶高程进行测量,测定各跨中线、边线的跨中和墩顶处的高程,分析评价其是否满足规范要求,若偏差过大,则应采取调整桥面高程、改变引线纵坡等方法,以保证铺装层厚度,使桥梁上部结构形成整体。

2.梁顶处理

为了使现浇混凝土铺装层与梁、板结合成整体,预制梁板时对其顶面进行拉毛处理,有些设计中要求梁顶每隔 50cm,设一条 1~1.5cm 深齿槽。浇筑前要用清水冲洗梁顶,不能留有灰尘、油渍、污渍等,并使板顶充分湿润。

3.绑扎布设桥面钢筋网

按设计文件要求,下料制作钢筋网,用混凝土垫块将钢筋网垫起。满足钢筋设计位置及混凝土净保护层的要求,若为低等级公路桥梁,用铺装层厚度调整桥面横坡,横向分布钢筋要做相应弯折,与桥面横坡相一致。在两跨连接处,若为桥面连续,应同时布设桥面连续的构造钢筋,若为伸缩缝,要注意做好伸缩缝的预埋钢筋。

4.混凝土浇筑

对板顶处理情况、钢筋网布设进行检查,满足设计和规范要求后,即可浇筑混凝土,若设计为防水混凝土,其配合比及施工工艺应满足规范要求。浇筑时由桥一端向另一端推进,连续施工,防止产生施工缝,用平板式振捣器振捣,确保振捣密实。施工结束后注意养护,高温季节应采用草帘覆盖,并定时洒水养生,在桥两端设置隔离设施,防止施工或地方车辆通行,影响混凝土强度。待混凝土强度形成后,方能开放交通或铺筑上层沥青混凝土。

二、沥青混凝土面层施工

桥面沥青混凝土与同等级公路沥青混凝土路面的材料、工艺、施工方法相同,一般与路面同时施工。采用拌和厂集中拌和,现场机械摊铺,沥青材料及混合料的各项指标应符合设计和施工规范要求。沥青混合料每日应做抽提试验(包括马歇尔稳定度试验),严格控制各种矿料和沥青用量及各种材料和沥青混合料的加热温度,用胶轮压路机进行碾压成形,碾压温度要符合要求。摊铺后进行质量检测,强度和压实度要达到合格,厚度允许偏差 +10、-5mm,平整度对于高等级公路桥梁 IRI(m/km)不超过 2.5,均方差不超过 1.5mm,其他公路桥梁 IRI 值不超过 4.2m/km,均方差 σ 不超过 2.5mm,最大偏差值不超过 5mm,横坡不超过 ±0.3%。

注意铺装后桥面的泄水孔的进水口应略低于桥面面层,保证排水顺畅。

第四节　其他附属工程施工

桥面其他附属工程包括人行道、桥面防护(栏杆、防撞护栏)、泄水管、灯柱支座、桥面防水、桥头搭板等。高等级公路以及位于的二、三级公路上的桥梁通常采用防撞护栏,而城市立交桥,城镇公路桥及低等级公路桥往往要考虑人群通行,设人行道。灯柱一般只在城镇内桥梁上设置。

1.防撞护栏施工

边板(梁)预制时应在翼板上按设计位置预埋防撞护栏锚固钢筋,支设护栏模板时应先进行测量放样,确保位置准确。特别是位于曲线上的桥梁,应首先计算出护栏各控制点坐标,用全站仪逐点放样控制,使其满足曲线线形要求。绑扎钢筋时注意预埋防护钢管支撑钢板的固定螺栓,保证其牢固可靠。在有伸缩缝处,防撞护栏应断开,依据选用的伸缩缝形式,安装相应的伸缩装置。混凝土浇筑及养生与其他构件相同。

2.人行道、栏杆施工

人行道、栏杆通常采用预制块件安装施工方法,有些桥的人行道采用整块预制,分中块和端块两种,若为斜交桥其端块还要做特殊设计。预制时要严格按照设计尺寸制模成形,保证强度。大部分桥梁人行道采用分构件预制法,一般分为 *A* 挑梁、*B* 挑梁、路缘石、支撑梁、人行道板五部分,如图 12-22 所示。*A*、*B* 挑梁,人行道板为预制构件,路缘石和支撑梁采用现浇施工。注意 *A* 挑梁上要留有槽口,保证立柱的安装固定。栏杆的造型多种多样,一般由立柱、扶手、栅栏等几部分组成,均为预制拼装。施工时应注意以下几点:

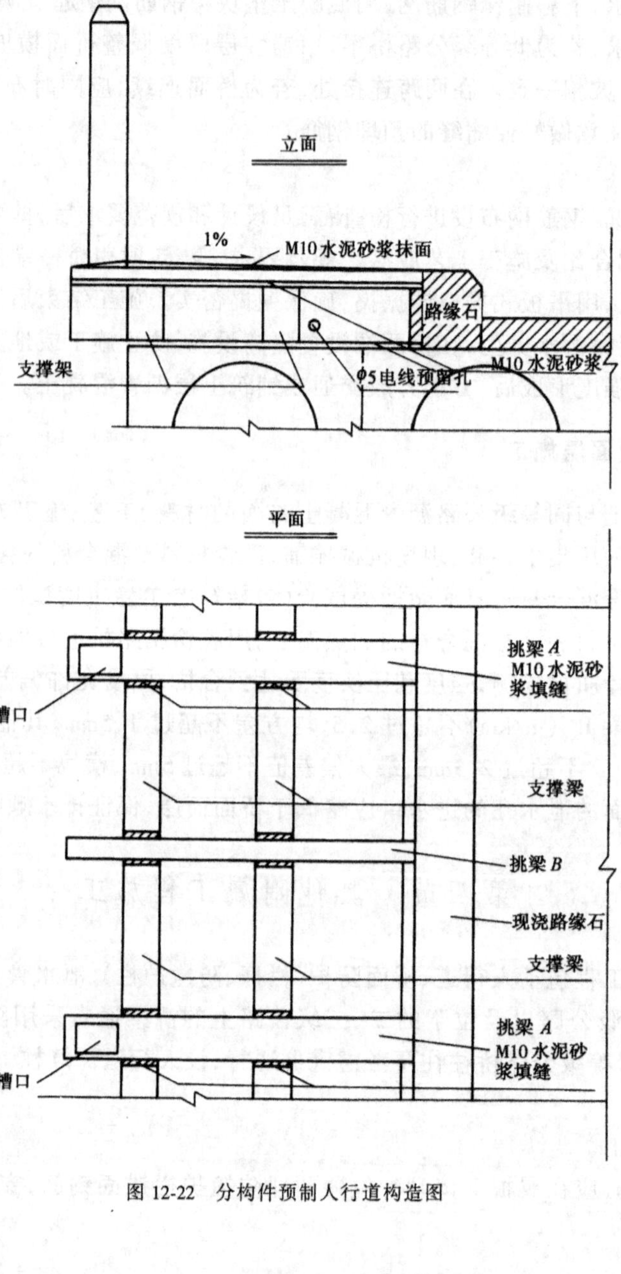

图 12-22　分构件预制人行道构造图

(1)悬臂式安全带和悬臂式人行道构件必须与主梁横向联结或拱上建筑完成后才可安装；

(2)安全带梁及人行道梁必须安放在未凝固的 M20 稠水泥砂浆上，并以此来形成人行道顶面设计的横向排水坡；

(3)人行道板必须在人行道梁锚固后才可铺设，对设计无锚固的人行道梁，人行道板的铺设应按照由里向外的次序；

(4)栏杆块件必须在人行道板铺设完毕后才可安装，安装栏杆柱时，必须全桥对直、校平(弯桥、坡桥要求平顺)、竖直后用水泥砂浆填缝固定；

(5)在安装有锚固的人行道梁时，应对焊接认真检查，注意施工安全；

(6)为减少路缘石与桥面铺装层中渗水，缘石宜采用现浇混凝土，使其与桥面铺装的底层混凝土结为整体。

3. 灯柱安装

灯柱通常只在城镇设有人行道的桥梁上设置，灯柱的设置位置有两种：一种是设在人行道上；另一种是设在在栏杆立柱上。

第一种布设较为简单，在人行道下布埋管线，按设计位置预设灯柱基座，在基座上安装灯柱、灯饰，连接好线路即可。这种布设方法大方、美观、灯光效果好，适合于人行道较宽(大于1m)的情况。但灯柱会减小人行道的宽度，影响行人通过，且要求灯柱布置稍高一些，不能影响行车净孔。

第二种布设稍麻烦一些，电线在人行道下预埋后，还要在立柱内布设线管通至顶部，因立柱既要承受栏杆上传来的荷载，又要承受灯柱的质量，因此带灯柱的立柱要特殊设计和制作。在立柱顶部还要预设灯柱基座，保证其连接牢固。这种情况一般只适用于安置单火灯柱，灯柱顶部可向桥面内侧弯曲延伸一部分，以保证照明效果。该布置法的优点是灯柱不占人行道空间，桥面开阔，但施工、维修较为困难。

规范要求桥上灯柱应按设计位置安装，必须牢固，线条顺直，整齐美观，灯柱电路必须安全可靠。

大型桥梁须配置照明控制配电箱，固定在桥头附近安全场所。

检查验收标准：灯柱顺桥向位置偏差不能超过 100mm，横桥方向偏差不能超过 20mm，竖直度：顺桥向、横桥向均不能超过 10mm。

思考题

1. 桥面常用伸缩缝类型有哪些？
2. 无缝式 TST 弹塑体伸缩缝的特点是什么？
3. 简支梁桥梁间接缝类型主要有哪两种？其施工技术要点是什么？
4. 何谓桥面连续？桥面连续施工有何要求？
5. 钢筋混凝土桥面铺装层施工有何注意事项？
6. 人行道、栏杆采用预制块件安装施工时应注意哪些内容？

《桥涵施工技术》课程参考教学大纲

（参考学时:60 学时）

一、本课程在专业中的性质、地位与任务

桥涵施工技术是道路桥梁工程技术及相关专业的一门必修课。是研究如何综合运用各种施工工艺、施工技术以及现代科学技术手段,科学合理地组织和实施桥涵工程的施工,以满足桥涵工程的质量要求、技术要求和实用要求的一门实用性技术科学。

本课程的主要任务是通过教学、实践等环节,使学生掌握桥涵工程的各阶段各工序的施工工艺、施工技术以及施工组织管理等内容,具有解决生产实际问题的初步能力,为从事桥涵工程的施工工作奠定基础。

二、教学基本要求

通过本门课程的学习,学生应达到如下基本要求:

1.了解或掌握桥涵工程施工进度控制和工程质量控制及验收方面的基本知识;

2.了解或掌握有关施工设备和施工机械的种类以及施工设备和施工机械的选型与配套;

3.初步掌握桥涵工程施工放样技术;

4.掌握桥梁基础施工中几种常用基础的施工技术;

5.掌握桥梁下部结构工程的施工技术;

6.掌握桥梁上部结构工程的主要施工技术;

7.初步掌握其他大型桥梁的施工技术;

8.掌握各种涵洞工程的施工技术;

9.掌握桥梁施工组织管理的基本内容并能完成施工组织设计。

三、教学内容与基本要求

(一)课程内容

1.桥涵施工的常用设备

(1)桥涵施工的常备式结构

(2)桥涵施工主要起重机具设备

(3)混凝土施工设备

(4)预应力张拉设备

(5)其他常用机具及设备

2.涵洞施工技术

(1)各种类型涵洞施工

(2)涵洞附属工程施工

3.桥梁基础施工

(1)明挖扩大基础施工

(2)桩基础施工

(3)组合基础施工

4.桥梁墩台施工

(1)混凝土墩台与石砌墩台施工

(2)装配式墩台施工

(3)滑动模板施工

5.钢筋混凝土简支梁桥施工

(1)施工支架与模板

(2)钢筋骨架的安装

(3)混凝土工程

(4)构件的移运、堆放

(5)装配式梁桥的安装

6.预应力混凝土简支梁桥施工

(1)先张法预应力简支梁桥的施工工艺

(2)后张法预应力简支梁桥的施工工艺

7.预应力混凝土连续梁桥施工

(1)有支架就地浇筑施工

(2)逐孔施工法

(3)移动模架法

(4)顶推法施工

8.悬臂施工法

(1)悬臂浇筑法施工

(2)悬臂拼装法施工

9.拱桥施工

(1)拱桥的有支架施工

(2)拱桥的悬臂浇筑施工

(3)拱桥的装配式施工

(4)钢管混凝土拱桥施工

(5)拱桥的转体施工

10.其他主要桥型施工技术简介

(1)斜拉桥施工

(2)悬索桥施工

11.桥面系及附属工程施工

(1)伸缩缝装置及其安装

(2)梁间铰接缝施工

(3)桥面铺装层施工

(4)附属工程施工

(二)教学要求

1.桥涵施工的常用设备

要求学生重点掌握预应力张拉设备,初步掌握混凝土施工设备、施工主要起重机具设备,其他内容只作一般了解。

2.涵洞施工技术

要求学生重点掌握各种类型涵洞施工技术,初步掌握涵洞附属工程施工技术。

3.桥梁基础施工

要求学生重点掌握桩基础施工技术,初步掌握明挖扩大基础施工,组合基础施工只作一般了解。

4.桥梁墩台施工

要求学生重点掌握混凝土墩台施工技术,初步掌握滑动模板施工技术,其他内容只作一般了解。

5.钢筋混凝土简支梁桥施工

要求学生重点掌握施工支架与模板、钢筋骨架制作与安装及混凝土工程技术,其他内容只作一般了解。

6.预应力混凝土简支梁桥施工

要求学生重点掌握先张法及后张法、预应力施工技术,初步掌握后张法预应力简支梁桥的施工工艺。

7.预应力混凝土连续梁桥施工

要求学生重点掌握有支架就地浇筑施工技术,初步掌握逐孔施工法中主要施工技术要点,了解移动模架法、顶推法的基本概念。

8.悬臂施工法

要求学生重点掌握悬臂浇筑法施工和悬臂拼装法施工的主要施工工艺过程,初步掌握挂篮和架桥机拼装的受力计算。

9.拱桥施工

要求学生重点掌握拱桥的有支架施工技术,初步掌握装配式拱桥施工,其他内容只作一般了解。

10.其他主要桥型施工技术

要求学生重点掌握斜拉桥施工中索塔施工、主梁施工、斜拉索施工工艺流程,初步掌握悬索桥的施工工艺流程。

11.桥面系及附属工程施工

要求学生重点掌握桥面铺装层施工,初步掌握梁间铰接缝施工技术与伸缩缝装置及其安装技术,其他内容只作一般了解。

四、课程实践环节

1.生产实习

生产实习是一个非常重要的实践性教学环节,应当安排在技术和管理水平较高且有一定代表性的施工工地上进行,时间不得少于2周。通过生产实习使学生获得有关桥涵工程施工方面的实际技能和感性认识,巩固和深化所学知识,提高解决生产实际问题的基本能力,为从事桥涵工程施工工作奠定基础。

2.多媒体教学

结合课堂教学进度及时组织学生观看有关桥涵工程施工方面的图片和录像,授课教师要尽可能采用多媒体课件进行教学,增强桥涵施工技术的感性认识。

3.就近组织教学参观,针对性选择本地区各种主要桥梁进行参观,达到理论联系实际的目的。

4.不定期组织专家进行桥涵施工技术的专题讲座,以丰富教学内容。

五、学时分配建议

第一章	总论	2学时
第二章	桥涵施工的常用主要设备	4学时
第三章	涵洞施工技术	6学时
第四章	桥梁基础施工	6学时
第五章	桥梁墩台施工	4学时
第六章	钢筋混凝土简支梁桥施工	4学时
第七章	预应力混凝土简支梁桥施工	6学时
第八章	预应力混凝土连续梁桥施工	6学时
第九章	悬臂施工法	6学时
第十章	拱桥施工	6学时
第十一章	其他主要桥型施工技术简介	6学时
第十二章	桥面系及附属工程施工	4学时

六、说明

1.本教学基本要求适用于道路桥梁工程技术专业及相关专业,参考总学时为60学时。

2.本课程与其他课程的衔接与分工:

(1)学习本课程之前,学生应具备一定的工程力学、结构力学、工程地质与土力学、桥涵水文与水力学、工程制图、工程测量、道路建筑材料、结构设计原理、桥涵设计等方面的基本知识。

(2)学生学完本课程之后,可掌握有关桥涵工程施工方面的各种技术和方法以及解决生产实际问题的基本技能。为做好毕业设计(论文)和实习打下了良好的基础。

3.课程的作业要求

(1)本课程必须结合理论教学安排适当数量的习题。一般控制在20~30题,内容包括适量的思考题和综合题。内容是某些桥涵工程主要工序的施工方法,桥梁施工组织设计等,以提高学生的施工能力和项目管理水平。

(2)要求建立桥涵施工技术职业技能试题库,有一定数量的题目,选题力求结合工程实际,类型要广泛。

4.考核方式

分三部分成绩:

平时成绩	20%	(包括出勤,纪律,作业,回答问题等)
认识学习(实习报告)	20%	(包括出勤,纪律,实习报告等)
考试成绩	60%	(闭卷考试,试题库抽题)

主要参考文献

[1] 中华人民共和国交通部标准.公路桥涵施工技术规范(JTJ 041—2000).北京:人民交通出版社,2000.

[2] 交通部第一公路工程总公司. 公路施工手册—桥涵(上、下册). 北京:人民交通出版社,2000.

[3] 公路桥涵设计手册编写组. 涵洞. 北京:人民交通出版社,1993.

[4] 范立础主编. 桥梁工程.(上、下册)(第二版). 北京:人民交通出版社,1987.

[5] 姚玲森主编. 桥梁工程. 北京:人民交通出版社,1985.

[6] 范立础主编. 预应力混凝土连续梁桥. 北京:人民交通出版社,1988.

[7] 叶国铮,姚玲森,李佚民. 道路与桥梁工程概论. 北京:人民交通出版社,1999.

[8] 王文涛主编. 刚构—连续组合梁桥. 北京:人民交通出版社,1995.

[9] 林元培编著. 斜拉桥. 北京:人民交通出版社,1995.

[10] 杨文渊,徐犇编. 桥梁施工工程师手册. 北京:人民交通出版社,1998.

[11] 黄绳武主编. 桥梁施工及组织管理(上册).北京:人民交通出版社,1999.

[12] 苏寅申编著.桥梁施工及组织管理(下册).北京:人民交通出版社,1999.

[13] 廖正环主编.公路施工与管理.北京:人民交通出版社,1999.

[14] 严薇主编.土木工程项目管理与施工组织设计.北京:人民交通出版社,1999.

[15] 全国建筑业企业项目经理培训教材编写委员会.施工项目信息管理.北京:中国建筑工业出版社,2002.

[16] 全国建筑业企业项目经理培训教材编写委员会.施工项目质量和安全管理.北京:中国建筑工业出版社,2002.

[17] 全国建筑业企业项目经理培训教材编写委员会.施工项目成本管理.北京:中国建筑工业出版社,2002.

[18] 全国建筑业企业项目经理培训教材编写委员会.施工组织设计与进度管理.北京:中国建筑工业出版社,2002.

[19] 全国建筑业企业项目经理培训教材编写委员会.施工项目管理概论.北京:中国建筑工业出版社,2002.

[20] 雷俊卿.土木工程项目管理手册. 北京:人民交通出版社,1996.

[21] 田振郁.工程项目管理实用手册. 北京:中国建筑工业出版社,1994.

[22] 黄兴安.市政工程施工组织设计事例应用手册. 北京:中国建筑工业出版社,2001.

[23] 李世华,刘赞勋.市政工程施工图集.北京:中国建筑工业出版社,2001.

[24] 向中富编著. 桥梁施工控制技术.北京:人民交通出版社,2001.